Marie Suarez

# BORDAR É FÁCIL

## Guia de técnicas de bordado passo a passo

Tradução: Ana Luiza Olivete

OLHARES

São Paulo, 2022

# SUMÁRIO

# INTRODUÇÃO

O bordado e eu somos uma história de amor que começou quando eu era pequena. A caixa de costura simples de minha mãe era, para mim, um tesouro que eu nunca parei de explorar e que, como o brinquedo de uma criança, me dava momentos de imensa alegria. Com o passar dos anos, esse amor por tecidos, linhas e bordados cresceu comigo, sem nunca me deixar. Faz parte de minha vida e sei que essa paixão que me motiva, não me deixa. Bordar traz felicidade e sede. Os trabalhos que fazemos são lindos e cheios do amor que sentimos quando os concebemos. O bordado não é apenas um trabalho, é também uma história e memórias. Aquelas que vivemos para descobrir, aprender e executar os pontos. Aquelas que nos animam quando sonhamos com um projeto, quando ele é construído e quando é finalizado. O bordado é também uma herança de nosso passado e do que ainda passaremos para nossas descendentes.

Nesta coleção de pontos, passei por várias técnicas e pelos pontos mais populares. Este guia foi projetado para bordadeiras que querem embarcar na arte do bordado, mas também para aquelas que já têm experiência e querem saber mais. As numerosas fotos ajudam a entender com facilidade os pontos passo a passo. Espero que este livro se torne o livro de cabeceira das entusiastas do bordado.

Não se prive do prazer de bordar, viva essa arte e compartilhe-a.
Faz parte de nossa cultura e nós temos de preservar isso.

Marie Suarez

# ENDEREÇOS ÚTEIS

Os trabalhos e tutoriais deste livro foram executados com o material das seguintes marcas:

**FRANÇA**

**Bohin (tesoura, agulhas, cola para tecido, marcadores)**
www.bohin.fr

**Clover (ferro de passar)**
www.clover-mfg.com

**DMC (linhas)**
www.dmc.com

**Sajou (linhas, tesouras, caixa)**
www.sajou.fr

**Zweigart (telas)**
www.zweigart.de

**Marie Suarez (meadas de algodão)**
www.mariesuarez.com

**BRASIL**

**Armarinho Ambar (linhas Coats, agulhas, tesouras, bastidores, tecidos e aviamentos)**
https://www.loja.armarinhoambar.com.br

**Bazar Horizonte (tecidos Zweigart)**
https://www.bazarhorizonte.com.br

**Bordado Studio (linhas Coats e DMC, agulhas Coats e DMC, tesouras, bastidores, tecidos linho e algodão cru)**
https://www.bordadostudio.com.br

**Estilotex (tecidos etamine e feltro)**
https://estilotex.com.br/produtos

**Fernando Maluhy (tecidos linho e algodão cru)**
https://www.fernandomaluhy.com.br

**Kikikits (tecidos Aida e linho)**
https://www.kikikits.com.br

**Le Petit Atelier (agulhas, tesouras e bastidores Bohin, linhas DMC)**
https://www.lepetitatelier.com.br

**Zuza Armarinhos**
https://www.instagram.com/zuza_armarinhos

# OS MATERIAIS

**Veja no final do livro materiais disponíveis no Brasil**

É importante escolher bem seu material de bordado. Bons trabalhos são sempre feitos com as ferramentas certas. Além disso, fazem parte do prazer do bordado.

## TECIDOS E TELAS

Há uma grande variedade de qualidades, tecidos e cores nos tecidos. Eles são escolhidos de acordo com o bordado que será realizado.

### Composição dos tecidos

Os tecidos podem ser feitos de um único material: 100% linho, 100% algodão etc. Quando eles são compostos de dois ou mais materiais, eles são tecidos ou telas mistas. Exemplo: tecido 50% de linho e 50% de algodão.
Alguns tecidos destinados a bordados podem também conter poliéster, em maior ou menor quantidade. Eles são mais baratos e mais fáceis de cuidar. Eles enrugam muito menos e não é necessário mudar a maneira como se bordam as técnicas dos pontos contados. No entanto, eles não são recomendados para os bordados tradicionais, especialmente para iniciantes. De fato, o bordado em poliéster não é fácil, pois suas fibras não se adaptam bem à execução dos pontos. Quanto mais poliéster, mais difícil fica para bordar o tecido. Para os pontos contados é diferente, já que você tem de inserir a agulha entre os fios, sem deformá-los.
***Nota**: O mesmo acontece com os fios sintéticos. É mais difícil trabalhar com eles do que com fios de algodão.*
Os tecidos e telas são encontrados em uma grande quantidade de cores e podem ter fios de Lurex.

## OS DIFERENTES TECIDOS E TELAS

***Tecido de tecelagem unifil:*** os fios da trama e do urdume são tecidos fio a fio. Geralmente, tecidos de linho e tecidos mistos são feitos de tecelagem unifil. O peso do tecido depende da espessura do fio. Se for mais grosso ou mais fechado, o tecido é mais pesado. Se, ao contrário, o fio é muito fino, pode ser chamado de cambraia de algodão ou linho.
***Tecido com trama fechada:*** é aquele tecido em que a tecelagem é tão apertada que é impossível contar os fios a olho nu.
***Tecido com trama aberta:*** é aquele em que os fios da trama e do urdume são mais ou menos espaçados, de modo que é fácil remover os fios do tecido ou contá-los.
***Tecido com armação regular:*** tem o mesmo número de fios por centímetro, na direção da trama e no urdume. Etamines, por exemplo, são tecidos com a armação regular.

***Algumas referências de tecidos com armação regular*** *Zweigart:*
- ***Tecido de linho, 100% linho, trama fechada:*** *Kingston*, *Ballina* (22 fios/cm), *Bergen* (18 fios/cm), *Dalarna* (15 fios/cm)
- ***Tecido de linho, 100% linho, para os pontos contados:*** *Belfast* (12,6 fios/cm), *Edinburgh* (14 fios/cm), *Newcastle* (16 fios/cm), *Dublín* (10 fios/cm), *Cashel* (11,2 fios/cm)
- ***Tecidos mistos de trama fechada:*** *Normadie* (algodão/linho), *Perlleinen* (linho, poliéster), *Mallow* (linho/algodão), *Lucan* (linho/algodão), *Floba* (de 6,85 a 14 fios/cm)
- ***Tecidos mistos de trama aberta:*** *Bantry* (linho, algodão)
- ***Tecidos de algodão:*** *Batista* (algodão), *Modal* (algodão), *Meldal* (algodão)
- ***As etamines mistas de algodão/modal na tecelagem unifil:*** *Bellana* (8 fios/cm), *Lugana* (10 e 11 fios/cm), *Murano* (12,6 fios/cm), *Jazlyn* (11,2 fios/cm)
- ***As etamines 100% algodão na tecelagem unifil:*** *Davosa* (7,1 fios/cm), *Linda Schülertuch* (10,7 fios/cm), *Murano quadrado* (para o bordado suíço)

***Armação dupla: veja tecido duplo***. É um tecido no qual os fios da trama e da urdume são tecidos em grupos de dois. Este tipo de tecido é o que foi originalmente usado na técnica de Hardanger.
***Tecidos com tecelagem por três fios:*** os fios da trama e do urdume são tecidos em grupos de três e o resultado é muito semelhante à tela Aida, assim como o uso que é dado a ele. *Ref. Zweigart Kolstern (algodão/modal).*

***Tecidos com tecelagem por quatro fios:*** os fios da trama e do urdume são tecidos em grupos de quatro. É um tecido grosso que é bordado deslizando a agulha entre os fios do tecido. É apropriado para iniciantes e crianças. ***Ref.*** *Zweigart Domino (dois pontos/cm - algodão).*
***Tecido Aida:*** os fios da trama e do urdume são usados em grupos de quatro no entrelaçamento. Os pequenos quadrados formados permitem bordar facilmente os pontos contados. Algumas marcas têm uma grade/quadriculado impressa que desaparece com a lavagem. ***Ref.*** *Zweigart Aida conta fácil Ref. 3459 e Aida extrafino 3326*.
***Outras referências de tecidos Aida*** *Zweigart: Rústico* (linho/algodão), *Yorkshire* (algodão/poliéster), *Linen Aida* (linho), *Vintage Fein-Aida* (algodão), *Aida* (algodão), *Turkestan* (algodão grosso).

## AS TALAGARÇAS

São tecidos muito rígidos, compostos de algodão às vezes combinados com poliéster, para bordar os pontos de tapeçaria. Eles podem ser encontrados em tecido unifil ou tecido duplo, também chamado de tecido Penélope. Existem numerosas espessuras e os fios do tecido são sempre amplamente separados. Eles são encontrados em branco, cru ou bege escuro.

***Referências de talagarças Zweigart:***
***Talagarças unifil:*** *Zweigart-Twist, Mono Canvas, Rotal Canvas.*
***Talagarças Penélope:*** *Sudanstramin, Feinsmyrna, Stramin.*

## Outros tecidos e suportes

Todos os tecidos do comércio são adequados para bordados, mesmo que inicialmente não sejam concebidos para essa finalidade. Tecidos de algodão estampado, roupas de lã, tecidos de poliéster, tecidos de organdi, organza etc. Também é possível bordar em papel, papelão, couro, feltro, ...

***Cálculo dos pontos contados***

*Para conhecer as dimensões de um bordado de pontos contados, devemos contar o número de fios/cm do tecido usado, borde um ponto, geralmente, com dois fios. Você tem de dividir o número de linhas por dois para obter o número de pontos que serão bordados nesse espaço. Em um tecido Aida, os grupos de quatro fios extraídos da tela são aqueles que devem ser contados e a que chamamos de pontos.*

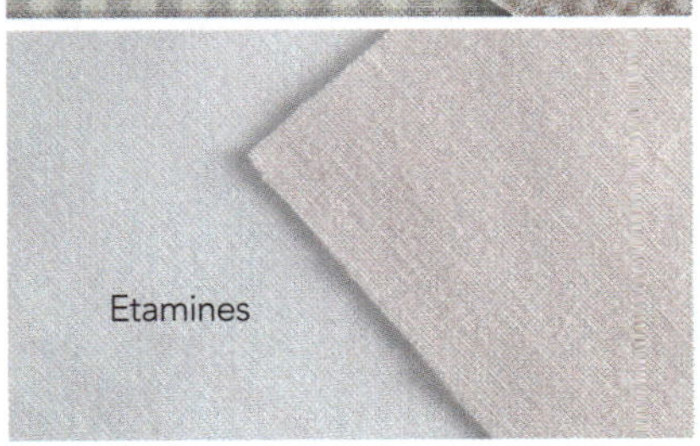

## AS LINHAS

Existem linhas de bordado de muitas qualidades. Elas são escolhidas de acordo com a técnica e o tecido do trabalho.

***Algodão Mouliné*** *DMC, art. 117:* linha composta de 6 cabos divisíveis com um toque leve. Ela oferece a vantagem de poder usar exatamente o número de cabos necessários para obter a espessura de linha desejada. É adequada para todos os tipos de pontos.

***Algodão Mouliné Variações de Cor*** *DMC, art. 117F:* linha de algodão Mouliné com cores degradês. Linha Mouliné Light Effects (efeito luminoso) *DMC, art. 117W:* essa linha tem as mesmas características da linha anterior, mas é composta de 100% de poliéster.

***Algodão perolado*** *DMC, art. 115 e 116:* brilhante e retorcida, essa linha dá uma aparência acetinada ao bordado. Da mais grossa à mais fina: 3, 5, 8 e 12. Há também uma linha metalizada grossa dourada e prata DMC perolado, art. 315 n ° 5. É mais apropriada para o bordado Hardanger, Hedebo, Schwalm...

***Algodão Retors Mat (retorcido mate)*** *DMC, art. 89:* linha grossa e regular adequada para tapeçaria.

***Algodão Broder Spécial*** *DMC, art. 107:* composta por quatro cabos não divisíveis, essa linha é brilhante e muito resistente. Da mais fina à mais grossa: n° 35, 30, 25, 20 e 16. É apropriada para bordado branco, bordado inglês, Richelieu...

***Linha de algodão egípcio*** *Sajou:* linha muito resistente, 100% algodão, usada para pontos rendados, vazados com pontos apertados, costura dos acabamentos, apliques finos... Pode ser encontrada em branca, off-white, crua e preta. Da mais grossa à mais fina: n° 23, 36, 40, 50, 60, 70, 80, 100 e 120.

***Linha para rendinhas*** *Coccon Calais de Sajou:* linha 100% algodão, composta por três cabos retorcidos, monocromáticos e em degradê. É adequada para vazados com pontos separados, pontos ajour e pontos de rendinha.

***Linha retorcida do Norte*** *Sajou:* linha de algodão Mouliné composta por quatro cabos. Pode ser bordado com um único cabo ou com vários, dependendo da espessura da linha desejada. É especialmente apropriada para pontos contados.

***Lã Colbert*** *DMC, art. 486 - 487:* linha grossa, 100% lã, para tapeçaria com tela ou talagarça aberta.

***Lã Saint-Pierre*** *Sajou:* linhas compostas por lã e poliamida com quatro cabos divisíveis. No passado, essa linha era usada para cerzir roupas de lã. Fina e agradável de bordar, é adequada para tapeçaria com tela fechada, ponto matiz e pontos contados.

***Linha Tonkin*** *Sajou e Toulemonde:* essa linha parece muito semelhante à anterior, mas é feita de 100% poliéster, com um efeito prateado brilhante.

***Meadas de algodão*** *Marie Suarez:* no passado, esse tipo de linha era usada com muita frequência. Composta por três a quatro cabos com ligeira torção, está descontinuada desde 1950. O algodão em medas Marie Suarez é branco fosco, em três espessuras diferentes. Da mais grossa à mais fina: n° 60, n° 80 (equivalente a uma linha de algodão Mouliné) e n° 120 (muito fina). Essa linha é ideal para bordados com ponto realce.

***Linha de seda*** *Au Ver à Soie:* linha resistente e extraordinária. De origem animal, as linhas de seda são encontradas em uma ampla gama de cores e diferentes qualidades. É adequada para um grande número de técnicas.

***Linha de rayon:*** linha mais brilhante que seda e de origem vegetal. Rayon é mais econômica e oferece um resultado similar, mas de qualidade inferior. Também é menos resistente. Não confunda com rayon sintético, uma aparência muito semelhante, mas evite bordados, pois elas derretem com a passadoria.

***Cartõezinhos e organizadores de linhas:*** Esses objetos são encontrados em várias formas. Os cartõezinhos são muito práticos para classificar as linhas de algodão. Para enrolar e armazenar linhas de seda e rayon, bobinas redondas são mais apropriadas. Os organizadores de linhas permitem juntar as linhas necessárias para realizar uma tarefa.

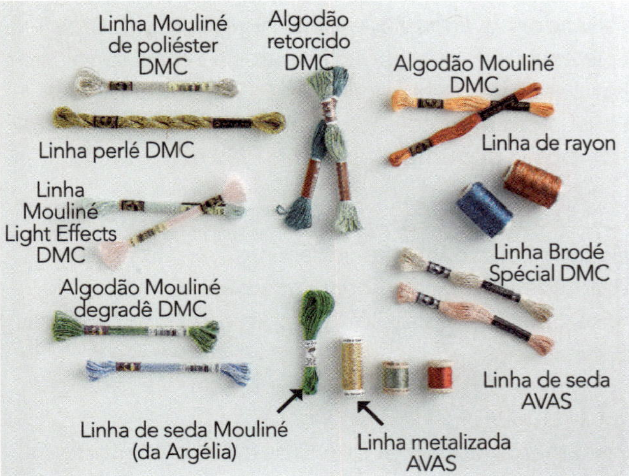
Linha Mouliné de poliéster DMC
Algodão retorcido DMC
Algodão Mouliné DMC
Linha perlé DMC
Linha de rayon
Linha Mouliné Light Effects DMC
Linha Brodé Spécial DMC
Algodão Mouliné degradê DMC
Linha de seda AVAS
Linha de seda Mouliné (da Argélia)
Linha metalizada AVAS

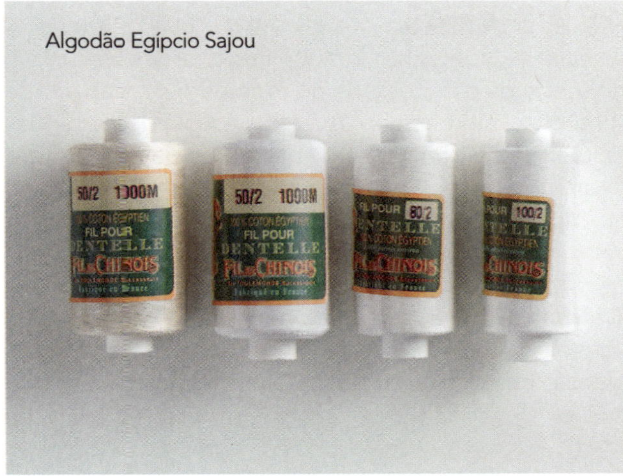
Algodão Egípcio Sajou

Caixa organizadora Sajou
Linha de lã/poliamida Sajou
Linha de poliéster Sajou

Linha de algodão Sajou

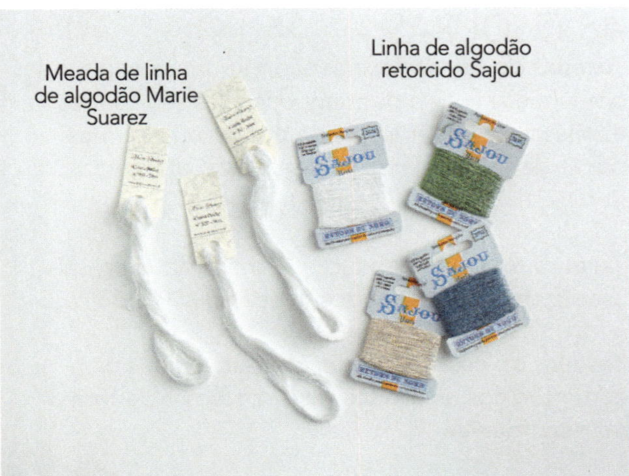
Meada de linha de algodão Marie Suarez
Linha de algodão retorcido Sajou

Os cartõezinhos e organizadores de linha

## AS AGULHAS

A escolha das agulhas é muito importante e isso depende da comodidade no momento do trabalho e do sucesso do trabalho. A agulha escolhida depende da técnica de bordado e da espessura da linha usada. Existe uma vasta gama de agulhas. Aqui estão alguns exemplos das mais usadas.

*Ver o número na foto – **Ref.** Bohin*

***1. Agulha Chenille:*** agulha de tapeçaria pontiaguda com olho muito longo e largo. Permite passar linhas grossas ou com vários cabos. Da mais grossa à mais fina: n° 18, 20, 22 e 24.

***2. Agulha de tapeçaria:*** agulha com ponta arredondada para bordar sobre talagarça e para as técnicas dos pontos contados. Da mais grossa à mais fina: n° 14, 16, 18, 20, 22, 24, 26 e 28.

***3. Agulha para bordado com fita:*** muito semelhante à agulha de chenille, mas com um olho ainda maior. Da mais grossa à mais fina: n° 18, 20 e 22.

***4. Agulha longa***: tem um olho redondo e uma ponta afiada. Reservado para costura, embora também possa ser adequada para bordar. Da mais grossa à mais fina: n° 1 a 10.

***5. Agulha longa para apliques:*** é semelhante à agulha para apliques, porém mais longa. É usada para a técnica do Sashiko.

***6. Agulha para bordado com lã:*** fina e comprida, essa agulha tem uma ponta afiada e um olho alongado e estreito. É adequada para bordar em tecidos com trama fechada. Da mais grossa à mais fina: n° 1, 3, 5, 6, 7, 9, 10, 18, 20, 22 e 24.

***7. Agulhas para apliques:*** muito fina e curta, tem uma ponta afiada e um pequeno olho redondo. Ideal para fazer pontos precisos, é usada para os bordados brancos. Da mais grossa à mais fina: n° 9 a 12.

***Estojo para agulhas:*** acessório para organizar as agulhas e proteger sua ponta *Sajou*.

***Passador de linha na agulha:*** objetos muito úteis, que estão em diferentes formatos. O mais simples é o passador de alumínio ***Ref.** 81999 Bohin*. O mais sofisticado e muito eficaz é um pequeno dispositivo composto por uma mola ***Ref.** 81980 Bohin*.

## OS ALFINETES

Usados para manter tecidos juntos e para as montagens. Dê preferência aos alfinetes muito finos ou aos alfinetes longos com a cabeça de cristal *Bohin* e *Sajou*.

## O DEDAL

Ferramenta essencial que proporciona conforto durante o trabalho, melhor qualidade e rapidez de execução. Deve adaptar-se ao dedo do meio.
Os dedais de costura ou bordado têm uma cabeça arredondada. Eles podem ser feitos de materiais diferentes: couro, latão, latão niquelado, prata *Bohin* e *Sajou*.

## OS BASTIDORES DE BORDADO

***Bastidor:*** composto de dois círculos que se encaixam e que são segurados por um parafuso que permite ajustar a tensão. Os bastidores de madeira são os mais eficazes e fáceis de usar. Alguns são montados com um pé. Existem vários tamanhos, de 10 a 30 cm de diâmetro *Sajou*.

***Moldura:*** é um bastidor de madeira em que o trabalho é esticado e cujas dimensões variam.

## AS TESOURAS

***Tesoura de bordado:*** elas são pequenas e formadas por lâminas finas e pontiagudas. Elas são usadas apenas para cortar linhas de bordar ou algumas peças de tecidos finos para fazer trabalhos vazados ***Ref.** 24316 Bohin*.

***Tesoura de costura:*** maiores e mais robustas, são usadas para cortar tecidos finos ***Ref.** 23901 Bohin*.

***Tesoura de costura longa:*** elas são usadas para cortar tecidos um pouco mais grossos e de forma mais rápida ***Ref.** 98269 Bohin*.

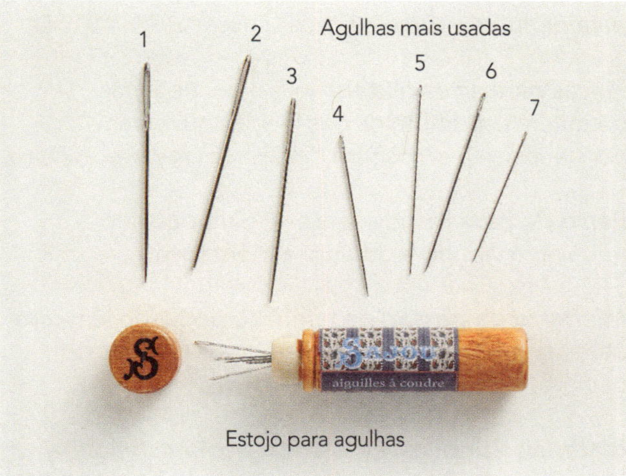

Agulhas mais usadas

Estojo para agulhas

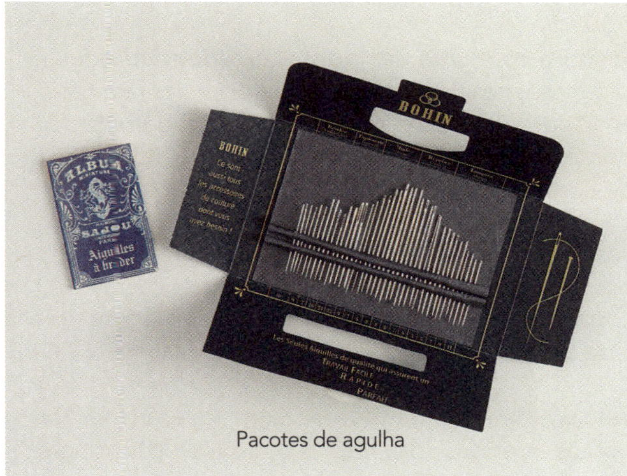

Pacotes de agulha

Passador de linha na agulha

Alfinetes

Dedal em couro

Dedal de prata

Dedal em latão niquelado

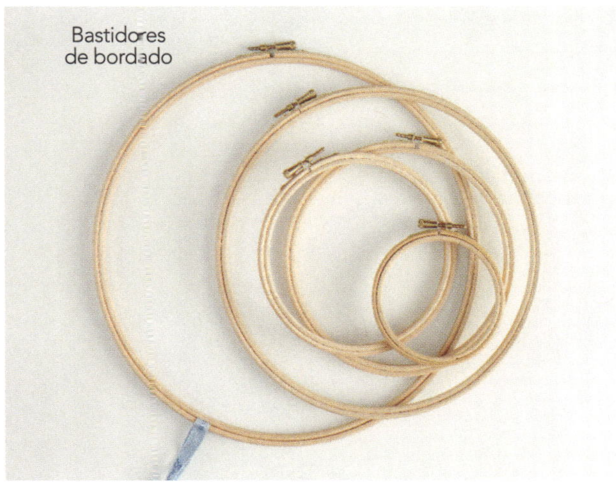
Bastidores de bordado

***Tesoura de alfaiate:*** elas têm as lâminas mais grossas e cortam tecidos finos ou grossos ***Ref.*** *9828*.

***Tesoura com uma das pontas arredondadas:*** elas são pequenas e com a ponta de uma das lâminas arredondada, permitindo cortar os vazados dos bordados (Richelieu, Inglês, Hardanger...) sem risco de cortar o tecido do trabalho *Sajou*.

***Tesoura pinça:*** possuem pequenas lâminas pontiagudas, curvas ou retas, e são práticas para cortar pequenos fios e as partes que devem ser vazadas nos bordados finos ***Ref:.*** *98260 Bohin*.

***Tesoura de viagem:*** tesoura cujas duas lâminas têm pontas arredondadas ***Ref.*** *24314 Bohin* e o pingente corta linha ***Ref.*** *983017 Bohin*.

***Protetor de ponta (ponteira):*** indispensável para proteger as lâminas da tesoura ***Ref.*** *24360 Bohin*.

## OS OUTROS MATERIAIS

***Agulhão***: ferramenta de metal pontiagudo usada para perfurar tecidos e bordar ilhoses *Bohin* ou *Sajou*.

***Pinças para artes têxteis:*** finas e pontiagudas, permitem esticar os fios dos tecidos ou retirar pequenos elementos sem danificá-los ***Ref.*** *62616 Bohin*.

***Ferro de passar:*** indispensável para passar o trabalho acabado e durante a montagem.

***Miniferro de passar:*** de tamanho pequeno, é muito útil para passar pequenos elementos (apliques, bainhas, cantos em mitra...) *Clover*.

***Materiais adesivos:*** eles se apresentam de formas variadas e são úteis para apliques de arte têxtil *Bohin*.

***Caixas organizadoras:*** indispensáveis para organizar e proteger o material, podem ser encontradas em diferentes tamanhos, formas, cores...

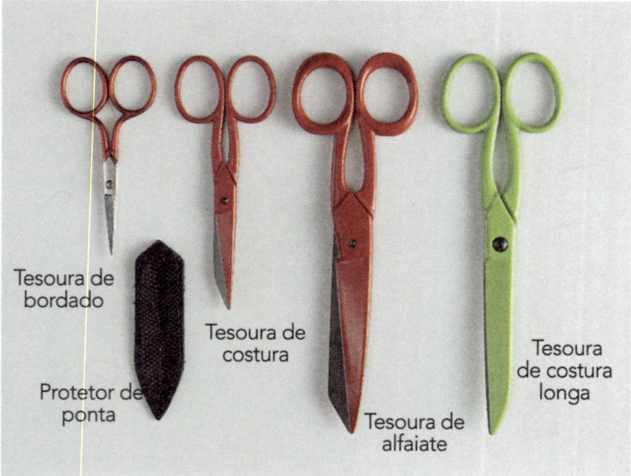


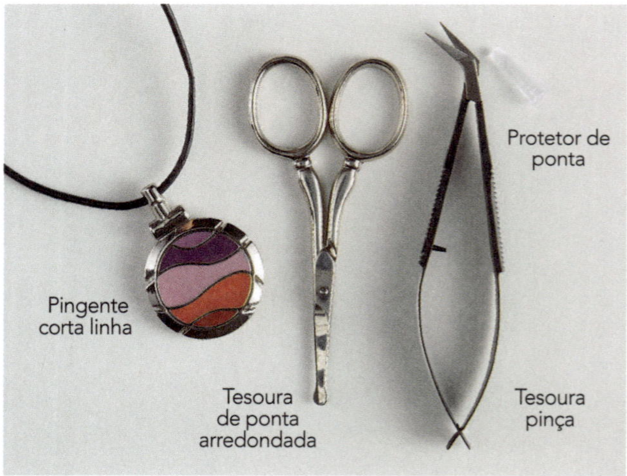

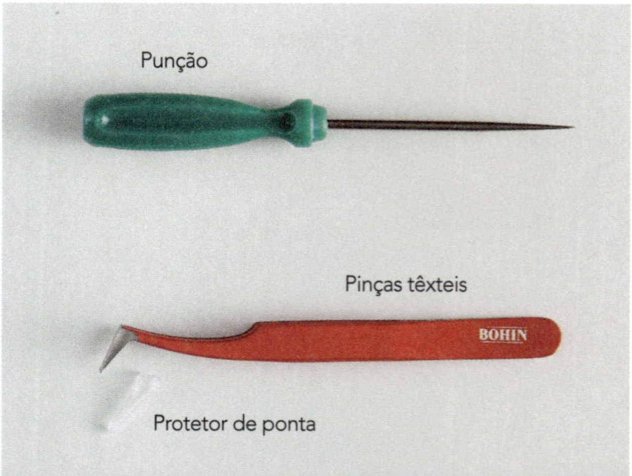

## OS MATERIAIS PARA TRANSFERÊNCIA DOS DESENHOS

***Lápis preto:*** o lápis preto H, mais duro, e o lápis HB, levemente gorduroso, são usados para desenhar no tecido.

***Apontador de lápis:*** essencial para deixar o lápis com as pontas afiadas.

***Borracha branca:*** para apagar os traços não usados ou incorretos desenhados no tecido.

***Lápis para tecido:*** existe em preto, azul, branco e vermelho e é usado para desenhar no tecido. O traço desaparece com uma escovinha *Bohin*.

***Canetinha para tecido:*** pode ser permanente, apagável com água, ar ou calor. Algumas canetinhas permitem a transferência para o tecido usando uma folha de TNT (tecido-não-tecido) e reutilizável *Bohin*.

***Papel carbono:*** na cor preta, que não mancha, e para máquina de escrever, é o mais apropriado e eficaz, permite obter traços definidos e ligeiramente cinzentos.

***Ferramentas de medir:*** a regra plana, o esquadro transparente, a fita métrica...

***Lupas:*** são de diversas formas e graduações, como as pequenas lupas que se fixam aos óculos, a lupa redonda que apoia sobre os ombros ou que pode ser fixada na mesa, associada à uma lâmpada.

***Lâmpadas:*** ferramenta indispensável quando há pouca luz Prefira uma luminária com uma lâmpada de luz do dia.

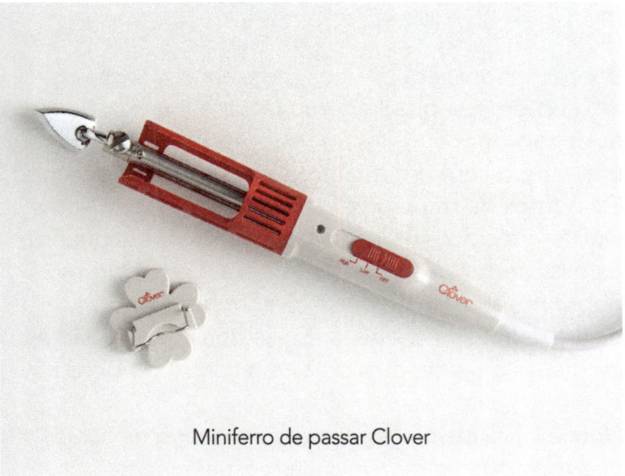

Miniferro de passar Clover

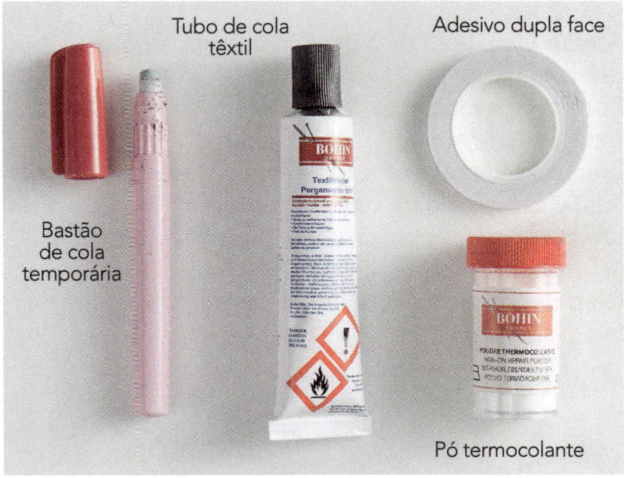



Tubo de cola têxtil

Adesivo dupla face

Bastão de cola temporária

Pó termocolante

Caixas organizadoras

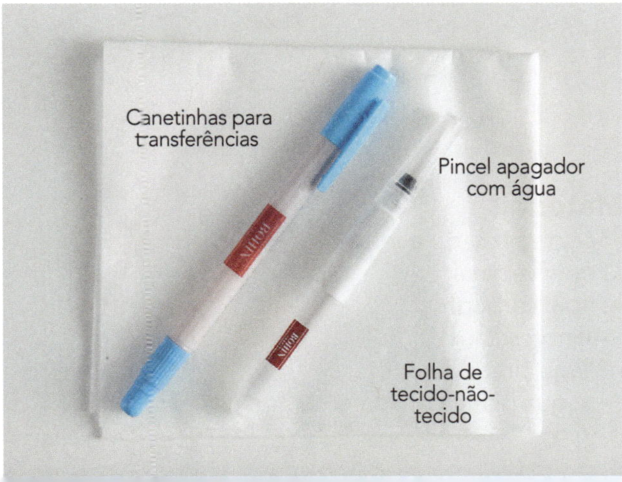

Canetinhas para transferências

Pincel apagador com água

Folha de tecido-não-tecido

# A PREPARAÇÃO DO TRABALHO

A preparação do trabalho é uma etapa muito importante da qual depende o sucesso do bordado.

## ALGUNS CONSELHOS

Sempre trabalhe com uma boa fonte de luz e em uma superfície de trabalho clara, plana e limpa. Não pule nenhum estágio e proceda de maneira meticulosa. A preparação do bordado é sempre uma fonte de grande prazer!

### Transferência do desenho

Você pode passar o desenho para o tecido de diferentes maneiras:
**À mão livre:** com uma canetinha, uma caneta esferográfica ou um lápis têxtil.
**Por transparência:** se o tecido permitir. O motivo é desenhado em um papel branco com uma caneta preta. O tecido é colocado sobre o desenho, voltado com o avesso e para o direito do desenho, e as linhas são desenhadas com um lápis preto afiado ou com uma canetinha têxtil.
**Com papel carbono:** se o tecido não for muito transparente.

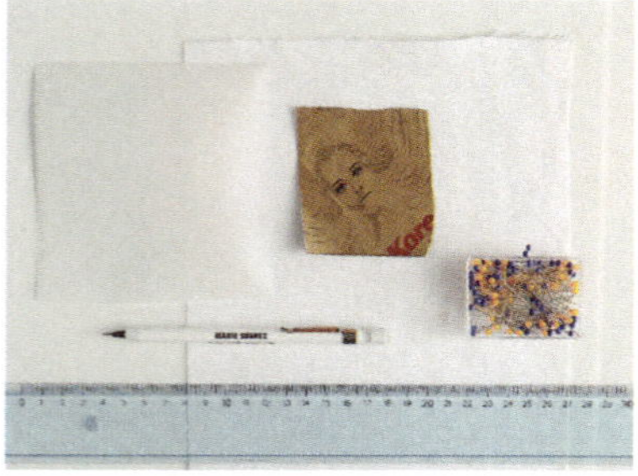

### Materiais

- Tecido passado a ferro
- Papel vegetal
- Papel carbono
- Alfinetes finos
- 1 lápis preto duro
- 1 régua plana transparente

Sobre o papel vegetal, faça o desenho e também um contorno enquadrado ao redor a fim de calcular as dimensões.
Encontre o centro das laterais e o centro do desenho. Os pontos de referência estão marcados com setas. Dobre o tecido em duas partes iguais, pressionando com os dedos para marcar a dobra. Desdobre e dobre novamente na outra direção, marcando a dobra da mesma maneira. Essas duas dobras são as medianas e o encontro delas é o centro do bordado.

***Nota:** Nunca marque as dobras com o ferro de passar, pois não poderão ser removidas posteriormente.*

Coloque o desenho sobre o tecido, voltando o avesso contra o direito, alinhe pelo centro e pelas medianas. Coloque alfinetes na parte de cima e de um lado apenas.

Posicione o papel carbono sob o papel vegetal, com a face do carbono voltada para o tecido e faça os contornos do desenho com o lápis afiado. Faça traços bem definidos, mas sem apertar demais. Depois de desenhar algumas linhas, levante o papel carbono suavemente e veja se os traços aparecem em cinza claro e nunca faça traços muito escuros. Neste último caso, aperte menos com o lápis.

Remova o papel. Se o desenho estiver muito claro, os traços podem ser reforçados com o lápis sem apertar demais.

## Forrar o bastidor redondo

A armação do bastidor deve ser recoberta com um viés para proteger a madeira do pó e da manipulação durante o uso e serve também para melhorar a tensão do trabalho. Na verdade, o viés "agarra" o tecido do trabalho e o mantém no lugar durante todo o seu desenvolvimento. O ideal é que os dois aros do bastidor sejam revestidos.

Fixe a extremidade do viés na extremidade do aro grande, fazendo alguns pontos através do orifício do suporte de metal. Enrole o viés no aro até a outra extremidade. É importante não sobrepor muito os tecidos para não aumentar muito a espessura do aro. Fixe o viés ao final e corte o excesso. O aro pequeno deve ser coberto da mesma maneira, unindo as duas extremidades.

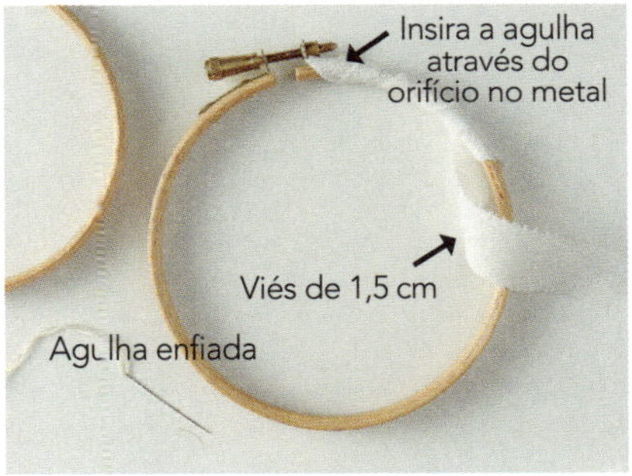


## Montagem do trabalho sobre o bastidor

Segure o bastidor com a mão esquerda. Para bordar motivos pequenos, o bastidor ideal deve ter o mesmo tamanho que a mão da bordadeira e pode variar entre 10 e 15 cm. Isso permite manter o trabalho bem esticado e garante o conforto durante a execução. Coloque o motivo em linha reta e no centro do círculo. Para um bom manuseio do bastidor, coloque o parafuso entre "9 e 10 horas", de modo a ficar coberto pela mão. Isso evita que a linha se enrole ao redor do parafuso durante o trabalho.

***Nota:** Na foto abaixo, o motivo do bordado é uma flor. Ele foi colocado no centro do círculo. Para bordar o caule e as folhas, remova o trabalho e reposicione.*

## Aumento da tela de trabalho

O trabalho deve ter uma margem suficiente para poder ser colocado no bastidor. Se este não for o caso, você pode aumentar a superfície do tecido. Em um tecido de algodão grosso, faça uma janela central de tamanho maior que a do motivo, recorte e centralize o tecido do trabalho. Costure com um ponto alinhavo ao redor.

Os tecidos são posicionados na moldura. Neste caso, o bastidor pode não ser forrado, uma vez que o bastidor está em contato direto com o tecido de algodão grosso e permite uma boa tensão.

***Nota:** Este método também pode ser usado para bordar em seda, pois proporciona uma melhor proteção do trabalho.*

*É preferível passar os tecidos e o trabalho a ferro antes da sua preparação. Certifique-se de passar a ferro pelo avesso. Se o tecido for de linho ou algodão, o marcador do ferro deve estar na temperatura máxima.*

## Nó próximo ao olho da agulha

Para alguns pontos bordados com uma linha muito fina ou quando ela é muito curta, ela pode ser fixada na agulha com um nó deslizante próximo ao olho:

**1.** Enrole a linha em volta da agulha.

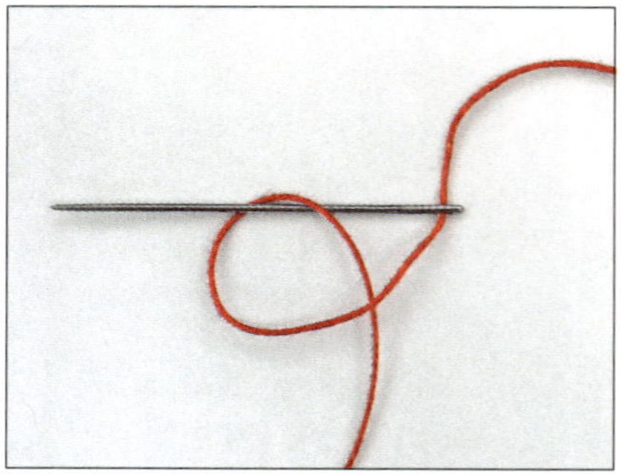

**2.** Atravesse agulha pela laçada da linha.

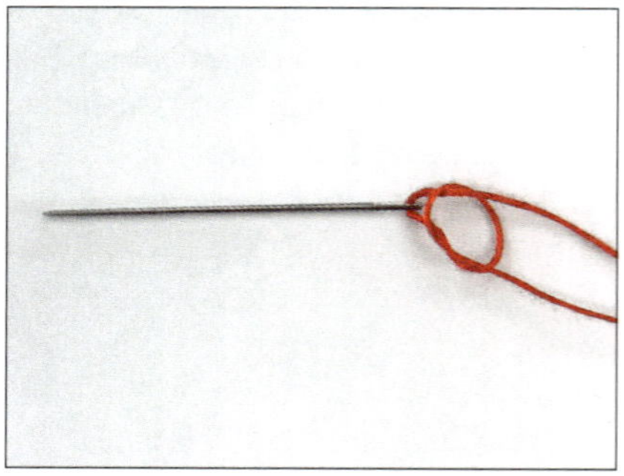

**3.** Puxe a agulha para apertar o nó perto do olho.

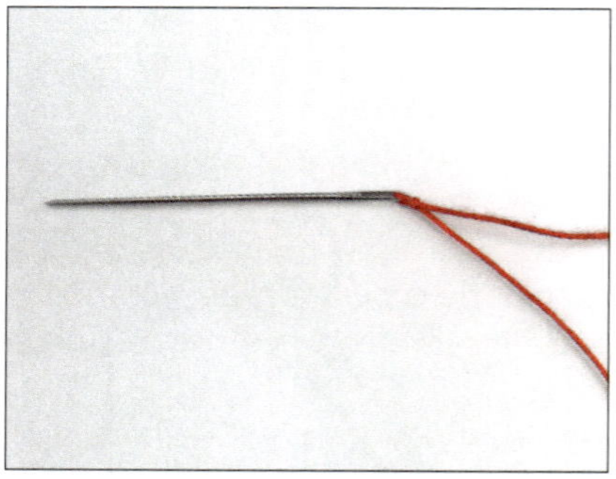

*Às vezes, a ponta da agulha pode estar danificada. Para verificar, deslize suavemente a ponta entre os dedos polegar e indicador, para perceber o possível dano. Se for esse o caso, a agulha deve ser substituída, pois pode prejudicar o trabalho durante a execução.*

# INFORMAÇÕES GERAIS PARA A REALIZAÇÃO DOS TUTORIAIS

## O NÓ PERDIDO

É um nó feito na extremidade da linha e temporariamente fixado no trabalho antes de arrematar a linha. Uma vez terminado, o nó e a linha são cortados no nível do bordado. O nó perdido é o mais usado para iniciar e proteger os pontos de preenchimento.

## O ARREMATE OU ANCORAGEM DA LINHA NO INÍCIO DO TRABALHO

A linha no início do bordado pode ser arrematada nos pontos já bordados na parte de trás do trabalho. Se o trabalho ainda não foi iniciado, o arremate pode ser feito de diferentes maneiras:

- Faça um pequeno ponto alinhavo ao longo de 2 cm da linha a ser bordada, retire a agulha novamente no ponto inicial e borde a linha, sobre os pontos do arremate (ex.: ponto haste, veja a página 145).
- Faça um ponto alinhavo, dois pontos atrás justapostos ou um ponto cruz na superfície a ser bordada. Deixe o final da linha sobressair 2 cm na parte de trás do trabalho. Depois de bordar alguns pontos, corte a linha restante e continue o bordado (consulte a página 22).
- Faça um pequeno nó no final da linha (pontos com nó simples, pontos muito isolados, bordado suíço...).
- Se o bordado for feito com linha dupla, passe as duas pontas da linha pelo olho da agulha, insira a agulha pelo avesso do tecido, sem esticar completamente a linha, deixando um laço de mais ou menos 3 cm. Tire a agulha pelo direito do tecido, insira a agulha um pouco mais a frente e passe a agulha através do laço deixado no avesso. Puxe a agulha e aperte a linha (ponto Holbein, ponto cruz...).

## O ARREMATE DA LINHA NO FINAL DO TRABALHO

Quando a linha já está muito curta, ela pode ser arrematada de diferentes maneiras:

- Deslize a linha sob os pontos bordados, no avesso (Hardanger, pintar na agulha...).
- Sobreponha os pontos bordados por 1,5 cm, mais ou menos, no avesso.
- Chuleie os pontos três vezes no avesso. Sobreponha uma quarta vez sem esticar completamente a linha para formar uma laçada através do qual a agulha deve ser inserida. Estique a linha para apertar o laço e um nó plano foi formado. Corte a linha próxima ao nó (pontos isolados, pontos de renda).

## A LINHA

A linha é o comprimento de fio necessário para colocar na agulha. De acordo com o bordado, o comprimento pode variar. Para o bordado dos tutoriais, o mais adequado é uma linha de 40 a 50 cm.

***Nota:** Quando duas linhas são enfiadas em uma agulha, é uma linha dupla.*

## A ENTRADA E A SAÍDA DA LINHA

As fotos mostram o bordado pela direita, salvo quando a indicação diz o contrário.

**E** (entrada da linha) indica que a agulha, pelo direito, está inserida de cabeça para baixo.

**S** (saída da linha) indica que a agulha está inserida do avesso, para o direito.

## A MONTAGEM DA TELA NO BASTIDOR

Antes de bordar, o tecido é montado no bastidor tensionando-o perfeitamente e posicionando o elemento a ser bordado no centro.

# AS TÉCNICAS

# PONTO CRUZ

## DESCRIÇÃO E BREVE HISTÓRICO

O ponto cruz é um bordado de pontos contados que é certamente o mais popular e o mais praticado no mundo. Esse ponto, muito antigo, possui uma grande variedade de estilos e cores dependendo do país. Na Europa, o ponto cruz também é chamado de ponto de marcação, já que serve para marcar e personalizar as roupas com as iniciais das pessoas. No Renascimento, esse ponto fazia parte da educação das meninas que bordavam os famosos motivos formados por alfabeto, símbolos da vida e temas religiosos. Com a chegada dos corantes naturais, nasce a "revolução vermelha" e o ponto cruz monocromático vira tendência. O desenvolvimento têxtil do século XIX e os diagramas coloridos de Berlim influenciam o sucesso crescente deste ponto entre a população feminina, graças à sua facilidade e rapidez de execução. Hoje em dia, é um dos passatempos favoritos das bordadeiras, e a indústria têxtil comercializa numerosos desenhos sob a forma de kits e diagramas.

## OS MATERIAIS

### Telas

Os tecidos usados podem ser de linho, algodão ou tecido misto. O tecido pode ser unifil ou ser formado por grupos de quatro fios (Aida). Lona Unifil e tecido Penélope também podem ser usados para essa técnica. A trama deve ser de armação regular e os fios que a formam devem poder ser contados a olho nu. O número de fios (tecidos unifil) ou pontos (tecido Aida) por centímetro é usado para definir o tamanho do bordado. O tecido Aida facilita o bordado graças aos buracos formados pela armação do tecido. Tecidos de linho *Newcastle Zweigart* (16 fios/cm), *Edimburgo* (14 fios/cm), *Belfast* (12,6 fios/cm), *Bellana*, *Lugana*, *Davosa*, *Murano* e *Aida* (3 a 8 fios/cm).

### Linhas

Todas as qualidades de linhas podem ser usadas. Elas devem ser escolhidas de acordo com o tecido usado e o resultado desejado.

### Agulhas

Borde com uma agulha de ponta arredondada. Agulha de tapeçaria *Bohin*, da mais grossa à mais fina: nº 14, 16, 18, 20, 22, 24, 26 e 28.

### Tesoura

Use uma tesoura pequena e fina, com lâminas pontiagudas.
***Ref.** 24316 ou 24311 Bohin.*

### Bastidor

Borde com um bastidor redondo de 15cm de diâmetro, desloque-o conforme o trabalho avança.
***Ref.** Bordado Sajou.*

## A TÉCNICA

O ponto principal é o ponto em cruz composto por dois pontos chuleados em diagonal do mesmo tamanho, sobrepostos e cruzados no centro. No entanto, a técnica não se limita a esse ponto. Existem inúmeras variações do ponto e diferentes formas de bordar.

### Materiais

- 20 x 30 cm de tela Aida crua de 3,25 pontos/cm Zweigart Hertarette **Ref.** 3707/264
- 1 agulha de tapeçaria nº 26 Bohin
- 1 bastidor de bordado de 15 cm de diâmetro Sajou
- Algodão Broder Spécial DMC nº 25: 321

# PONTO CRUZ SIMPLES ISOLADO

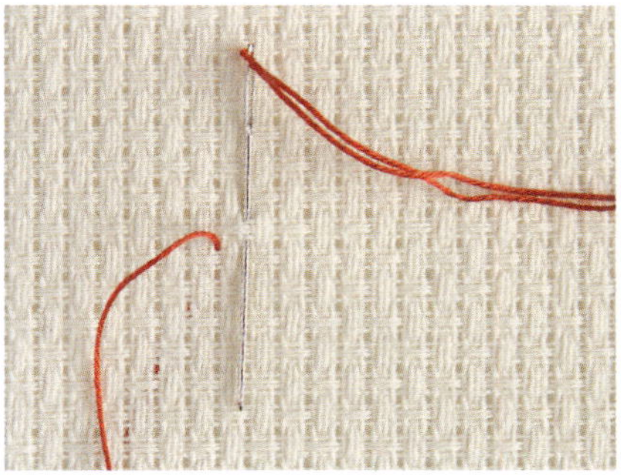
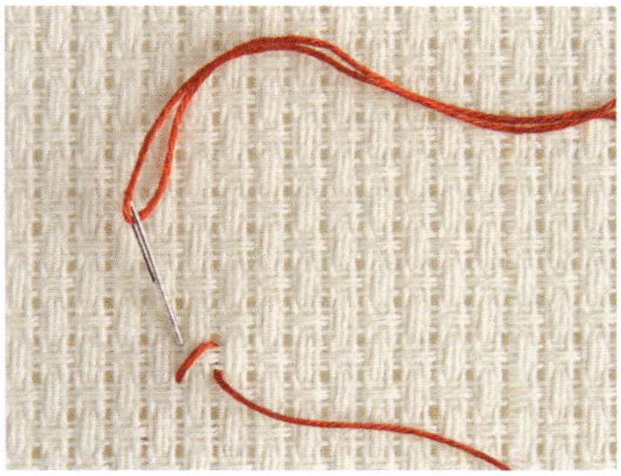

**1.** Retire a agulha no canto inferior esquerdo, em um quadrado do tecido Aida, e insira-a diagonalmente na parte superior e saia diagonalmente na parte inferior direita.

**2.** A primeira diagonal está feita Insira a agulha diagonalmente no canto oposto, para obter uma cruz.

# PONTO CRUZ EM FILEIRAS

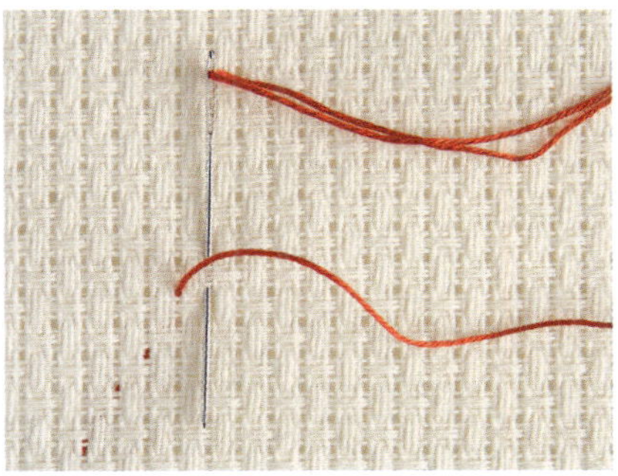
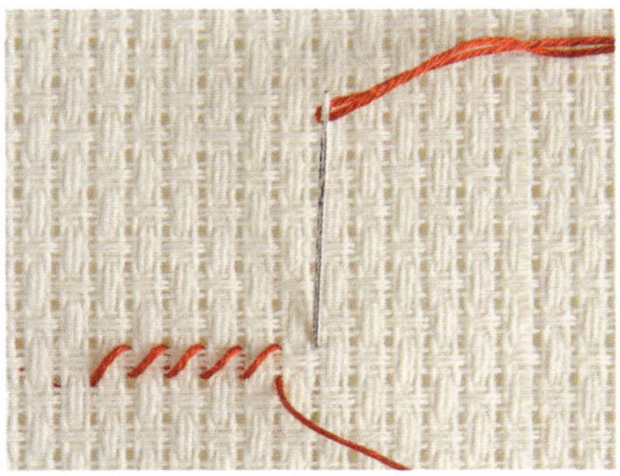
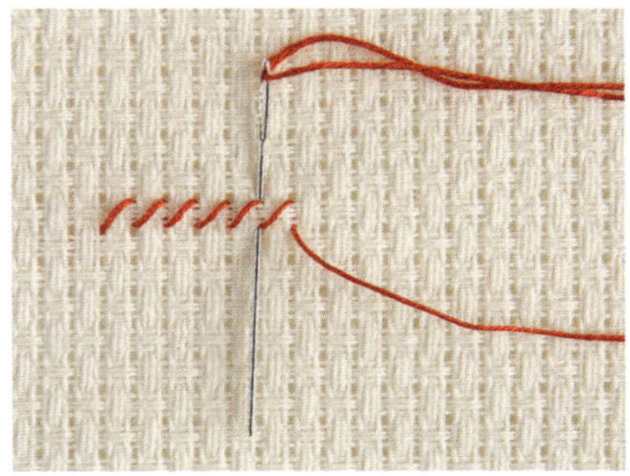

**1.** Para bordar uma fileira de cruzes, trabalhe em fileiras de ida e volta. Este método economiza linha e proporciona um avesso limpo e organizado. Borde a primeira fileira da esquerda para a direita. Faça um ponto em diagonal, saindo na parte inferior, repita o ponto por 6 vezes (ou mais, dependendo de quantas cruzes existirem na fileira.

**2.** Faça a segunda fileira com pontos de bordado na diagonal contrária, sobre os anteriores.

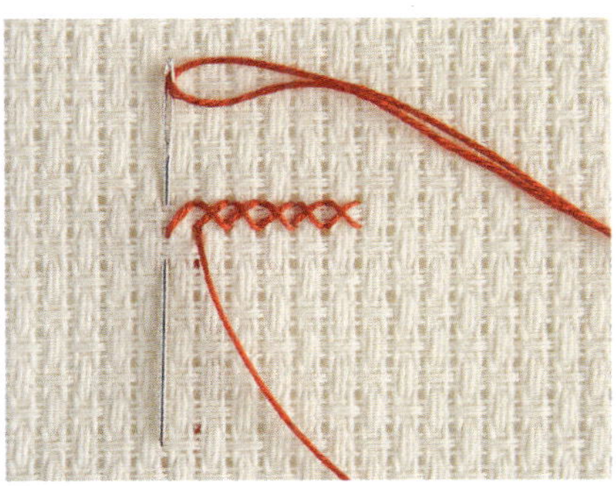

**3.** Para preencher uma superfície, borde fileiras de pontos justapostas.

***Nota:** Para conseguir um bordado regular, preste atenção que os pontos diagonais inferiores são sempre bordados na mesma direção.*

## ARREMATE DA LINHA

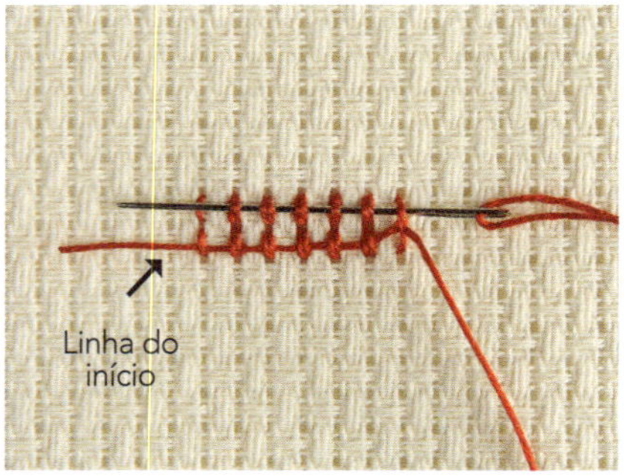


Para arrematar a linha do começo, deixe uma sobra de linha de mais ou menos 3 cm na parte de trás do trabalho, segure essa linha com os dedos e borde os pontos sobre ele, corte o excedente. Para arrematar a linha no final, deslize a agulha sob os pontos já bordados, pelo avesso e corte a linha.

*O excesso das linhas de arremate deve ser cortado à medida que o trabalho avança, para não ter excesso de linha na parte de trás do trabalho.*

## PONTO CRUZ ALONGADO VERTICAL

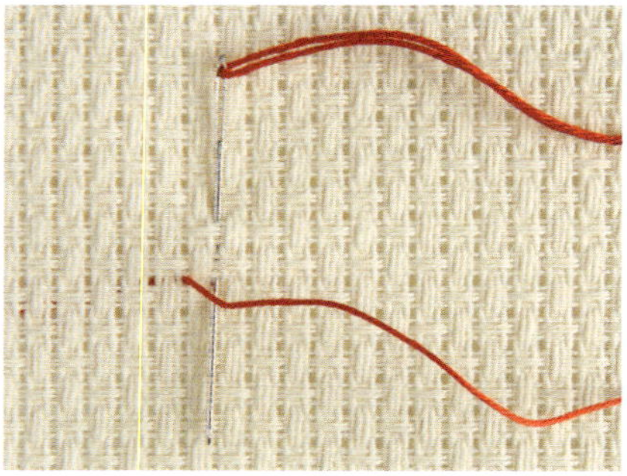

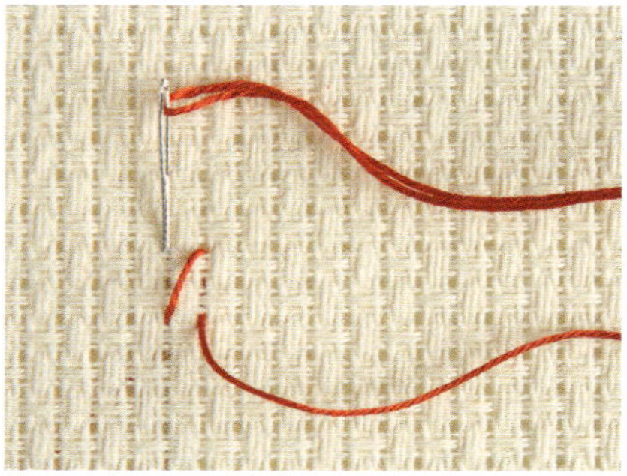

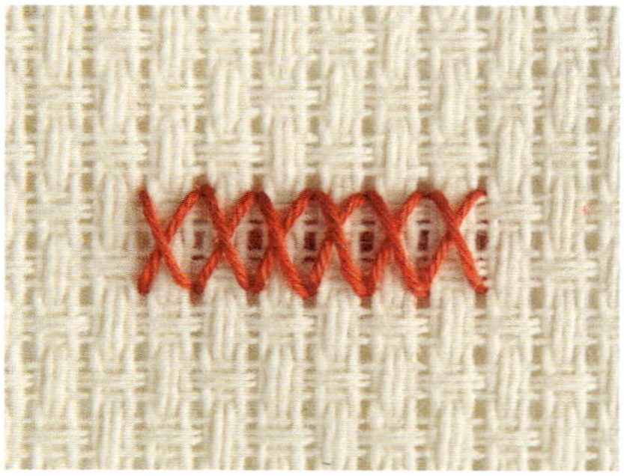

**1.** É uma das variações mais simples do ponto de cruz, consiste em modificar apenas o tamanho do bordado de dois pontos diagonais sobrepostos. Borde o primeiro ponto diagonal em um ponto de largura do tecido e dois pontos de altura. Saia na base e borde o segundo ponto diagonal sobreposto.

**2.** Borde outros pontos idênticos justapostos.
***Nota:*** *O ponto cruzado alongado também pode ser trabalhado em fileiras de ida e volta.*

## PONTO CRUZ ALONGADO HORIZONTAL

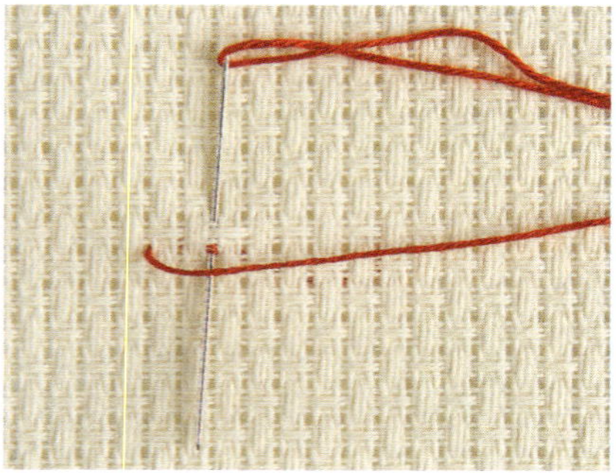

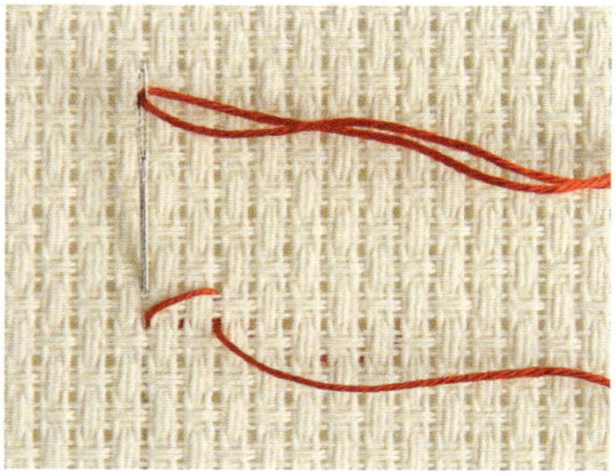

**1.** Este ponto é uma variação do ponto anterior.
O tamanho é o mesmo, apenas o sentido do ponto que muda.
Borde o primeiro ponto diagonal em dois pontos do tecido de largura e um ponto de altura. Saia na base e borde o segundo ponto diagonal sobreposto.

**2.** Borde outros pontos idênticos justapostos.
***Nota:*** *O ponto cruzado alongado também pode ser trabalhado em fileiras de ida e volta.*

## PONTO CRUZ RETO OU PONTO CRUZ DE SÃO JORGE

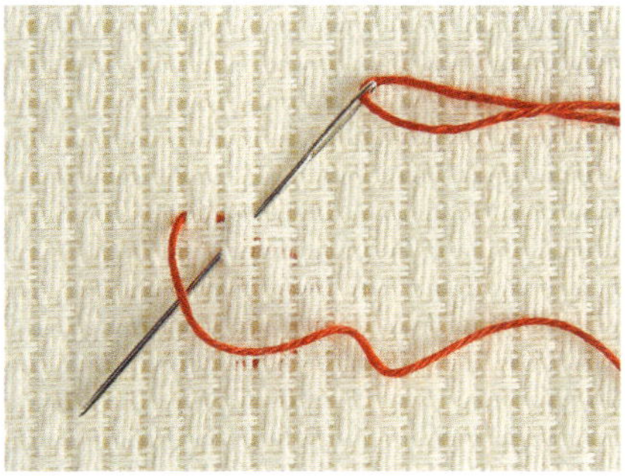

**1.** Este ponto é composto de dois pontos chuleados sobrepostos, bordados nas medianas do quadriculado. Saia à esquerda, insira a agulha dois pontos à direita e retire a agulha novamente no meio do ponto, na parte inferior.

**2.** Borde de baixo para cima em dois quadrados do tecido.

**3.** Borde o ponto cruz reto justaposto em fileiras, como os pontos anteriores, ou alternado, conforme a figura.

## PONTO CRUZ DUPLO

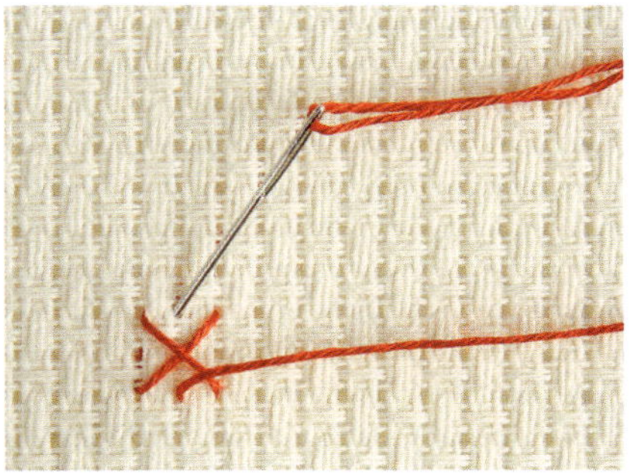

**1.** É um ponto cruz duplo sobreposto. Borde um ponto cruz simples em dois quadrados de altura e largura.

**2.** Borde um ponto de cruz reto em cima, fazendo primeiro o ponto vertical, ...

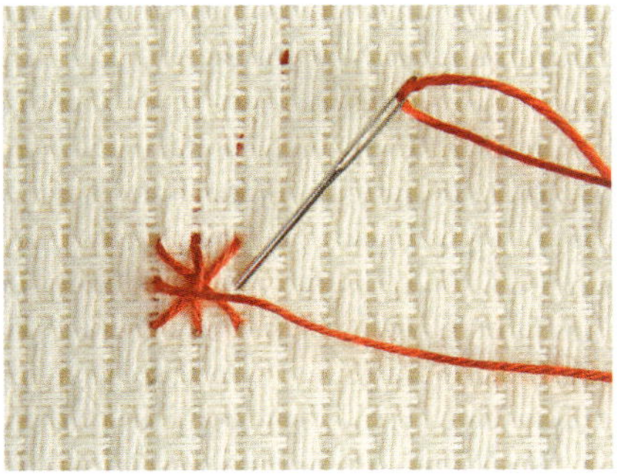

... então o ponto horizontal.

**3.** Outros pontos idênticos podem ser bordados de forma justaposta para cobrir uma superfície.

***Nota**: O ponto de cruz duplo pode ser bordado em várias fileiras de ida e volta para economizar linha e ter um avesso perfeito (consulte a técnica na página 48 – bordado suíço).*

## PONTO ESTRELA

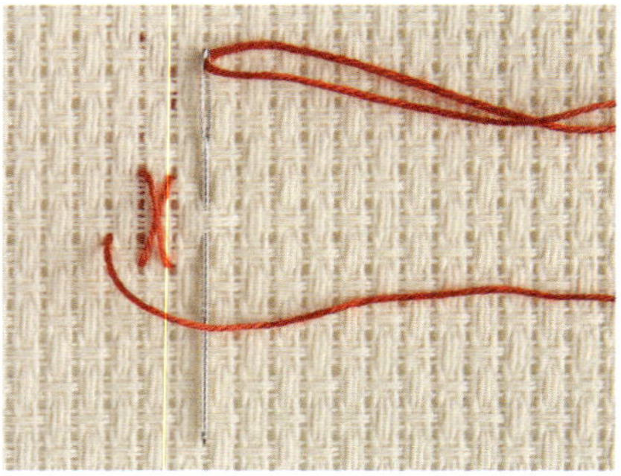

*A altura e a largura dos pontos cruzes podem variar de acordo com a escolha e o resultado desejado. Os efeitos são por vezes surpreendentes. É conveniente fazer testes em um tecido de exercício.*

Este ponto é composto por dois pontos cruzes alongados e sobrepostos. Borde um ponto cruz alongado vertical e, em seguida, um ponto cruz horizontal alongado em cima.

## PONTO CRUZ SOBRE UM FIO

### Técnica

Este ponto cruz é trabalhado em um único fio da trama e em um tecido unifil. O tamanho do motivo bordado é dividido por quatro em comparação com o ponto de cruz em dois fios e, desta forma, o bordado ganha delicadeza.

Este ponto também pode ser combinado com o tradicional ponto cruz, para bordar pequenos detalhes do mesmo trabalho. Este bordado deve ser executado, de preferência, com um bastidor.

Para arrematar as linhas, proceda como no ponto cruz clássico (veja a página 22).

### Materiais

- 20 x 30 cm de tecido de linho branco de 12,6 fios/cm Zweigart Belfast **Ref.** 3609/101
- 1 agulha de tapeçaria n° 26 Bohin
- 1 bastidor de 15 cm de diâmetro Sajou
- Algodão Broder Spécial DMC n° 25: 321

***Nota:*** *Para ter sucesso neste ponto, borde a cruz de uma só vez em um único fio da trama, levando em consideração a construção do tecido.*

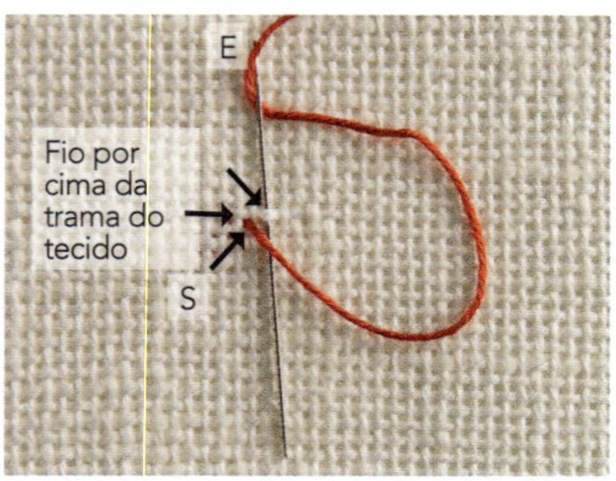


**1.** Borde o primeiro ponto diagonal da cruz **verticalmente** em um fio da trama (este deve estar por cima na trama do tecido). Antes de iniciar o segundo ponto diagonal, deslize a linha sob o fio da trama **horizontal** por baixo.

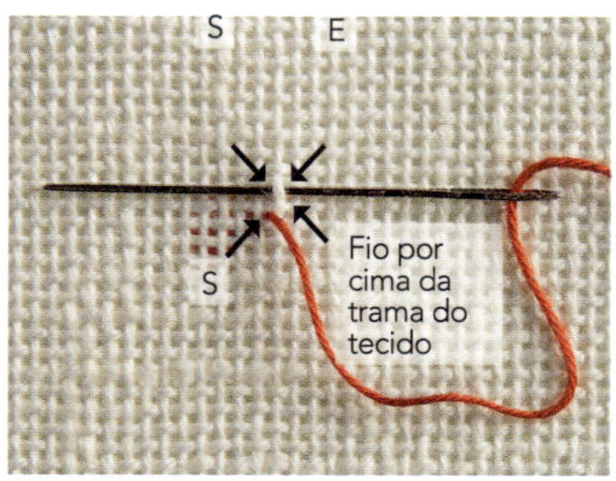


**2.** Borde o primeiro ponto diagonal da cruz **horizontalmente** em um fio da trama (este deve estar por cima na trama do tecido). Antes de iniciar o segundo ponto diagonal, deslize a linha sob o fio da trama **vertical** por baixo.

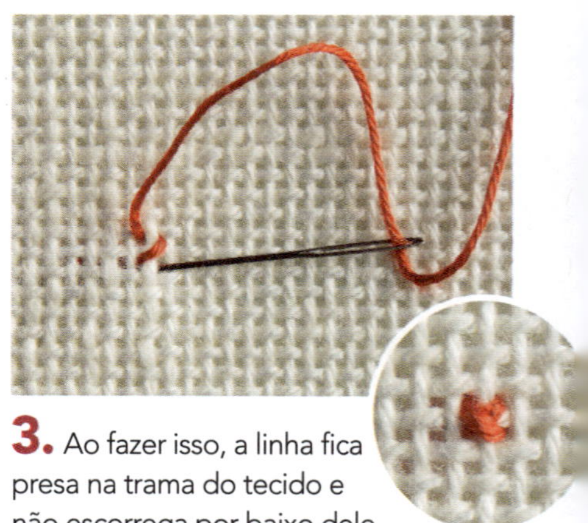

**3.** Ao fazer isso, a linha fica presa na trama do tecido e não escorrega por baixo dele. Borde o segundo ponto diagonal por cima. A cruz deve estar claramente posicionada na superfície da tela.

## BORDADO COM PONTOS EM SÉRIE

Este ponto não deve ser bordado em fileiras de ida e volta. Para preencher uma superfície, é necessário bordar vários pontos justapostos. Certifique-se de bordar os pontos diagonais, por baixo, sempre na mesma direção.

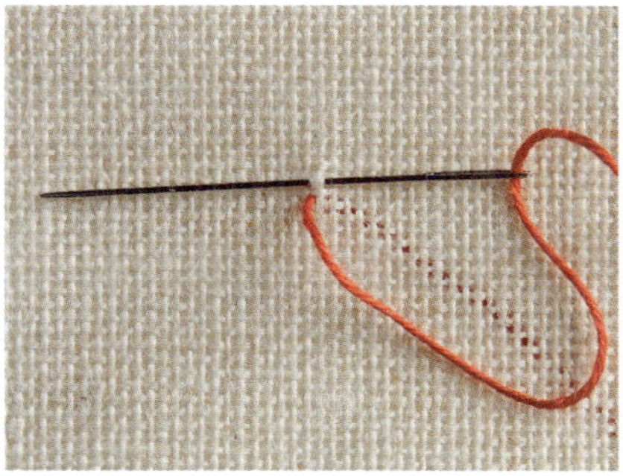

**1.** Borde um ponto diagonal em um fio do tecido (veja **foto 2**, página 24) e saia para a esquerda.

**2.** Borde o segundo ponto diagonal e retire a agulha novamente um fio mais adiante (veja **foto 3**, página 24).

**3.** Borde o primeiro ponto da próxima cruz (ver **foto 1**, página 24) e saia por baixo.

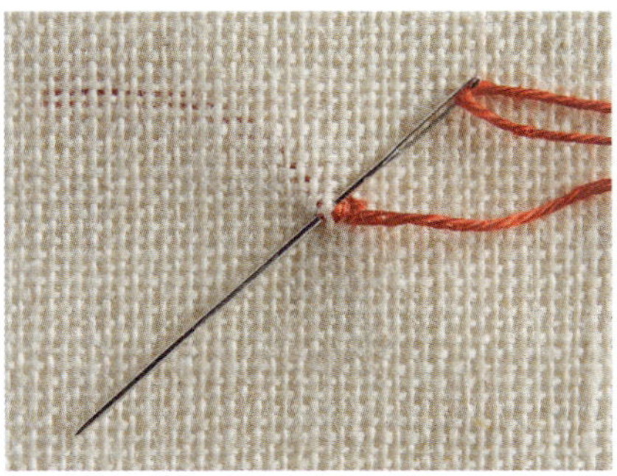

**4.** Insira agulha na diagonal e saia a um fio de distância para a esquerda.

**5.** O terceiro ponto e todos os pontos ímpares devem ser bordados como o primeiro. Da mesma forma, o quarto ponto e todos os pontos pares devem ser bordados como o segundo.

> Ao contrário das ideias preconcebidas, para o ponto cruz em um fio, você não precisa de uma visão melhor do que para bordar o ponto em cruz em dois fios. Você apenas precisa que ser capaz de contar os fios do tecido a olho nu e sem dificuldades. Além disso, o risco de erro é menor, pois a contagem dos fios da trama é feita de maneira mais rápida e fácil.

**6.** A linha é arrematada, passando-a cuidadosamente sob os pontos na parte de trás do trabalho.

# PONTO CRUZ COM AVESSO PERFEITO

## Técnica

Este ponto cruz deve ser trabalhado de tal forma que o avesso apresente uma limpeza impecável, ocultando perfeitamente as extremidades da linha. Mais econômica, essa técnica também é muito agradável, pois a bordadeira deve sempre antecipar onde inserir a agulha e o trajeto das linhas, o que implica maior concentração e reflexão. Este tipo de bordado recomendado para trabalhos nos quais o avesso é visível (por exemplo, guardanapos, jogos americanos...).

As regras que devem ser respeitadas são as seguintes:

- A maioria dos pontos é bordada em duas etapas (fileiras de ida e volta).
- Às vezes, borda-se a cruz inteira, apenas quando está isolada ou no final de um diagrama.
- No avesso, sempre borde os pontos verticais com a altura de um ponto do tecido.

O sentido dos pontos diagonais feitos na primeira fileira não importa. É na fileira de volta que é necessário observar e fazer corretamente a meia-cruz complementar, seja sobrepondo-a ou colocando-a abaixo da anterior, de modo que os pontos diagonais sejam sempre feitos na mesma direção.

## Materiais

- 20 x 30 cm de tecido cru Aida de 3,25 pontos/cm Zweigart Hertarette **Ref.** 3707/264
- 1 agulha de tapeçaria n° 26 Bohin
- 1 bastidor de 15 cm de diâmetro Sajou
- Algodão Broder Spécial DMC n° 25: 321

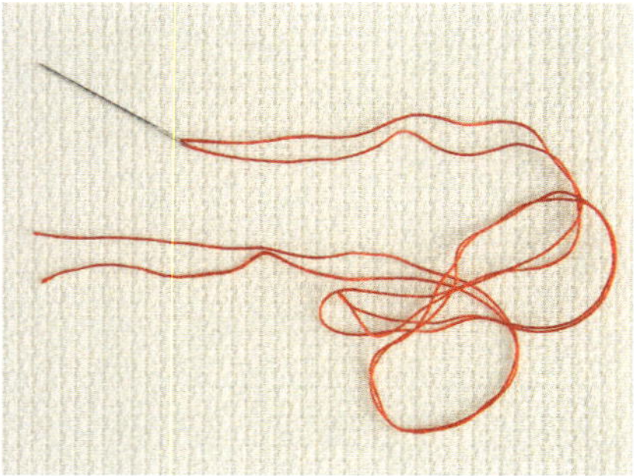

**1.** Para fazer este ponto, corte a linha um pouco maior que o normal (120 cm). Passe a linha na agulha e coloque as extremidades juntas. A linha fica com 60 cm.

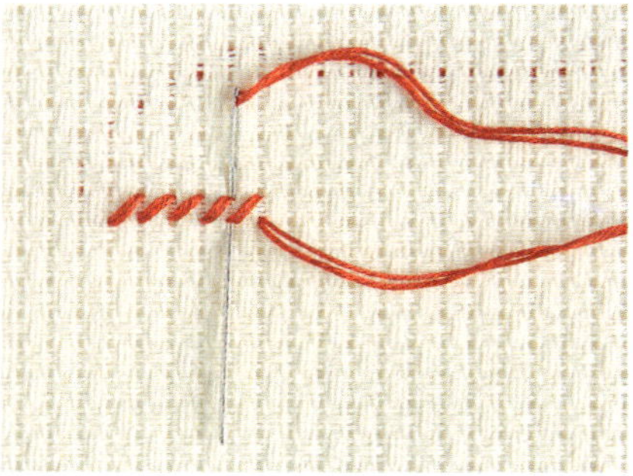

**2.** Saia do lado esquerdo e borde uma primeira fileira de pontos diagonais.

**3.** Volte para a esquerda bordando os pontos diagonais para completar as cruzes. Ele sai novamente no canto inferior esquerdo do primeiro ponto da linha.

**4.** Inicie a segunda fileira de cruzes, da esquerda para a direita, e retorne deslizando a agulha sob os pontos anteriores para bordar a segunda metade abaixo da primeira, mantendo o lado correto da inclinação das cruzes.

**5.** Na segunda fileira, a linha é retirada no canto inferior esquerdo do primeiro ponto da terceira fileira. A terceira fileira e todas as fileiras ímpares devem ser bordadas como a primeira fileira.

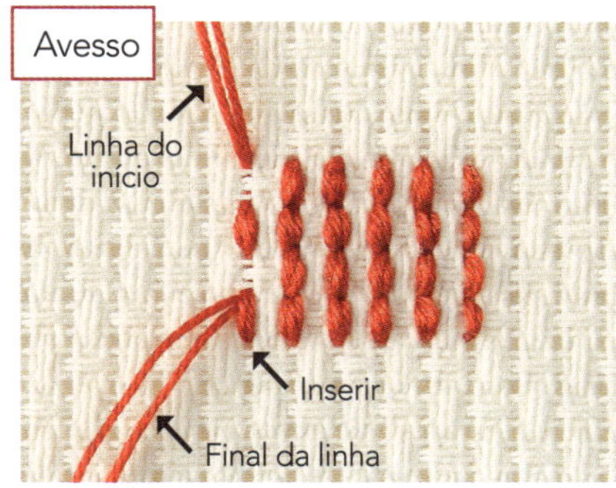


**6.** No avesso do trabalho, os pontos são pequenos e verticais. Para arrematar as linhas, insira a agulha na parte inferior do ponto e saia novamente no direito da tela. Retire as linhas da agulha e coloque apenas uma linha novamente na agulha.

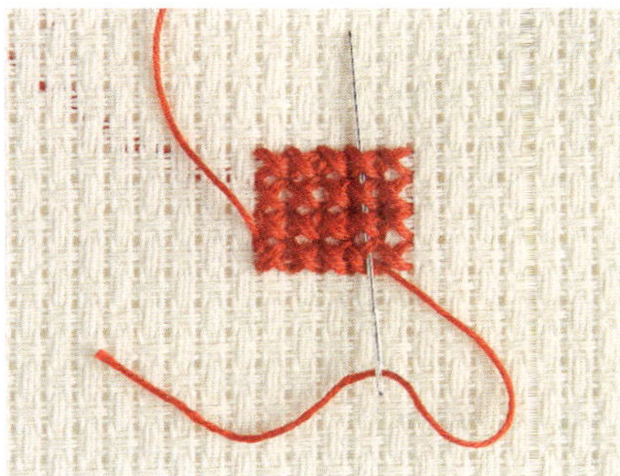

**7.** Passe por baixo de alguns pontos cruz, horizontalmente e depois verticalmente.

**8.** Saia novamente no topo e corte o excesso de linha próximo ao ponto. Da mesma forma, arremate o outro fio da linha, deslize sob os pontos cruz escolhendo outro caminho e corte a linha. Da mesma forma, as linhas do início devem ser finalizadas. Certifique-se de não passar duas vezes abaixo dos mesmos pontos cruz, para que a passagem da linha seja a mais discreta possível.

**9.** Pelo direito, o acabamento das linhas é praticamente invisível.

**10.** Pelo avesso, os pontos são perfeitamente verticais.

# EXERCÍCIOS

Os seguintes exercícios são interessantes e recomendados para assimilar perfeitamente a técnica.

## Fileira vertical de ponto cruz

**1.** Borde uma fileira vertical de cima para baixo com meia cruz.

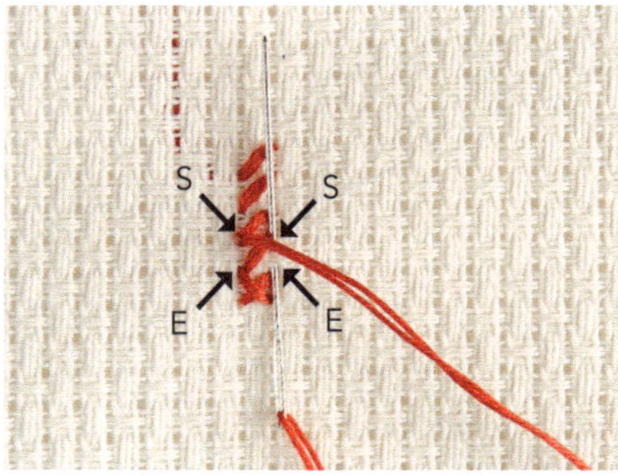


**2.** Volte para o topo, bordando os pontos da meia cruz.

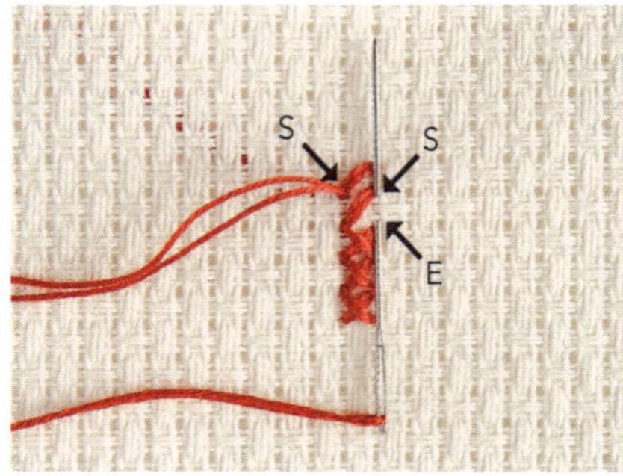


**3.** Todos os pontos são bordados, exceto o primeiro ponto da fileira.

***Nota:*** *No avesso, os pontos são verticais e não podem exceder a altura de um ponto da tela (quadrado Aida). Dependendo do ponto de saída da agulha, a linha pode ser colocada acima ou abaixo do ponto anterior, de modo que o segundo ponto diagonal esteja sempre por cima da cruz.*

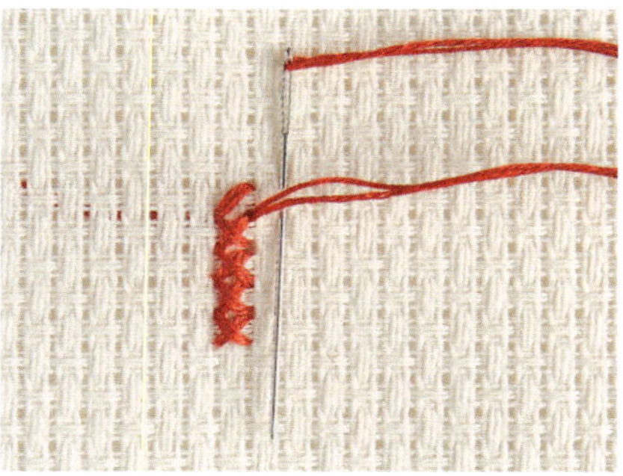

**4.** Borde o primeiro ponto diagonal da fileira justaposta à direita.

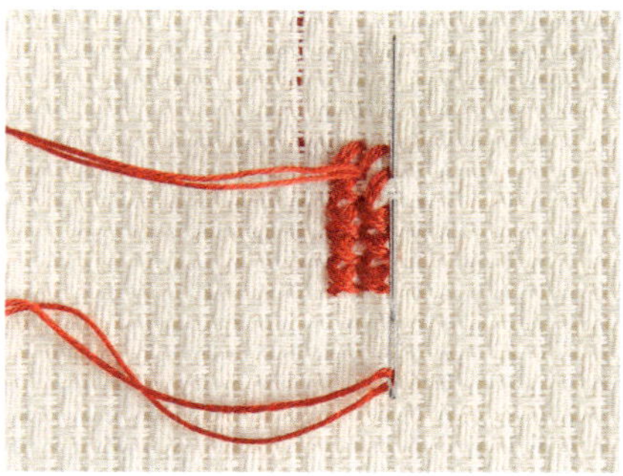

**5.** Borde a parte inferior da fileira e volte fazendo os pontos da meia cruz como na fileira anterior, sem bordar o último ponto.

**6.** Borde outras três fileiras de pontos da mesma maneira. Para terminar, borde as meias cruzes nos pontos da fileira horizontal superior ...

... da direita para a esquerda, conclua o arremate da linha no direito do trabalho como anteriormente.

## Fileira diagonal de ponto cruz

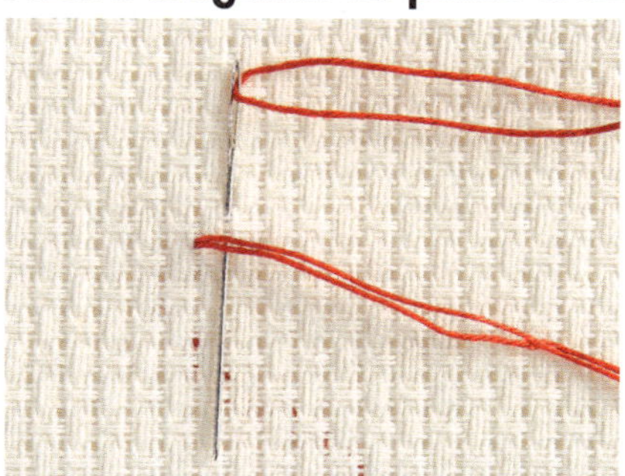

**1.** Borde as meias cruzes em uma fileira diagonal, de cima para baixo, fazendo no avesso os pontos verticais da altura de um ponto do tecido (quadrado Aida) para passar de um ponto para outro.

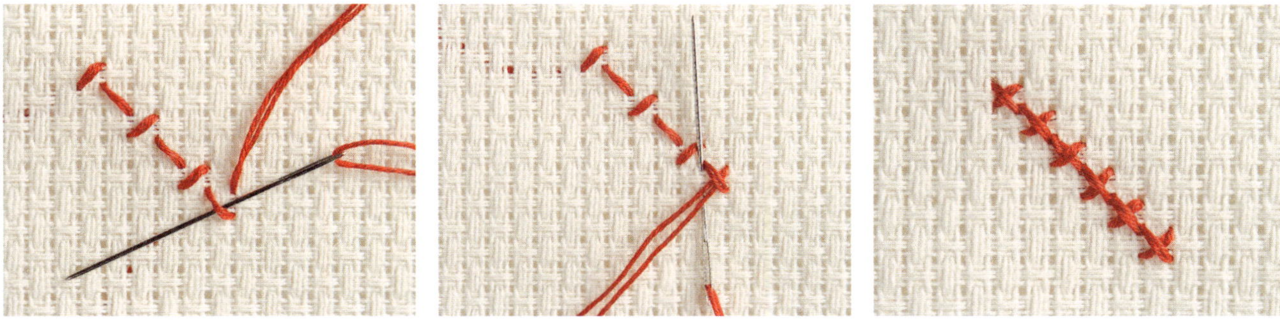

**2.** Volte de baixo para cima e borde as outras meias cruzes, colocando-as acima ou abaixo dos pontos anteriores, de modo que o segundo ponto diagonal seja sempre o que estiver por cima da cruz.

## Fileira em ziguezague de ponto cruz

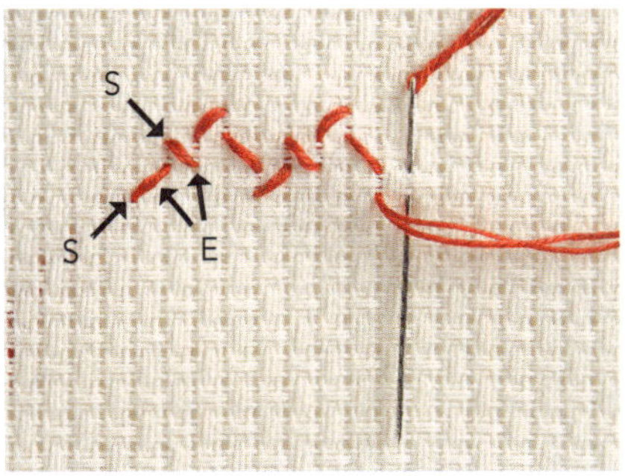


**1.** Comece pela esquerda e borde três pontos cruz como anteriormente (veja a página 28), mude a direção da fileira e borde outros dois meios pontos, então, repita a mesma coisa para ter uma fileira ziguezague de meio ponto cruz.

**2.** Na volta, borde as outras meias cruzadas como anteriormente.

## Bordado em policromia

Para bordar um motivo com várias cores de linha, respeite a técnica para arrematar as linhas sem misturá-las. Borde seguindo o diagrama abaixo.

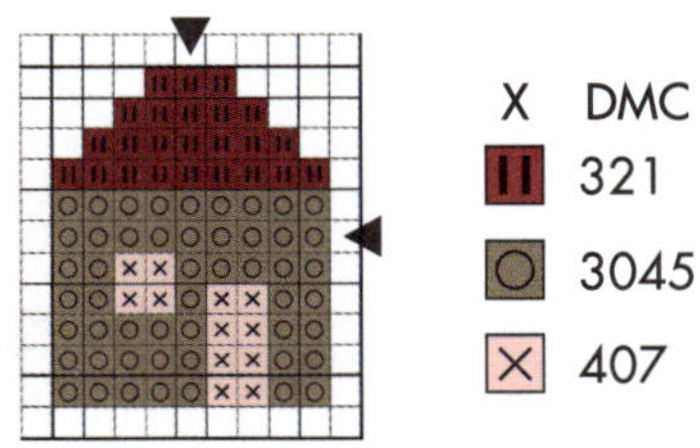

**1.** Borde a partir do telhado. Saia pela esquerda e borde quatro fileiras horizontais de ida e volta de meio ponto cruz, sem terminar o primeiro ponto de cada fileira. Na última fileira, volte para baixo bordando os pontos da meia cruz dos pontos incompletos à esquerda e arremate a linha.

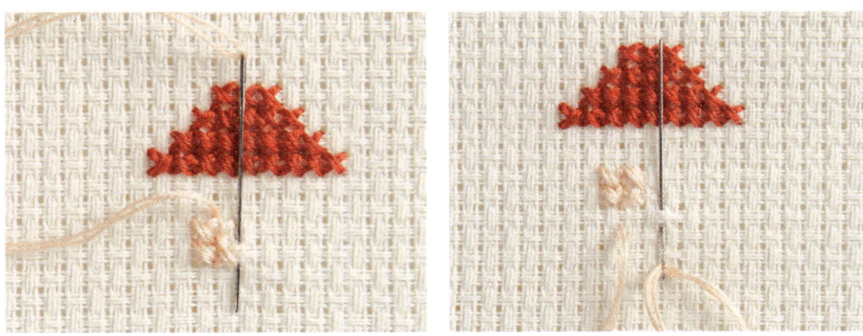

**2.** Antes de bordar a fachada, borde a porta e a janela. É mais fácil, depois, preencha a fachada sem ter de olhar para o diagrama.
Borde a janela, depois saia abaixo do último ponto e faça um ponto horizontal à direita. Saia no topo, para iniciar o primeiro ponto da porta.

**3.** Depois de bordar a porta e a janela, arremate a linha. Então, borde a fachada fazendo fileiras de meio ponto cruz de ida e volta a partir do topo.

**4.** A janela é rodeada, inserindo a agulha sobre a linha rosa passada no começo. Para mudar a linha, faça o arremate conforme explicado anteriormente (consulte a página 27). Para iniciar a nova linha, faça um nó perdido, insira a agulha pelo direito do trabalho, saia à direita da última fileira trabalhada e passe por cima da fileira a ser bordada, e insira a agulha à esquerda, no topo do quadriculado do tecido (um quadrado de Aida), ele sai no canto inferior esquerdo deste mesmo ponto e continue bordando seguindo a técnica, escondendo a linha estendida.

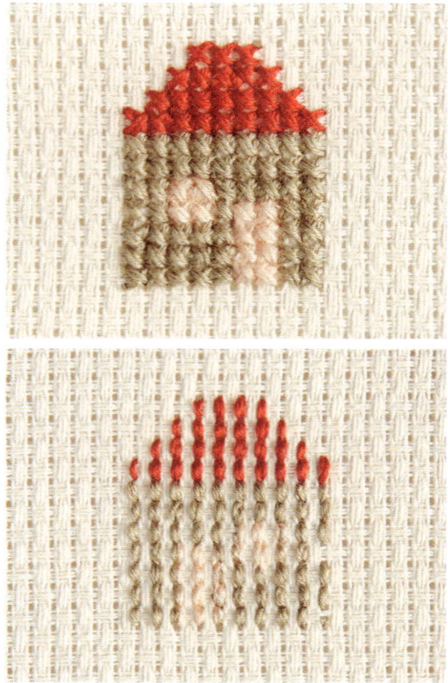

**5.** No avesso, as cores das linhas não se misturam.

# BORDADO DE ASSIS

## DESCRIÇÃO E BREVE HISTÓRICO

Esta técnica, de origem italiana, é um bordado de reserva no qual as partes internas dos desenhos se destacam devido ao bordado dos espaços exteriores. É conhecido desde o século XVI e antes era chamado de ponto Holbein, por causa nome do pintor Hans Holbein, que representava em suas telas pessoas da nobreza vestindo ternos adornados com esse ponto. No século XX, a técnica foi muito bem-sucedida em Assis e desde então leva seu nome.

## MATERIAIS

Tecidos, linhas, agulhas e outros acessórios são os mesmos que os recomendados na técnica do ponto cruz (consulte a página 20).

## TÉCNICA

A técnica é classificada de acordo com dois métodos de trabalho: **ponto de Assis** e **bordado de Assis**.

### Materiais

- 20 x 30 cm de tecido branco misto algodão/modal de 12,6 fios/cm Zweigart Murano **Ref.** 3984/100
- 1 agulha de tapeçaria n° 26 Bohin
- 1 bastidor de 12 cm de diâmetro Sajou
- Algodão perolado DMC n° 12: 931 e 932.

## PONTO DE ASSIS

Este ponto é uma variação do ponto cruz e permite um trabalho reversível. Este é o ponto original usado no bordado de Assis. As fileiras de pontos são trabalhadas de baixo para cima. O ponto cruz alterna com um ponto chuleado nos lados, de cima e de baixo. Trabalhe com um determinado número de fios do tecido, idêntico em altura e largura. Para bordar, recomenda-se usar uma linha mais fina para fazer corretamente a numerosa quantidade de pontos que cobrem a mesma superfície.

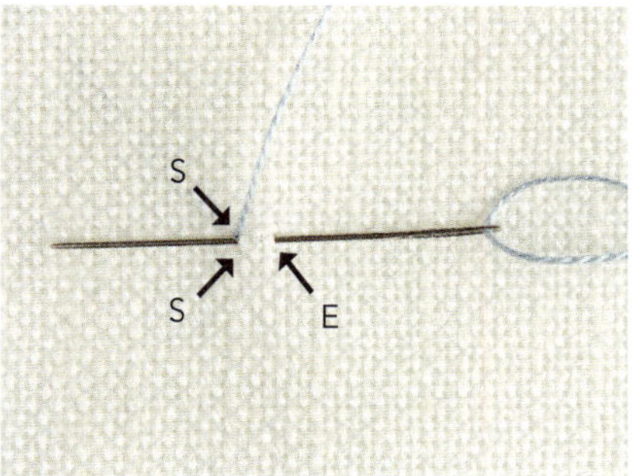


**1.** Saia à esquerda, faça um ponto atrás em três fios do tecido e volte ao ponto inicial.

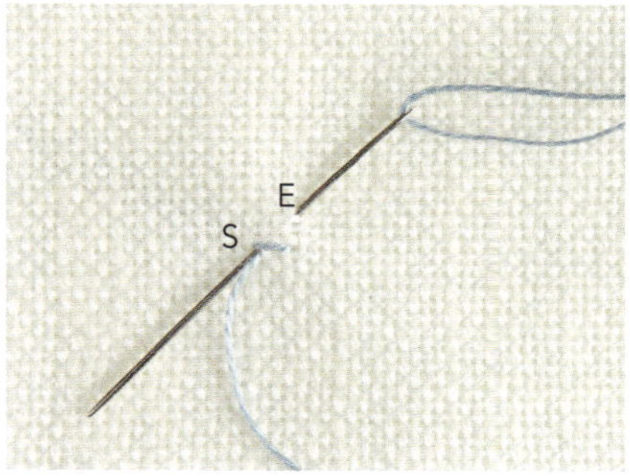


**2.** Insira a agulha e faça um ponto diagonal para cima e volte para baixo novamente, ao ponto inicial.

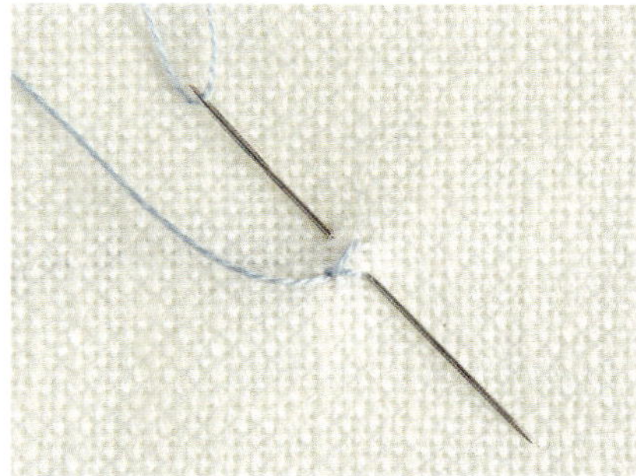

**3.** Insira a agulha verticalmente e volte diagonalmente, no ponto anterior.

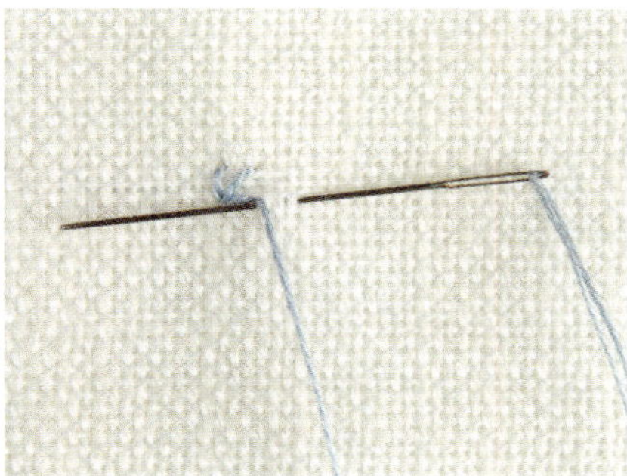

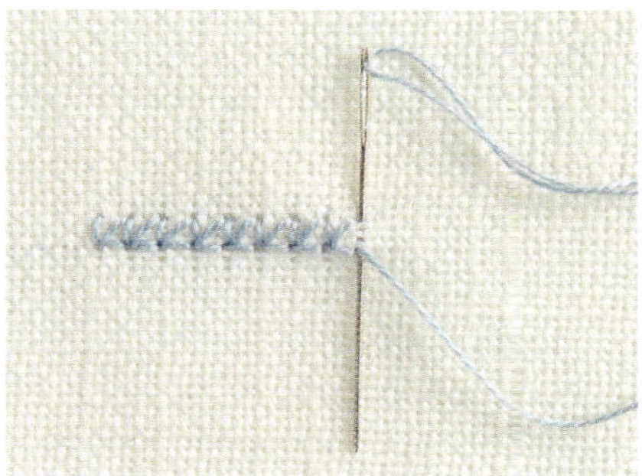

**4.** Borde um novo ponto como anteriormente (fotos 1 a 3). Todos os pontos seguintes são feitos da mesma maneira.

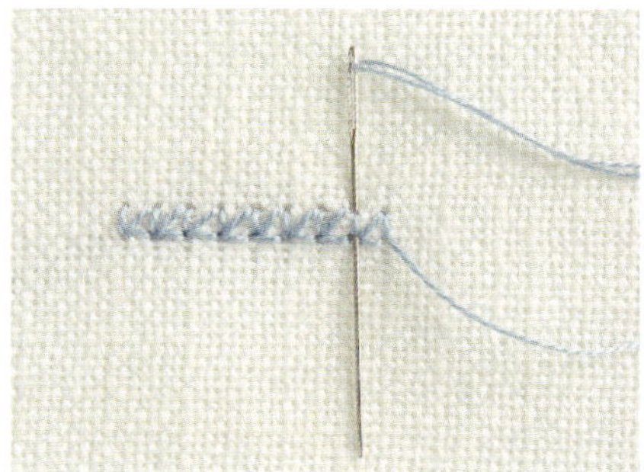

**5.** Uma vez que o número desejado de pontos tenha sido bordado, volte para a esquerda fazendo pontos diagonais sobre os pontos anteriores.

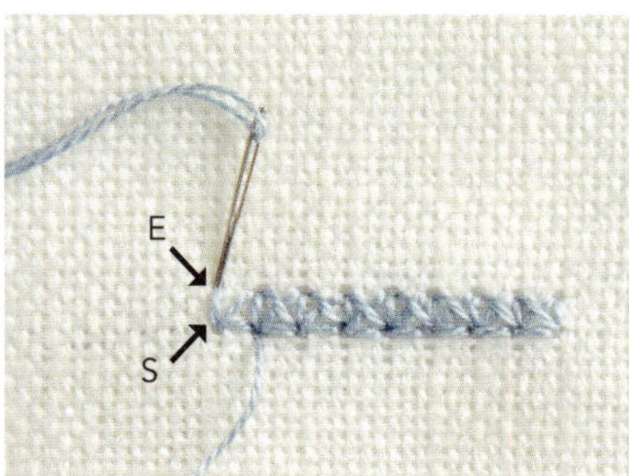


**6.** Faça o ponto diagonal no último ponto e retire a agulha dois fios mais abaixo.

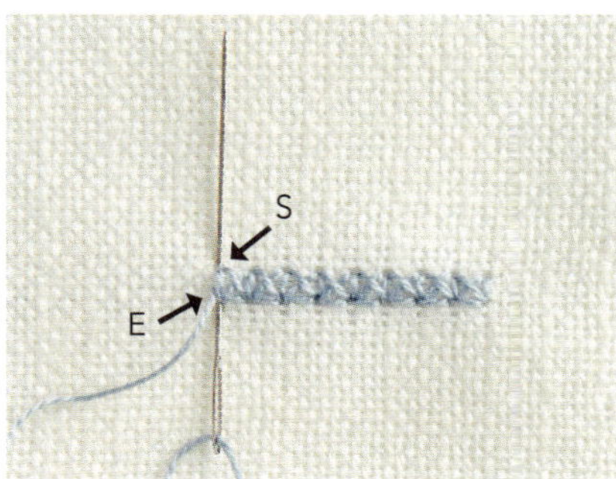


**7.** Insira a agulha um fio mais abaixo e retire novamente três fios acima.

**8.** Borde um novo ponto como o primeiro ponto da fileira anterior.

## Ponto de Assis (continuação)

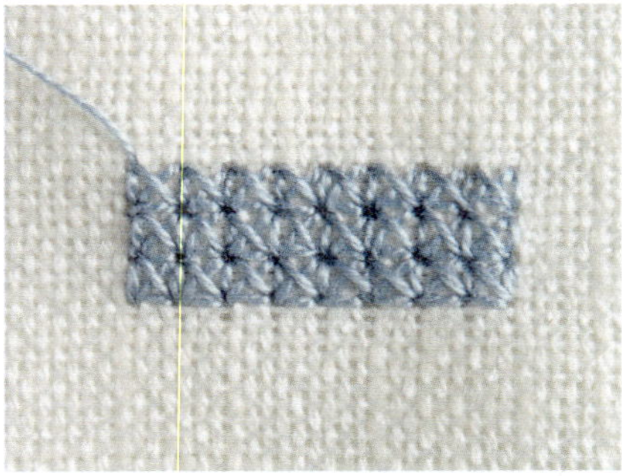

**9.** Em seguida, borde as outras fileira da mesma maneira.

**10.** O avesso é semelhante ao direito.

*O ponto Assis dá uma textura dupla face à superfície bordada. Embora seja pesado, tem a vantagem de ser muito resistente ao uso e à lavagem. Recomenda-se bordar este ponto em um tecido muito resistente também.*

## PONTO HOLBEIN

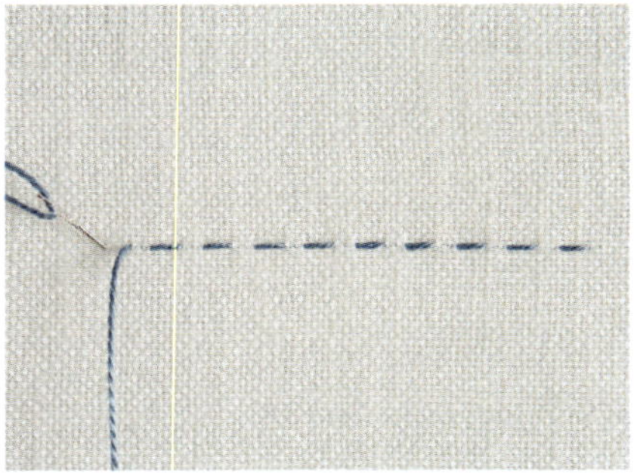

**1.** Retire a linha pela direita e borde a primeira parte do ponto Holbein: borde uma fileira com ponto alinhavo em quatro fios do tecido.

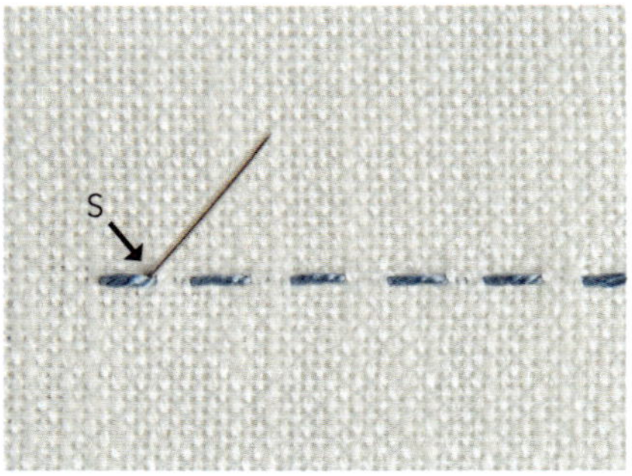


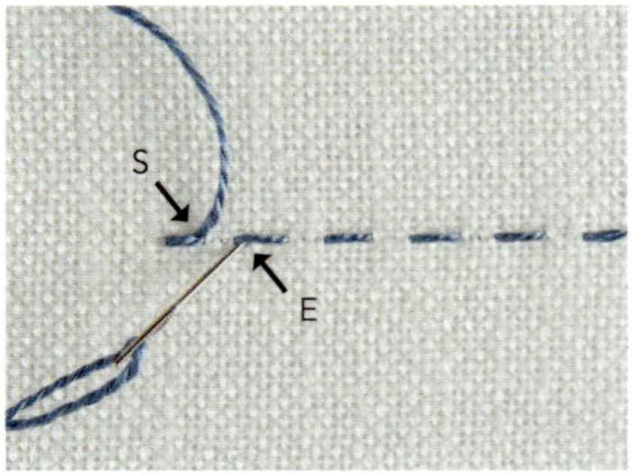


**2.** Volte para a direita para bordar a segunda parte do ponto: borde um ponto alinhavo entre os espaços vazios da fileira anterior. Saia no ponto à esquerda, acima da linha do último ponto bordado, e insira a agulha na direita, abaixo da linha do próximo ponto.

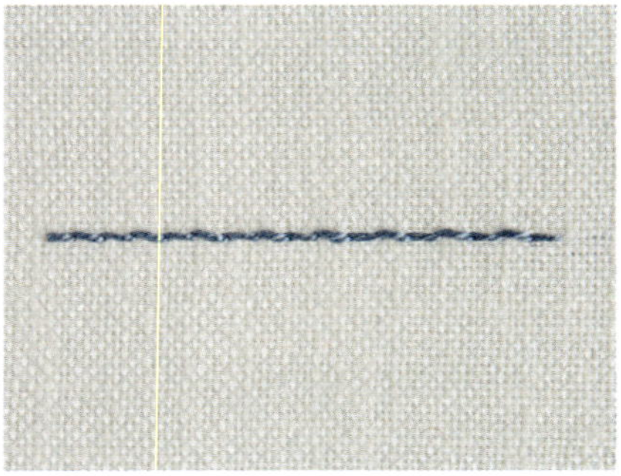

**3.** O resto dos pontos é bordado da mesma forma, a fim de obter uma linha contínua e regular.

*O ponto Holbein tem a forma de uma linha levemente ondulada. Isso se deve ao fato de a técnica forçar a agulha a sempre entrar e sair nos mesmos lugares. É importante respeitar essas regras para ter uma linha regular.*

# BORDADO DE ASSIS

Este bordado é feito em duas fases e na seguinte ordem:

**1.** O bordado do contorno dos motivos, com o ponto Holbein (veja a página anterior).

**2.** O preenchimento do fundo, com o ponto Assis (veja a página 31) ou com o ponto cruz com o avesso perfeito (veja a página 26).

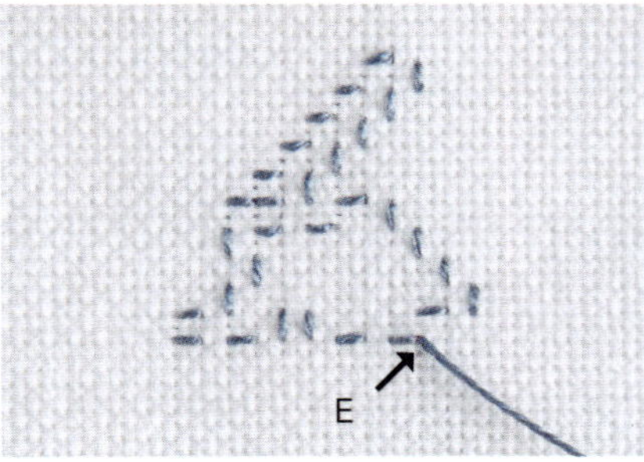


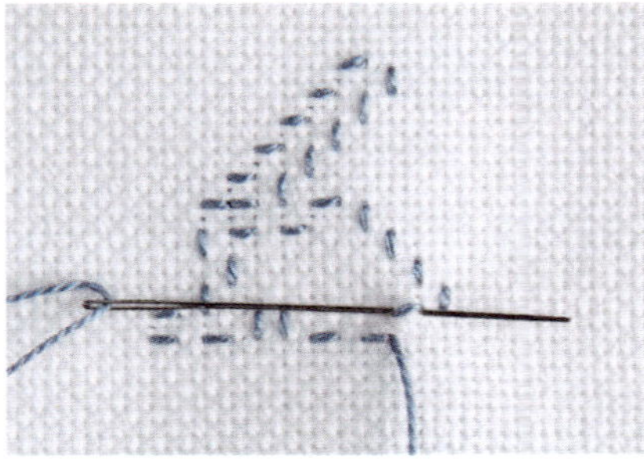

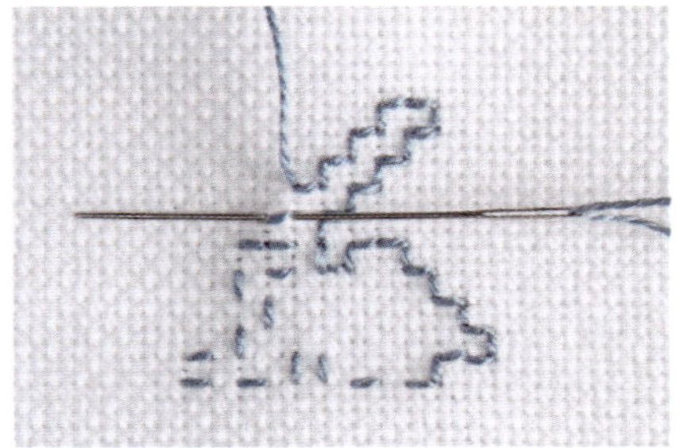

**1.** Para bordar o contorno de uma figura, retire a linha em um ponto do contorno (letra E retratada acima) e borde com ponto alinhavo sobre dois fios do tecido, da direita para a esquerda, seguindo o diagrama (ver página 192). Faça o contorno do motivo e retire a agulha no mesmo ponto.

**2.** Volte e faça a segunda fileira com um ponto alinhavo nos espaços vazios. O ponto Holbein está feito.

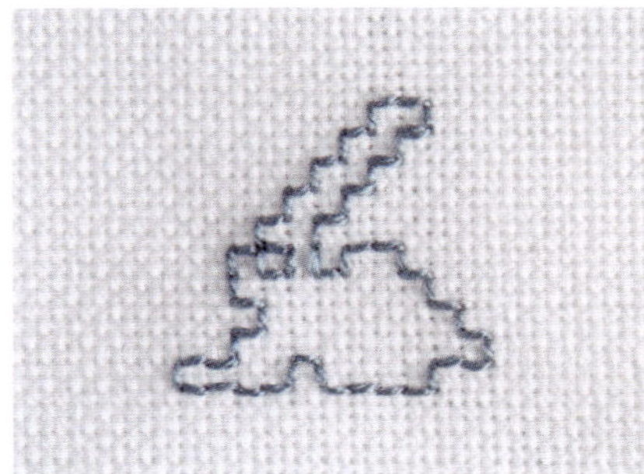

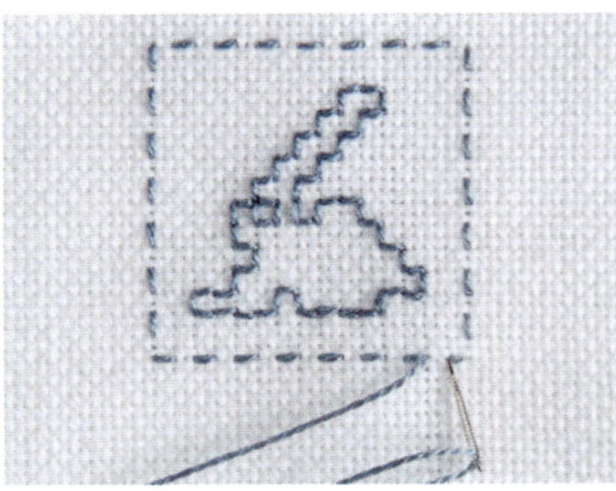

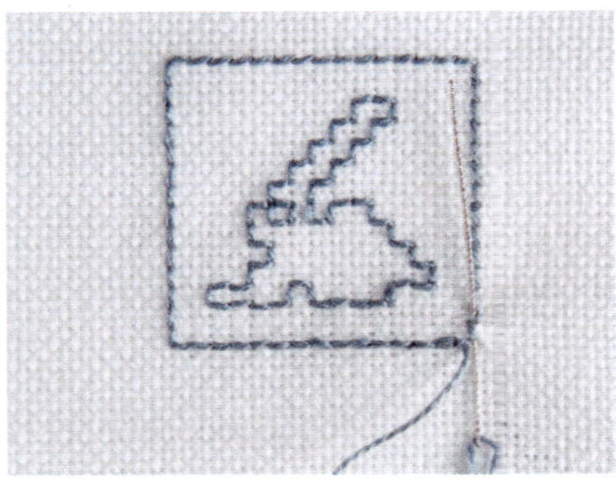

**3.** Da mesma forma, borde o contorno do quadrado com o ponto Holbein.

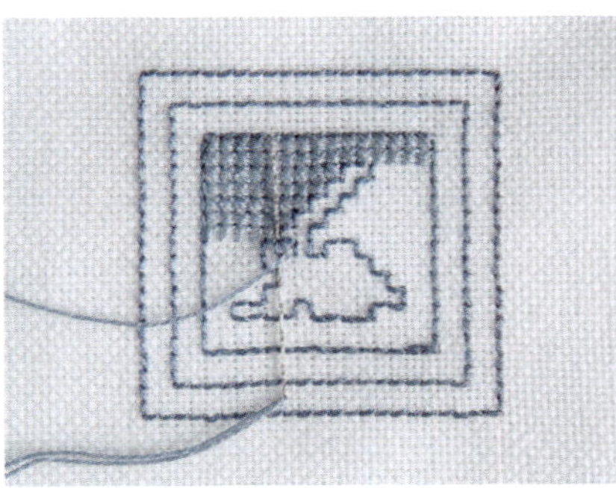

Avesso

**4.** Da mesma forma, borde as outras linhas de contorno seguindo o diagrama. Em seguida, borde o fundo com um ponto cruz com o avesso perfeito.

*O preenchimento do fundo também pode ser bordado com ponto Assis. Dessa forma, o trabalho não tem avesso e direito e se torna uma pequena obra-prima. No entanto, o trabalho é mais longo e mais linhas são necessárias.*

# PONTOS CERZIDOS

## DESCRIÇÃO E BREVE HISTÓRICO

A técnica desses pontos pertence mais à arte de remendar peças têxteis do que ao bordado, cujo objetivo principal é a decoração de um suporte. A necessidade de reparar buracos ou rasgos deu origem aos diferentes pontos de cerzido dos quais deriva a técnica remendos. É difícil datar o nascimento desse uso, o que provavelmente ocorre desde que existem roupas e vestidos de casa. Desde o final do século XVII, nos achados bordados, há amostras desses pontos, muitas vezes ao lado do ponto em cruz (ou ponto de marcação). A arte de remendar era ensinada às meninas, especialmente as das classes mais humildes, que bordavam os pontos cerzidos de variados desenhos e cores.

## MATERIAIS

### Telas

Todos os tecidos podem ser remendados e bordados com um ponto de cerzido. Se os pontos forem bordados para fazer um mostruário ou uma amostra de pontos, é apropriado usar um tecido de linho ou de algodão unifil, no qual é mais fácil contar os fios a olho nu. Devemos evitar tecidos mistos nos quais o tecido atrapalha a realização dos pontos.

### Linhas

Para um cerzido verdadeiro, é conveniente usar uma linha da mesma natureza e espessura do tecido. Idealmente, os fios da peça têxtil a ser remendada devem ser removidos e usados para cerzir. Para bordar uma amostra, vários tipos de linha podem ser adequadas: linhas de seda ou de lã, Mouliné de algodão ou algodão Broder Spécial, linha de costura etc. É importante escolher uma linha da mesma espessura que a trama do tecido.

### Agulhas

É bordado com uma agulha de ponta arredondada com um olho que corresponde à espessura da linha. Agulhas de tapeçaria com ponta arredondada *Bohin*, da mais grossa à mais fina: nº 14, 16, 18, 20, 22, 24, 26 e 28.

### Tesoura

Uma tesoura pequena e fina é usada para cortar os fios.
***Ref.** 24318 Bohin*

### Bastidor

Borde com um bastidor redondo de 10 a 15 cm de diâmetro, desloque-o à medida que o trabalho progride.
***Ref.** Bastidor de bordado Sajou*

*O ponto de cerzir, muito simples de entender e de realizar, é uma arte que requer habilidade e destreza, pois trata-se de fazer um remendo impécavel e quase invisível. Essa arte, que costumava ser feita nas fábricas de roupas, está tristemente prestes a desaparecer, devido à falta de transmissão desse precioso conhecimento.*

## TÉCNICA

Os pontos principais são o ponto chuleado, o ponto alinhavo tecido ou o ponto cerzido. Existem duas maneiras de bordar o ponto de cerzir:

### Ponto alinhavo verdadeiro

É bordado em duas fases:

**1.** Borde fileiras de ponto matiz plano econômico na superfície perfurada, inserindo a agulha nas bordas.

**2.** Tecem os pontos do ponto matiz plano. O tecido pode ser feito sobre um ou vários fios, de acordo com o desenho final desejado.

### Ponto alinhavo imitação

É feito em uma tela sem rasgo/buraco. Borde fileiras justapostas de ponto alinhavo de comprimento variável, de acordo com o desenho final desejado.

Em ambos os casos, as cores podem variar e o avesso mostra um padrão "negativo" comparado ao direito. Desenhos com ponto alinhavo são muitos.

Se o ponto cerzido for trabalhado em reserva (= o exterior do desenho é bordado e dentro dele estará vazio) e os contornos dos desenhos forem arredondados, é conveniente bordar esses contornos com um ponto linear (ponto haste, ponto marca...) uma vez que o ponto cerzido for terminado.

## PONTO ALINHAVO CERZIDO

### Materiais

Etamine branco, agulha de tapeçaria n° 28, algodão especial para bordado n° 25: 3687 e branco.

## PONTO ALINHAVO COM MESMO COMPRIMENTO

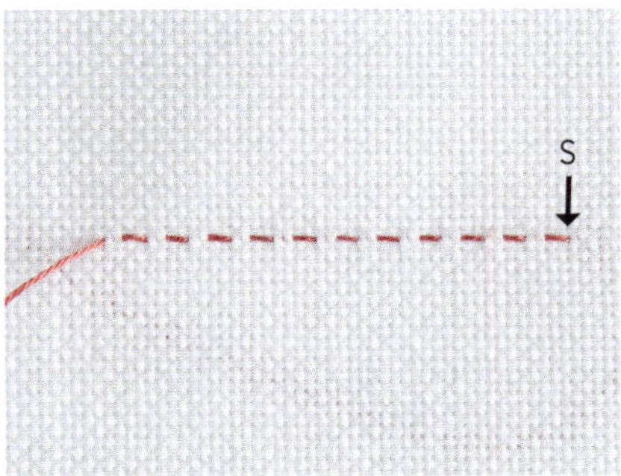


**1.** Trabalhe este ponto da direita para a esquerda, contando os fios da trama. Saia do lado direito, insira a agulha após dois fios ou mais, retire a agulha novamente a uma distância de dois fios ou mais, continuando a fileira. Borde, da mesma maneira por 4 cm.

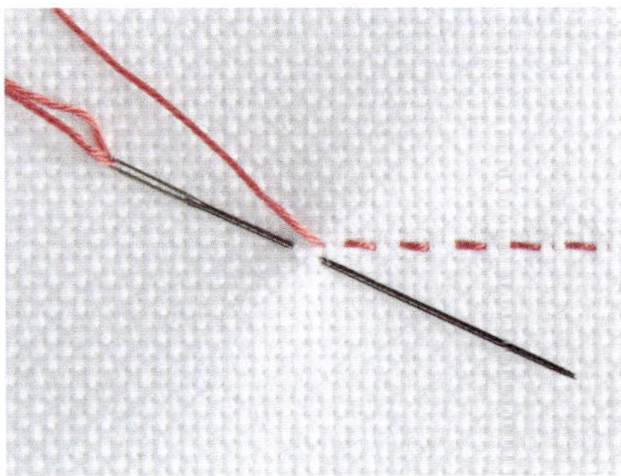

**2.** No final da fileira, insira a agulha no último ponto e saia um fio para baixo e diagonalmente.

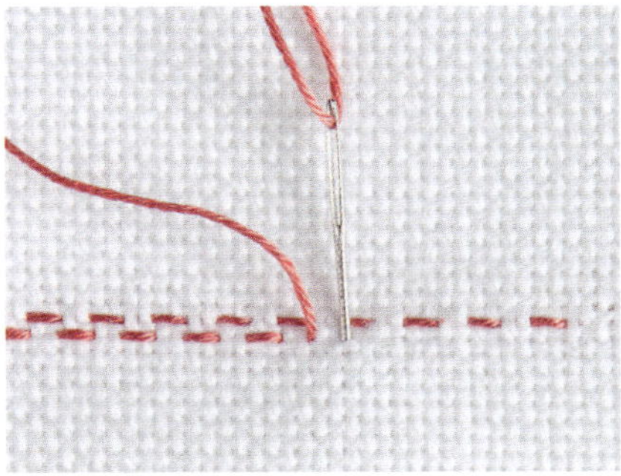

**3.** Faça uma segunda fileira de alinhavo intercalada em relação à primeira fileira.

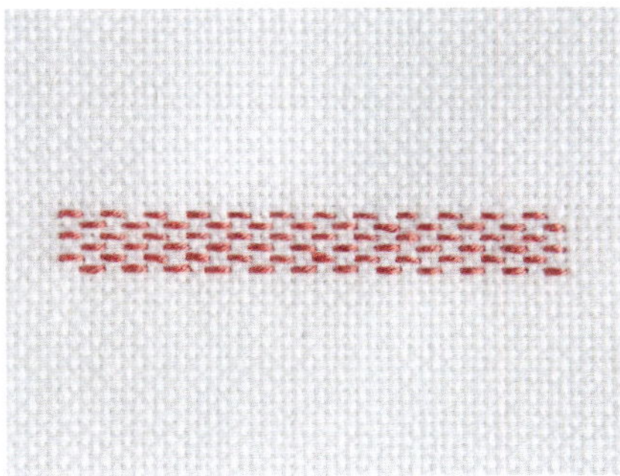

**4.** No final da segunda fileira, retire a agulha uma fileira abaixo e uma terceira fileira é feita da mesma maneira. As outras fileiras são bordadas da mesma maneira. O bordado obtido no avesso é idêntico ao bordado da direita.

***Nota**: Para fazer esta segunda fileira e todas as seguintes fileiras, o trabalho pode ser girado em 180° para sempre bordar da direita para a esquerda.*

## PONTO ALINHAVO DE COMPRIMENTO VARIÁVEL

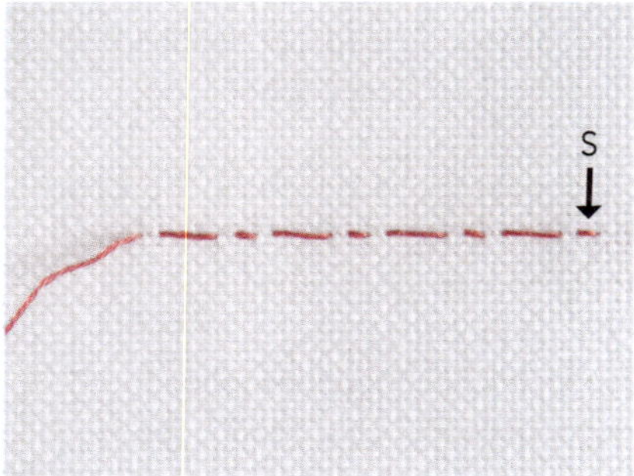


**1.** Borde com um ponto alinhavo sobre dois fios do tecido, retire a agulha novamente dois fios mais a frente e insira a agulha seis fios mais a frente. Retire a agulha dois fios mais a frente e borde como indicado acima até, por uma distância de 5 cm.

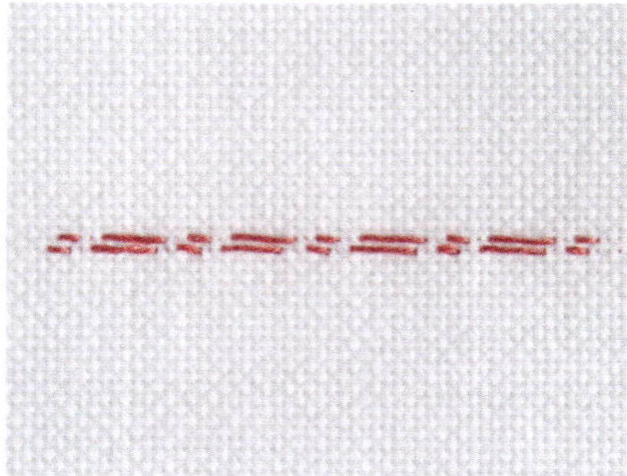

**2.** Retire a agulha um fio abaixo, deslocada por um fio em relação ao último ponto da fileira anterior. Borde a segunda fileira, da esquerda para a direita, da mesma forma que a primeira fileira.

***Nota**: Para fazer esta segunda fileira e todas as seguintes fileiras, o trabalho pode ser girado em 180° para sempre bordar da direita para a esquerda.*

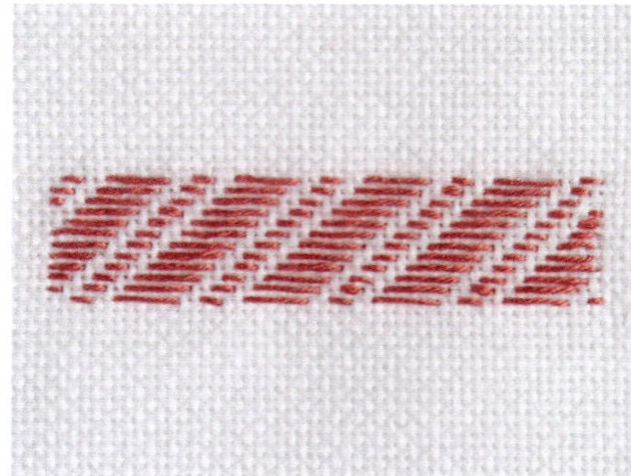

**3.** Várias fileiras de pontos idênticos são bordadas, movendo-as um fio para a esquerda em cada nova fileira.

**4.** No avesso, o bordado apresenta um aspecto "negativo" do desenho representado no direito.

## PONTO CERZIDO – TECIDO FIO A FIO

Este ponto também pode ser feito em um tecido rasgado/furado. Neste caso, é conveniente inserir a agulha a 1 cm das bordas do furo.

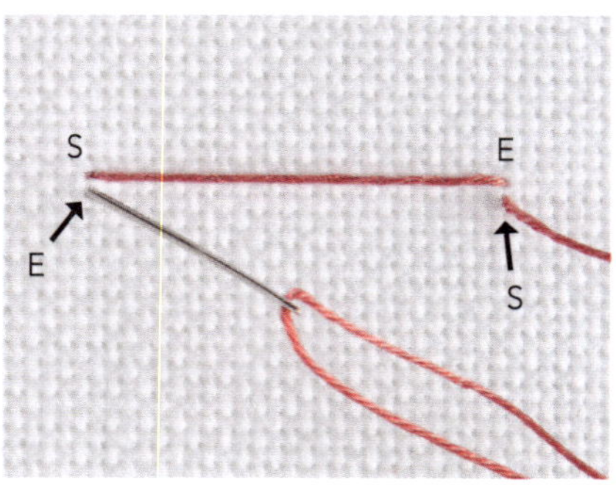


**1.** Borde com um ponto matiz plano econômico: retire a agulha no lado esquerdo e insira a agulha 2 cm mais para a direita. Retire a agulha um fio mais abaixo do ponto anterior e insira-a novamente à esquerda, um fio abaixo do primeiro ponto.

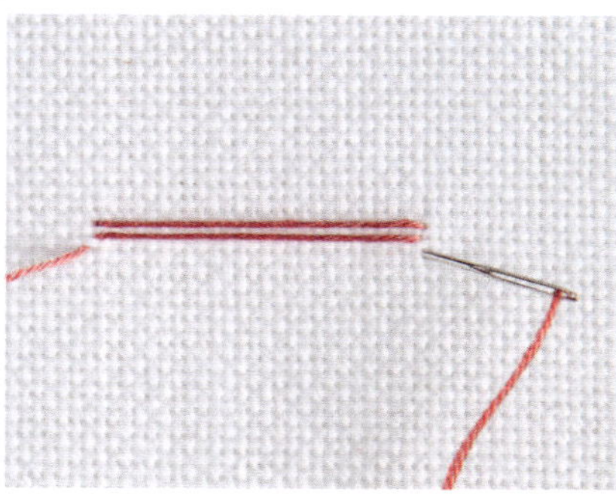

**2.** Retire a agulha um fio mais abaixo e continue a bordar como antes.

*No avesso, há apenas a linha da passagem entre as fileiras nas laterais. Essa maneira de cobrir uma superfície economiza muita linha. Essa é a razão pela qual esse ponto é chamado de "ponto matiz plano econômico".*

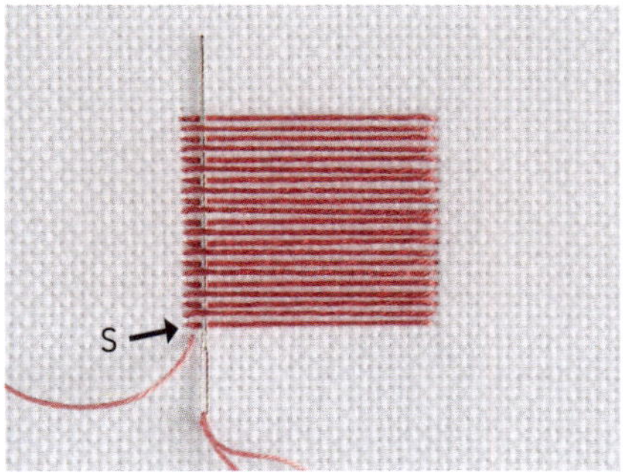


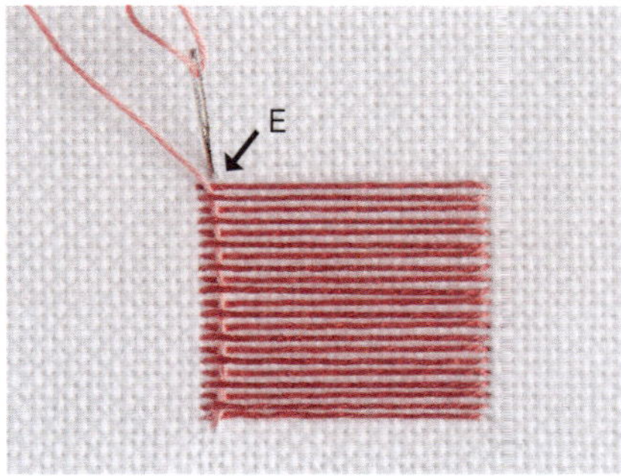


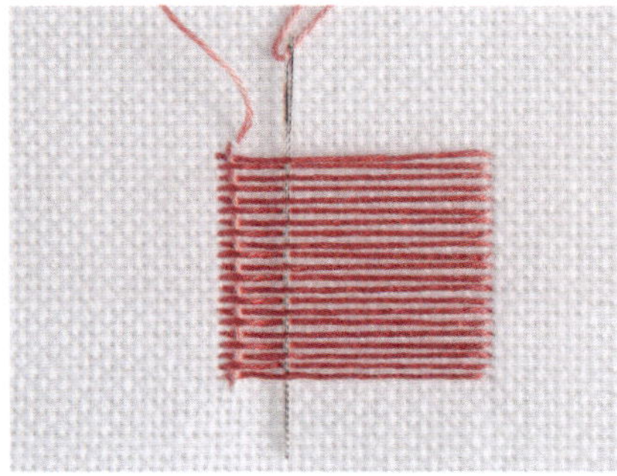

**3.** Borde 21 pontos horizontais justapostos da mesma maneira. Retire a agulha sob o último ponto feito, na parte inferior do trabalho e passe a agulha por cima e por baixo de cada linha alinhavada horizontalmente, de baixo para cima, nunca atravessando o tecido de base.

**4.** Insira a agulha na parte superior do trabalho, logo acima do primeiro ponto chuleado, retire a agulha e aperte bem a linha tecida. Retire a agulha na parte superior, inserindo a agulha um fio à direita do ponto anterior.

**5.** Passe novamente a linha por cima e por baixo, invertendo o tecido (por exemplo: ele passa sobre o fio no qual o ponto anterior passou abaixo, e vice-versa) até a parte inferior.

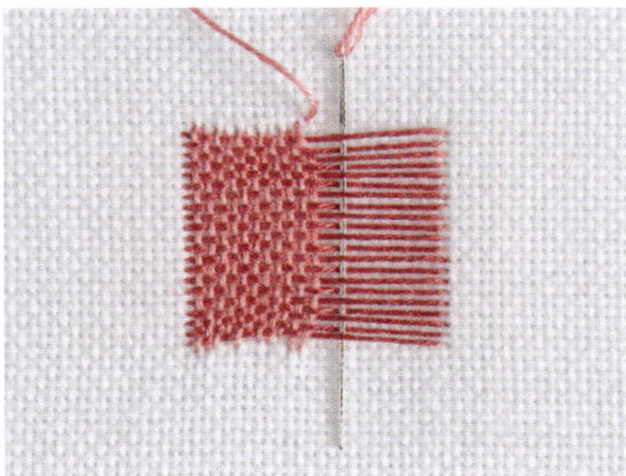

**6.** Insira a agulha na parte inferior, um fio a partir do ponto anterior e puxe a linha da agulha para tensionar este segundo ponto cerzido. Toda a superfície é bordada dessa maneira. De tempos em tempos, você tem de empurrar os pontos com o corpo da agulha para que eles permaneçam apertados, antes de inserir a agulha, novamente, no tecido.

*É importante respeitar a tensão dos pontos para que a superfície bordada não se contraia e mantenha toda a sua flexibilidade. Vale a pena usar um bastidor ao bordar o ponto cerzido em superfícies planas ou furadas. Para o cerzido de um material têxtil arredondado (meia, dedo de luva...) é conveniente usar os ovos de cerzir, que permitem respeitar a forma curva do tecido a ser remendado.*

## PONTO CERZIDO – TECIDO COM NÚMERO VARIÁVEL DE FIOS

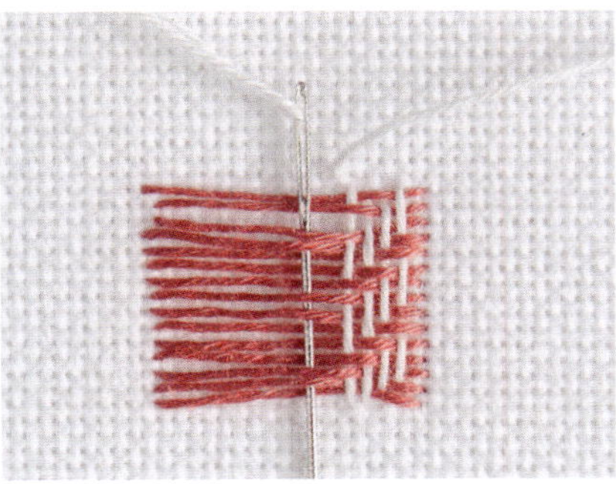

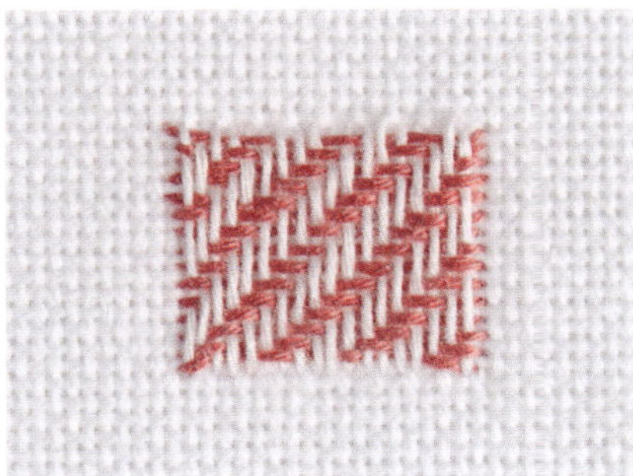

Borde os pontos chuleados horizontais como no ponto anterior. Em seguida, borde o ponto de cerzido com uma linha branca, passando sobre três fios e sob dois fios. Em cada fileira, prenda a linha na parte inferior e superior. Em cada nova fileira, faça a defasagem dos pontos de cerzido em um fio na parte superior.

# BORDADO PRETO (BLACKWORK)

## DESCRIÇÃO E BREVE HISTÓRICO

O bordado preto é uma técnica de pontos contados nos quais os motivos geométricos são repetidos. Como o próprio nome sugere, foi bordado por muito tempo com linha de seda preta em linho branco mais ou menos finos. De origem árabe, o bordado preto teve sua época de apogeu na Inglaterra, no início do século XVI e adornava as roupas da nobreza. O avesso dessa técnica bordada com o ponto de Holbein é muito limpo. Um século depois, a técnica e o estilo ingleses evoluíram. Com o passar do tempo, outros pontos e materiais adornaram o bordado. Em nossos dias, temas tão variados como paisagens, personagens ou animais são reproduzidos em bordados pretos, com um resultado impressionante graças à grande variedade de pontos e sua combinação hábil.

## MATERIAIS

### Telas

Use tecidos de linho ou algodão com armação regular mais ou menos finos. Os fios da trama e do urdume devem ser visíveis a olho nu. Os tecidos unifil ou Aida *Zweigart* podem ser adequados. Geralmente, usa-se um tecido branco ou de cor clara.

### Linhas

As linhas devem ser fortes e retorcidas. Várias qualidades podem ser adequadas: linha de seda *AVAS*, algodão *DMC* ou algodão especial para bordado DMC em várias espessuras. Se usar apenas uma espessura de linha, que seja da mesma espessura da trama do tecido escolhido.
Se forem usadas linhas de diferentes espessuras, a mais fina deve ser mais fina que o fio da trama do tecido e a mais grossa deve ser mais espessa que a trama do tecido.
Não é recomendado bordar com uma linha de lã grossa este ponto que deve ser plano, somente se a lã for muito fina, como a lã *Saint-Pierre de Sajou*, com um acabamento fosco muito agradável.

### Agulhas

Use uma agulha de ponta arredondada com um olho que corresponda à espessura da linha.
Agulhas de tapeçaria com a ponta arredondada *Bohin*, da mais grossa à mais fina: n° 14, 16, 18, 20, 22, 24, 26 e 28.
Para bordar os pontos em anexo que precisam atravessar a tela, use uma agulha com ponta afiada:
Agulhas para bordado com lã *Bohin* da mais grossa à mais fina: n° 1, 3, 5, 6, 7, 9 e 10.
Agulhas para apliques *Bohin*, da mais grossa à mais fina: n° 9, 10, 11 e 12.

### Tesoura

Use uma tesoura pequena e fina para cortar os fios.
***Ref.** 24318 Bohin.*

### Bastidor

Borde com um bastidor redondo, de 10 a 15 cm de diâmetro, deslocando-o enquanto você trabalha.
***Ref.** bastidor de bordado Sajou.*

# TÉCNICA

O ponto principal é o ponto Holbein (veja a página 32). É um ponto alinhavo duplo que permite obter um desenho ao direito e ao avesso do trabalho.
De acordo com o motivo bordado, o avesso pode ser idêntico ao direito. Se o motivo não permitir, pode-se obter um desenho diferente, mas muito atraente, desde que a técnica seja rigorosamente respeitada.
O desenho também pode ser bordado com um ponto marca. Esse ponto é de execução mais rápida, mas o avesso nunca é idêntico ao direito.

# FILEIRA DE LOSANGOS COM PONTO HOLBEIN

## Materiais

Tecido de linho off-white com 12,6 fios/cm, 1 agulha de tapeçaria n° 28, algodão Mouliné DMC n° 535.

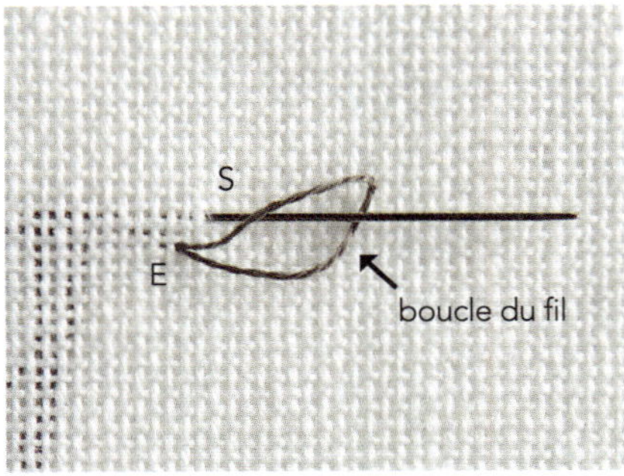


**1.** Corte um comprimento de linha de 100 cm, junte as duas extremidades e passe pela agulha. Insira a agulha pela parte de trás do tecido, e puxe-a delicadamente. Deixe um laço e passe a agulha através dele. Insira a agulha diagonalmente a dois fios do tecido e puxe-a para o direito. No avesso, o laço se fecha ao redor do ponto e arremata a linha com segurança.

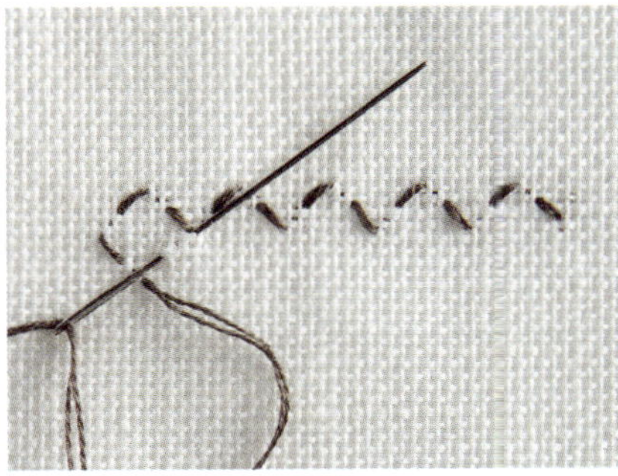

**2.** Borde uma fileira de alinhavo em ziguezague em dois fios do tecido na largura e em quatro fios de altura. No final da fileira, faça uma segunda fileira de pontos em ziguezague retorne ao ponto inicial.

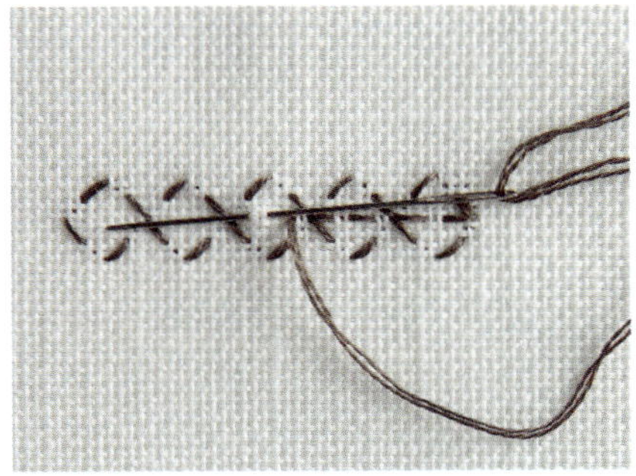

**3.** Borde da direita para a esquerda, entre as duas fileiras anteriores, fazendo um alinhavo em dois fios do tecido.

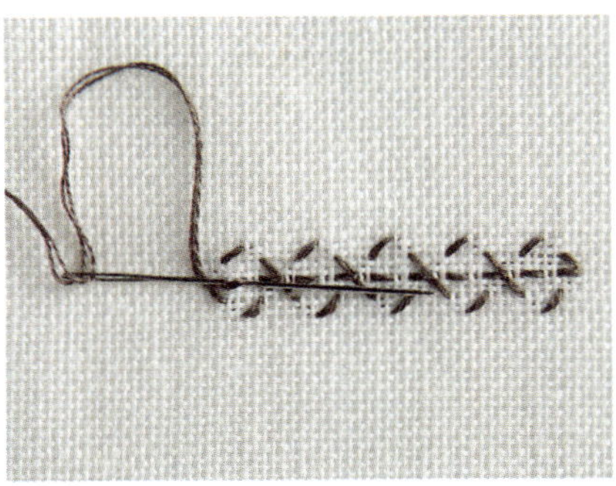

**4.** Volte da esquerda para a direita, bordando com os pontos alinhavos nos espaços dos pontos anteriores.

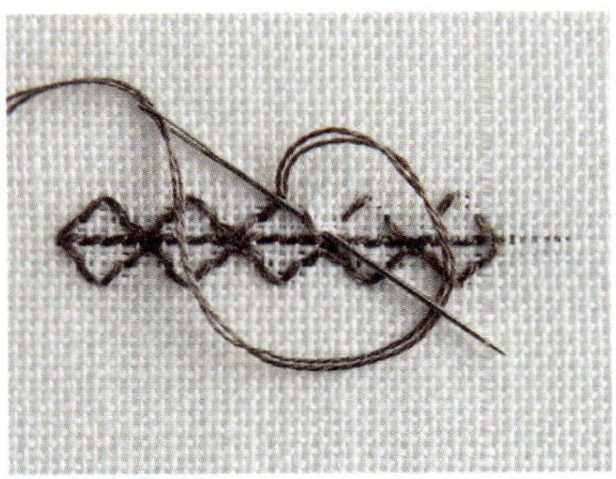

**5.** Da mesma forma, borde a fileira inferior em ziguezague com um ponto alinhavo, preenchendo os espaços vazios até a extrema esquerda, depois faça o mesmo na fileira superior em ziguezague.

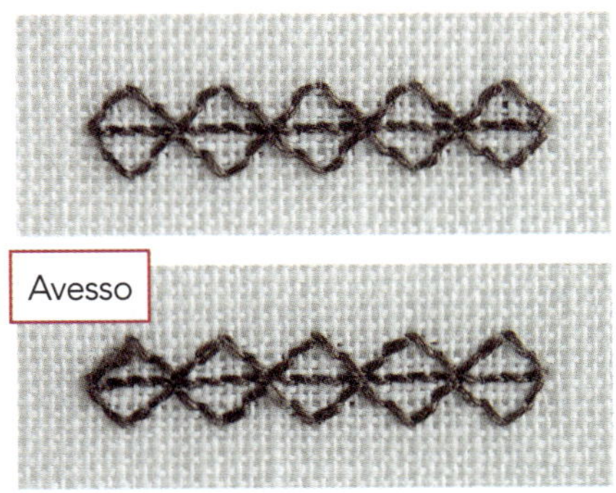


**6.** Arremate a linha no avesso, chuleando os pontos da maneira mais discreta possível. O resultado do bordado tem um motivo idêntico no direito e no avesso. A linha pontilhada é regular, mas não completamente reta. Ela "ondula" ligeiramente pela técnica empregada no ponto.

## Fileira de losangos com ponto Holbein (continuação)

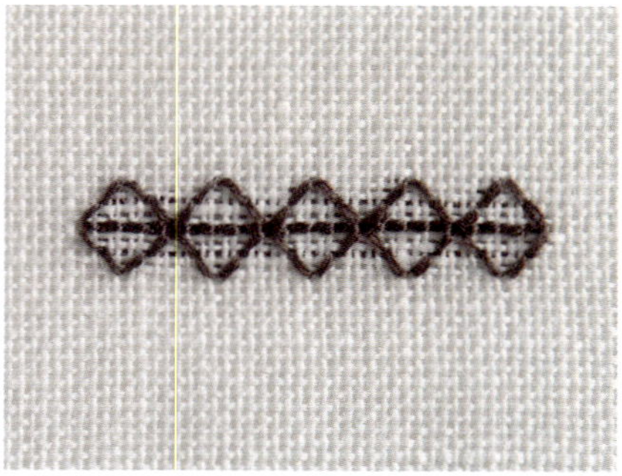

**7.** Ao lado, veja o mesmo motivo bordado com um ponto marca (veja a página 148). No direito, a fileira com um ponto marca parece muito uniforme. No avesso, o desenho é diferente e mais opaco.

## BORDADO DE FORMAS ARREDONDADAS

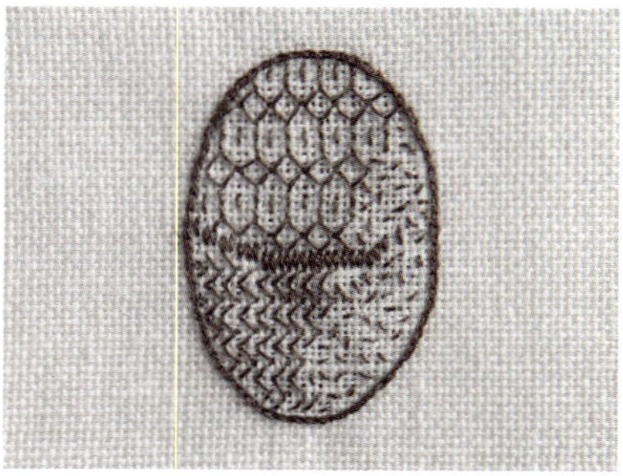

Desenhe os contornos da forma e defina as partes a preencher e os pontos a usar. Borde a parte interna da forma e, em seguida, borde o contorno com um ponto linear. Os pontos mais usados são o haste, o corrente e o marca. Para obter mais nuances e degradês, o ponto areia ou ponto alinhavo também podem ser usados.

Aqui ao lado, o ovo é dividido em três partes. A parte superior e inferior foram bordadas com pontos geométricos e a área da direita com ponto areia. A separação entre a parte superior e inferior foi bordada com um ponto chuleado com uma tonalidade mais intensa.

## DEGRADÊ DE PONTOS

Ao bordar motivos mais complexos com mais ou menos variedades de pontos e formando sombras, é muito difícil ter um belo avesso, já que a prioridade é o direito do trabalho. Neste caso, o ponto Holbein é substituído pelo ponto marca. Para alcançar as nuances e densidades de cores, vários métodos podem ser usados.

**1.** Borde os pontos variando a cor da linha.
**Exemplo:** uma escala de cinza é usada, de cinza escuro a cinza pérola, e as diferentes tonalidades são distribuídas nas peças do bordado para obter o efeito desejado.

**2.** Borde um padrão idêntico com a mesma cor de linha, mas com uma espessura variável. Para as partes mais escuras, borde com uma linha mais grossa e cada vez mais e mais fina a linha até obter uma parte mais leve.
Use o algodão Broder Spécial DMC (do mais grosso ao mais fino: n° 16, 20, 25 e 30). Se necessário, pode combinar essa linha com um ou vários cabos de linha de algodão Mouliné da mesma cor para conseguir a espessura das linhas necessárias.
Também é possível trabalhar apenas com o algodão Mouliné e variar o número de cabos.

**3.** Borde um motivo modificando-o e eliminando parte dos elementos que o compõem. Começa com um motivo completo e, à medida que o trabalho progride, o mesmo motivo é bordado removendo os traços para clarear o acabamento.

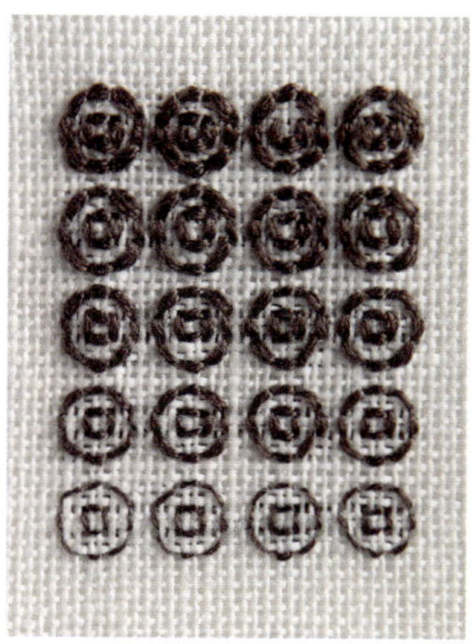

# PONTOS DE TAPEÇARIA COM AGULHA (PONTO DE TALAGARÇA)

## DESCRIÇÃO E BREVE HISTÓRICO

Pontos de bordado de tapeçaria existem há tanto tempo que é impossível colocar uma data exata para sua existência. A partir do final do século XVI, essa técnica invadiu a decoração de interiores das casas. Era frequentemente usado por donas de casa e também comercializado por oficinas de artesanato especializadas. Evolui de acordo com os gostos e modas até o século XVIII quando caiu no esquecimento. Experimentou um interesse renovado no século XIX, graças aos famosos diagramas e esquemas impressos, criados em Berlim e vendidos em conjunto com a linha de lã para ser bordados em casa. Esses bordados eram parte da educação das meninas, assim como o ponto cruz. Um século depois, a técnica caiu em desuso sem nunca realmente desaparecer e as telas pintadas são vendidas em kits nos armarinhos. Em nossos dias, esse ofício, uma verdadeira fonte de inspiração, é praticado por amadores.

## MATERIAIS

### Telas

Os tecidos usados nesta técnica são 100% algodão e muito rígidos. Eles são chamados de talagarça e encontrados em branco, bege escuro (antigo) ou amarelo claro. A talagarça é um suporte rígido e resistente para a prática de pontos. A trama tem uma armação regular. Use dois tipos de talagarça de espessura variável: A talagarça unifil e a talagarça de tecido duplo, também chamada de talagarça de Penélope. *Zweigart* oferece uma ampla variedade dessas talagarças.

### Linhas

Podem ser usadas qualidades diferentes de linhas de bordado e a espessura será escolhida de acordo com o número de pontos/cm do tecido e sua espessura.

- A linha de lã, que cobre bem a superfície bordada: lã *Saint-Pierre de Sajou* composta por quatro fios divisíveis.
- A linha retorcida de algodão *DMC*, mate, grosso e com grande poder de cobertura, adequada para telas com grandes espaços na trama.
- O algodão *Broder Spécial DMC*, mais fino e muito agradável de trabalhar.
- O algodão *perlé DMC*, que aparece em diferentes espessuras e dá uma aparência mais brilhante.
- O algodão *Mouliné DMC*, cuja espessura pode ser adequada de acordo com o número de cabos usados.

Outras linhas mais específicas, como Lurex, podem ser combinadas com as linhas mencionadas aqui, para dar brilho ao bordado.

### Agulhas

Use uma agulha para tapeçaria com ponta arredondada *Bohin*, da mais grossa à mais fina: n° 14, 16, 18, 20, 22, 24 e 26.
Agulhas de tapeçaria com a ponta afiada *Bohin* (ou agulhas de chenille) também podem ser adequadas, uma vez que o olho é grande o suficiente para passar linhas grossas. O uso do dedal é indispensável, pois o olho da agulha é usado para atravessar a agulha na tela. Da mais grossa à mais fina: n° 18, 20, 22 e 24.

### Tesoura

Use uma tesoura pequena e fina, com lâminas afiadas. *Ref. 24316 ou 24311 Bohin*.

### Bastidor

Dependendo do tamanho da peça, um bastidor composto de dois anéis de madeira *Sajou* ou um quadro pode ser usado. Como as telas são bastante rígidas, o uso do quadro é geralmente mais apropriado.

# Pontos de tapeçaria com agulha (continuação)

## TÉCNICA

É um bordado de pontos contados compostos de pontos retos, pontos chuleados e pontos cruz que também podem ser combinados entre si. Os pontos são numerosos e possuem nomes específicos (meio ponto, ponto gobelina, ponto Bargello, ponto cruz...). A maioria dos pontos é trabalhada em uma tela unifil e alguns deles em uma tela de Penélope. Este último permite a combinação de diferentes pontos graças a sua trama dupla. Pontos retos e chuleados têm uma aparência mais plana que os pontos cruz. A combinação dos dois relevos é uma vantagem na riqueza desses trabalhos.

### Materiais

Etamine branco, lã Saint-Pierre de Sajou nº 945, 596 e 586.

***Nota**: A aprendizagem dos pontos também pode ser feita em um tecido de linho, de armação regular, como o usado no tutorial a seguir.*

Todos os pontos são bordados com a linha de lã completo (quatro cabos). Para as cores, use as fotos como referência. Para arrematar a linha de início, deixe de 2 a 3 cm da extremidade do lado avesso e segure-a com os dedos da mão esquerda. Esconda-o nos pontos à medida que se faz o bordado, por 1 ou 1,5 cm, depois corte a linha restante e continue o trabalho. Para arrematar a linha no final do trabalho, deslize-a sob os pontos, no lado avesso do trabalho.

## PONTO PARIS

**1.** Retire a linha à direita e borde com um ponto reto vertical alternado em seis fios e dois fios do tecido e em distâncias determinadas, então, arremate a linha.

**2.** Com outra linha, borde uma fileira de pontos idênticos, começando pela direita, embutida nos pontos anteriores e arremate a linha. Faça o mesmo com uma terceira linha.

***Nota**: Se todos os pontos forem bordados com a mesma linha, faça fileiras de ida e volta de pontos retos.*

## PONTO BARGELLO

**1.** É bordado com ponto reto vertical em quatro fios do tecido, movendo um fio em cada ponto para obter um ziguezague.

**2.** Borde uma fileira com uma distância determinada e arremate a linha. Com uma linha de outra cor, faça uma segunda fileira idêntica, encaixada na primeira e arremate a linha.

**3.** Então, faça a mesma coisa com uma terceira linha de cor diferente.

## PONTO HÚNGARO

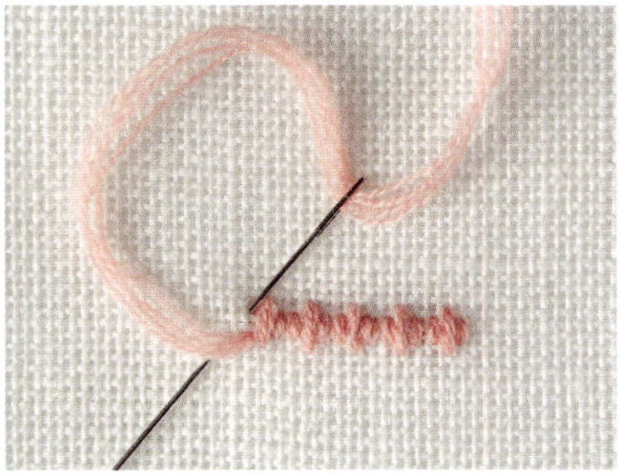

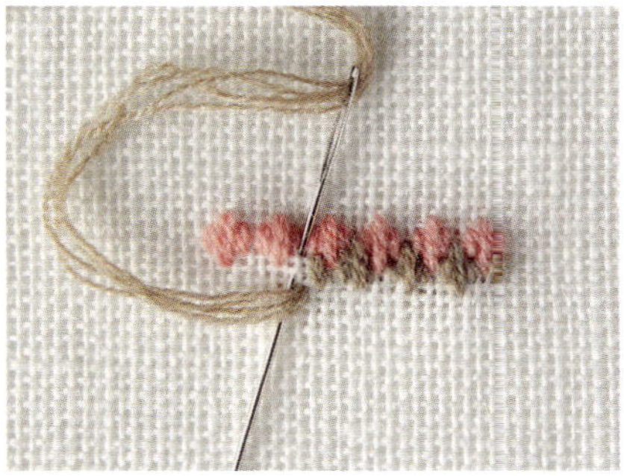

**1.** Borde da direita para a esquerda, com ponto vertical chuleado entre cada fio da trama, em dois fios de altura, depois em quatro fios e novamente em dois fios, para formar um pequeno diamante. Borde um segundo diamante pequeno à esquerda e continue da mesma maneira por uma certa distância e arremate a linha.

**2.** Com uma linha de outra cor, borde uma segunda fileira de pontos idênticos bordados de forma encaixada nos anteriores.

**3.** Borde as seguintes fileiras como anteriormente, alternando as cores das linhas.

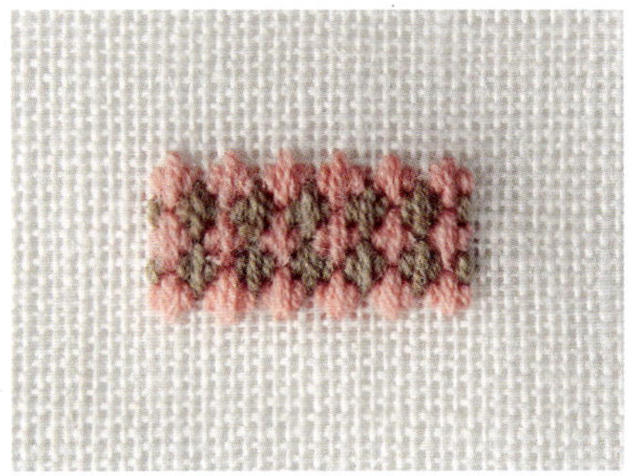

## MEIO PONTO RHODES

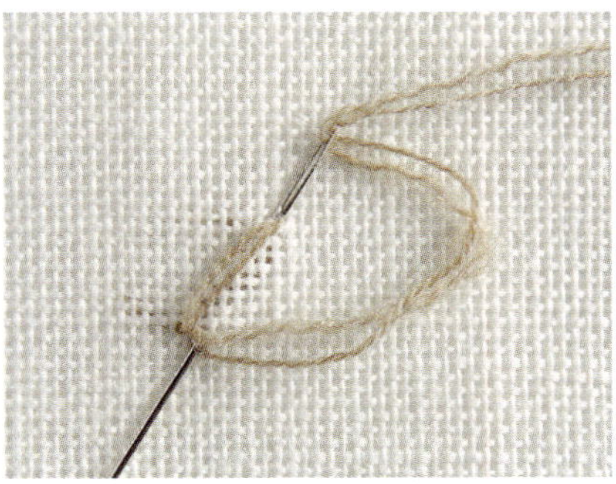

**1.** Faça este ponto sobre um número determinado de fios, desde que sejam múltiplos de três, de acordo com a espessura da tela e um relevo interessante pode ser alcançado graças à superposição dos pontos chuleados. O próximo ponto deve ser trabalhado em oito fios da trama: saia no canto inferior esquerdo e insira a agulha na diagonal, no canto superior direito. Retire a agulha abaixo e um fio para a direita do ponto anterior, insira a agulha acima, um fio para a esquerda do ponto anterior. Borde mais seis pontos inclinados seguindo a mesma regra.

**2.** Os meio pontos Rhodes podem ser posicionados de maneiras diferentes

# PONTO ARROZ

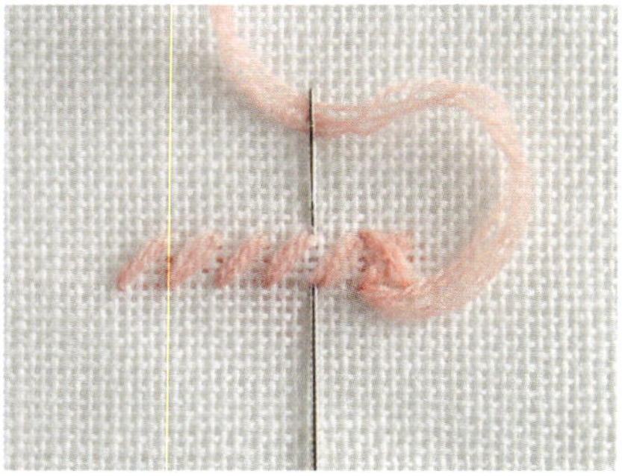

**1.** Retire a linha à esquerda do trabalho e borde meios ponto cruz em quatro fios do tecido.Volte para a esquerda bordando os pontos diagonais que completam o ponto de cruz.

**2.** Com uma linha de outra cor. Borde pontos chuleados diagonais nas extremidades dos ramos de ponto cruz. Brinque com as cores das linhas para obter o efeito desejado.

# PONTO ARROZ TRIPLO

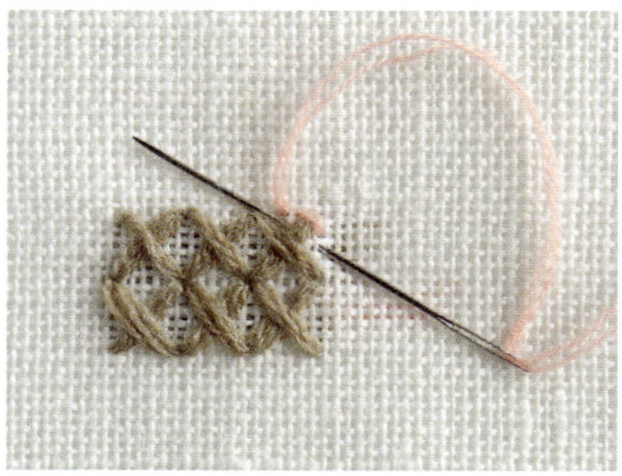

**1.** Este ponto é uma variação do ponto arroz, mas com relevo um pouco maior. Borde fileiras de ida e volta de meio ponto cruz para obter seis pontos cruz.

**2.** Com uma linha de outra cor, borde um ponto diagonal na extremidade de um dos ramos, trabalhando sobre dois fios da trama.

**3.** Em seguida, faça um segundo ponto diagonal paralelo sobre três fios da trama. Finalmente, faça um terceiro ponto diagonal paralelo, próximo ao cruzamento dos ramos e bordado sobre dois fios da trama. Retire a agulha perto do lado oposto para bordar três outros pontos diagonais da mesma maneira no outro ramo.

**4.** Borde nos outros ramos do ponto cruz como anteriormente, até que estejam todos cobertos.

*As combinações de cores e a superposição dos pontos são muito variadas e podem alcançar resultados muito bonitos. Esses exercícios testarão sua criatividade.*

# PONTO ABACAXI

Este ponto combina um ponto chuleado e um ponto cruz. Apresenta um bom relevo no centro.

**1.** Borde quatro pontos verticais chuleados em cinco fios da trama e com uma separação de um fio da trama entre eles. Retire a agulha dois fios mais adiante e borde outros quatro pontos verticais da mesma maneira. Borde um terceiro grupo de fios seguindo a mesma regra.

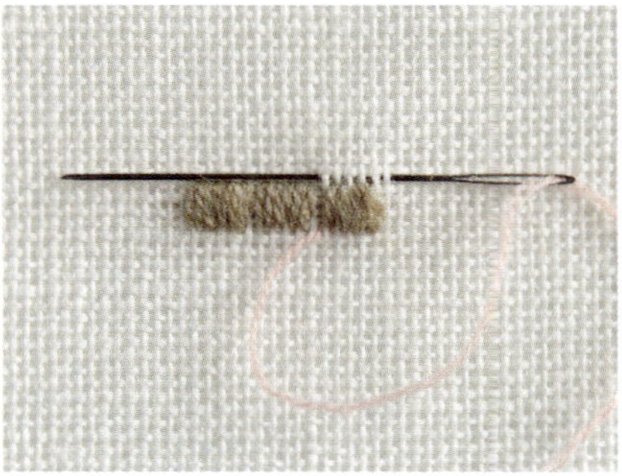

**2.** Com uma linha de outra cor insira a agulha do avesso para o direito, no espaço deixado entre os dois grupos de fios.

**3.** Borde um ponto cruz por cima do grupo de linhas para a direita e retire a agulha no centro dos pontos.

**4.** Faça um ponto pequeno na parte central para segurá-lo nos pontos chuleados e volte a inserir a agulha no buraco de onde saiu a linha.

**5.** Saia entre os dois grupos de pontos seguintes e faça exatamente como o anterior. Continue da mesma forma em todos os outros pontos chuleados.

*Os diferentes pontos de tapeçaria podem ser combinados para formar vários relevos e, assim, criar superfícies bordadas inovadoras. É importante desenhar previamente o plano do projeto em papel milimetrado e escolher as combinações de cores das linhas de maneira criteriosa.*

*A escolha das cores das linhas deve ser feita, preferencialmente, com luz do dia. Deve-se evitar fazê-la com luz artificial ou à noite, pois a percepção da cor é alterada.*

# BORDADO SUÍÇO

## DESCRIÇÃO E BREVE HISTÓRICO

Este bordado, feito de pontos simples e rápidos, era usado pelas mulheres de classe baixa da Suíça. Elas usaram suportes econômicos, como o grivat e, em seguida, o tecido de Vichy, que leva o nome da estação de águas termais frequentado por pessoas ricas de todo o mundo, acompanhadas por seus servos. Essas se dedicavam ao bordado, especialmente em tecidos xadrez, cuja cor de fundo se transforma sob os pontos. A técnica se estendeu a outros países e se expandiu para os Estados Unidos, especialmente durante a primeira metade do século XX, devido, principalmente, ao baixo custo dessa atividade. Tal como muitos outros trabalhos executados pelas mulheres, essa arte caiu em desuso durante a segunda metade do século XX para regressar à moda no início do século XXI. Hoje, o bordado suíço é aplicado em tecidos xadrez, estilo Vichy.

## MATERIAIS

### Telas

São usados tecidos de linho, algodão ou mistos, monocromáticos ou de duas ou três cores. Se o tecido é de uma única cor, deve ser de trama regular, para poder alcançar o mesmo tamanho, tanto no sentido do fio, como no contra fio. Além disso, os fios da trama devem ser visíveis a olho nu. Se o tecido for xadrez, não importa o número de fios/cm, já que os pontos serão presos nos cantos dos quadrados, que devem ter todos os lados exatamente iguais.

### Linhas

Use a linha de algodão retorcida, assim como a linha *perlé DMC* ou o algodão *Broder Spécial DMC* com espessuras suficientes para proporcionar um pequeno relevo e evidenciar o contraste necessário para alterar a cor dos quadrados do tecido..

### Agulhas

Para tecidos de linho cujos fios de trama podem ser contados, use uma agulha de tapeçaria com a ponta arredondada *Bohin*. Para tecidos com quadrados estampados e trama fechada, use uma agulha para bordado com lã *Bohin*. A espessura e o olho da agulha devem adaptar-se à espessura da linha.

### Tesoura

Use uma tesoura pequena e afiada para cortar os fios.

### Bastidor

É bordado com um bastidor redondo, de 15 a 18 cm de diâmetro, desloque-o enquanto você trabalha.
***Ref.*** *bastidor de bordado Sajou*

## TÉCNICA

Os pontos podem ser classificados em três grupos:
**Pontos de ancoragem:** são os primeiros pontos bordados e que constituem "a estrutura" dos pontos posteriores. Eles são bordados com ponto alinhavo, com ponto cruz simples ou duplo e com ponto chuleado.
**Pontos chuleados:** são os segundos pontos bordados, fixados ao redor e sobre os pontos de ancoragem, quase sem atravessar o tecido. Eles podem ser simples (uma passada de linha) ou duplo (duas passadas de linha) de acordo com o relevo desejado. Esses pontos transformam o padrão de xadrez do plano de fundo e, dependendo da cor da linha selecionado, realçam uma das cores dos quadrados da tela.
**Pontos anexos:** são todos os outros pontos contados ou originais do bordado tradicional que dão vida ao trabalho.
A escolha da cor das linhas é importante e determinante para o resultado visual final.

# PONTOS DE ANCORAGEM E CHULEADOS

**Materiais**

Tecido misto xadrez de branco/cinza, agulha para tapeçaria com ponta arredondada nº 26 e 24, algodão Broder Spécial nº 25: 414, algodão perlé nº 5: Branco.

## PONTO DE ANCORAGEM

Para economizar a linha e ter um avesso limpo, os pontos de ancoragem são bordados em vários estágios. Cada um desses estágios constitui um ponto de ancoragem diferente e pode ser usado como tal.
A adição de pontos modifica o ponto de ancoragem e multiplica os pontos nos quais os pontos chuleados podem ser fixados posteriormente.
Antes de iniciar o bordado, determine quais quadrados de tela devem ser realçados. Não borde os pontos de ancoragem nessas caixas.

***Nota**: Para limitar os arremates da linha, as linhas usadas podem ser bastante longas.*
*Para arrematar a linha no início do trabalho, faça um nó na extremidade.*

## PONTO ALINHAVO EM ZIGUEZAGUE

Trabalhe da direita para a esquerda. Saia no canto inferior direito, em um quadrado escuro e faça um ponto diagonal. Retire a agulha novamente no canto superior direito do quadrado vizinho da mesma cor e borde um ponto diagonal e então saia no próximo quadrado da mesma cor e continue como anteriormente. Os pontos diagonais são separados por um quadrado do tecido e cada extremidade constitui um ponto de ancoragem.

## PONTO CRUZ SIMPLES

**1.** Borde um número par de pontos diagonais. No último ponto, retire a agulha no canto superior esquerdo.

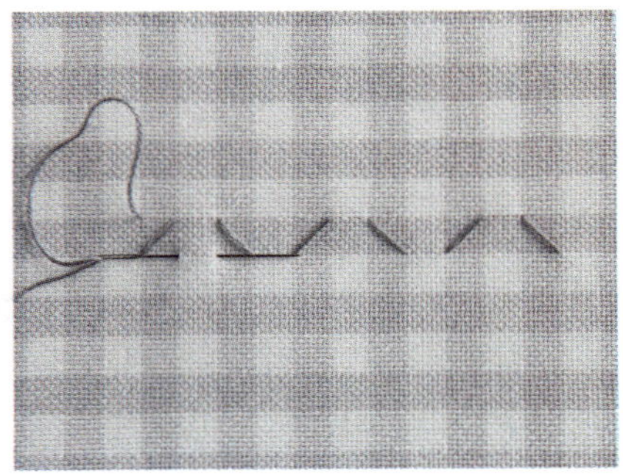

**2.** Borde um ponto diagonal sobre o anterior, para formar uma cruz. Saia no quadrado seguinte e conclua a cruz e, em seguida, faça o mesmo em todos os pontos a seguir.

***Nota**: Cada ponto em cruz tem quatro extremidades que podem ser usadas para ancoragem dos pontos seguintes.*

## PONTO CRUZ DUPLO

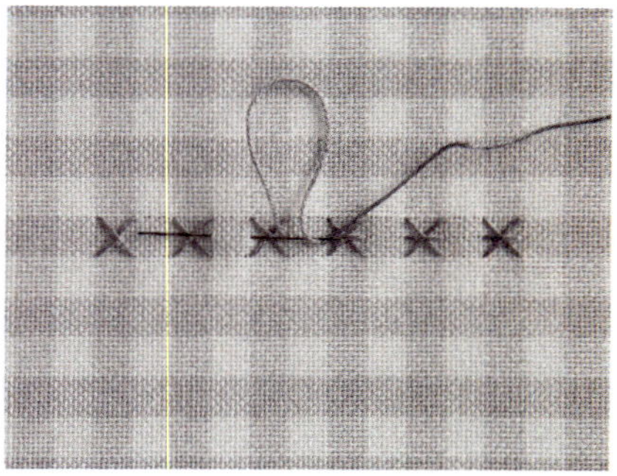

**1.** Retire a agulha à direita do centro do primeiro quadrado bordado e faça um ponto alinhavo horizontalmente acima do ponto cruz. Retire a agulha novamente à direita do centro do próximo quadrado bordado e continue da mesma maneira.

**2.** Retire a agulha no centro superior do último ponto bordado e faça um ponto chuleado verticalmente sobre ele, para obter um ponto cruz duplo.

**3.** Retire a agulha no centro da base do próximo ponto bordado e faça um ponto vertical sobre ele.

**4.** Borde o restante dos pontos chuleados na vertical da mesma forma nos pontos cruz anteriores.
***Nota**: Cada ponto tem oito extremidades que podem ser usadas para ancorar os seguintes pontos.*

*A vantagem de bordar esse ponto em fileiras sucessivas é obter um avesso limpo e economizar linha. Um aspecto muito importante para as bordadeiras que já praticaram esse ofício.*

## FILEIRA DUPLA DE PONTO ALINHAVO EM ZIGUEZAGUE

Faça uma fileira de ponto alinhavo em ziguezague composta de um número par de pontos e retorne fazendo uma segunda fileira do mesmo ponto na frente, separadas por um quadrado do tecido.

## PONTO DE ANCORAGEM EM CRUZ

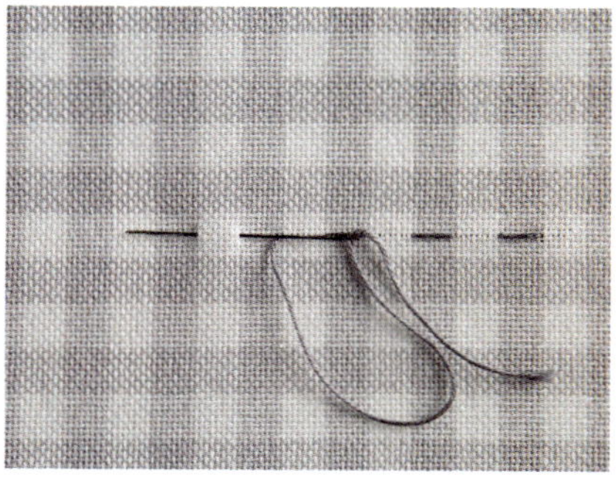

**1.** Borde uma fileira de pontos horizontais no centro dos quadrados de tecido, separados por um quadrado branco.

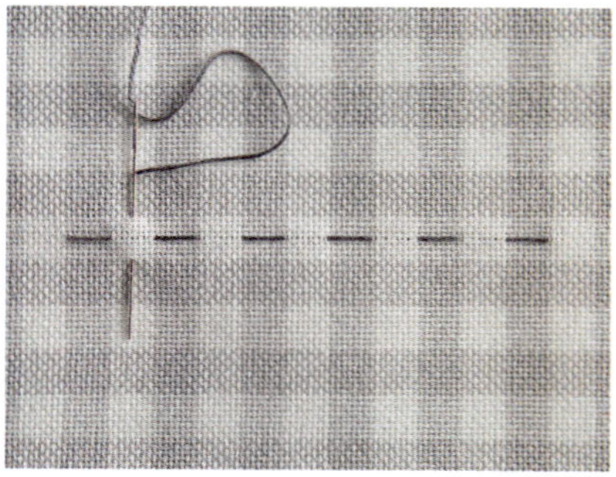

**2.** No final da fileira, retire a agulha no topo e no centro do quadrado não bordado, entre os dois últimos pontos. Insira a agulha no centro da base do mesmo quadrado de modo que tenha um ponto vertical e a agulha seja puxada para baixo, no centro da parte superior do quadrado abaixo.

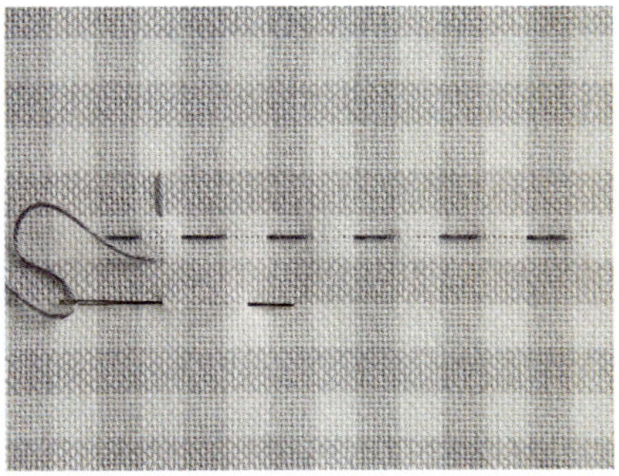

**3.** Insira a agulha no centro da base deste último quadrado, e retire a agulha no centro do próximo quadrado, no quadrado branco sem bordar e dois pontos verticais são feitos da mesma maneira.

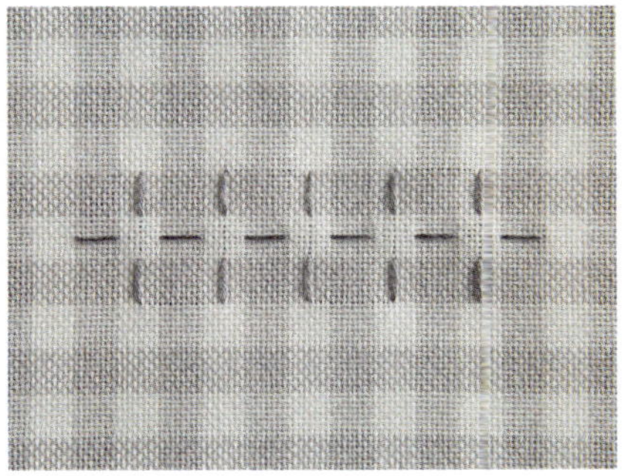

**4.** Os outros pontos são bordados seguindo a mesma lógica.

## PONTO CHULEADO QUADRADO SIMPLES

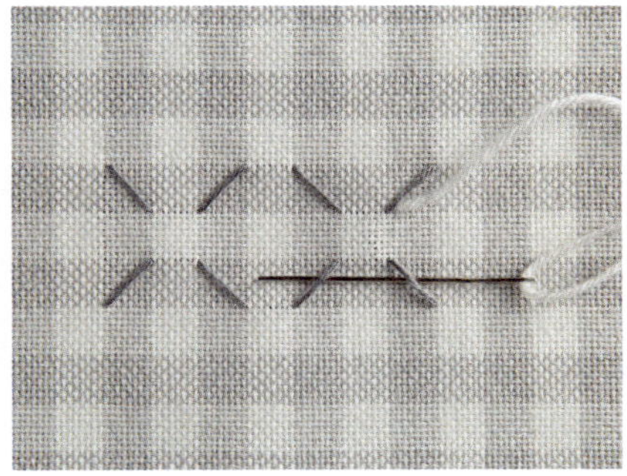

**1.** Os pontos de ancoragem são compostos por uma fileira dupla de pontos diagonais. Retire a linha branca muito próxima do canto superior direito do quadrado sem bordar (quadrado branco).

**2.** Sem atravessar o tecido, passe a linha por baixo dos pontos de ancoragem, no sentido dos ponteiros do relógio, e insira a agulha no canto superior direito, muito próxima do primeiro ponto.

## PONTO CHULEADO QUADRADO DUPLO

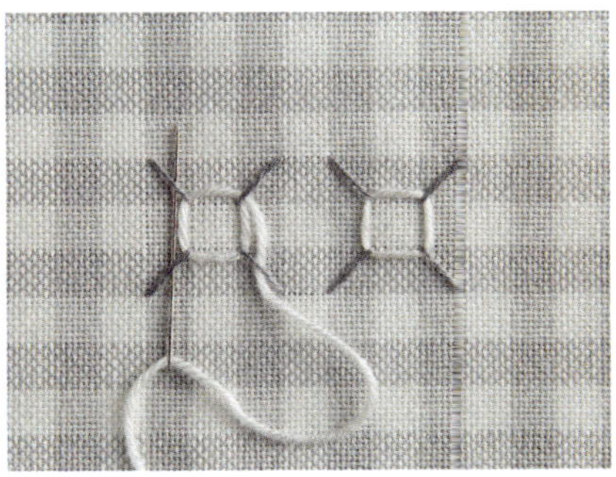

**1.** Para dar mais intensidade ao ponto chuleado quadrado simples, ele pode ser feito por duas passadas de linha. Borde um quadrado de ponto chuleado conforme explicação acima e, em seguida, sem inserir a agulha no canto superior direito, uma segunda rodada é feita por baixo de todos os pontos.

**2.** Insira a agulha no canto superior direito, muito perto do primeiro ponto.

## PONTO CHULEADO REDONDO SIMPLES E DUPLO

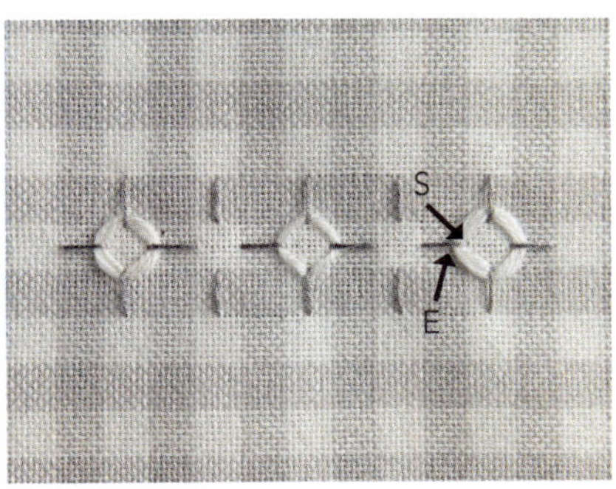


Faça um ponto de ancoragem em cruz. Em seguida, retire a linha branca muito perto de um ponto de ancoragem à direita e passe a linha por baixo dos pontos vizinhos para formar um círculo. Para um ponto redondo duplo, faça uma segunda passada. Para finalizar, insira a agulha muito perto do primeiro ponto chuleado.

## PONTO CHULEADO OVALADO SIMPLES E DUPLO (TRABALHADO EM DIAGONAL)

**1.** Os pontos de ancoragem são pontos cruz. Retire a linha branca por baixo de uma das extremidades de um dos ramos de ponto cruz e deslize a agulha na diagonal, sob o ramo transversal oposto..

**2.** Volte ao primeiro ponto de ancoragem para formar um ponto chuleado ovalado simples e insira a agulha no canto, abaixo do primeiro ponto de ancoragem.

**3.** Faça um ponto chuleado ovalado duplo.

**4.** Faça uma segunda passada abaixo dos pontos de ancoragem e insira a agulha no canto, sob o primeiro ponto de ancoragem.

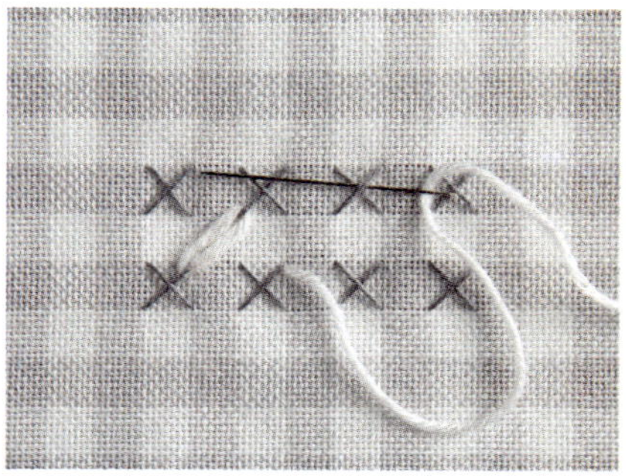

**5.** Retire a agulha no canto do ponto cruz vizinho para continuar o bordado.

*Os bordados suíços são bordados rapidamente, então o bastidor de bordar deve ser movido com frequência. Pode ser interessante usar um bastidor de grande diâmetro. Outro truque é engomar com um pulverizador e passar a ferro em alta temperatura pelo avesso do tecido, para dar-lhe maior rigidez. Isso possibilita não usar um bastidor e ainda deixar o trabalho mais encorpado.*

## PONTO CHULEADO OVALADO SIMPLES E DUPLO (TRABALHADO EM HORIZONTAL)

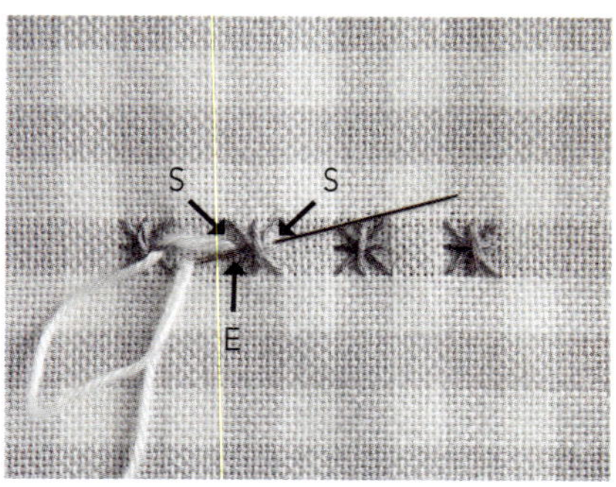

Borde com ponto cruz duplo os quadrados escuros para fazer os pontos de ancoragem. Retire a linha branca muito próxima do ramo esquerdo horizontal do segundo ponto cruz duplo. Deslize sob o ramo horizontal direito do ponto à esquerda, volte para a direita e insira a agulha no primeiro ponto, abaixo do ponto de ancoragem.

Para fazer o próximo ponto chuleado, saia muito próximo do ramo horizontal direito do mesmo ponto cruz duplo e repita o ponto.

**Nota:** *Para fazer pontos chuleados duplos, faça duas voltas de linha sob cada ponto.*

# PONTO MARGARIDA DUPLO

A natureza tem sido uma grande fonte de inspiração para o bordado suíço. É por isso que muitos pontos recebem nomes de vegetais e flores e os representam. Há uma grande variedade e qualquer bordadeira criativa pode criar novas, seguindo sua inspiração.

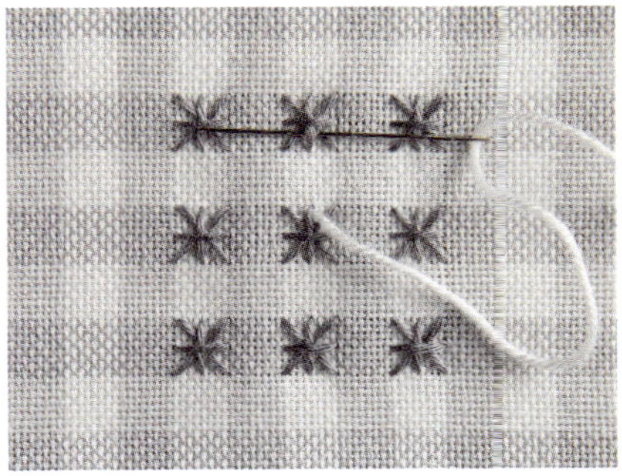

**1.** Para os pontos de ancoragem, faça nove pontos cruz duplo e, em seguida, retire a agulha com a linha branca no topo do ponto cruz duplo central.

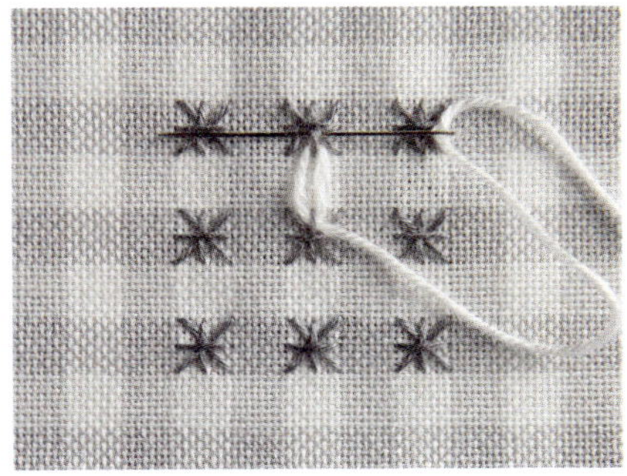

**2.** Passe a agulha sob o ramo central do ponto oposto para formar um ponto chuleado ovalado.

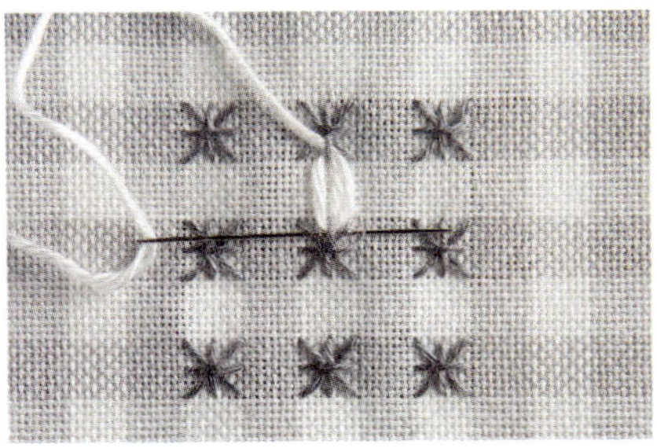

**3.** Faça uma segunda passada para obter um ponto chuleado ovalado duplo e passe a agulha por baixo do ramo superior da direita do ponto cruz duplo central.

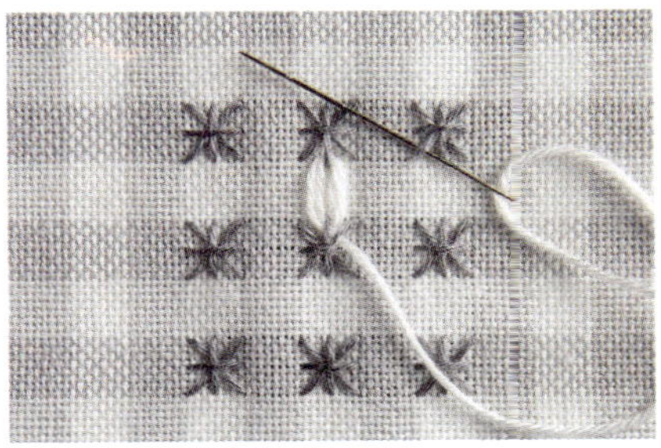

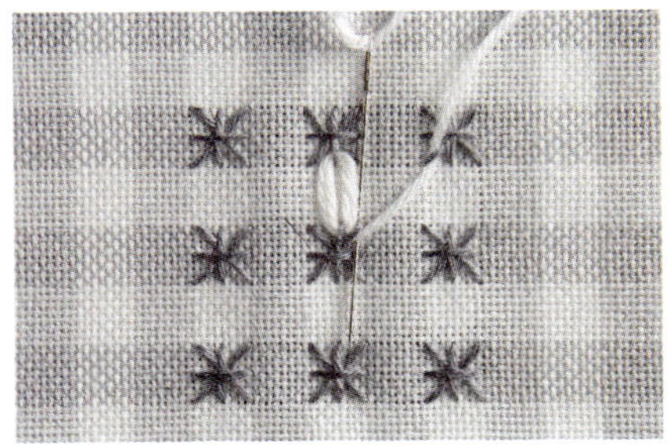

**4.** Deslize a agulha por baixo do ramo do ponto cruz duplo do canto superior direito e depois sob o ramo do ponto cruz duplo central.

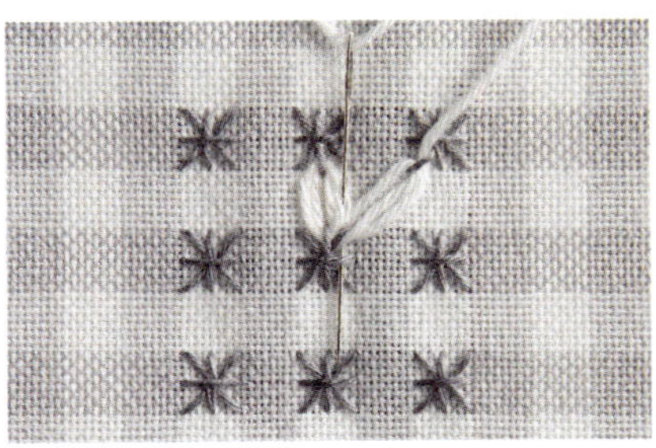

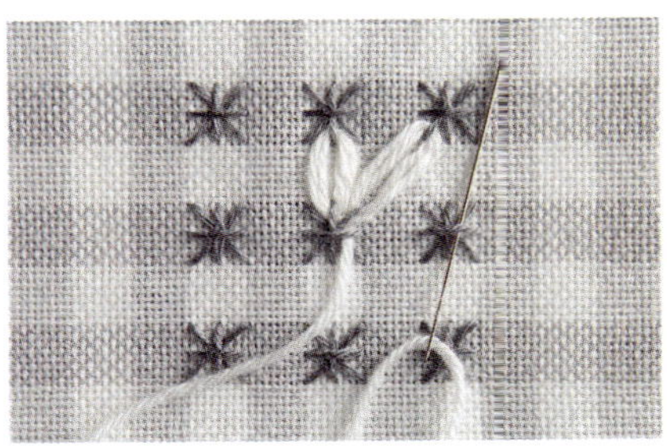

**5.** Faça uma segunda passada para ter um ponto de chuleado ovalado duplo. Passe sob o ramo superior direito do ponto cruz duplo central e imediatamente abaixo do ramo vizinho, em frente ao ponto cruz duplo à direita.

***Nota:** Todos os ramos do ponto cruz duplo central são usados como pontos de ancoragem. Apenas um ramo de cada um dos pontos cruz duplo circundantes são usados para ancorar esses mesmos pontos.*

**6.** Do mesmo modo, borde um ponto chuleado ovalado duplo entre os pontos cruz duplo do centro e da direita, depois os pontos do canto inferior vizinho e assim por diante. Para terminar, insira a agulha muito perto do ramo superior esquerdo do ponto cruz duplo central.

# PONTOS AJOUR COM FIO TIRADO

## DESCRIÇÃO E BREVE HISTÓRICO

O bordado de ponto ajour consiste em retirar um certo número de fios e bordar e amarrar os fios restantes. É difícil colocar uma data na origem dessa técnica, praticada em toda a Europa e introduzida na América Latina por meio dos missionários. Desde o surgimento dos tecidos com linho, algodão ou musseline, os pontos ajour são feitos principalmente em vestidos e tecidos de tapeçaria. A técnica é muito extensa. Aqui, será abordado o mais comum, feito com os pontos básicos.

## MATERIAIS

### Telas

Todos os tecidos e telas tecidas podem ser adequados para bordar ajour, de preferência com telas de tecidos unifil não mistos e compostos de 100% de linho, em que a remoção de fios é mais fácil do que em um tecido de algodão. Uma trama menos fechada facilita a retirada dos fios.

### Linhas

Borde com linha resistentes, de preferência com torção e diâmetro idêntico ao dos fios retirados do tecido. Diferentes qualidades de linha podem ser usadas: algodão *Broder Spécial DMC*, algodão *perlé DMC*, algodão egípcio *Sajou*.

As linhas usadas para adornar os grupos de fios podem ser as mesmas ou variar, dependendo do resultado esperado. Elas devem ser mais grossas do que os fios retirados do tecido. As qualidades são: meadas de algodão Marie Suarez e algodão Mouliné DMC.

### Agulhas

Use uma agulha de tapeçaria com ponta arredondada, com o olho adaptado à espessura da linha: da mais grossa à mais fina: nº 14 a 28 *Bohin*.

Se o tecido for muito fino, como uma musseline ou um linho, borde com uma agulha fina adaptada ao tecido. Se a agulha tiver uma ponta afiada (agulhas para apliques *Bohin*), borde os pontos ajour usando o olho da agulha. Neste caso, o uso do dedal é essencial.

### Tesoura

Para cortar os fios, use uma tesoura pequena e fina, com as lâminas afiadas, ***Ref.** 24316 ou 24311 Bohin*, e a tesoura pinça, ***Ref.** 98260 ou 62615 Bohin*.

### Bastidor

Para bordar os grupos de fios, nem sempre é recomendável bordar com um bastidor, pois isso pode danificar a parte do tecido com o vazado, enfraquecido pela extração dos fios. Para decorar os grupos de fios, use um pequeno bastidor de madeira, de 12 a 15 cm de diâmetro, coberto com um viés (veja a página 15) e mova-o à medida que o trabalho avança.

## TÉCNICA

O bordado de ajour é feito em várias fases:

**1.** Corte os fios e remova-os da peça que ficará com os vazados. Isso pode ser maior ou menor, dependendo da decisão.

**2.** Os fios restantes são amarrados em grupos de fios. Apesar desse trabalho, o tecido permanece frágil devido à extração anterior de fios.

**3.** Borde pontos decorativos ao redor dos grupos de fios. Esta fase, por vezes, reforça o tecido enfraquecido, de onde os fios foram retirados.

***Nota:** As fases **2** e **3** algumas vezes são feitas simultaneamente.*

**Materiais**

Tira de linho de 20 cm de largura e 12,6 fios/cm, agulhas de tapeçaria com ponta arredondada n° 26 e n° 22, algodão Broder Spécial DMC n° 25: 644 e n° 16: 3865

***Nota**: Um bastidor de 12 cm de diâmetro é usado para os pontos indicados.*

***Nota**: Trabalhe com a agulha de tapeçaria n° 26, salvo indicação do contrário.*

## CORTE E EXTRAÇÃO DOS FIOS

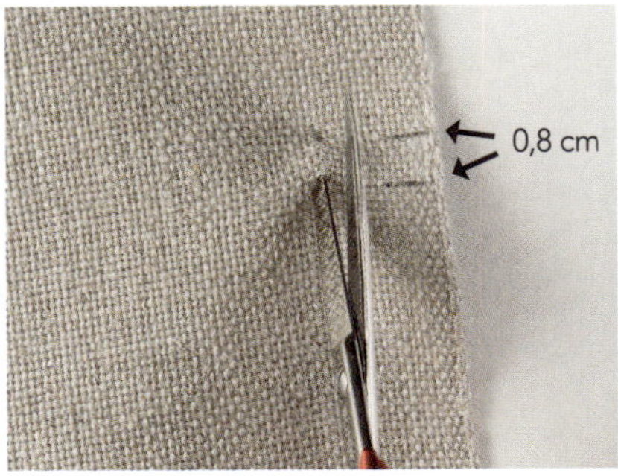


**1.** Desenhe duas linhas na borda do tecido, para indicar a altura e a posição do ajour. Introduza a ponta da tesoura entre dois fios do tecido, paralelos à borda.

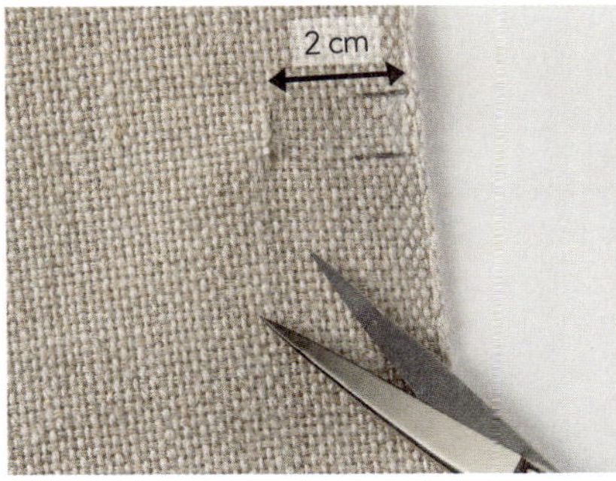


**2.** Cuidado para não pegar os fios verticais da trama. Levante delicadamente os fios com a lâmina da tesoura e, em seguida, corte-os de uma só vez.

***Nota**: A quantidade de fios a cortar corresponde à altura entre as duas linhas de pontos de referência da borda do tecido.*

**3.** Introduza a ponta da agulha de tapeçaria n° 22 sob um dos fios cortados, perto da borda, e retire-a quando atingir 1 cm da borda oposta. O resto dos fios cortados são retirados um por um.

**4.** Corte os fios restantes deixando 2 cm de margem em cada lado.

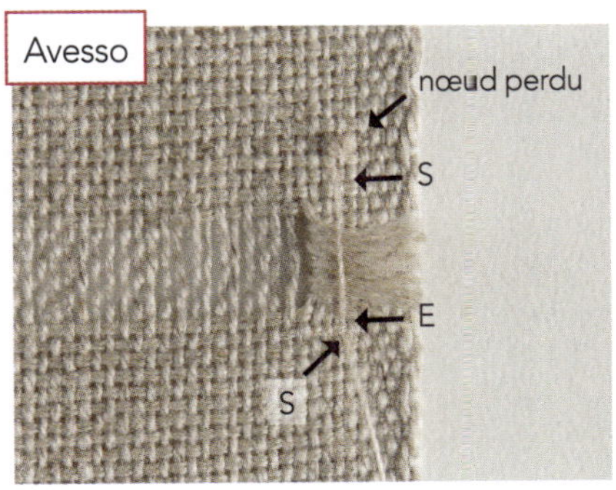


**5.** Corte os fios e dobre-os em direção à borda e cuidadosamente colocados um ao lado do outro. Faça um ponto chuleado, para mantê-los nessa posição (linha BE 25/644).

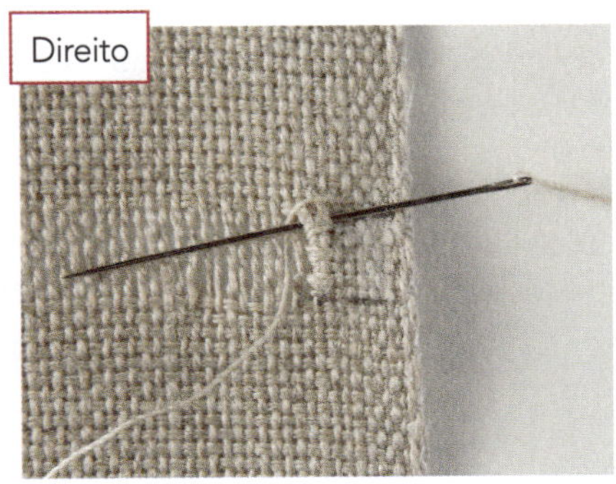


**6.** Borde os três fios verticais com ponto cordonê (veja a página 121), de baixo para cima. No avesso, coloque a mão esquerda sobre os fios cortados para garantir que eles fiquem presos entre os pontos e mantidos na posição inicial.

## Corte e extração dos fios (continuação)

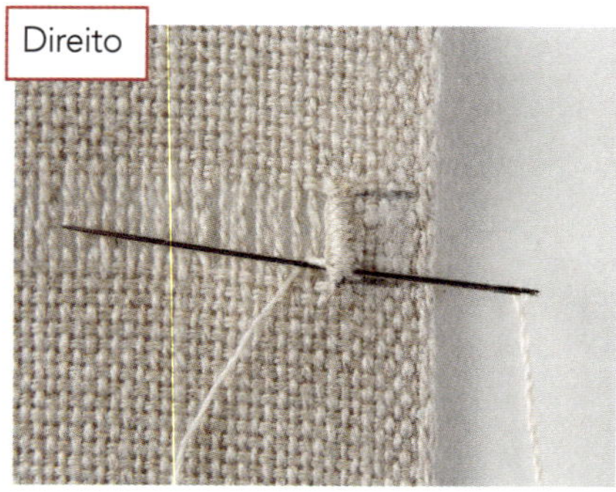


**7.** Volte de baixo para cima com um ponto caseado fechado ao redor do ponto cordonê anterior.

**8.** Deixe a linha de trabalho em espera e corte os fios excedentes, nivelados com o ponto.

A extração de fios do tecido enfraquece a tela. As peças vazadas serão sempre mais sensíveis a manipulações e agressões de produtos detergentes. Esse quesito deve ser levado em conta quando pensar em um projeto. Se o material precisar ser lavado com frequência, considere pontos fortes.

## PONTO AJOUR SIMPLES (OU AJOUR ANTIGO)

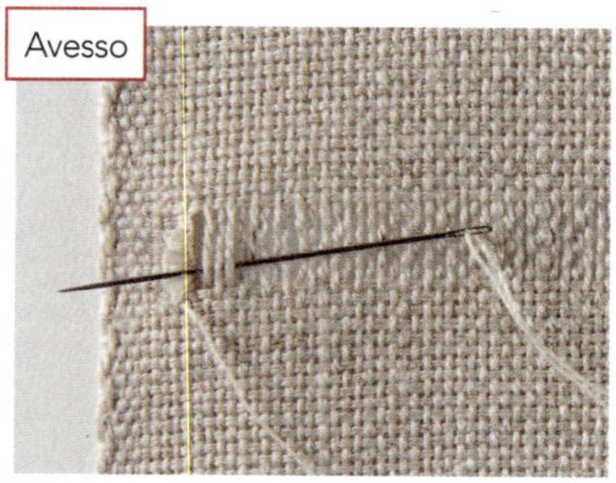


**1.** Na parte de trás do trabalho, trabalhe grupos compostos de três fios, da esquerda para a direita, com a linha deixada para baixo. Deslize a agulha sob os fios e saia novamente à esquerda.

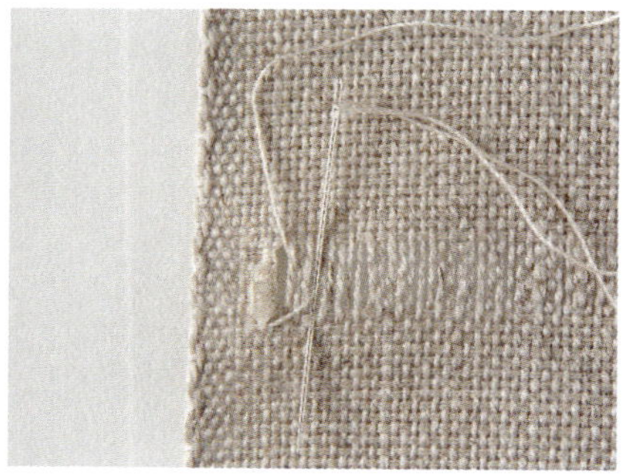

**2.** Leve a linha para cima e insira a agulha à direita, sob um fio do tecido.

**3.** Estique a agulha para apertar a linha ao redor do grupo de fios formados.

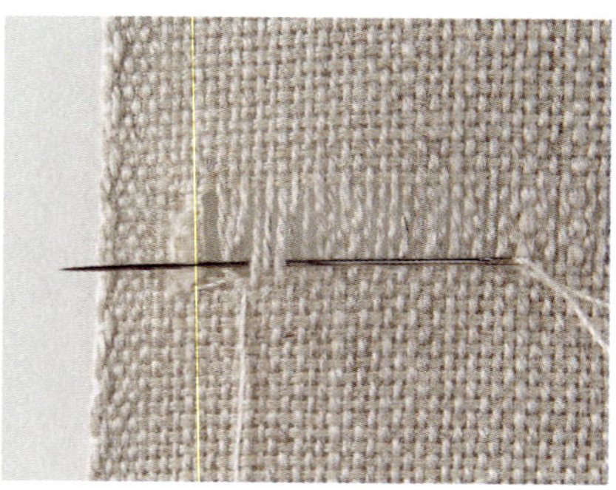

**4.** Deixe a linha abaixo e repita o mesmo ponto.

***Nota**: Para evitar que o fio inferior do vazado se "desloque" quando passar a agulha por baixo para amarrar os grupos de fios, é conveniente alternar e passar a linha por baixo de um fio, depois por baixo de dois fios do próximo grupo, novamente sob um fio etc.*

## PONTO AJOUR DUPLO (OU AJOUR ESCADA)

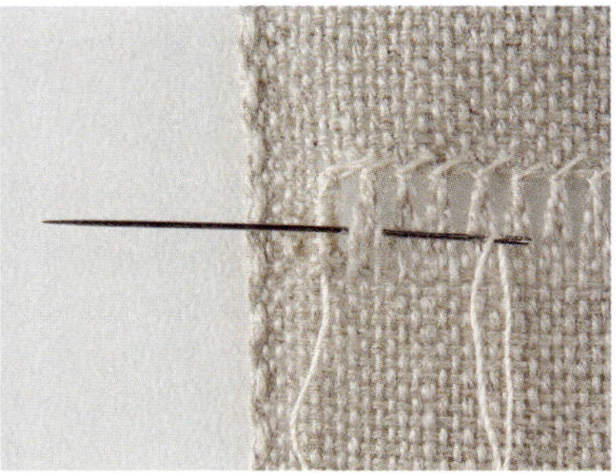

**1.** Trabalhe esse ajour como o anterior, com a diferença de que os dois lados da borda do calado serão bordados. Retire doze fios do tecido.Os grupos de fios são amarrados de um lado e, em seguida, a agulha desliza através do ponto caseado da borda para sair no início do lado oposto, gire o trabalho a 180° para continuar o bordado.

**2.** Borde o segundo lado como o anterior.

**3.** No lado direito do trabalho, as bordas do ajour são limpas e os pontos dos lados não são visíveis.

## ARREMATE AO FINAL DA LINHA

Para arrematar a linha durante o trabalho, deslize a agulha sob os pontos anteriores, por cerca de 2 cm e sem atravessar o tecido, e então corte o excesso. Para arrematar a extremidade da nova linha, deslize abaixo dos pontos anteriores, da mesma maneira.

*O ajour é um dos ornamentos mais clássicos e elegantes. É importante bordar da maneira mais limpa possível. Os trabalhos adornados com ajour devem ser passados a ferro sempre pelo avesso.*

## PONTO AJOUR EM SERPENTINA (OU AJOUR EM ZIGUEZAGUE OU AJOUR EM V)

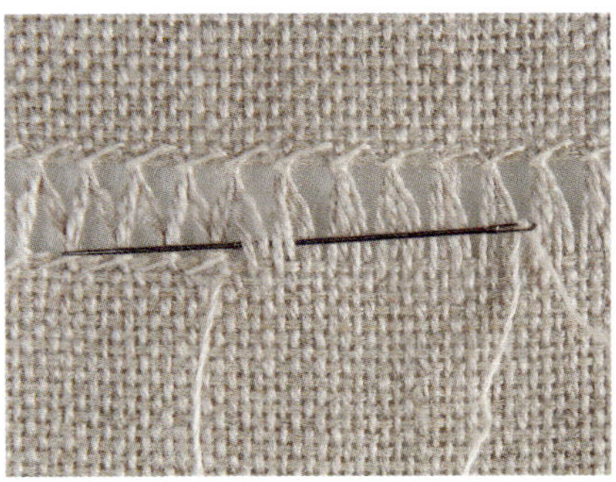

Trabalhe pelo avesso do trabalho, da esquerda para a direita. Para bordar o segundo lado, gire o trabalho a 180° e borde como o ajour duplo, mas amarrando a segunda metade de um grupo de fios junto com a primeira metade do próximo grupo.

# PONTO AJOUR RETO COM CORDONÊ

Este ponto fortalece consideravelmente o tecido enfraquecido pelos fios removidos. Trabalhe pelo lado direito do trabalho, da esquerda para a direita, com uma linha mais grossa que o fio da trama do tecido, e sobre um certo número de fios determinados pela altura do ajour.

***Nota**: Para calcular o número de fios a bordar por grupo, é conveniente fazer um teste de três a quatro grupos com um determinado número de fios. Se formarem rugas nas bordas do ajour, o número de fios presos nos grupos deve ser diminuído.*

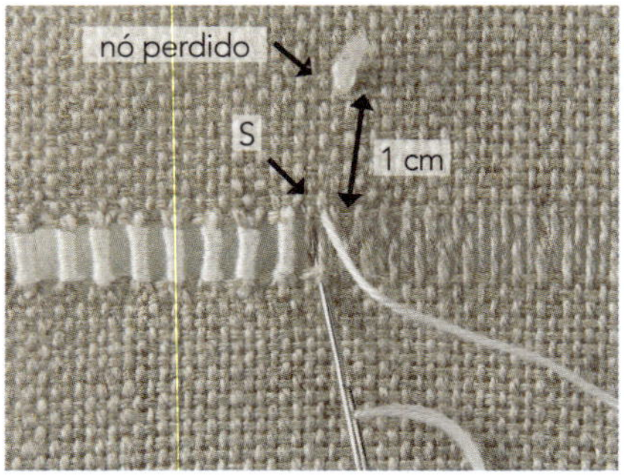

**1.** Retire dez fios do tecido. Use a linha BS 16/3865. Retire a agulha na parte superior e no centro do grupo de fios, insira a agulha na parte inferior e saia para a esquerda.

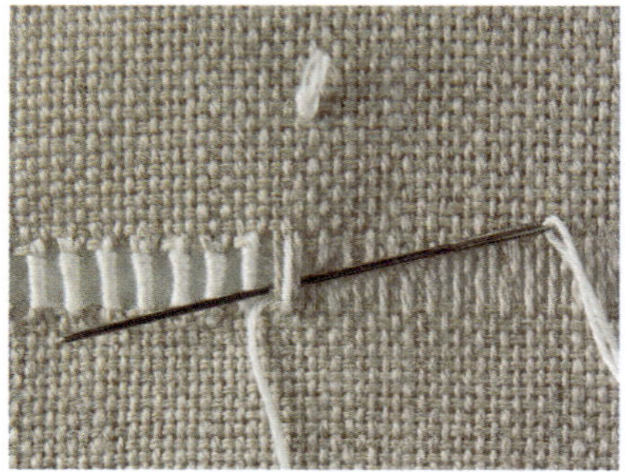

**2.** Envolva o grupo de fios...

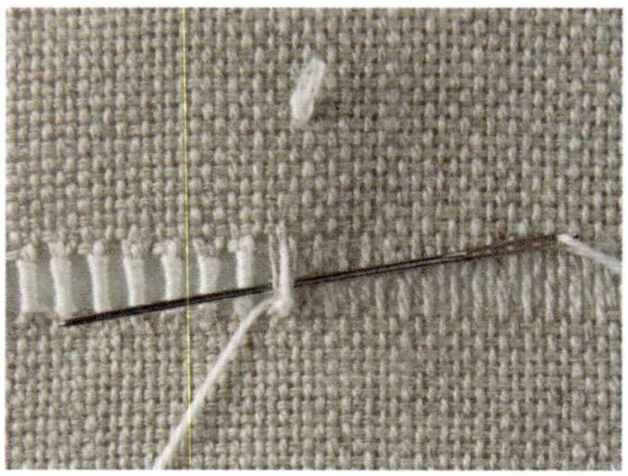

...e aperte as voltas uma contra a outra.

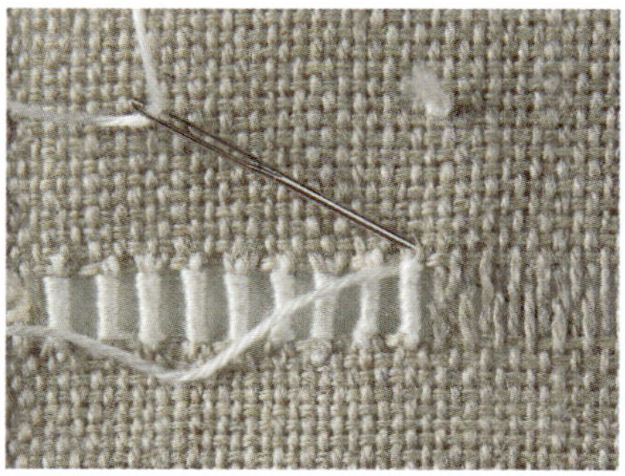

**3.** Borde até o topo e insira a agulha no tecido, no centro do grupo de fios.

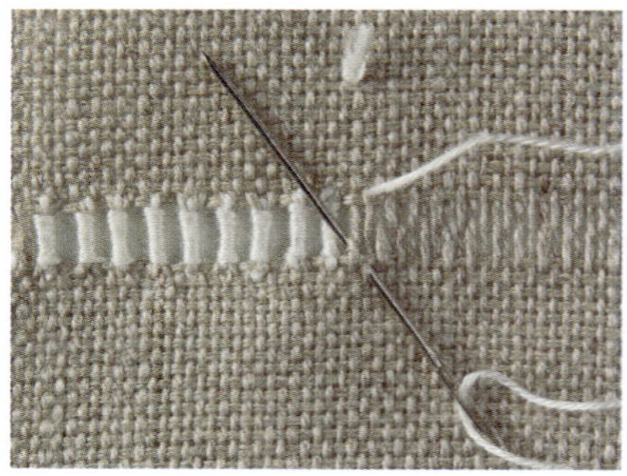

**4.** Retire a agulha no centro dos três fios próximos a ele e faça um ponto como antes. Borde todos os outros pontos da mesma maneira...

# TROCA DE LINHA

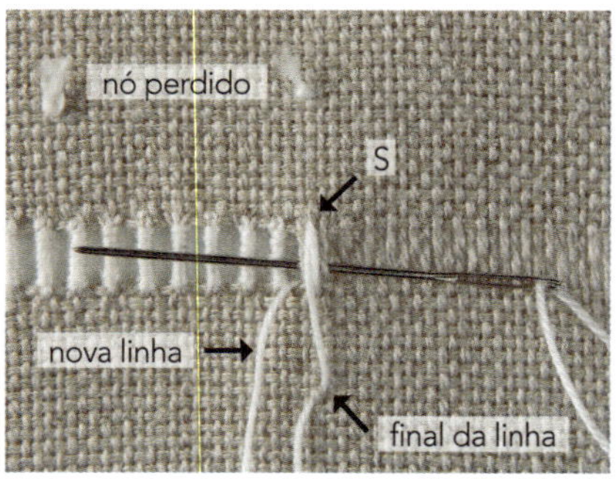


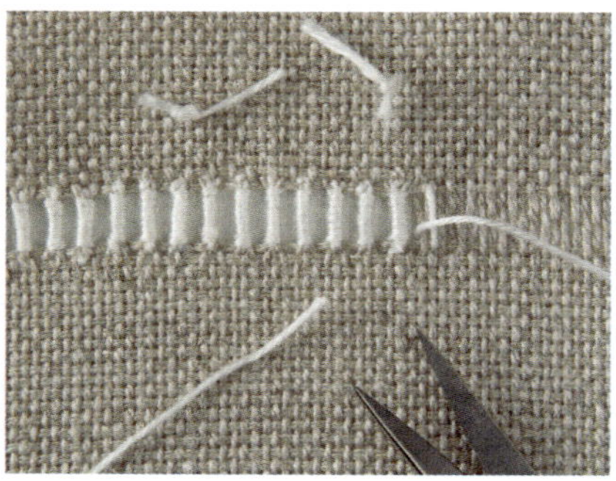

**1.** Para alterar a linha, remova a linha na parte superior do grupo de fios e deixe-a cair. Arremate a nova linha com um nó perdido e saia à esquerda do grupo de fios.

**2.** Borde como antes, integrando o final da linha e o começo da nova linha. Então, corte o excesso de linha e continue o trabalho.

# PONTO AJOUR ENTRELAÇADO

**1.** Retire de doze a treze fios do tecido e então, borde um ponto ajour duplo para formar grupos de dois fios (BS 25/644).

***Nota:*** *É conveniente remover de dois a três fios a mais do que a altura do ajour desejado. A altura diminui durante a realização do ponto, devido à tensão da linha. Por exemplo: para ter uma altura de ajour de 1 cm, deve-se retirar um número de fios equivalente a 1,2 cm.*

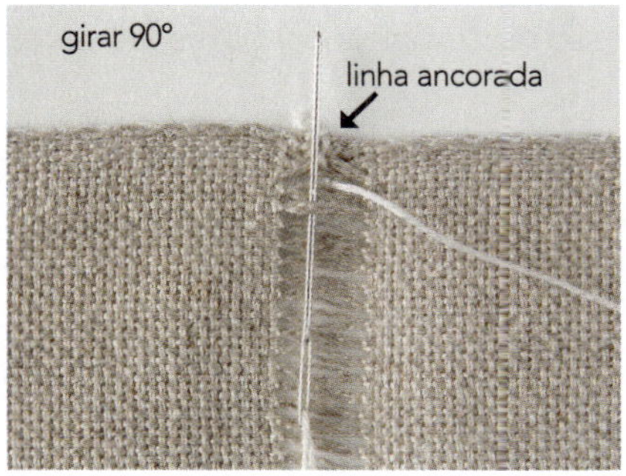


**2.** Trabalhe o próximo ponto com uma linha mais grossa (BS 16/3865) pelo direito ou pelo avesso do trabalho e de cima para baixo.

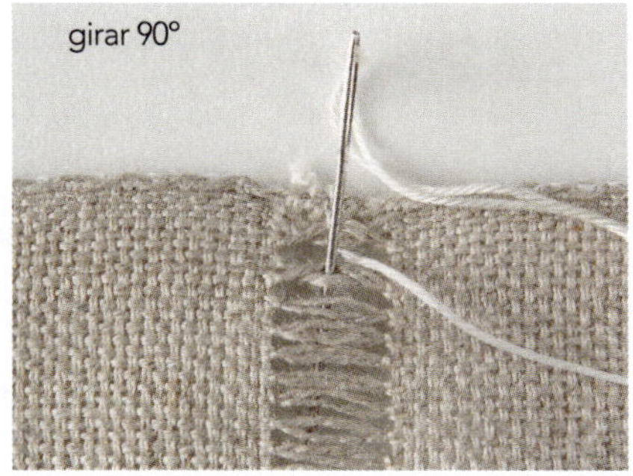


**3.** Passe a linha por cima dois grupos de fios, e retire a agulha entre os dois grupos, insira a agulha em frente ao grupo superior e leve-a para baixo, cruzando os dois grupos de fios.

**4.** Repita este ponto nos dois grupos próximos a ele.

**5.** De tempos em tempos, estique suavemente a linha para a apertá-la e coloque-a no centro do ajour.

Continue da mesma maneira ao longo da fileira.

*Antes de iniciar um trabalho, é sempre importante bordar os pontos em um pequeno pedaço de tecido que servirá como teste ou amostra. Esse exercício serve para dominar o ponto e saber o que deve ser modificado provisoriamente (por exemplo, o número de fios a ser retirados, o número de fios por grupo etc ...)*

## PONTO AJOUR AMARRADO

Retire doze fios do tecido e faça um ponto ajour duplo (BS 25/644).
Em seguida, trabalhe pelo lado do avesso do trabalho com uma linha mais grossa (BS 16/3865).

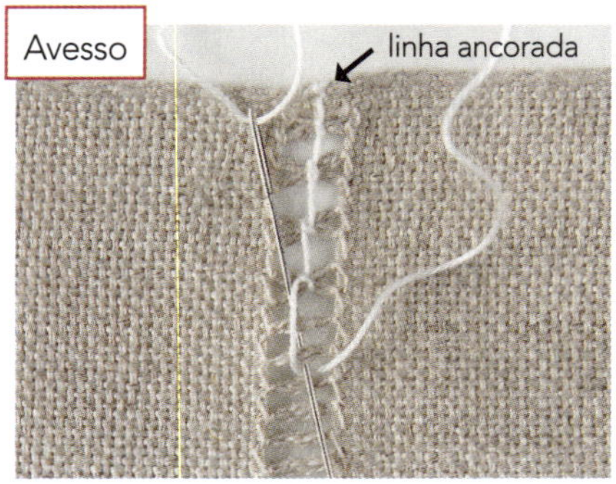


**1.** Começando pelo topo, faça um ponto corrente torcido (ver página 161) em dois grupos de fios.

**2.** Puxe a linha para cima para apertar e dar um nó nos grupos de fios, certifique-se que ela está no centro.

**3.** Os seguintes grupos de fios são amarrados da mesma maneira.

**4.** No avesso do trabalho, a passagem da linha de um grupo para o outro está em primeiro plano.

**5.** No direito, a passagem da linha está no segundo plano.

## PONTO AJOUR SIMPLES DE DUPLOS GRUPOS DE FIOS (OU AJOUR DUPLO AMARRADO)

**1.** Retire de oito a dez fios do tecido. Trabalhe pelo lado avesso do trabalho. Borde um dos lados ponto ajour simples (BS 25/644), amarrando três fios em cada grupo de fios.

**2.** Borde o segundo lado trabalhando com grupos de dois fios. Borde o grupo de fios à esquerda como um ponto ajour simples (veja a página 54).

**3.** Então, passe a agulha sob os dois grupos de fios, saia para a esquerda.

**4.** Volte a passar novamente sob os grupos de fios.

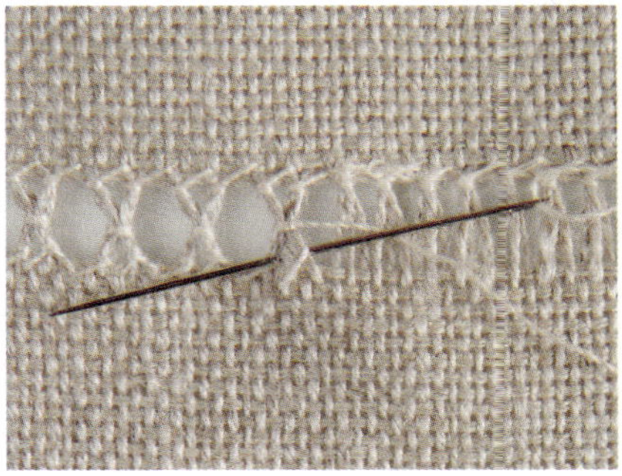

**5.** Aperte a linha em torno dos dois grupos de fios e retire a agulha entre eles, na parte inferior.

**6.** Insira a agulha à direita e saia do lado direito do tecido. Aperte novamente e prenda a linha na borda.

**7.** No avesso do trabalho, a passagem das linhas é perceptível.

**8.** No lado direito, não é notado.

*Sempre tente bordar com uma linha da mesma cor do tecido para que fique o menos perceptível possível. Em tecidos de tons pastel, a linha de algodão cru também pode ser adequada, uma vez que se camufla bem sob os pontos.*

## DUPLA BORDA DE PONTO AJOUR

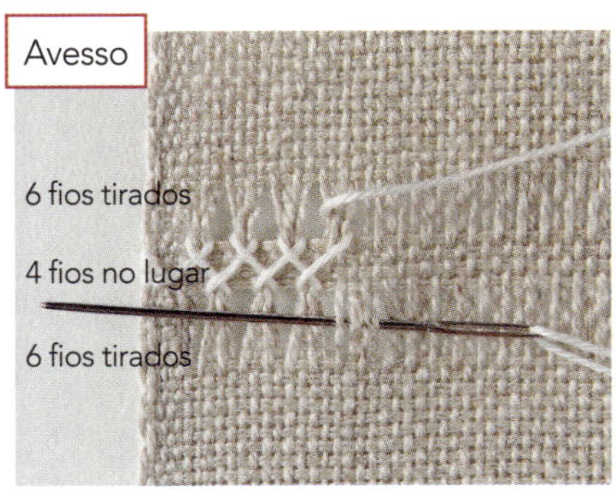


**1.** Este ponto permite bordar os dois lados do ajour simultaneamente e trabalhe pelo lado avesso do trabalho, da esquerda para a direita. Os fios são removidos seguindo as indicações da foto.

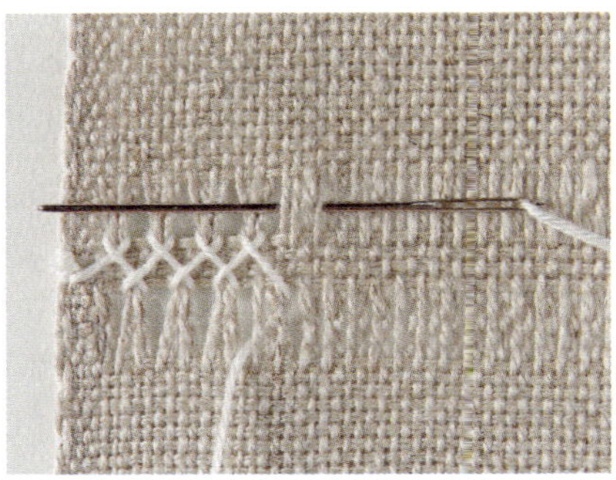

**2.** Borde com um ponto russo (ver página 164) na parte central dos vazados (BS 16/3865), amarrando quatro fios da borda superior e quatro da borda inferior.
***Nota:*** *Cada grupo de fios (quatro fios) é composto por dois semigrupos frente e frente e intercalados (2 x 2 fios).*

## BORDAS DE PONTO AJOUR COMBINADAS

Quando finalizar este ponto, não terá sido feito o ajour nas bordas superior e inferior. Eles podem ser bordados com diversos pontos.

# PONTO AJOUR SIMPLES (OU PONTO AJOUR SIMPLES COM PONTO CRUZ E PONTO AJOUR EM ZIGUEZAGUE)

**1.** No lado direito do trabalho, borde a borda inferior com um ponto cruz formado por duas fileiras de ida e volta de meio ponto cruz.

**2.** Na borda superior, borde um ponto ajour em serpentina (consulte a página 55) (linha BS 25/644).

# PONTO AJOUR COM RODAS TECIDAS

Este ponto deve ser feito com altura suficiente para que os grupos de fios tecidos que formam uma roda se destaquem. Borde da direita para a esquerda, mas tanto faz bordar pelo avesso ou pelo direito do trabalho.

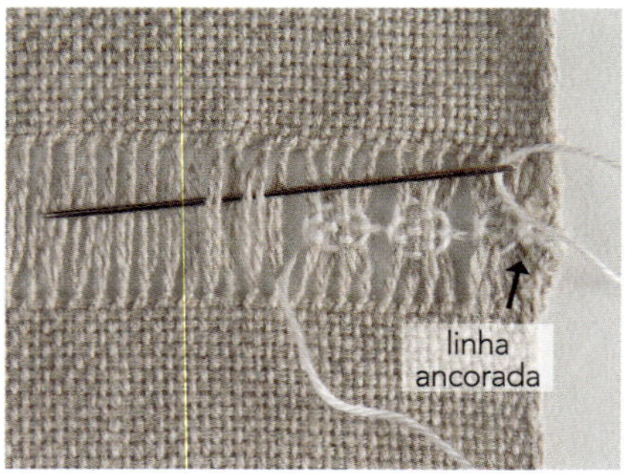


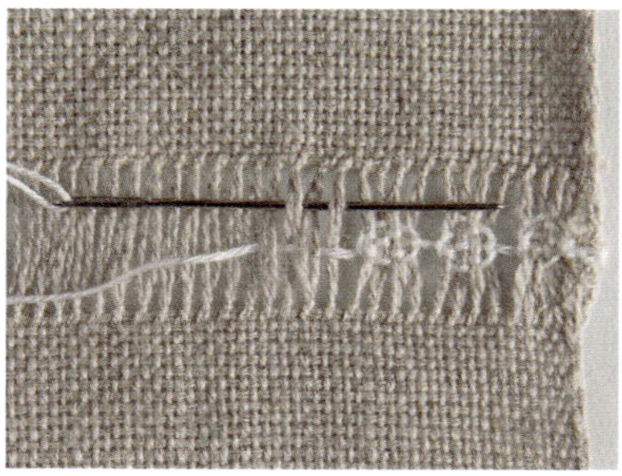

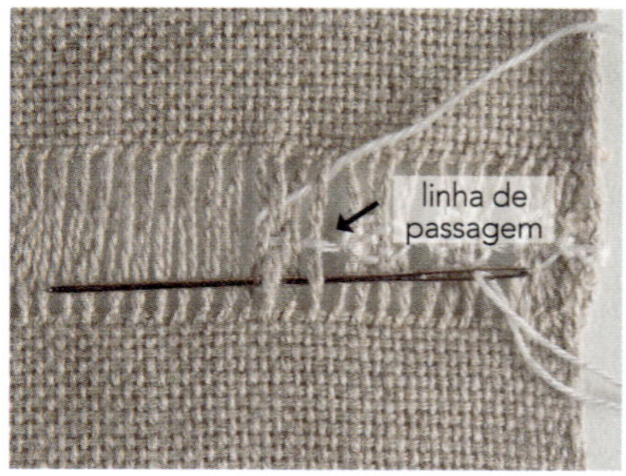


**1.** Retire de dezesseis a dezoito fios do tecido e borde um ajour duplo (linha BS 25/644), formando grupos de dois fios. Com uma linha mais grossa (linha BS 16/3865), passe por cima e por baixo de quatro grupos de fios, da direita para a esquerda e depois da esquerda para a direita.

**2.** Faça uma terceira fileira tecida da esquerda para a direita, tecendo também a linha de passagem da rodada anterior.

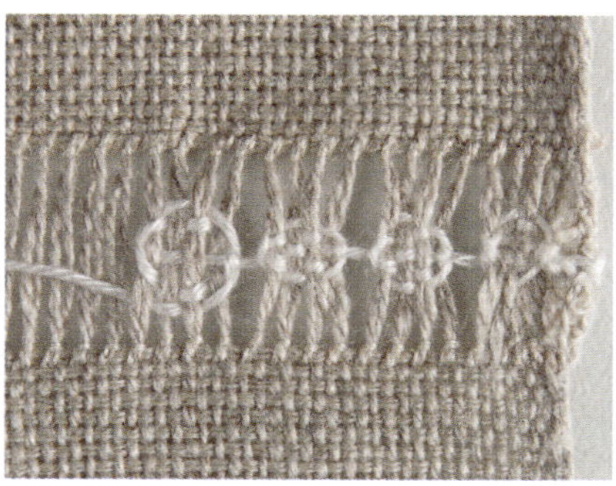

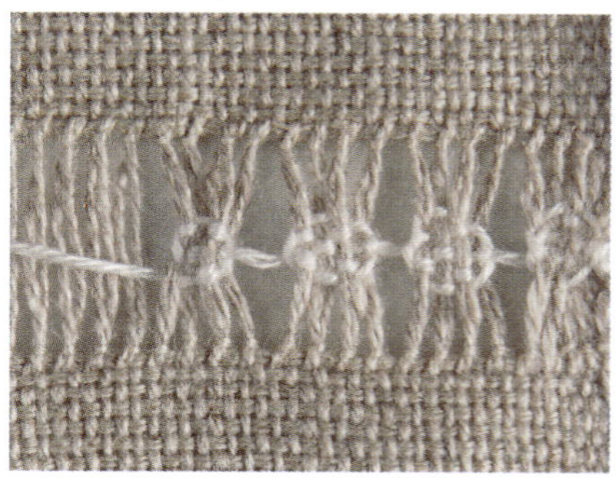

**3.** Faça uma quarta e depois uma quinta rodada com ponto tecido. Não puxe muito a linha para enxergar melhor e facilitar o trabalho.

**4.** Quando terminar o ajour de roda tecida, puxe a linha para apertar em torno dos grupos de fios.

> O mesmo ponto tem nomes diferentes, dependendo do país onde é usado. Um ajour com rodas tecidas é chamado também "ajour sol".

**5.** Continue da mesma forma nos quatro grupos de fios que se seguem.

## PONTO AJOUR CERZIDO

Este ponto reforça o tecido enfraquecido pela extração dos fios e lhe confere um lindo estilo. Ele permite uma infinidade de combinações e pode ser feito em alturas variáveis e consideráveis. É bordado com uma linha um pouco mais grossa que os fios da trama do tecido e pelo direito. É aconselhável usar um bastidor de bordado.

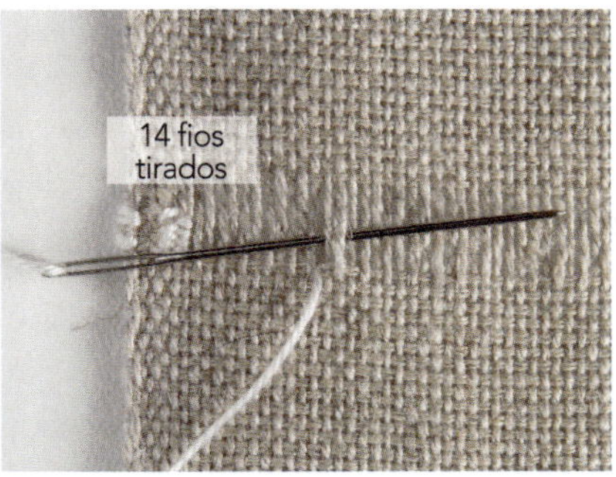

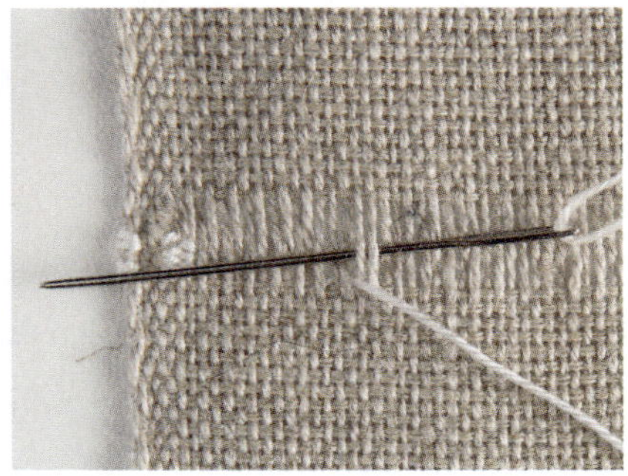

**1.** Retire a agulha (BS 16/386) na parte inferior do ajour e passe-a por cima e por baixo dos quatro fios mais próximos, tecendo-os de dois em dois até atingir a metade da altura.

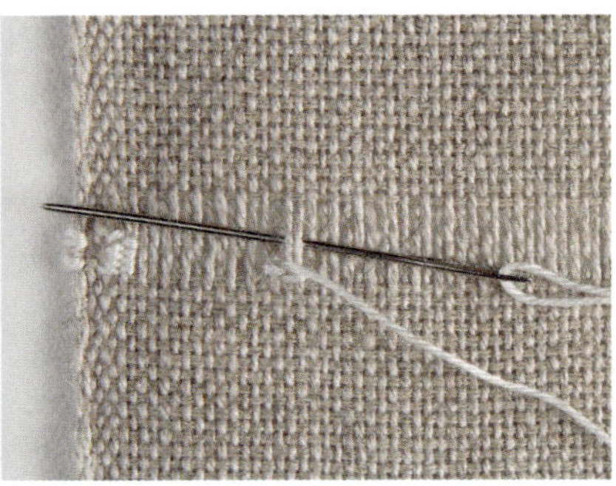

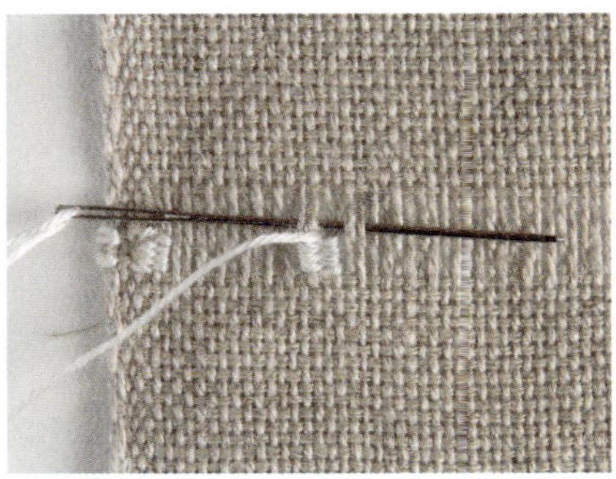

**2.** Passe sob os dois fios à direita para iniciar o ponto cerzido nos quatro fios seguintes, deixando de lado os dois primeiros fios tecidos.

## Ponto ajour cerzido (continuação)

**3.** Borde com um ponto cerzido na borda superior, depois passe por cima e por baixo dos quatro fios laterais, tecendo-os dois a dois, como anteriormente, até que atinjam metade da altura do ajour.

**4.** Borde com um ponto cerzido em torno dos quatro fios à esquerda, deixando de lado os dois fios à direita, até a borda inferior.

**5.** Continue bordando seguindo a mesma regra.

## TROCA DA LINHA

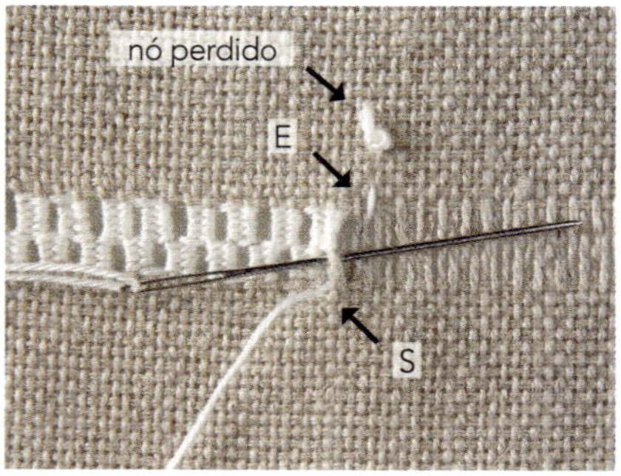


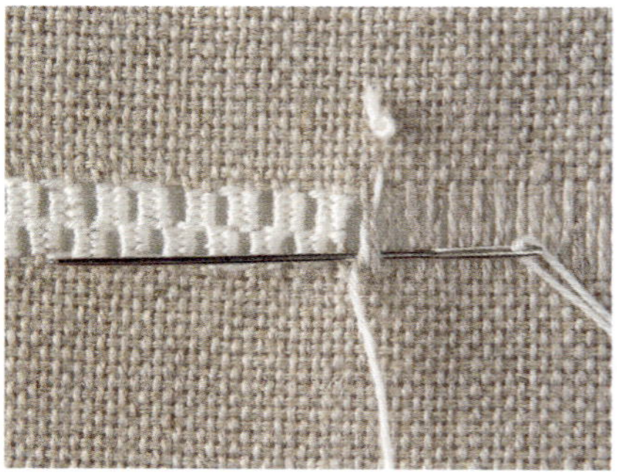

**1.** Para arrematar a linha no final, deslize a agulha entre os grupos de fios previamente tecidos e, em seguida, corte a linha excedente.

**2.** Para começar uma nova linha, insira a agulha na parte superior do tecido, arrematando a linha com um nó perdido. Saia na parte inferior do grupo de fios a bordar.

**3.** Continue o bordado integrando a nova linha no ponto cerzido. Corte o excesso de linha.

# COSTURA COM A TÉCNICA DE APLIQUE COM PONTO BAINHA VAZADA

A técnica dos fios tirados permite unir diferentes tecidos e costurar as bainhas de uma maneira muito refinada, com infinitas variações de pontos.
A seguir, são apresentados dois tutoriais dessas técnicas, os mais usados no acabamento do trabalho.

## Materiais

Tecido de linho bege e branco, agulha de tapeçaria com ponta arredondada n° 26 e n° 22, algodão Broder Spécial n° 30: 3865.

*O aplique do tecido com ponto de bainha vazada permite realizar trabalhos de extremas delicadeza e elegância.*

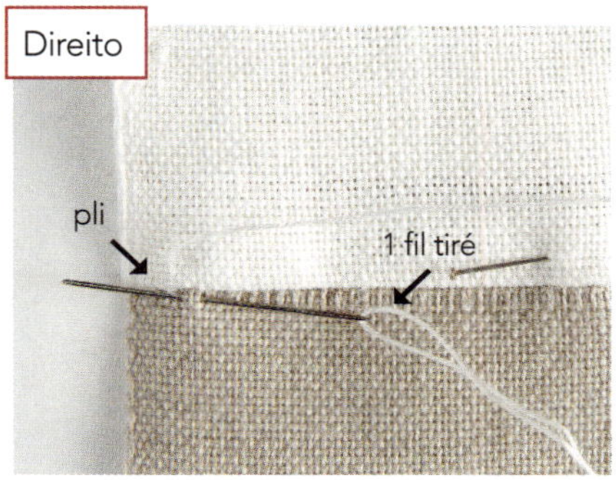


**1.** Tire um fio na borda superior do tecido bege. Dobre a borda inferior do tecido branco e posicione a dobra sobre o fio tirado do tecido bege. Puxe a agulha com a linha no tecido branco a 0,1 cm da dobra e depois insira no vazado.

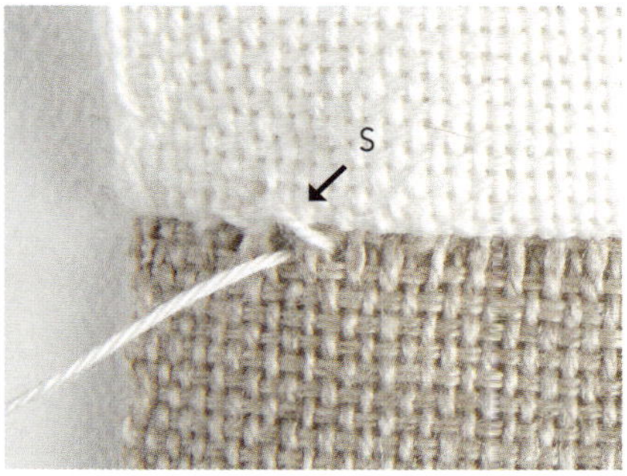

**2.** Pegue três fios, depois deslize a agulha sob a dobra do tecido branco, sem atravessar o tecido bege...

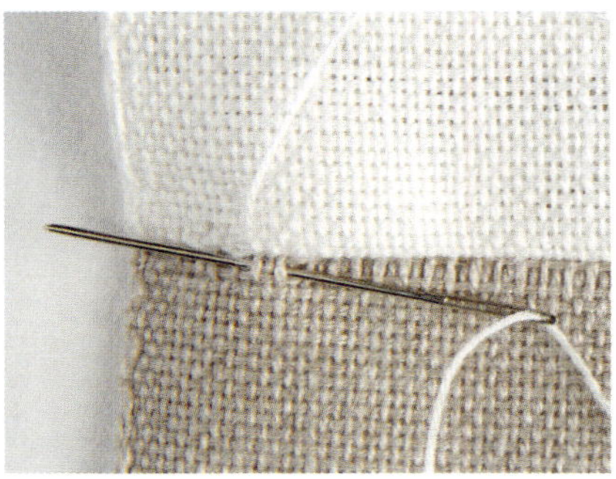

...e puxe da agulha para apertar o ponto ao redor dos três fios.

***Nota:** A cor da linha usada para bordado deve ser idêntica à do tecido aplicado. Aqui em cima, é possível ver o aplique com o acabamento final da bainha amarrada.*

*Para ter uma bainha maior, basta remover dois fios ou mais, se necessário, antes de fazer o aplique com o ponto da bainha vazada.*

# REALIZAÇÃO DE CANTOS MITRADOS E BAINHA VAZADA

## Materiais (para os dois próximos tutoriais)

- 35 x 35 cm de tecido misto de algodão/modal cor cru de 12,6 fios/cm de Zweigart Lugana, **Ref.** 3508/264
- 1 agulha para tapeçaria com ponta arredondada n° 26 e n° 22 Bohin
- 1 agulha longa n° 9 Bohin
- Cola para têxteis, **Ref.** 62616 Bohin
- Tesoura pequena com lâminas finas, **Ref.** 24316, e tesoura pinça, **Ref.** 98260 Bohin
- Tesoura de costura, **Ref.** 98263 Bohin
- Alfinetes finos
- 1 régua plana
- 1 caneta termossensível
- Miniferro Clover
- Linha de costura crua
- Algodão Broder Spécial n° 16 e 30: cru

***Nota:*** *Para retirar os fios do tecido, use a agulha com ponta arredondada n° 22.*
*Para costurar os cantos, a bainha vazada e o ajour duplo, use a agulha longa n° 9.*

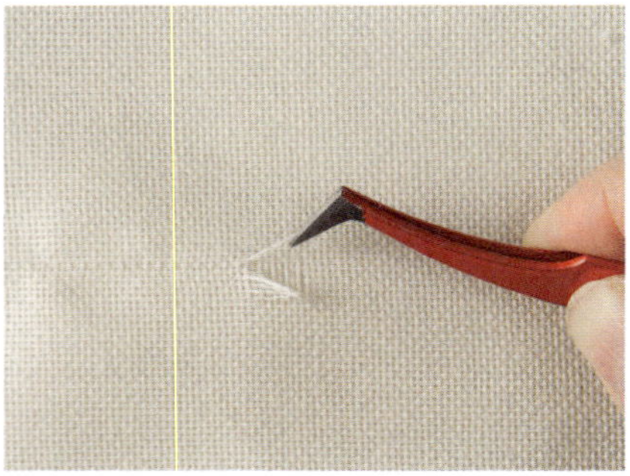

**1.** A 12 cm de uma borda do tecido e no centro, corte nove fios. Puxe com cuidado o primeiro fio cortado para separá-lo da trama.

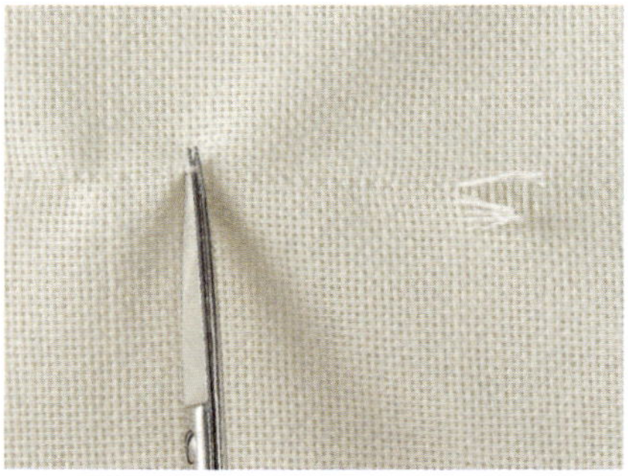

**2.** Mais à esquerda, insira a lâmina da tesoura sob o fio tensionado e corte-o, e depois tire-o.

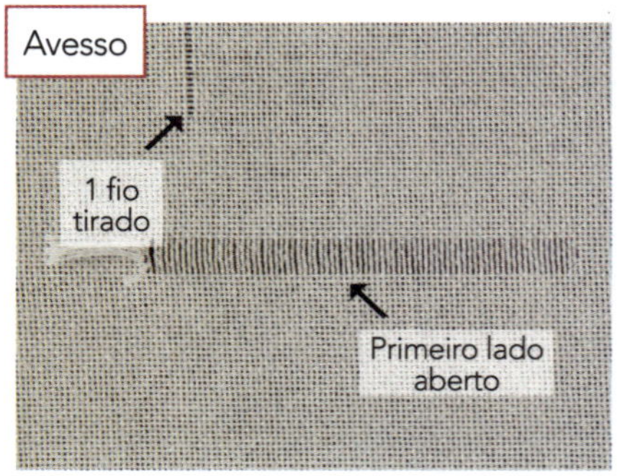


**3.** Para cortar e extrair os outros fios, proceda da mesma maneira.

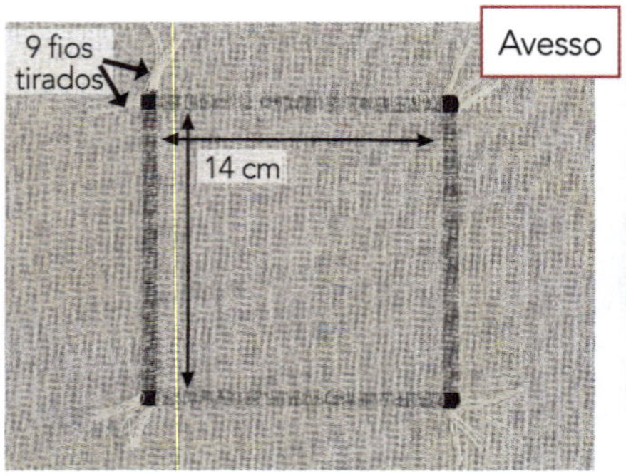


**4.** Faça o mesmo nos outros lados para ter um quadrado com as bordas vazadas, como na foto acima.

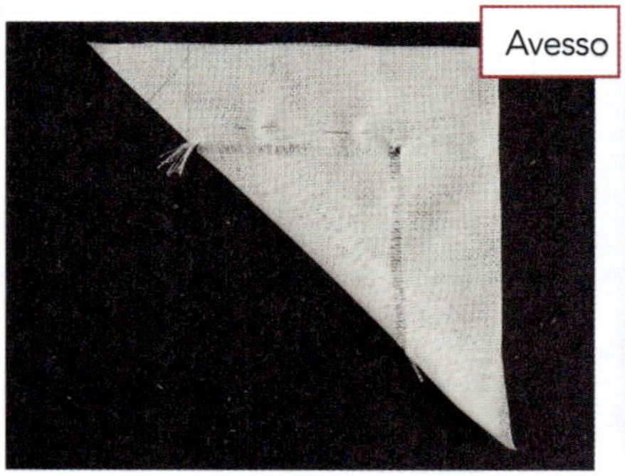


**5.** Corte os lados do tecido deixando 7 cm de margem a partir dos fios tirados. Dobre em canto o trabalho, voltando direito contra direito, sobrepondo as bordas cortadas e os vazados dos dois lados e coloque os alfinetes. Desenhe uma linha vertical de 7 cm na borda e faça uma primeira marca a 4 cm (dobra do trabalho) e uma segunda a 1 cm (dobra da bainha).

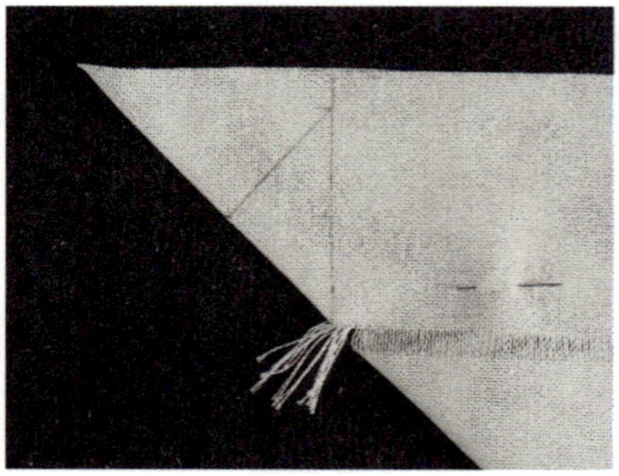

**6.** Faça uma terceira marca na dobra diagonal, alinhada com a primeira marca e desenhe uma linha diagonal que una esta terceira com a segunda marca.

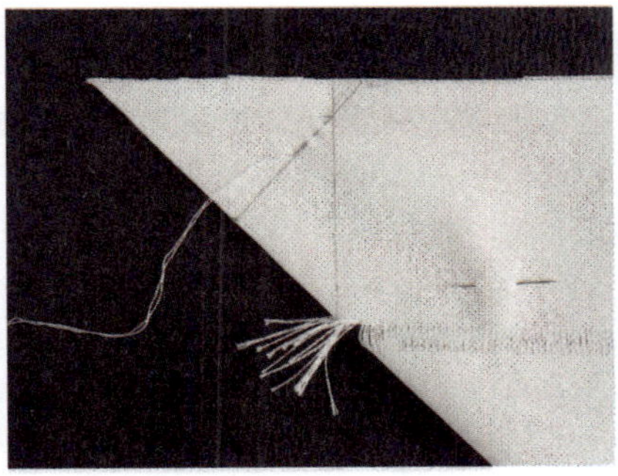
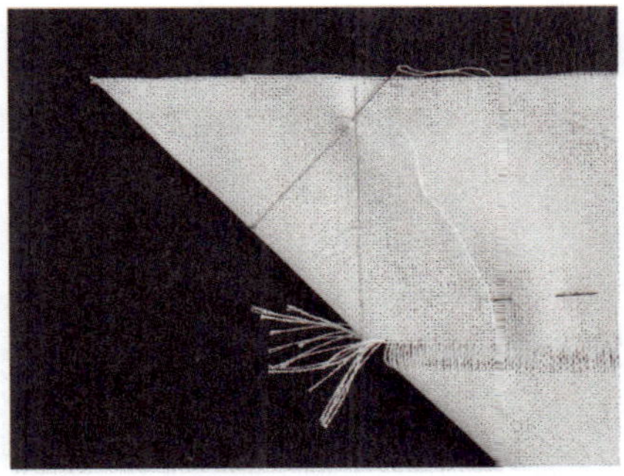

**7.** Costure a linha diagonal com um ponto marca (com linha de costura crua).

**8.** Corte o excesso de tecido deixando 1 cm de margem. Corte a ponta do tecido a 0,2 cm da costura.

**9.** Abra a costura e passe a ferro. Faça o mesmo nos outros três cantos.

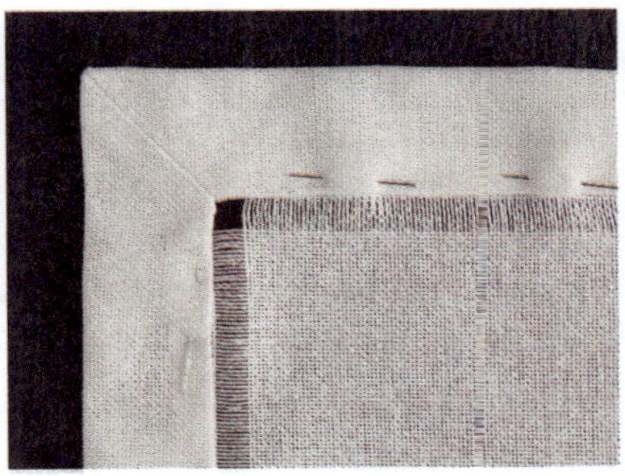

**10.** Vire o trabalho para o direito, tomando cuidado para manter as costuras abertas e, assim, ter os cantos limpos. Dobre a borda do tecido para dentro para formar uma bainha e a dobra é posicionada sobre o vazado, sem cobri-lo. Coloque os alfinetes.

**11.** Costure as laterais do canto com pequenos pontos (linha cru, agulha longa nº 9)...

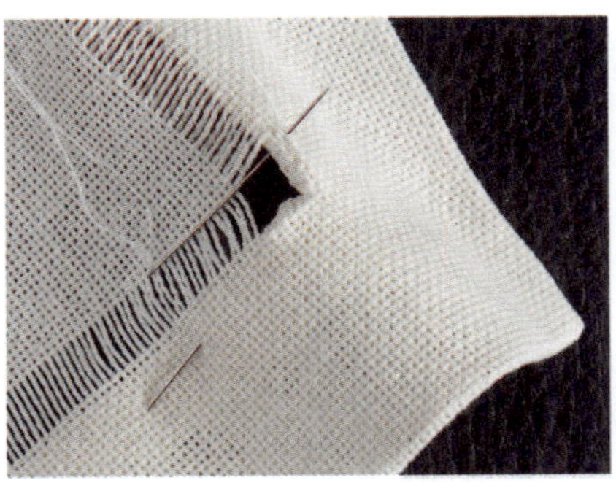

...o mesmo é feito nos outros três cantos.

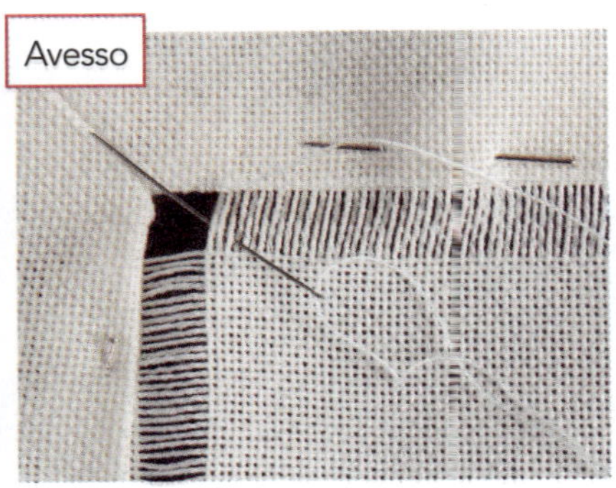

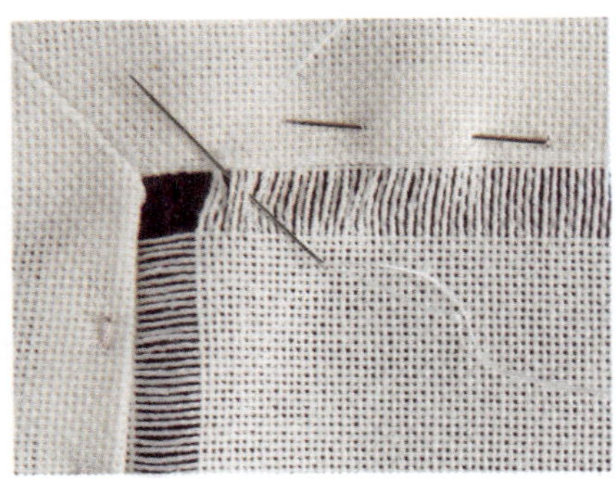

**12.** Una as bordas com ponto de bainha vazada (linha cru, agulha longa nº 9), mantendo três fios em cada grupo. Faça-o da mesma maneira que ao fazer um aplique (veja a página 63) sem passar pelo lado direito do tecido.

## Realização de cantos mitrados e bainha vazada (continuação)

Deslize a agulha sob a dobra da bainha para arrematar o ponto.

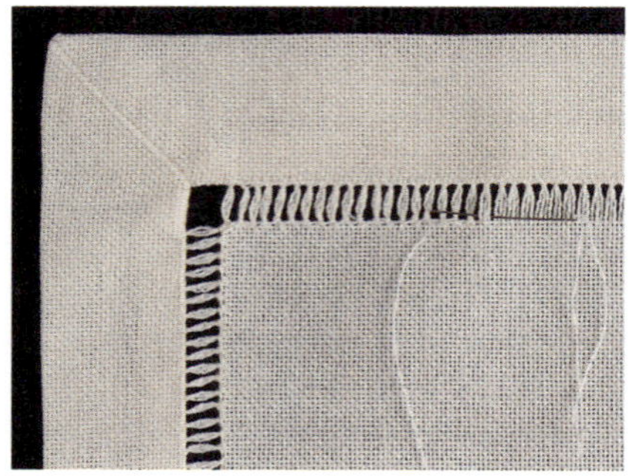

**13.** Em seguida, borde um ponto ajour duplo em todos os quatro lados, trabalhando na parte do avesso do trabalho.

# PONTOS DE ADORNO NOS CANTOS DE AJOUR

Quando as bordas forem unidas, é conveniente encher os cantos com pontos decorativos que acrescentam um toque estético ao trabalho.

***Nota**: Para os pontos de adorno dos vazados e os cantos, use a agulha com ponta arredondada n° 26 e a meada BS 16/cru.*

Para arrematar as linhas do início do trabalho, faça um nó na extremidade da linha, passe a agulha entre as camadas do tecido e saia no local desejado.

# PONTO RODA TECIDA COM QUATRO RAMOS (PONTO TEIA DE ARANHA)

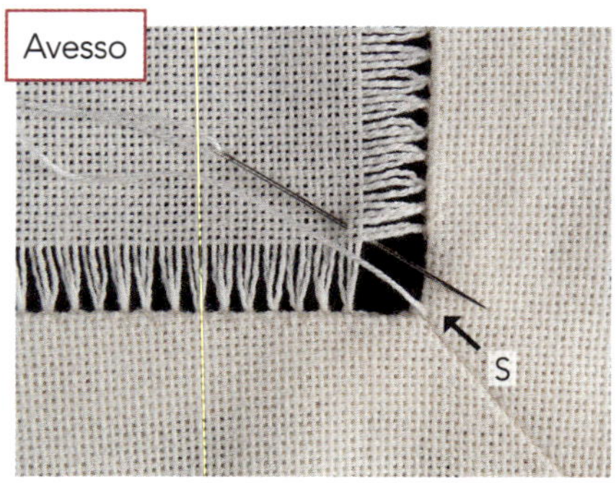


**1.** Saia entre as camadas da bainha, perto do canto e insira a agulha no canto oposto.

**2.** Chuleie quatro ou cinco vezes a linha passada e insira a agulha no canto oposto, sem atravessar o lado direito do tecido.

**3.** Estique suavemente a linha para posicioná-la perfeitamente ao redor do ponto.

**4.** Insira a agulha entre as camadas do tecido da bainha e saia novamente no canto vizinho, perto do ajour. Passe através da presilha e insira a agulha no canto oposto, muito perto da dobra da bainha.

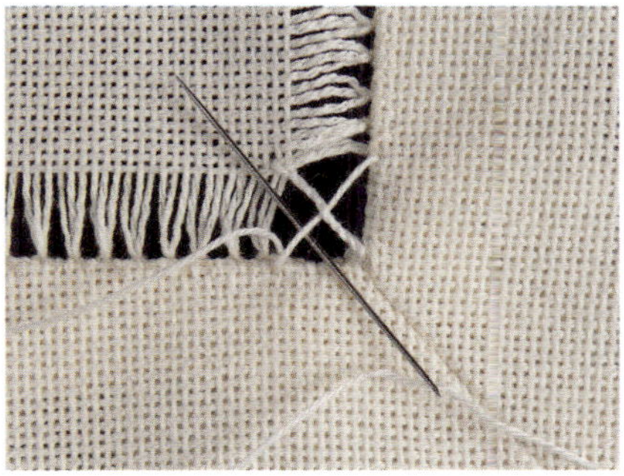

**5.** Chuleie a linha três vezes até o cruzamento central.

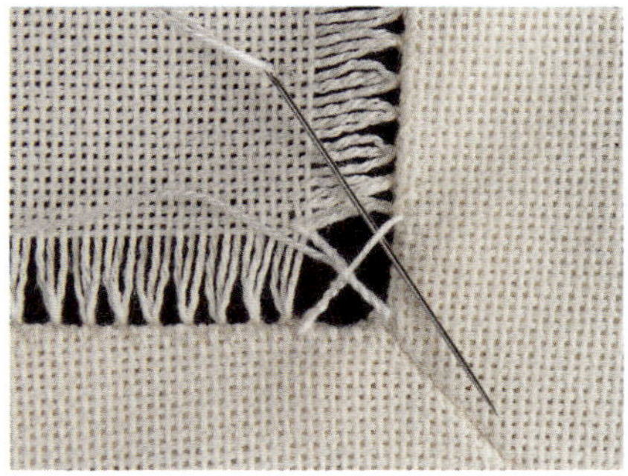

**6.** Faça quatro ou cinco voltas passando por cima e por baixo dos quatro ramos do cruzamento sem esticar muito a linha para que ela se adapte ao diâmetro crescente da roda.

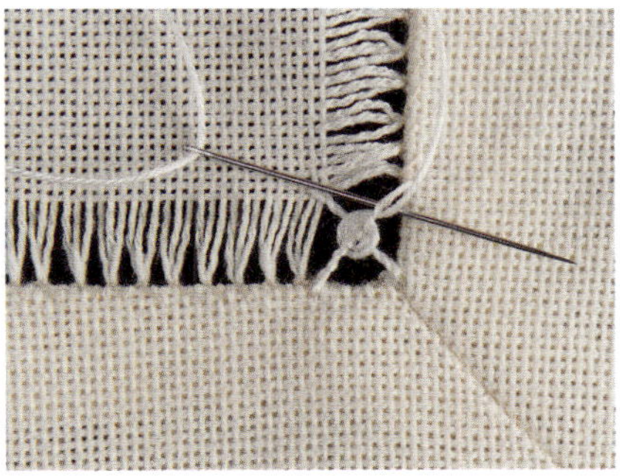

Retire a agulha perto do último fio não chuleado e envolva-o duas vezes até atingir a borda oposta.

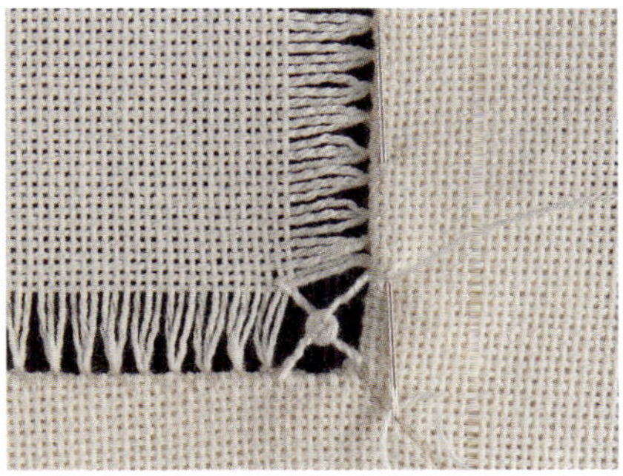

**7.** Para arrematar a linha, insira perto da dobra e faça dois pequenos pontos atrás em um fio do tecido, atravesse a agulha entre as camadas da bainha e depois corte a linha.

*Os enfeites bordados dos cantos proporcionam um toque estético importante e também dão mais resistência os lados pequenos dos cantos.*

## TRIO DE PRESILHAS CERZIDAS

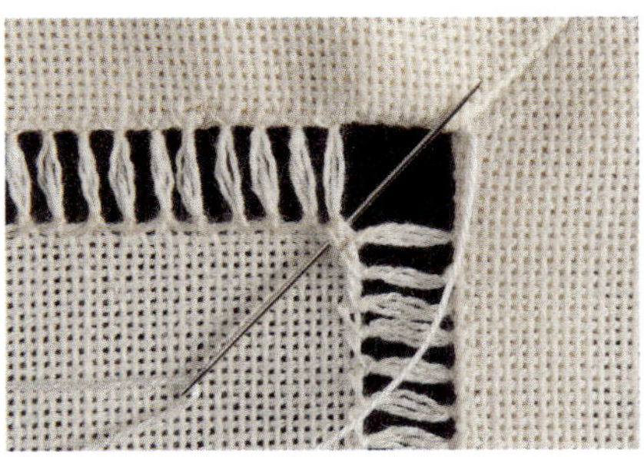

**1.** Retire a linha no canto vazado e enfie a agulha no canto oposto.

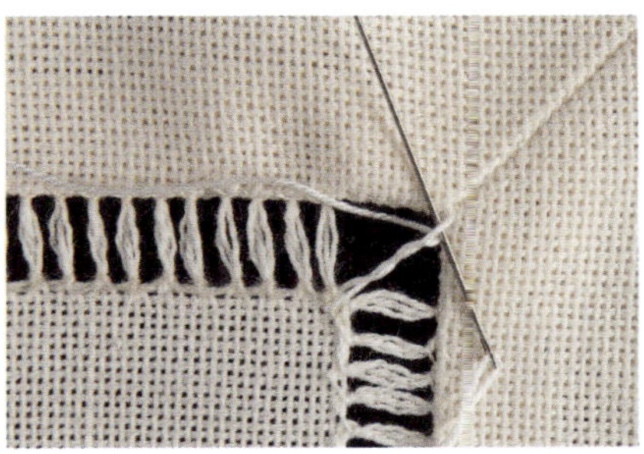

**2.** Chuleie esta linha cinco vezes e insira a agulha no canto da borda.

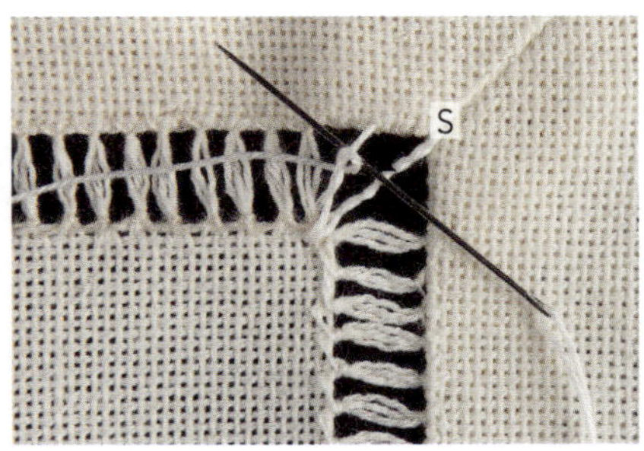


**3.** Passe a agulha entre as camadas da bainha e saia novamente na dobra a 0,4 cm mais longe. Insira a agulha no canto oposto e chuleie a linha por cinco vezes até atingir a borda.

## Trio de presilhas cerzidas (continuação)

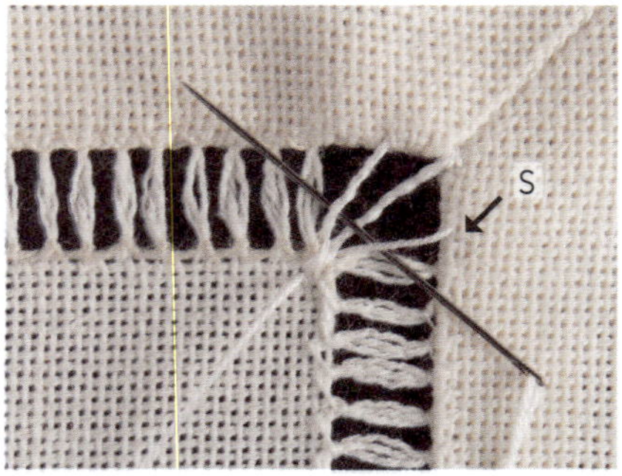


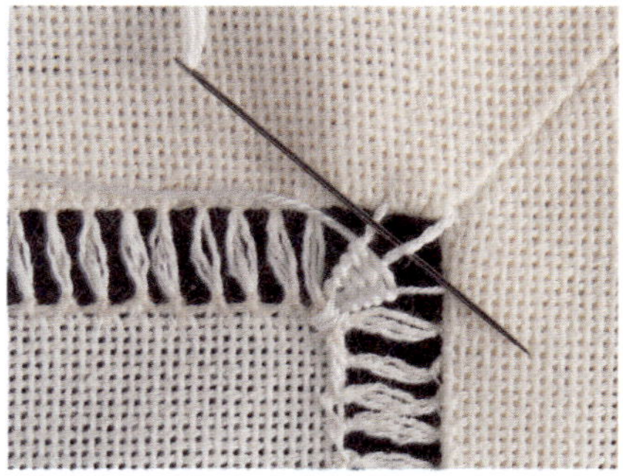

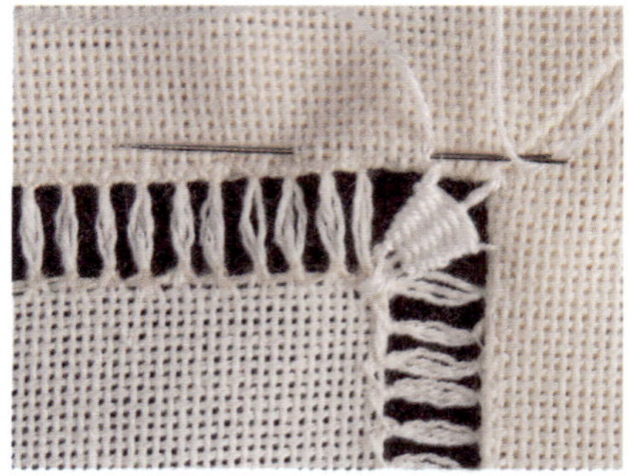

**4.** Da mesma forma, passe entre as camadas de tecido, saia na borda do lado e insira a agulha no canto oposto. Passe por cima e por baixo das duas presilhas e do último fio.

**5.** Borde com um ponto cerzido até a borda e depois arremate a linha (veja a página 56, mudança de linha).

## PONTO AJOUR AMARRADO E PONTO RODA TECIDA COM OITO RAMOS

**1.** Borde os lados do trabalho com o ponto ajour amarrado, prendendo as linhas nas bordas do canto.

**2.** Saia no canto e enfie a agulha na frente, cruzando os fios cruzados. Insira a agulha no canto oposto e torne a sair a um fio de distância, na base do grupo de fios amarrados mais próximos e deslize a agulha abaixo do nó do grupo de fios.

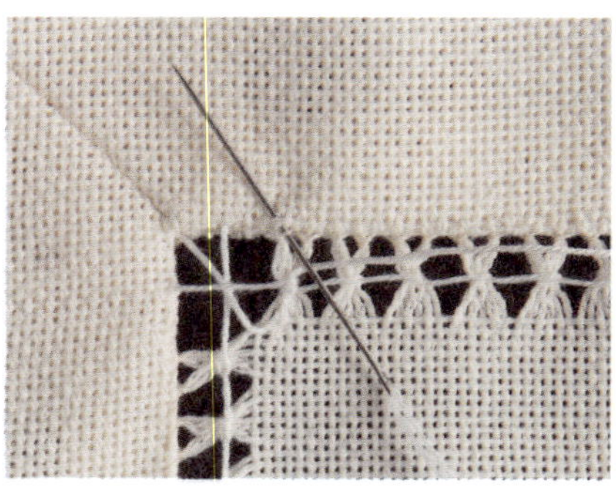

*O ponto de roda tecido é um ponto muito fácil de fazer e seu diâmetro pode ser adaptado de acordo com sua escolha. Para isso, basta fazer um número mais ou menos interessante de voltas ao redor dos ramos.*

**3.** Insira a agulha na borda, sem atravessar a bainha, a 0,1 cm mais longe.

**4.** Insira a agulha na diagonal, através do cruzamento e passe a agulha por baixo de um fio do tecido.

**5.** Volte ao cruzamento chuleando três vezes a última linha e borde por quatro ou cinco voltas com um ponto cerzido em volta dos oito ramos da roda.

**6.** Retire a agulha perto do fio sem chulear e envolva-o três vezes até atingir a borda.

## PONTO AJOUR AMARRADO E PONTO RODA CHULEADA COM OITO RAMOS

**1.** Faça o ponto ajour amarrado nas bordas e faça os fios que formam os ramos da roda nos cantos da mesma maneira que no ponto anterior (veja a página 63). Então, borde os ramos com ponto chuleado (veja a página 172).

> Os pontos trabalhados nos cantos podem ter diferentes formas, dependendo do número de ramificações da roda. Esse número depende do espaço disponível no canto e da habilidade da bordadeira. Pontos de adorno podem ser mais complexos, aumentando assim a riqueza do bordado.

Avesso

***Nota**: Na parte do avesso do trabalho, os ramos da roda são notados, uma vez que estão chuleados.*

Direito

**2.** No direito do trabalho, a roda tem a forma de um círculo mais uniforme, composto de pontos haste ao redor dos ramos. Os dois aspectos da roda podem ser usados como um ponto de ornamento. Dependendo da escolha de um ou outro, o ponto é trabalhado pela direita ou pelo avesso do trabalho.

# ACABAMENTO DOS FIOS TIRADOS NOS CANTOS DO TRABALHO

Quando os pontos ajour são bordados para ornamentar um tecido, é conveniente voltar tecendo os fios e cortá-los de maneira limpa e bonita.

## Materiais

Tira de linho de 20 cm de 11 fios/cm e 12 cm de largura, agulhas longas n° 7 e 9, algodão cru egípcio n° 50, algodão Broder Spécial DMC n° 25: cru

***Nota**: Todos os pontos são trabalhados no avesso do trabalho.*

## Método 1: a tecelagem refeita com os fios da trama

Este acabamento, delicado e refinado, protege perfeitamente os fios removidos.

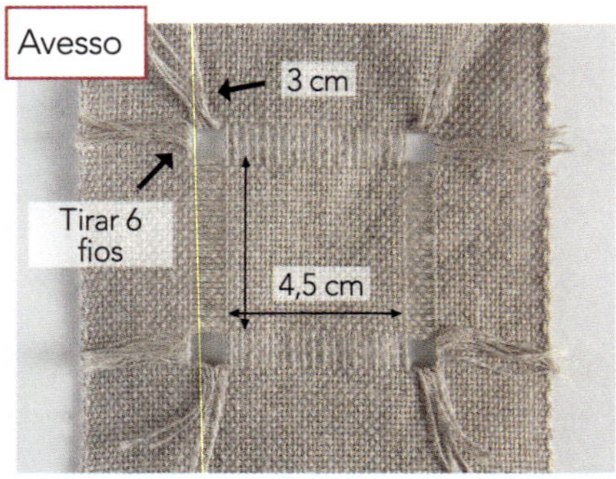


**1.** Os fios são removidos para fazer os quatro lados de um quadrado centralizados no tecido, trabalhe como no tutorial anterior (veja a página 64), do pequeno guardanapo quadrado cru).

**2.** Passe os fios cortados do tecido no olho da agulha longa número 7. Passe a agulha por cima e por baixo dos fios do tecido, por uma distância de 1 a 1,2 cm.

**3.** O mesmo é feito com os outros cinco fios removidos.

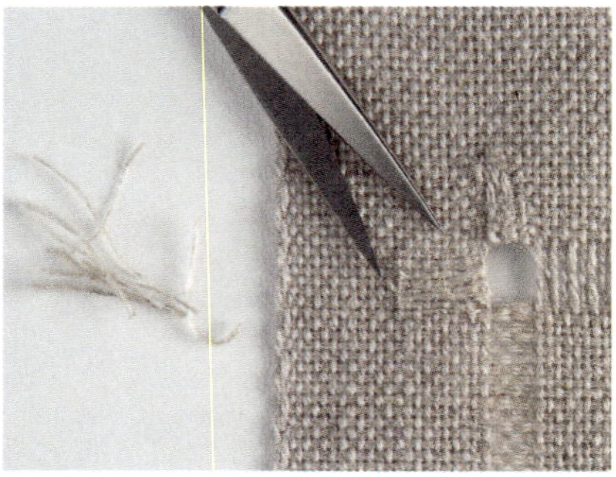

**4.** Em seguida, corte o fio restante.

*O método 1 é, de longe, o mais refinado, desde que os fios do tecido sejam tecidos de maneira regular e o cerzido seja feito de fio a fio. Se essa operação for absolutamente bem-sucedida, é praticamente impossível distinguir o direito do avesso do tecido. Antigamente, esse método era usado com frequência.*

## Método 2: a fixação dos fios cortados na tela

Este acabamento, mais rápido que o anterior, protege os fios removidos, mas tem uma aparência mais grosseira no avesso. Trabalhe com uma linha de algodão egípcio e uma agulha longa n° 9.

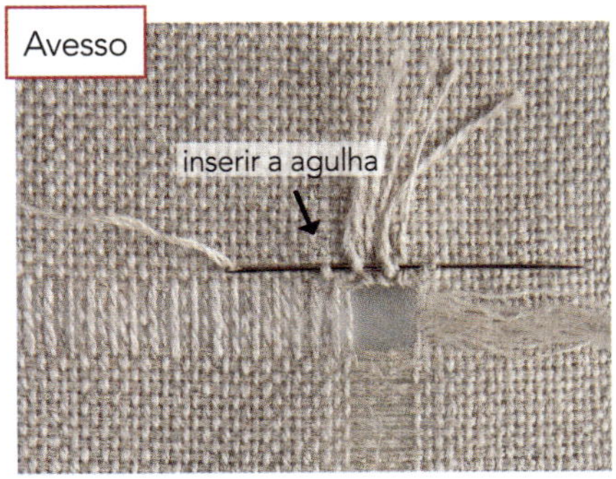

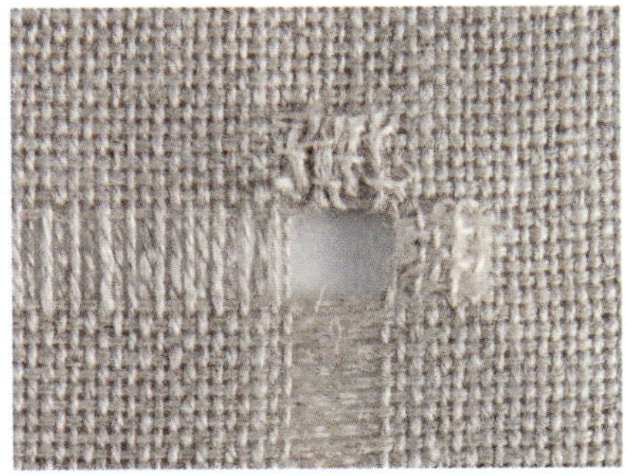

**1.** Insira a agulha no tecido, ao lado dos fios cortados, passe por baixo de um fio da trama e faça um pequeno ponto alinhavo inserindo a agulha no tecido e prendendo os fios tirados ao passar sobre eles.

**2.** Borde quatro ou cinco fileiras de ida e volta desta forma, com um espaço entre elas de 0,1 cm, deixando os pontos intercalados. Faça o mesmo do outro lado.

**3.** Arremate a linha fazendo três pontos atrás sobrepostos no final da última linha e corte os fios.

## Método 3: as bordas caseadas

Este acabamento permite uma forte retenção dos fios extraídos.

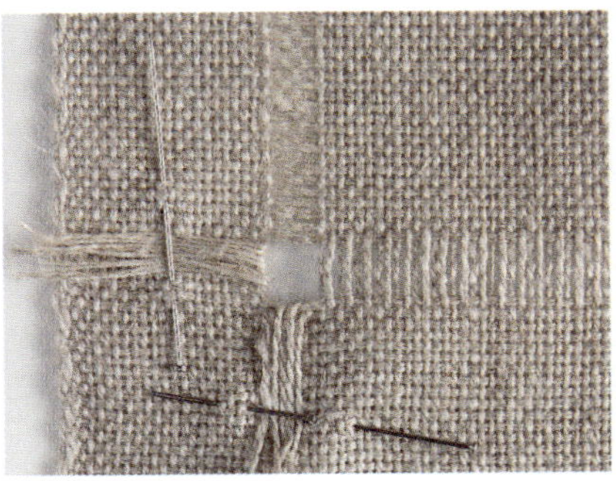

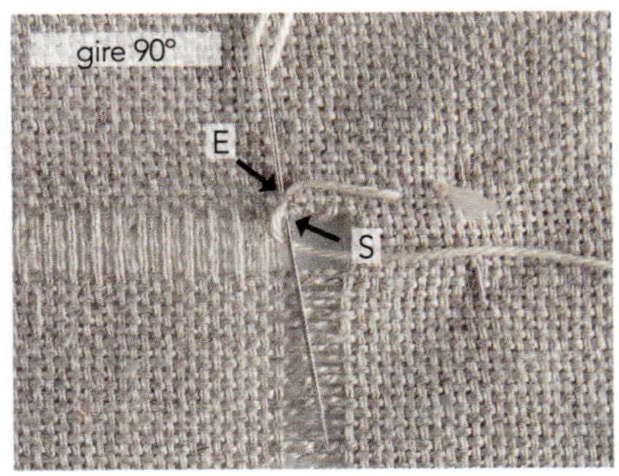


**1.** Dobre os fios na direção da parte sem vazados do tecido e prenda com um alfinete.

**2.** Insira a agulha no tecido, perto do quadrado vazio (BS 25/cru, agulha longa n° 7) e coloque a linha na borda, a 0,1 cm da dobra. Insira a agulha perto do canto superior e saia novamente no quadrado vazio.Tourner l'ouvrage à 90° et broder le bord au point de feston, ...

**3.** Gire o trabalho 90° e borde a borda com caseado...

**Método 3: as bordas caseadas (continuação)**

... envolvendo a linha passada.

**4.** Na quina, faça um ponto diagonal para girar e bordar o lado adjacente da mesma maneira.

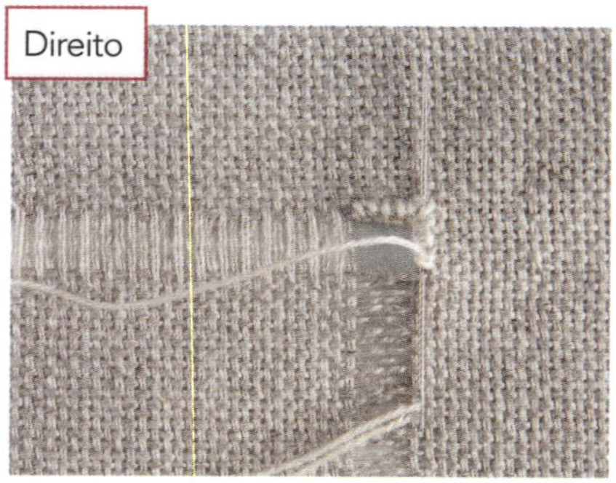

Para bordar as bordas retas dos cantos, tenha cuidado com a regularidade do ponto cordonê. Você pode adicionar uma ou duas linhas de preenchimento para aumentar a espessura e, assim, obter lados mais retos e limpos.

**5.** Para arrematar a linha, insira a agulha sob a borda caseada e retire-a do outro lado, depois corte o excesso de linha.

***Nota**: As bordas caseadas do canto podem ser usadas para posteriormente fixar os itens decorativos.*

## Método 4: as bordas com ponto cordonê

Este acabamento é trabalhado exatamente como o anterior (veja a página 71), mas é bordado com um ponto cordonê.

# BORDADO DE VAZADOS COM FIOS SEPARADOS, OU PONTO DRESDEN

## DESCRIÇÃO E BREVE HISTÓRICO

**O ponto Dresden, praticado na cidade alemã de Dresden desde o século XV, viveu seu auge no século XVIII e concorreu com as rendas mais caras e autênticas. É caracterizado por um bordado trabalhado em uma musseline de algodão e uma mistura sutil de pontos vazados com fios separados e outros pontos, mais opacos. Existem trabalhos muito semelhantes, como o ponto Saxe ou o ponto Dinant.**

## MATERIAIS

### Telas

Os tecidos ou telas devem idealmente ter uma trama fechada, com armação regular e tecido unifil. Tecidos de algodão ou modal podem ser adequados, bem como cambraias finas de algodão. Dependendo da espessura do tecido, o trabalho será mais ou menos fino.
Tecido de linho 22 fios/cm *Zweigart Ballina* ou 15 fios/cm *Zweigart Dalarma* para os trabalhos mais delicados.
Outras etamines, menos finas também podem ser adequadas (*Zweigart Belfast*, *Bellana*...).

### Linhas

Esta técnica é composta de diferentes pontos, portanto, as linhas devem ser de diferentes qualidades.
- Para os pontos vazados com a linha não visível: algodão egípcio (*Sajou*) cuja espessura deve ser menor que a dos fios de trama.
- Para pontos vazados com linha visível: linha retorcida do *Norte Sajou*, algodão Mouliné, algodão Broder Spécial e algodão perlé *DMC*.
- Para pontos opacos: meadas de algodão *Marie Suarez*, algodão Mouliné e algodão Broder Spécial *DMC*.

### Agulhas

Borde com uma agulha de ponta arredondada com uma espessura que se adapte à linha usada.
Agulhas de tapeçaria com ponta arredondada, da mais grossa à mais fina: 24, 26 e 28 *Bohin*.

### Tesoura

Para cortar os fios de bordar, use uma pequena tesoura com lâminas finas e afiadas. ***Ref.*** *24316 Bohin*.

### Bastidor

Esta ferramenta é essencial. Borde com um bastidor redondo de 12 cm de diâmetro e mova-o à medida que o trabalho avançar. ***Ref.*** *bastidor de bordado Sajou*.

## TÉCNICA

Este é um bordado de pontos contados, com vários tipos de pontos de preenchimento.
- **Pontos abertos:** são obtidos amarrando os fios da trama com uma linha mais fina que o tecido. A separação e o reagrupamento dos fios formam um desenho no trabalho.
- **Pontos semiabertos:** são os mesmos pontos que os anteriores, mas bordados com uma linha mais grossa que os fios da trama, para que sejam visíveis no desenho obtido.
- **Pontos opacos:** são os pontos usados na técnica de tapeçaria (página 41) e não podem deformar o tecido do trabalho. Eles devem ser bordados com uma linha mais grossa que cubra bem o tecido.
- **Pontos mistos:** os pontos mencionados acima podem ser combinados infinitamente no preenchimento de uma superfície do trabalho.
- **Pontos de contorno:** delimite as superfícies bordadas com pontos de preenchimento. Eles são variados e numerosos (ponto cordonê, ponto haste, ponto segredo etc.) e devem ser bordados com uma linha grossa para ficarem bem visíveis. De acordo com o trabalho, o ponto de contorno é feito antes ou depois do ponto de preenchimento.

## Materiais

Etamine cru, agulhas de tapeçaria n° 24 e 26, Algodão mate retorcido n° 4/2128 e algodão Broder Spécial n° 25: 3325

***Nota**: Para uma boa visibilidade do ponto, foi usado uma tela de fio grosso. O contorno do quadrado é bordado com o algodão retorcido (agulha de tapeçaria n° 24) e os pontos de preenchimento com a linha BS (agulha de tapeçaria n° 26).*

## BORDADO DO CONTORNO DE UMA SUPERFÍCIE

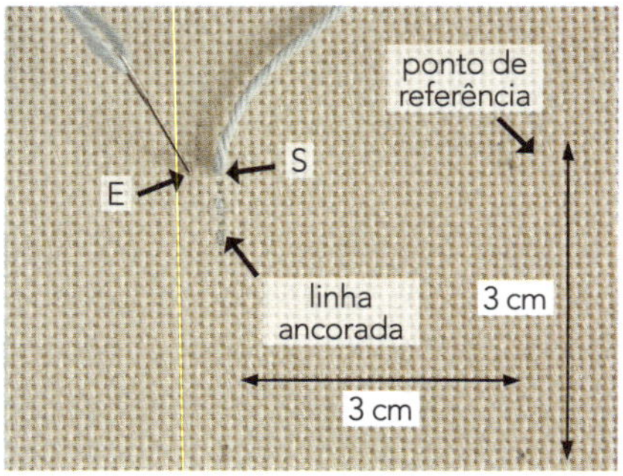


**1.** Marque um ponto em os quatro cantos de um quadrado de 3 x 3 cm, cuidando para que estejam alinhados no mesmo fio da trama. Retire a agulha no canto superior esquerdo.

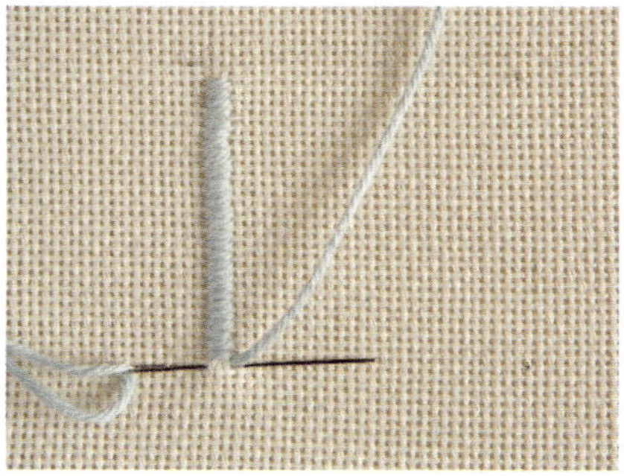

**2.** Borde com ponto chuleado em três fios do tecido, até atingir a marca inferior.

**3.** Para fazer o canto inferior, borde três pontos chuleados divergentes na borda esquerda, sempre inserindo a agulha no ponto interno do canto.

**4.** Da mesma forma, faça três pontos chuleados divergentes na borda inferior.

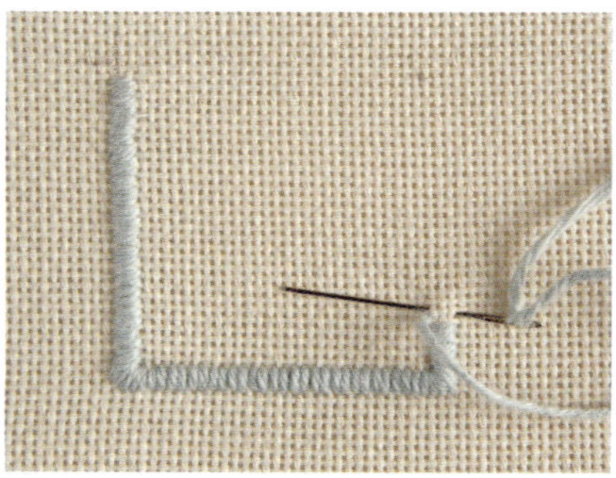

**5.** Continue o bordado da borda inferior, faça o canto à direita e termine o contorno inteiro do quadrado.

## TROCA DE LINHA DURANTE O BORDADO

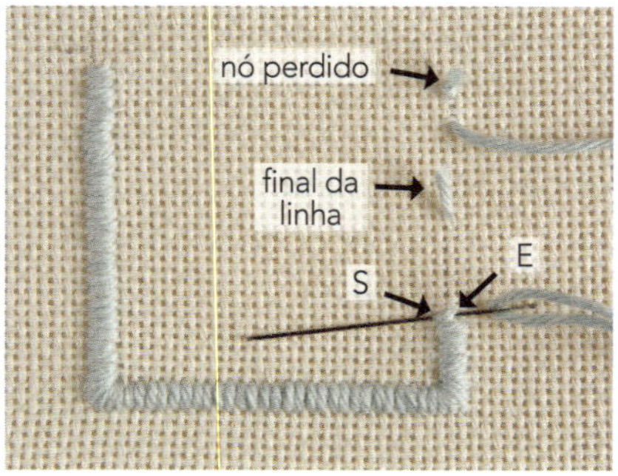


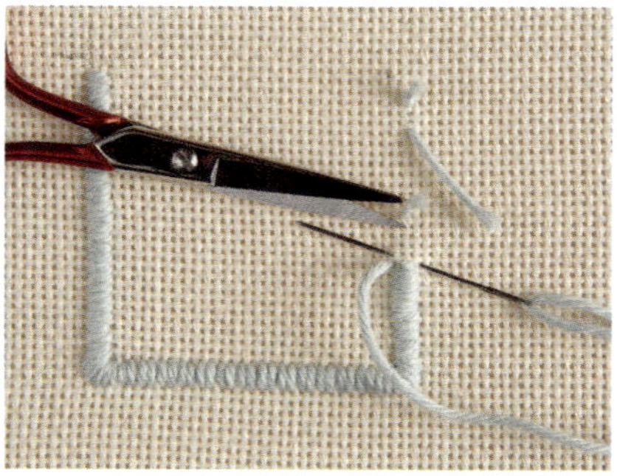

**1.** Quando a linha estiver muito curta, atravesse a agulha 1 cm mais à frente, na continuação da superfície a bordar e corte a linha a 0,5 cm do tecido. Prenda uma nova linha no tecido com um nó perdido, insira a agulha no centro do último ponto chuleado e saia para a esquerda.

**2.** Continue o bordado, envolvendo as extremidades das linhas de início e fim de trabalho. Após 1 cm, corte a linha restante.

**Informações gerais para os próximos tutoriais:**

- Nos seguintes pontos de preenchimento, as linhas são fixadas na borda do contorno.
- Para bordar os pontos da direita para a esquerda, gire o trabalho em 180° no final da fileira.
- Para passar a linha de uma fileira para a outra, deslize sob a borda e retire próximo a ele, em seguida, faça um pequeno ponto chuleado sobre uma linha, retire a agulha no quadrado e continue o bordado.

## 1° PONTO DE PREENCHIMENTO: PONTO ONDA ABERTO

**1.** Este ponto é trabalhado em três fios do tecido, na altura e na largura. Saia na borda superior direita, insira a agulha para cima e leve-a para a esquerda. Insira a agulha para baixo e leve-a para a esquerda. Continue da mesma maneira ao longo da fileira.

**2.** Ao fim da fileira, passe a agulha sob a borda.

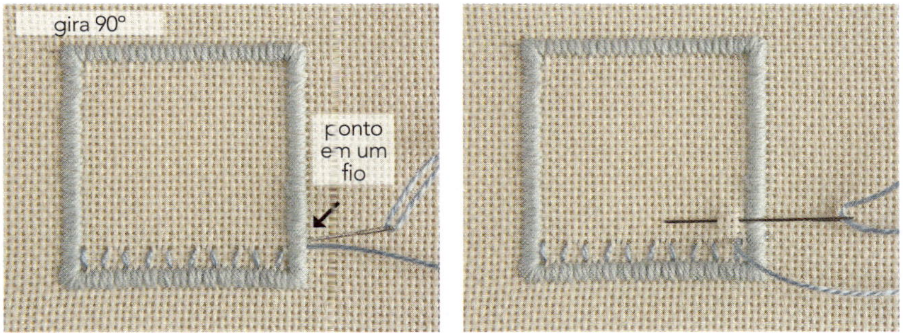


**3.** Retire a linha no último ponto da fileira anterior.

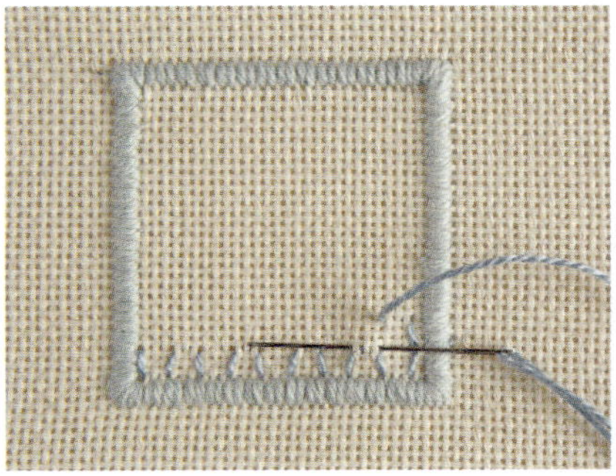

**4.** Uma nova fileira de pontos iguais é bordada.

**5.** Para passar de uma fileira para outra, faça como antes. Cuide e borde somente os pontos verticais no direito do trabalho e os pontos horizontais no avesso. Os pontos horizontais de duas fileiras adjacentes se sobrepõem no avesso.

*O ponto de onda aberto é muito fácil de entender e de bordar. Sua particularidade está na ilusão de linhas retas verticais, que são percebidas como linhas diagonais. Dependendo da espessura da linha usada, o padrão e o relevo obtidos serão diferentes. Essa é uma vantagem quando usa densidades diferentes para bordar.*

## 2º PONTO DE PREENCHIMENTO: PONTO COLMEIA (OU HEXAGONAL)

Este ponto é uma variação do ponto anterior e trabalhado em três fios, na altura e na largura.

**1.** Retire a agulha na borda superior direita e insira a agulha para cima, retire-a à esquerda e faça um ponto atrás, puxando a agulha para apertar firmemente o ponto. Em seguida, retire a agulha para a esquerda.

**2.** Insira a agulha para baixo, retire-a para a esquerda, faça um ponto atrás e saia novamente para a esquerda.

O bordado continua até a borda esquerda.

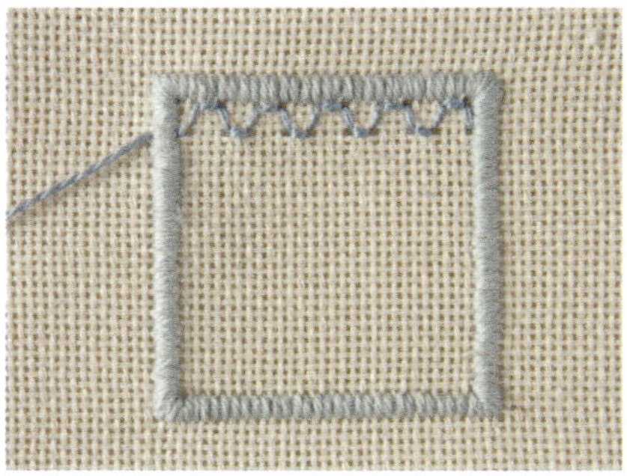

**3.** Passe a linha sob a borda e retire-a ao lado dela.

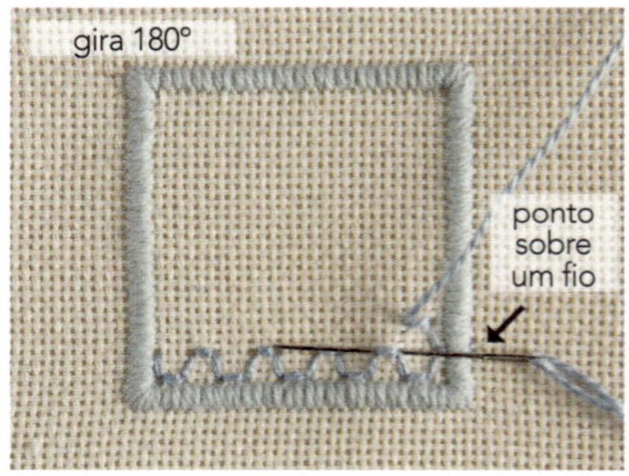


**4.** Retire a agulha no quadrado e borde uma nova fileira de pontos como anteriormente, colocando os pontos de volta em oposição a este.

**5.** Preencha a superfície inteira do quadrado da mesma maneira.

*Como no ponto anterior, sua aparência é baseada em uma ilusão ótica de fios bordados. Se feito em um tecido branco e com uma linha da mesma cor, este ponto lembra uma renda aplicada no tecido. Borde amostras de todos os pontos, isto permite a melhor compreensão das suas vantagens e seja capaz de adaptá-las às tarefas que deseja realizar.*

## 3º PONTO DE PREENCHIMENTO: PONTO QUADRADO ISOLADO (OU PONTO QUADRICULADO ISOLADO)

Este ponto é trabalhado em três fios, na altura e na largura.

**1.** Retire a agulha à direita, a quatro fios das bordas superior e direita. Faça um ponto atrás em três fios e saia diagonalmente, três fios acima.

**2.** Faça um ponto atrás em três fios, insira a agulha na diagonal e desça. ***Nota**: Puxe a linha de trabalho com firmeza em cada ponto para apertar os fios do tecido.*

**3.** Insira a agulha em cima e saia diagonalmente para baixo.

**4.** Insira a agulha três fios mais acima e retire diagonalmente, quatro fios abaixo e à esquerda.

**5.** Borde um novo ponto quadrado idêntico e continue toda a fileira até a borda esquerda.

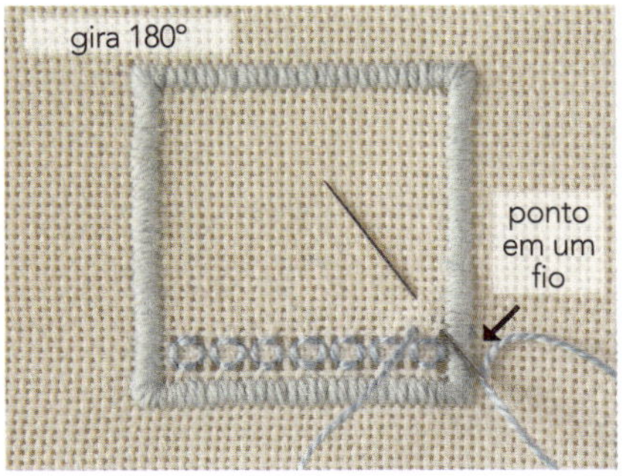


**6.** Passe a linha sob o contorno e saia no prolongamento do canto esquerdo do ponto anterior e a quatro fios dele.

**7.** Os seguintes pontos e fileiras são bordados da mesma maneira.

Se o ponto quadrado isolado for feito com uma linha muito mais fina que o fio do tecido, o efeito obtido pelo vazado será muito bonito. A vantagem desse ponto é que ele não enfraquece o tecido, já que nenhum fio foi tirado.

## 4° PONTO DE PREENCHIMENTO: PONTO QUADRADO EM DOIS TEMPOS (OU PONTO QUADRADO DE IDA E VOLTA)

Este ponto é trabalhado em três fios, na altura e na largura.

**1.** Retire a agulha no lado direito, faça um ponto para cima e para a esquerda.

**2.** Faça um ponto atrás e puxe a agulha diagonalmente para o canto oposto.

**3.** Repita este ponto até a borda esquerda.

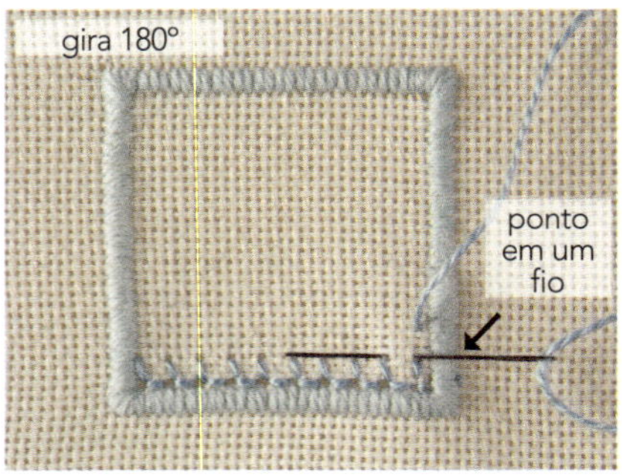

**4.** Passe a linha sob o contorno e saia na extensão do ponto anterior, três fios acima. Insira a agulha para baixo e saia para a esquerda. Faça um ponto atrás e saia na diagonal, para cima.

**5.** Repita o ponto até a borda oposta. A terceira fileira e todas as fileiras ímpares são bordadas como a primeira fileira.

**6.** Da mesma forma, todas as fileiras pares são bordadas como a segunda fileira.

## 5° PONTO DE PREENCHIMENTO: PONTO DIAGONAL

Este ponto é trabalhado em dois fios na altura e três fios na largura.

**1.** Retire a linha no lado direito, dois fios a partir da borda superior e insira a agulha na diagonal, a três fios de distância, depois saia abaixo. Repita esse ponto até a borda esquerda, puxando a linha em cada ponto.

**2.** Passe a linha sob o contorno.
*Nota: No final da primeira linha, borde o último ponto sobre o número de fios de trama restantes (por exemplo, se sobraram dois fios, borde o ponto sobre eles).*

**3.** Saia no quadrado e borde uma fileira de pontos idênticos, alinhando os pontos.
***Nota:** O primeiro ponto da segunda fileira é bordado no mesmo número de fios do último ponto da fileira anterior, de modo que todos os pontos seguintes estejam alinhados.*

**4.** O restante dos pontos e fileiras são bordados da mesma maneira.

## 6° PONTO DE PREENCHIMENTO: PONTO CRUZ DE SÃO JORGE (OU PONTO CRUZ RETO)

Este ponto é trabalhado em um número par de fios (quatro fios na altura e na largura).

**1.** Retire a agulha no canto, quatro fios das bordas superior e direita. Insira a agulha para cima e retire diagonalmente, dois fios abaixo.

**2.** Faça um ponto atrás em quatro fios e saia diagonalmente, seis fios além.

**3.** O segundo ponto e todos os seguintes na fileira são bordados da mesma maneira, em direção à margem esquerda.

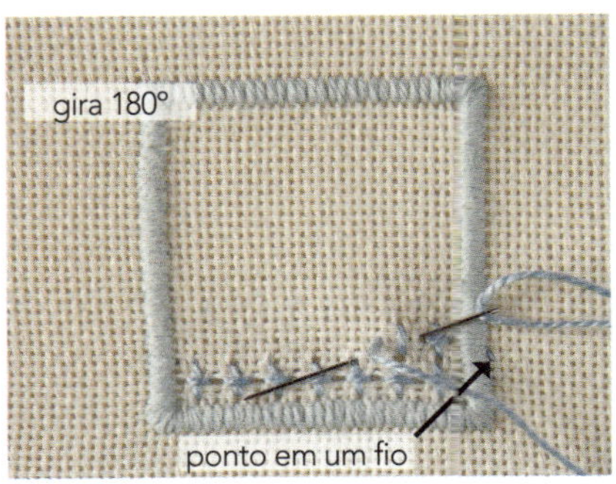


**4.** Passe a linha sob a borda e retire na base do último ponto da fileira anterior. Uma segunda fileira é bordada, certificando-se de que os pontos estejam alinhados.

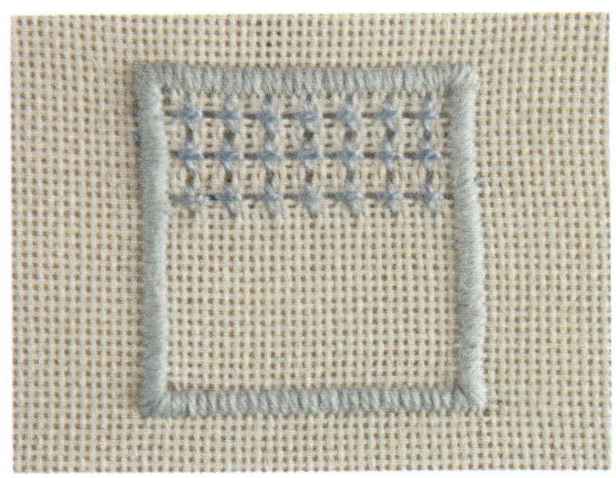

**5.** Continue o restante dos pontos e fileiras de acordo com a mesma regra.

# 7º PONTO DE PREENCHIMENTO: PONTO ESTRELA

Este ponto é bordado sem puxar a linha para não deformar a trama, o objetivo é tornar a superfície bordada opaca.

**1.** Trabalhe em fileira diagonais, da esquerda para a direita e de cima para baixo. Saia no canto esquerdo e insira a agulha na diagonal, seis fios para a direita e dois fios para baixo, e volta a sair diagonalmente dois fios abaixo.

**2.** Repita esse ponto até o canto oposto.
***Nota**: No final da primeira fileira, borde o último ponto nos fios restantes, um número que pode variar.*

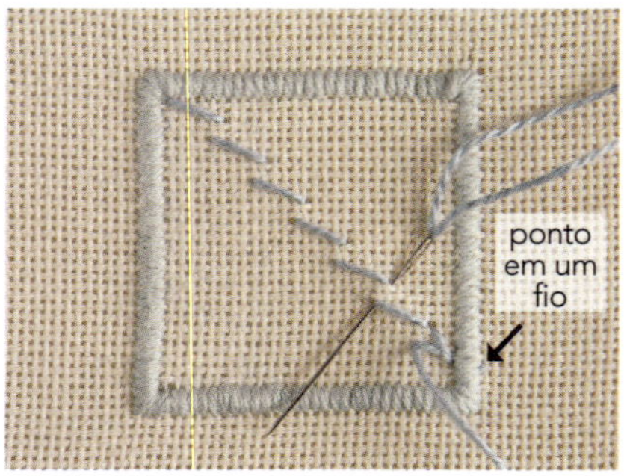

**3.** Na fileira de volta, faça um ponto diagonal na fileira anterior, do mesmo comprimento.

**4.** Retire a agulha na borda esquerda, oito fios abaixo do canto e alinhada com o segundo ponto da fileira anterior. As fileiras de ida e volta são bordadas como anteriormente.

***Nota**: Nesta fase do trabalho, metade do quadrado foi bordado. Para bordar a outra metade, gire a 180º e trabalhe como anteriormente. O ponto estrela inacabado pode ser também um ponto de preenchimento.*

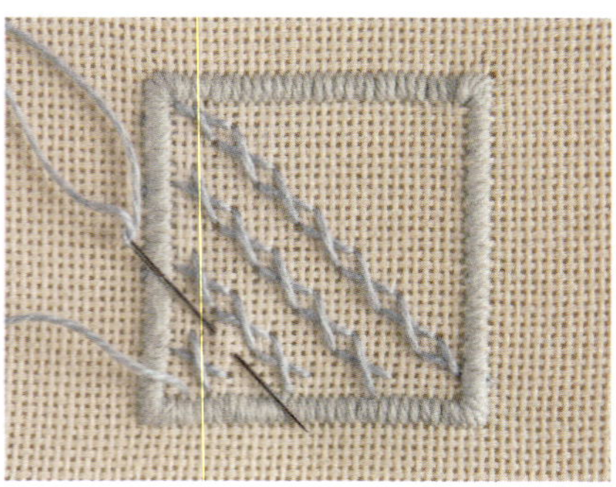

**5.** Para completar o ponto estrela, retire a agulha a dois fios do canto, borde com um ponto diagonal nas cruzes, do mesmo tamanho que os pontos anteriores. Então, faça uma fileira de volta da mesma maneira.

**6.** Faça o mesmo nas fileiras anteriores restantes.

> *O ponto estrela aqui foi bordado em várias etapas de ida e volta para formar estrelas justapostas. Essas estrelas também podem ser bordadas uma de cada vez e de uma só vez se for feita com uma linha grossa ou se a bordadeira tiver problemas de concentração.*

## 8º PONTO DE PREENCHIMENTO: PONTO TURCO (OU PONTO TRIANGULAR)

Este ponto permite fazer um vazado na superfície. Use uma linha muito fina e resistente e sempre trabalhe em quatro fios na altura e na largura.

**1.** Saia a dois fios da borda direita e a quatro fios da borda superior. Insira a agulha diagonalmente no canto e puxe-a para fora. Faça um ponto atrás e volte a sair no ponto inicial.

**2.** Insira a agulha na diagonal, para baixo e saia à esquerda.

Faça um ponto atrás e volte ao ponto de partida.

**3.** Insira a agulha diagonalmente para cima e saia à esquerda.
Os demais pontos são bordados seguindo a mesma lógica, até o final da fileira.
***Nota**: No final da fileira, borde nos fios restantes. Por exemplo, se dois fios permanecem, borde meio ponto turco, se três fios permanecerem, borde sobre eles. Se um fio permanecer, ele deve ser integrado nos quatro fios do ponto anterior.*

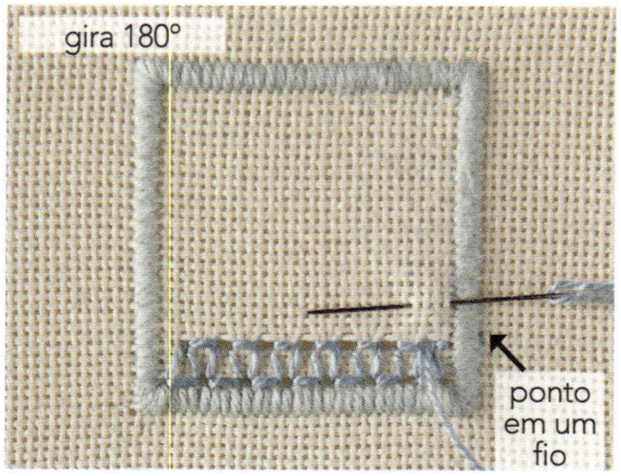


**4.** Na fileira seguinte, retire a linha entre os dois pontos anteriores.

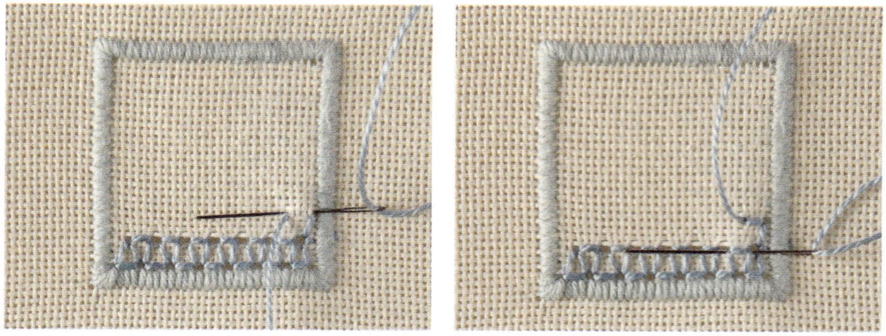

**5.** Em seguida, faça uma fileira de pontos, como os anteriores. As fileiras seguintes são bordadas da mesma maneira.

As fileiras seguintes são bordadas da mesma maneira.

*Para adicionar riqueza a um trabalho bordado com ponto Dresden, use linhas de diferentes qualidades e espessuras. A combinação de pontos simples e variados terá um aspecto interessante, muito satisfatório.*

Os próximos dois pontos são pontos de tapeçaria. Eles são bordados com uma linha grossa, sem puxá-la para não deformar a trama do tecido e ter uma superfície bordada opaca.

## 9º PONTO DE PREENCHIMENTO: PONTO RETO INTERCALADO

Este ponto é trabalhado em uma altura de cinco fios, com uma separação entre os pontos de quatro fios do tecido.

**1.** Saia na borda direita e faça um ponto chuleado para cima, então saia abaixo diagonalmente.

**2.** Repita este ponto ao longo da fileira.

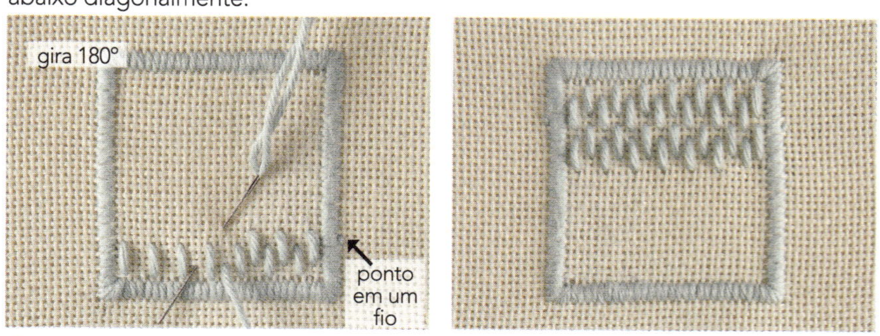


**3.** Na segunda fileira, são bordados pontos idênticos, mas colocando-os no meio dos anteriores, a dois fios de distância da borda.
O restante das fileiras é bordado da mesma maneira.

## 10° PONTO DE PREENCHIMENTO: PEQUENOS QUADRADOS DE PONTO CHULEADO SOBRE SEU VÉRTICE

Este ponto é trabalhado em dois, seis e oito fios na altura e na largura.

**1.** Retire a agulha seis fios da borda direita, faça um ponto atrás sobre dois fios e saia diagonalmente, dois fios abaixo.

**2.** Borde o restante dos pontos chuleados que formam um diamante, terminando com um ponto chuleado em dois fios.

**3.** Borde outros diamantes alinhados na mesma fileira. No final, borde os pontos sobre o número restante de fios.

**4.** O mesmo ponto pode ser feito em um número menor de fios da trama e sem espaço entre os pontos, a fim de obter um desenho menos arejado que o anterior. O pequeno diamante é composto, na parte de cima, por pontos chuleados horizontais em dois, quatro e seis fios, depois, abaixo, em quatro e dois fios, sem espaçamento dos pontos.

**5.** Borde outra fileira de pequenos quadrados intercalados e espaçados por um fio diagonalmente.

***Nota**: É interessante notar o efeito visual tão diferente desses dois pontos com uma técnica similar.*

*A combinação de diferentes pontos de bordado Dresden não tem limite. É possível criar tarefas muito ricas com pontos simples. A maior dificuldade dessa técnica está na escolha do tecido usado. Se for muito fino, é necessário ter uma boa visão. O resultado, em qualquer caso, é sempre extraordinário.*

# 11° PONTO DE PREENCHIMENTO: PONTO ROSETA

Este ponto é trabalhado em seis fios na altura e na largura. Pode ser bordado com uma linha um pouco mais grossa que o fio da trama, sem esticar demais para que a roseta fique bem visível. Também pode ser bordado com uma linha mais fina e obter uma forma menos opaca. Nesse caso, é conveniente apertar os fios da trama.

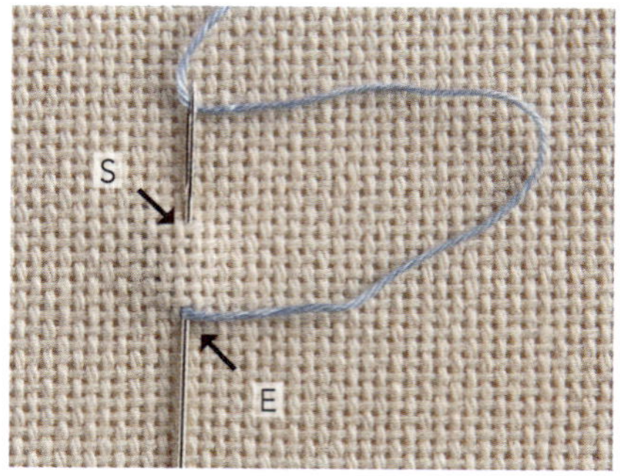


**1.** Faça um ponto chuleado vertical sobre seis fios.

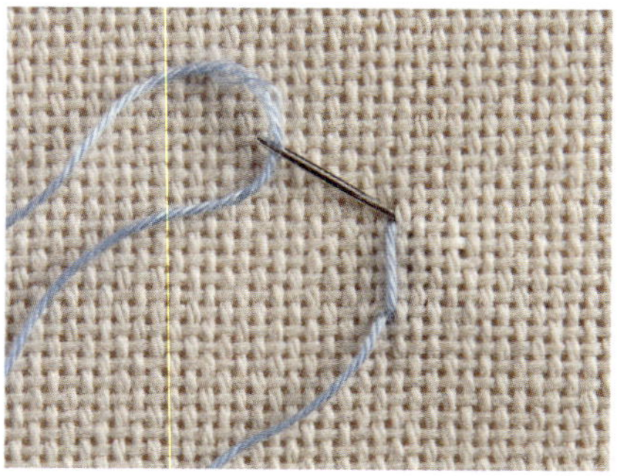

**2.** Faça um segundo ponto idêntico sobreposto.

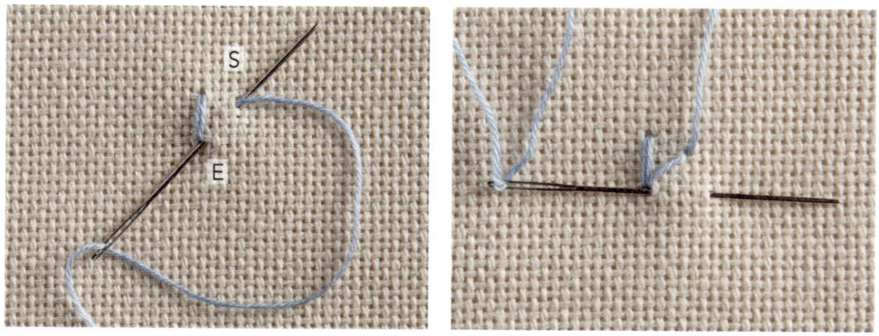


**3.** Saia à direita, quatro fios mais adiante e um fio abaixo, depois insira a agulha diagonalmente no ponto da base e volta para cima. Faça um segundo ponto sobreposto.

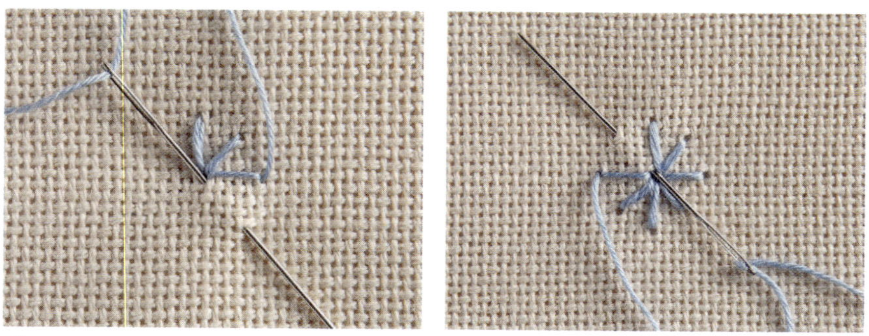

**4.** Repita estes dois pontos até que você tenha os oito ramos que compõem a roseta.

**5.** Então borde todo o contorno da roseta, entre os pontos externos, com um ponto marca duplo.

# PONTOS DE RENDA DE AGULHA

## DESCRIÇÃO E BREVE HISTÓRICO

A renda de agulha aparece no final século XV na Europa e é resultado de um bordado feito em tecidos cujas partes bordadas são cada vez mais vazadas O ajour e a reticella são os ancestrais dessa maravilhosa técnica. Quando os pontos são bordados em torno dos fios da trama previamente vazada, fala-se de um trabalho bordado. Se for completamente construída com a linha de trabalho, excluindo totalmente os fios do tecido, se trata de renda. Isso, chamado de renda de agulha em seu sentido mais amplo, pode embelezar lindamente muitas técnicas de bordado, como bordado branco, bordados Hedebo, stumpwork...

## MATERIAIS

### Tecidos

Os pontos de renda que adornam o bordado são feitos nas partes vazadas. Portanto, nenhum tecido é necessário, exceto aquele usado na técnica específica.

### Linhas

As linhas devem preferencialmente ter torção, como o algodão egípcio (*Sajou*). Sua escolha também depende da técnica realizada.

### Agulhas

É bordado com uma agulha com uma ponta afiada ou ponta arredondada com um olho que se adapta à espessura da linha.
Agulhas para apliques, da mais grossa à mais fina: 10, 11 e 12 *Bohin*.
Agulhas de tapeçaria, da mais grossa à mais fina: 24, 26 e 28 *Bohin*.

### Tesoura

Para cortar os fios, use uma tesoura pequena e fina, com lâminas afiadas,
***Ref.** 24316 ou 24311 Bohin.*

### Bastidor

Borde com um bastidor redondo de 12 cm de diâmetro, em cujo centro deve ser colocada a área a ser bordada.
***Ref.** bastidor de bordado Sajou.*

## TÉCNICA

O ponto de base é o ponto caseado. O resto dos pontos são variações. Estes são muito numerosos e podem ser combinados ao infinito. Aqui estão os pontos básicos mais usados. Eles são bordados sem nunca cruzar o tecido do trabalho, no qual um vazado já foi feito ou pode ser feito assim que a renda estiver pronta. O trabalho pode ser feito da esquerda para a direita ou da direita para a esquerda, de acordo com a escolha e o conforto da bordadeira.

### Materiais

Tecido de linho escuro, agulha de tapeçaria n° 26, algodão Broder Spécial n° 30: Branco.

## PREPARAÇÃO DO SUPORTE

Este ponto de contorno é a "estrutura" do ponto, sobre a qual o ponto deve ser fixado, sem atravessar o tecido. Nos trabalhos em que os pontos de renda são bordados, essa "estrutura" pode ser formada por outros pontos de bordado ou pelo tecido de fundo. Para arrematar a linha no início, o ponto da "estrutura" é chuleado no avesso e, em seguida, sai no direito do tecido.

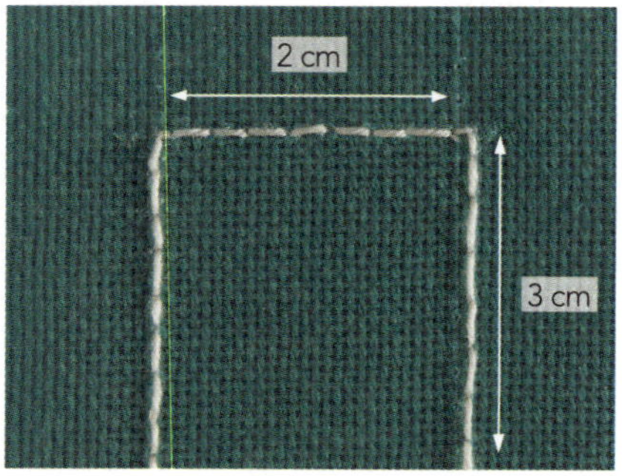


Um retângulo de 2 x 3 cm é desenhado no tecido e um ponto marca de 0,3 cm é feito em torno do contorno, para bordar a "estrutura".

## PONTO PLANO

É um ponto básico desta técnica

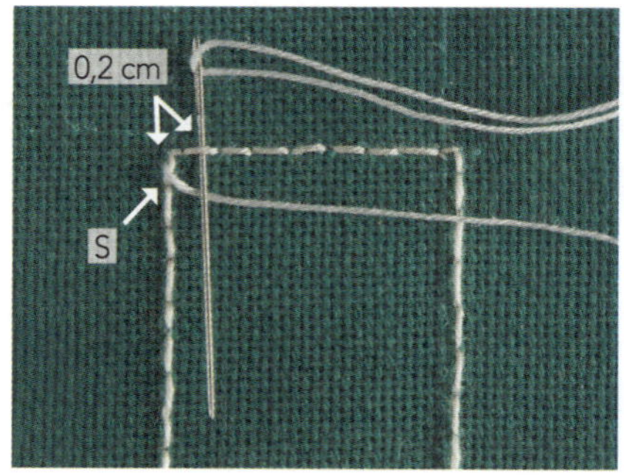


**1.** Saia pela margem esquerda e passe a agulha por baixo do ponto superior deixando a linha por baixo da agulha para fazer um ponto plano.

**2.** Puxe suavemente a agulha para ter um ponto na forma de uma pequena laçada flexível. Repita este ponto por toda a borda, deixando um espaço entre pontos de 0,2 cm.

**3.** Deslize a agulha abaixo da borda direita e, em seguida, abaixo da borda esquerda, a 0,1 cm do ponto superior.

**4.** Estique a linha e deslize a agulha abaixo do ponto superior e também abaixo do ponto que atravessou o trabalho, deixando a linha que sai do olho da agulha por baixo da agulha. Borde com um ponto plano, como antes, até a borda direita.

**5.** As seguintes fileiras são bordadas da mesma maneira. Você deve cuidar para que sempre tenha uma tensão regular da linha. A regularidade dos pontos e as rendas obtidas dependem dessa tensão.

# PONTO TULE

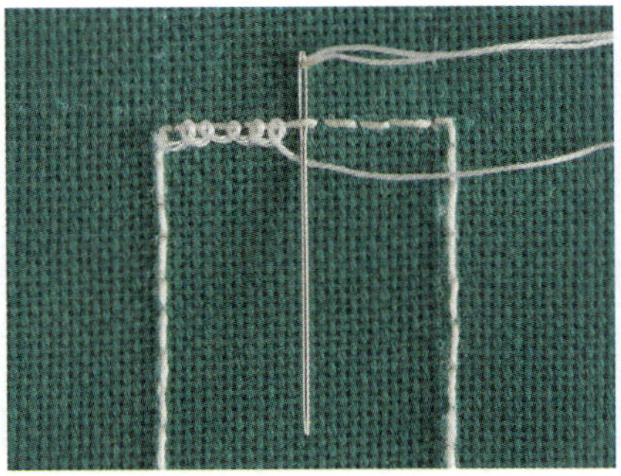

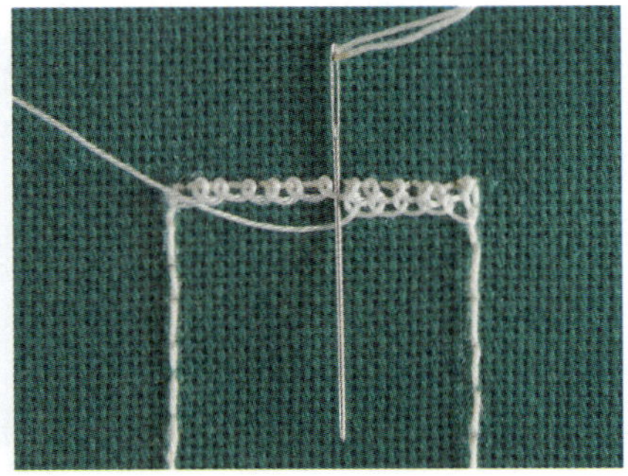

**1.** Comece da mesma maneira que o ponto plano (veja a página 86).

**2.** Passe sob a borda da direita e, em seguida, abaixo do ponto acima, deixando a linha sob a agulha. Puxe a agulha para ter um ponto caseado, certificando-se de que é igual aos anteriores. O restante dos pontos da fileira continua da mesma maneira.

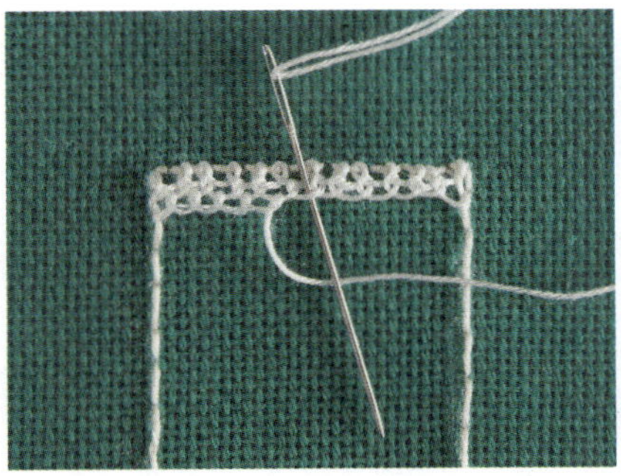

*A "estrutura" é chamada "a pegada" na técnica purista de renda de agulha e é bordada com ponto Bolonha.*

**3.** O resto das fieiras são bordadas como anteriormente.
***Nota**: Este ponto precisa de um pouco de prática para aperfeiçoar a regularidade. Para começar, trabalhe com uma linha mais grossa. A dificuldade desses pontos aumenta com a finura da linha.*

# PONTO TULE DUPLO

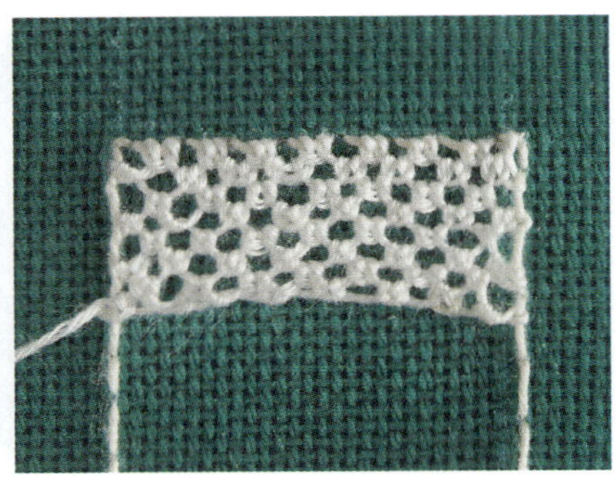

**1.** Comece como no ponto plano (veja a página 86) e borde os pontos fechados de dois em dois.

**2.** Retorne da mesma forma que anteriormente (veja ponto de tule, foto 2), inserindo a agulha nos espaços entre os grupos de dois pontos anteriores. Os pontos caseados das duas fileiras ficam intercalados.
O resto das fileiras são bordadas da mesma maneira.

# PONTO PLANO CARREGADO E PONTO BARRINHA

**1.** Realize o trabalho colocando o ponto marca abaixo e bordando da esquerda para a direita, com a agulha voltada para cima. Retire a linha na borda esquerda e borde com um ponto plano, da mesma forma que anteriormente (veja a página 86).

**2.** Deslize a agulha sob a borda direita e, em seguida, abaixo do ponto anterior para chuleá-lo. Esse procedimento é chamado: o chuleado do ponto e reforço da renda criada.
Chuleie todos os pontos anteriores da mesma maneira.

**3.** Passe a linha sob a borda esquerda e estique a agulha suavemente para apertá-la.

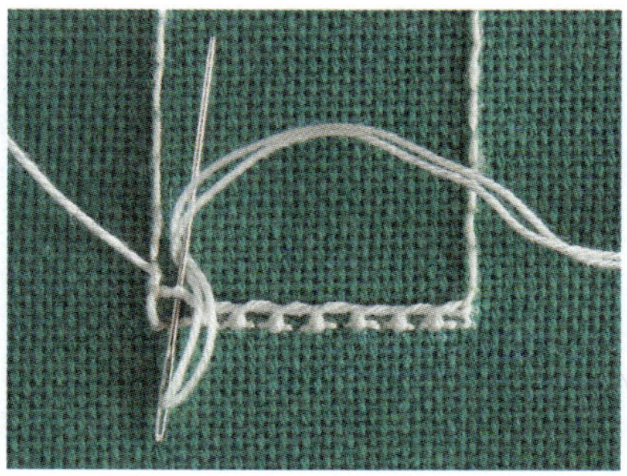

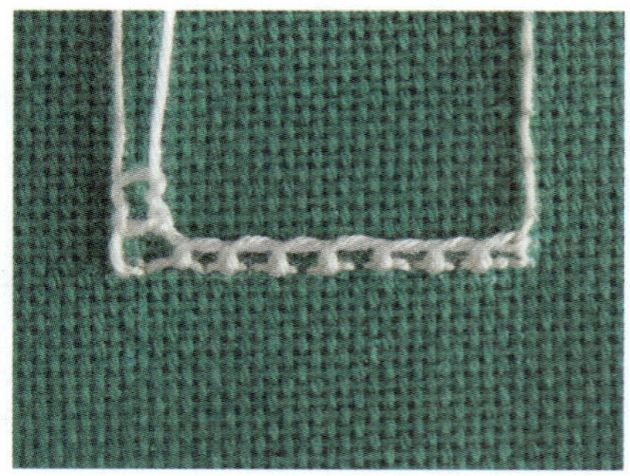

**4.** Enrole a linha mais uma vez ao redor da borda esquerda, depois deslize a agulha sob o ponto anterior e enrole a linha que sai da agulha na direção oposta ao sentido horário. Puxe a agulha para ter um ponto barrinha.

**5.** Repita este ponto até chegar à borda direita. Passe a agulha por baixo dela.

**6.** Volte para a esquerda chuleando os pontos anteriores.

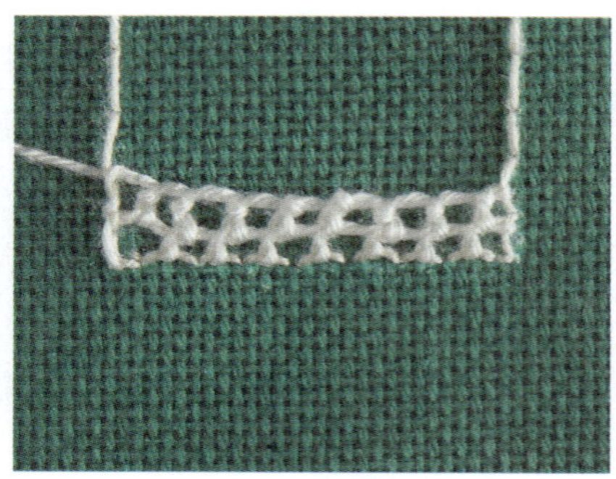

**7.** O restante dos pontos e fileiras são feitos da mesma maneira.

Os seguintes pontos são feitos em uma área com vazado entre duas arestas de uma obra. Para representar as bordas, borde duas fileiras separadas por 2 cm de distância com um ponto marca de 0,3 cm de comprimento.

## PRESILHA CASEADA SIMPLES

**1.** Retire a linha na borda esquerda e passe sob a borda direita e, em seguida, deslize a agulha sob a borda esquerda.

**2.** Faça o mesmo novamente até ter quatro linhas passadas entre as duas arestas. Então, borde-as com ponto caseado.

**3.** Una os pontos entre si, até o lado oposto.

***Nota**: As linhas passadas são o preenchimento da presilha. Para uma presilha mais espessa, aumente o número de linhas passadas.*

> A fim de obter presilhas caseadas mais grossas, mas finamente bordadas, use uma linha grossa para fazer o recheio e borde o ponto caseado com outra linha, muito mais fina.

## PRESILHA CASEADA ADORNADA COM PEQUENAS PRESILHAS CASEADAS

**1.** Faça uma presilha caseada como a anterior (veja a página 89), depois vá para a borda direita e saia no último ponto caseado, deixando a linha um pouco solta para formar uma pequena "onda". Repita esta operação a cada 0,5 cm da presilha caseada.

**2.** No final da fileira, insira a agulha duas vezes no último ponto caseado para arrematar a linha.

**3.** Volte da esquerda para a direita, depois da direita para a esquerda, passando a agulha nos mesmos pontos e aumentando o número de linhas das "ondas". Certifique-se de ter sempre o mesmo comprimento de linha em cada "onda".

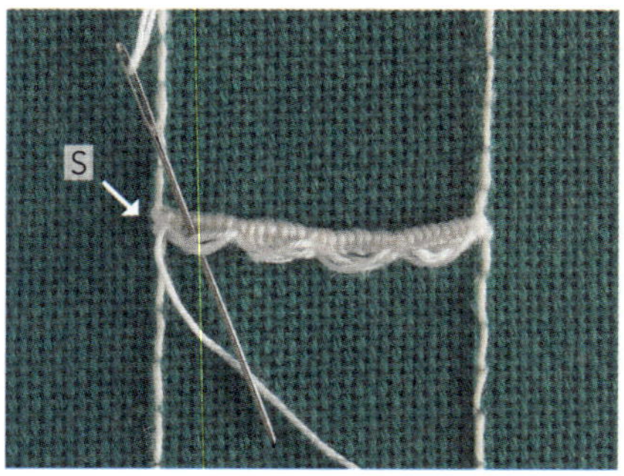


**4.** Em seguida, saia pela borda esquerda e borde as linhas passadas com ponto caseado.

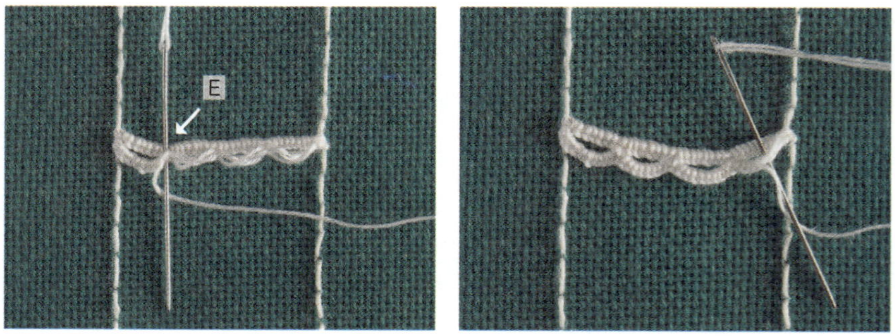


**5.** Na interseção da primeira presilha, insira a agulha no ponto caseado da presilha grande, sem atravessar o tecido. Em seguida, continue a bordar o restante das presilhas da mesma maneira..

**6.** Passe a linha sob a borda direita e enfie a agulha no tecido.

## PRESILHA CASEADA DUPLA

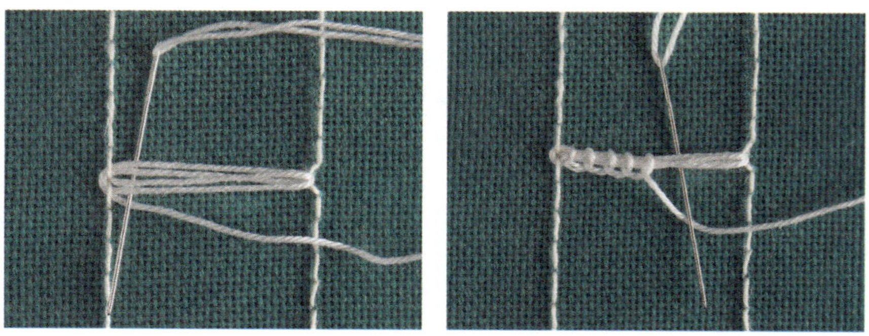

**1.** Faça uma presilha caseada como a anterior (veja a página 89), deixando um espaço entre os pontos de 0,1 a 0,2 cm.

**2.** Gire o trabalho e borde com ponto caseado inserindo a agulha nos espaços dos pontos anteriores. No final da fileira, insira a agulha no tecido.

## PRESILHA CASEADA SIMPLES ADORNADA COM PEQUENOS PICÔS DE PONTO ROCOCÓ

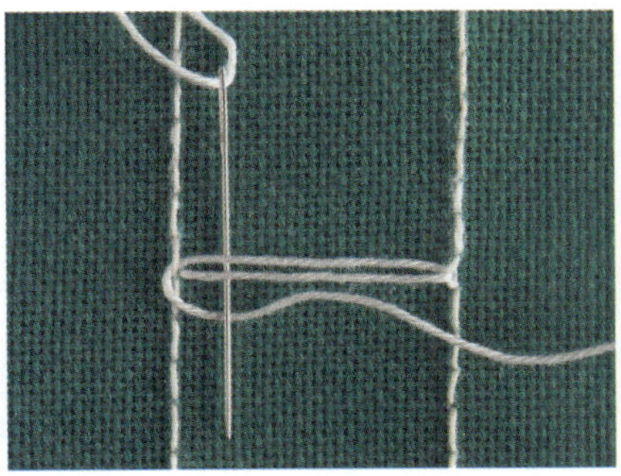

**1.** Faça dois chuleados formando as linhas de preenchimento (veja a página 89) entre as duas bordas e borde com um ponto caseado fechado por 1 cm.

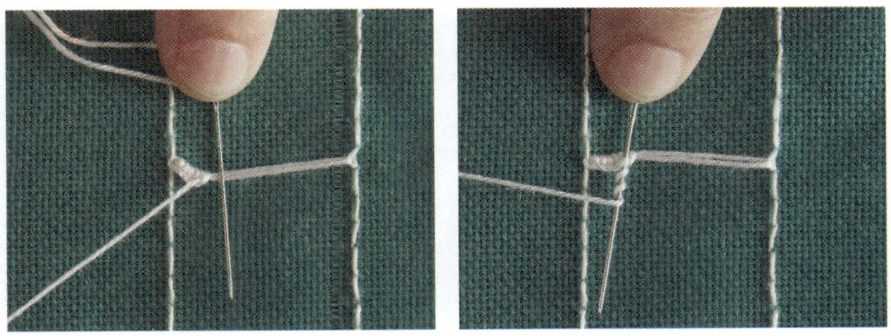

**2.** Coloque a agulha perpendicularmente às linhas passadas e enrole a linha quatro vezes ao redor dela, no sentido anti-horário.

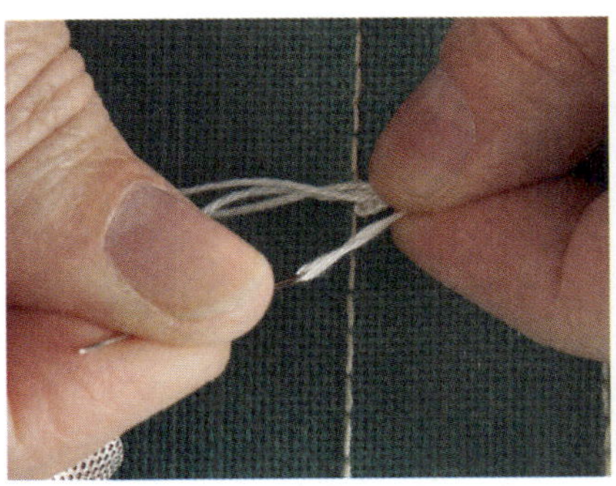

**3.** Puxe a agulha enquanto mantém a linha enrolada entre os dedos da outra mão.

**4.** Estique a linha, forme um ponto rococó e coloque-o na presilha.

**5.** Prenda a linha que está presa no ponto caseado da presilha.

## Presilha caseada simples adornada com pequenos picôs de ponto rococó (continuação)

**6.** Puxe a linha e coloque o picô na presilha.

**7.** Borde quatro ou cinco pontos na presilha e faça um segundo picô e depois um terceiro picô da mesma maneira.

## PRESILHA CASEADA SIMPLES ADORNADA DE PICÔS GRANDES DE PONTO ROCOCÓ

Este ponto é feito exatamente como o anterior, com a diferença de que o ponto rococó bordado tem um número maior de voltas. No exemplo acima, a agulha é enrolada dez vezes com a linha. A forma obtida é diferente e se parece com um ponto margarida.

## PICÔ TRIANGULAR COM PONTO PLANO

É um ponto plano (veja a página 86) trabalhado para formar um triângulo.

**1.** Faça uma fileira com um ponto plano, da esquerda para a direita, com a agulha apontando para cima, na borda inferior. Passe a linha sob a borda direita, depois sob a borda esquerda e retorne à direita, bordando com ponto plano.

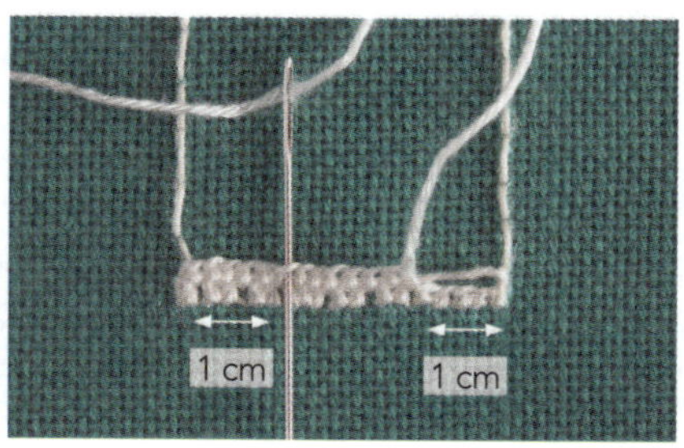

**2.** Borde até atingir 1 cm da borda direita, insira a agulha no ponto localizado a 1 cm da borda esquerda e puxe da agulha para tensionar a linha e colocá-la acima dos pontos.

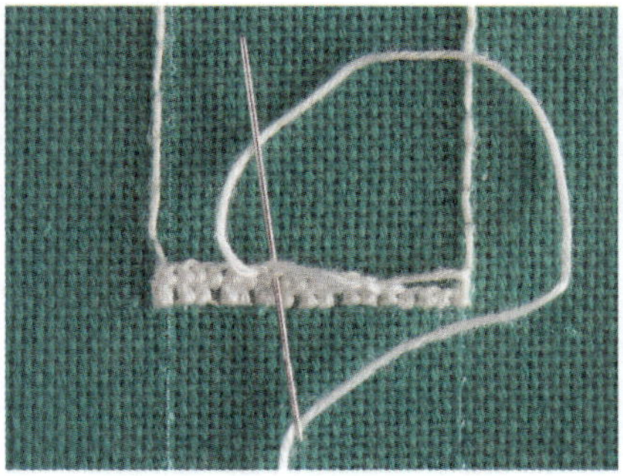

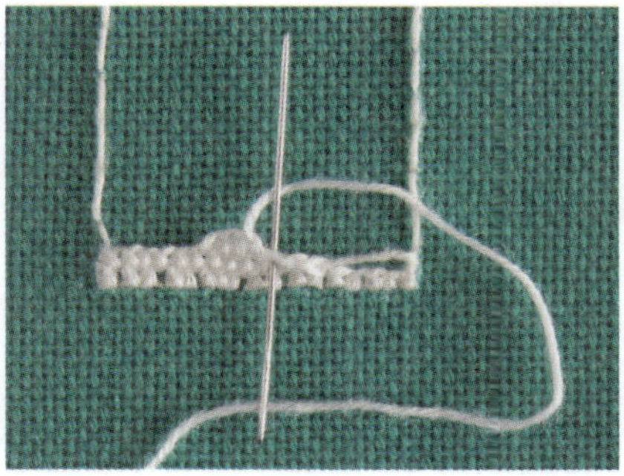

**3.** Borde com um ponto plano integrando o último fio.

**4.** Insira a agulha no segundo ponto caseado à esquerda, passe uma nova linha sobre a renda e retorne à direita com um ponto plano...

... sem inserir a agulha no último ponto da fileira anterior.

**5.** Continue da mesma maneira, diminuindo um ponto nas extremidades de cada fileira. Apenas um ou dois pontos permanecem na última fileira para formar um pequeno vértice.

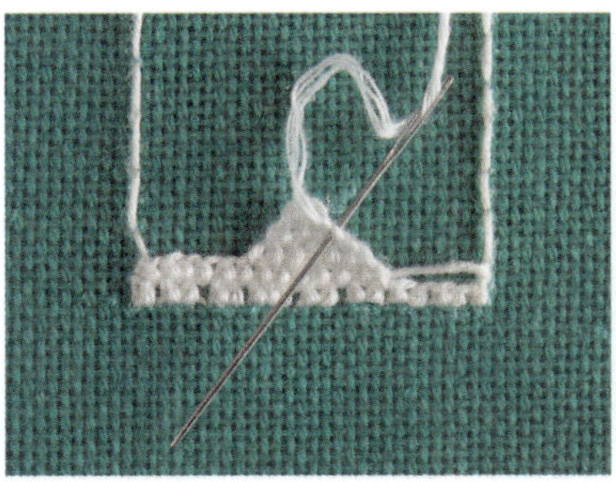

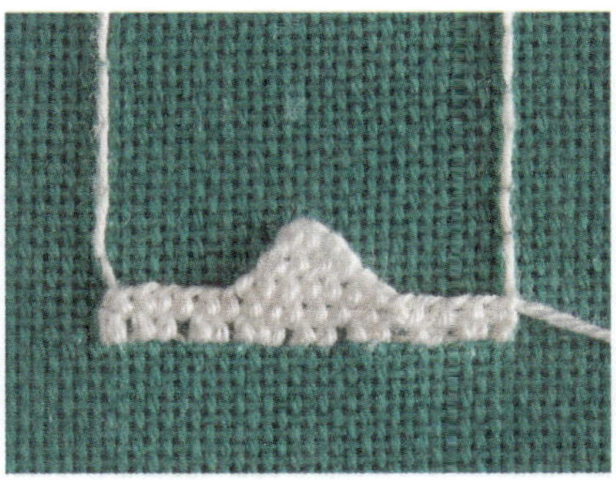

**6.** Estique a linha para acentuar a forma do vértice e, em seguida, chuleie os pontos da inclinação direita até ponto plano abaixo. Borde o final da fileira com um ponto plano até atingir a borda direita.

> **Nota:** *O estilo e a forma desta rendinha são usados no bordado Hedebo (veja a página 104). O mesmo trabalho pode ser feito usando o ponto presilha ao invés do ponto plano, o que lhe dá uma maior resistência. Neste caso, também é chamado ponto Hedebo ou ponto caseado Hedebo.*

# BORDADO SCHWALM

## DESCRIÇÃO E BREVE HISTÓRICO

Surgiu no século XIX, no noroeste da Alemanha, este bordado branco mistura os pontos contados e os pontos originados de técnicas mais antigas, como o ajour ou os vazados com fios tirados, o ponto realce e outros pontos do bordado tradicional. Os motivos dessa técnica são muito simbólicos: o sol, os corações, as tulipas, as flores, os vasos.

## MATERIAIS

### Tecidos

É bordado sobre um tecido de linho ou algodão no qual é possível contar os fios a olho nu e com a armação regular. Tecidos de linho ou etamines de algodão ou de composição mista.

### Linhas

Borde com linhas de algodão torcida:
- Algodão perlé e algodão Broder Spécial *DMC*.
- As linhas retorcidas do *Norte de Sajou* são adequadas para os bordados mais finos.

### Agulhas

Para os pontos em que se insere a agulha no tecido, borde com uma agulha de ponta afiada e com um olho que se adapta à espessura da linha.
Agulhas para bordado com lã, da mais grossa à mais fina: 7, 9 e 10 *Bohin*.
Agulhas para apliques, da mais grossa à mais fina: 10, 11 e 12 *Bohin*.
Agulhas longas, 7, 8 e 9 *Bohin*.
Para os pontos vazados, borde com uma agulha de ponta arredondada.
***Nota**: É possível bordar com o olho da agulha, algo que evita a troca de agulha. Neste caso, o uso do dedal é imprescindível.*
Agulhas de tapeçaria, da mais grossa à mais fina: 24, 26 e 28 *Bohin*.

### Tesoura

Use uma pequena tesoura com lâminas afiadas e pontiagudas para cortar o excesso de tecido das peças com vazados.
***Ref.** 24316 ou 24311 Bohin.*

### Bastidor

É bordado com um bastidor redondo, de 12 a 15 cm de diâmetro, desloque-o à medida que o trabalho avança.
***Ref.** bastidor de bordado Sajou.*

## TÉCNICA

Este bordado é emocionante por causa da diversidade de pontos que o compõem. Devemos seguir uma ordem lógica em sua realização.

**1.** Os pontos de contorno dos elementos são bordados com uma linha mais espessa que o fio da trama. Para arrematar melhor antes de cortar os fios removidos, borde os contornos dos motivos com um ponto corrente e com um ponto coral justapostos. Às vezes, um terceiro ponto caseado ou meia roda caseada também podem ser bordados em torno dos motivos.

**2.** Borde os pontos de ornamentação entre os motivos do trabalho.

**3.** Vaze as áreas com ajour e borde com uma linha de mesmo diâmetro ou um pouco mais fina que o fio de trama.

**4.** Borde os pontos ajour possíveis: as bordas do trabalho de Schwalm são frequentemente decoradas com ajour combinados com pontos quadrados.

### Materiais

Tecido de linho de 12,6 fios/cm, agulha para bordado com lã nº 9, agulha de tapeçaria nº 26, algodão perolado nº 8 e 12.

## PONTO CORRENTE

Ponto linear, variação do ponto da margarida.

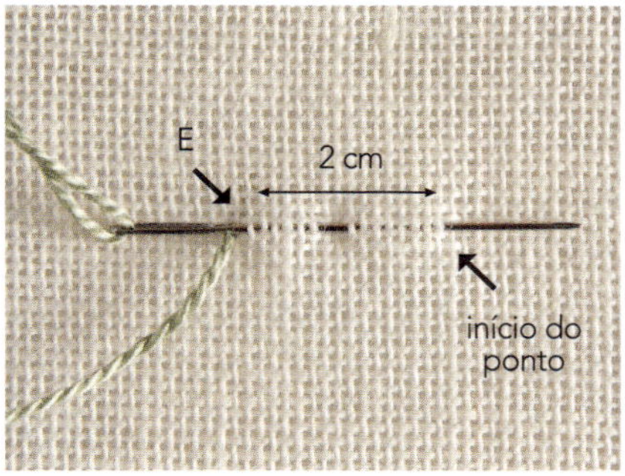


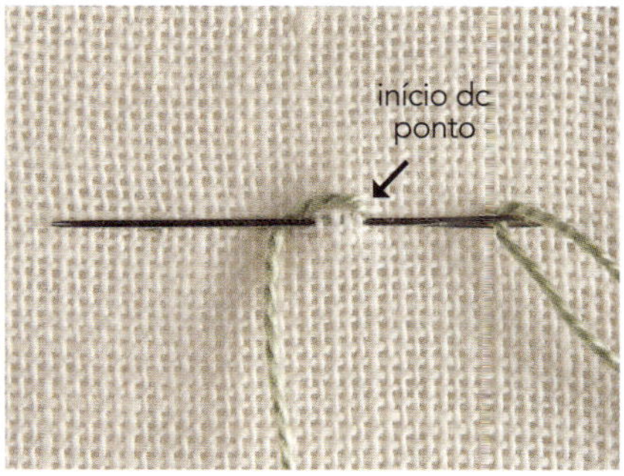

**1.** Faça um pequeno ponto no trabalho e retire a agulha no início do ponto.

**2.** Borde o primeiro ponto como um ponto margarida (ver página 162) em quatro fios do tecido.

**3.** Posicione o ponto sobre o ponto anterior e cubra-o.

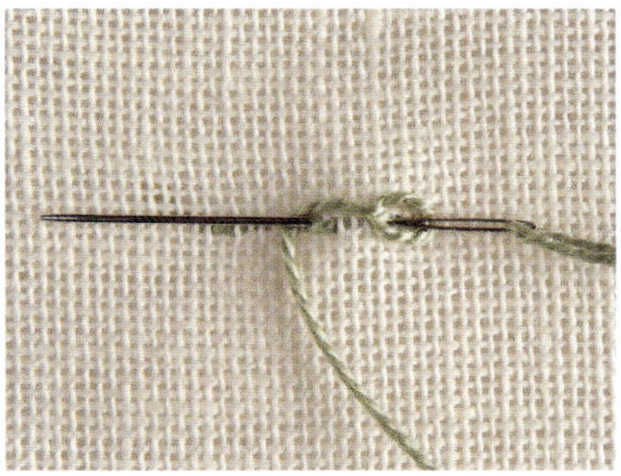

**4.** Borde os seguintes pontos encadeando-os da mesma maneira.

## PONTO CORRENTE AMPLO

É uma variação do ponto anterior e é feito de uma maneira muito diferente. Os elos do ponto são mais largos.

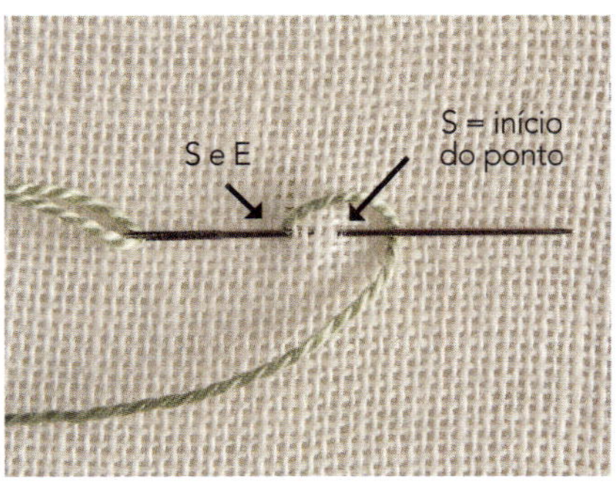

**1.** Saia a quatro fios do começo da fileira de pontos, faça um ponto margarida.

**2.** Retire a agulha para a esquerda e deslize sob o primeiro ponto, sem atravessar o tecido.

## Ponto corrente amplo (continuação)

**3.** Insira a agulha no ponto anterior.

**4.** Saia a quatro fios para a esquerda e faça um novo ponto da mesma maneira.

**5.** Todos os pontos seguintes são feitos seguindo a mesma lógica.

## PONTO CORAL

É um ponto linear, uma variação do ponto nó. Funciona da esquerda para a direita.

**1.** Saia para a esquerda, insira a agulha a uma distância de dois fios mais longe e um fio mais acima, depois dois fios abaixo, enrolando a linha ao redor da agulha.

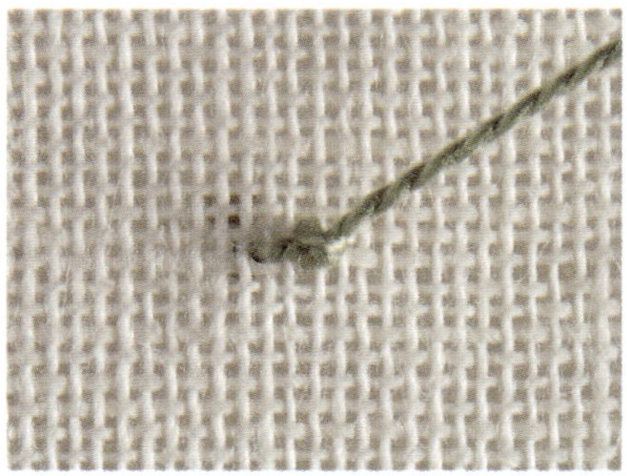

**2.** Puxe a agulha e coloque o ponto no tecido.

**3.** Insira a agulha dois fios à direita e borde outro ponto da mesma maneira.

**4.** Os demais pontos são bordados como anteriormente.

*O ponto coral pode ser bordado de maneira muito regular em um tecido no qual é fácil contar os fios da trama. Por outro lado, se for usado um tecido com uma trama muito fechada, é importante que a bordadeira tenha muita precisão para alcançar um ponto harmonioso.*

# PONTO AJOUR AMARRADO COM PONTO QUADRADO (OU QUADRICULADO)

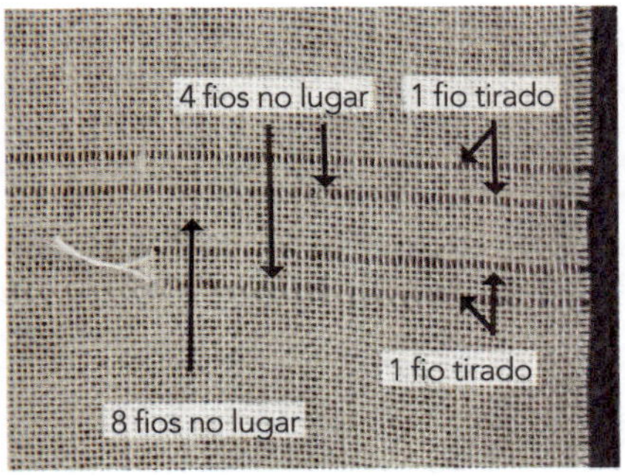


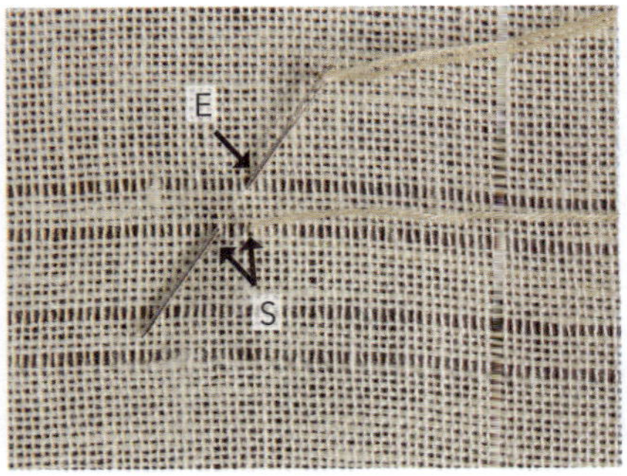

**1.** Remova os fios do tecido baseado na foto acima.

**2.** Borde com um ponto quadrado em quatro fios, entre os fios tirados de cima, seguindo a ordem numérica das fotos.

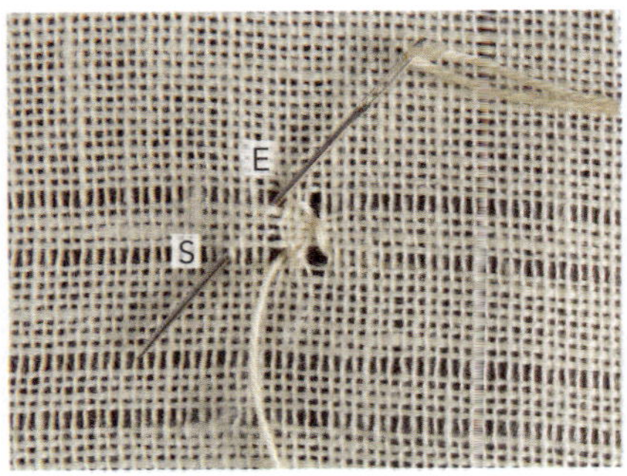

**3.** Repita o próximo ponto e todos os outros pontos da mesma maneira.

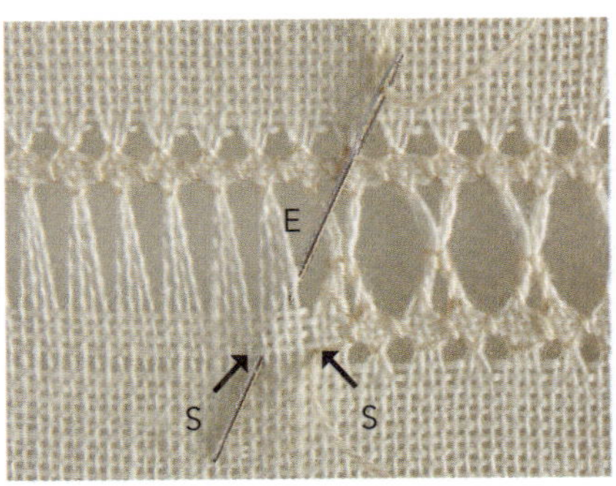


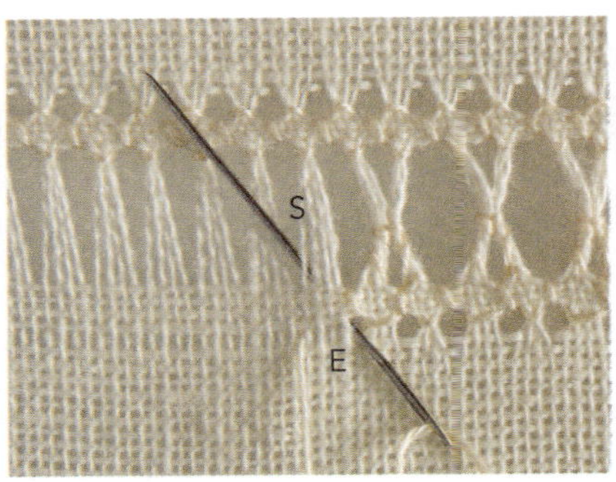


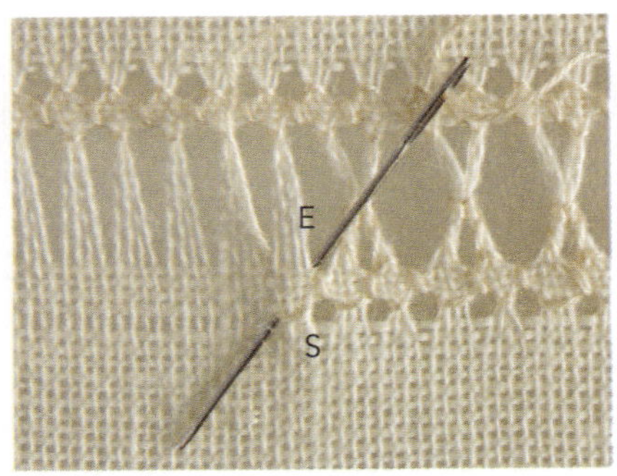


**4.** Gire o trabalho a 180° e borde o ponto quadrado à frente ao mesmo tempo que o ajour amarrado. Saia abaixo, insira a agulha entre dois grupos de fios, insira a agulha na diagonal e desça.

**5.** Insira a agulha à direita, depois na diagonal e suba.

**6.** O ponto quadrado está terminado...

## Ponto ajour amarrado com ponto quadrado (ou quadriculado) (continuação)

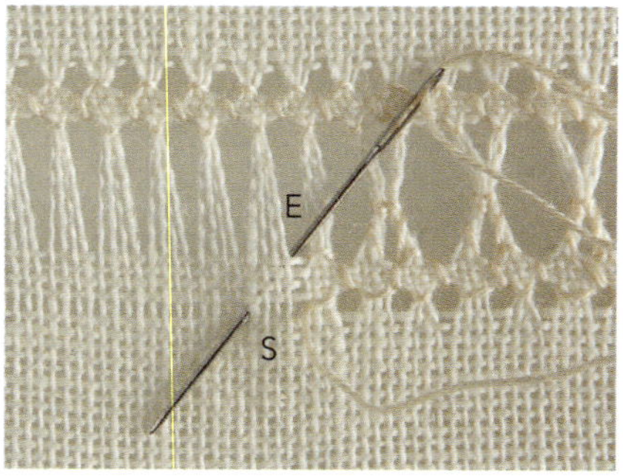

... e o próximo ponto é iniciado da mesma maneira.

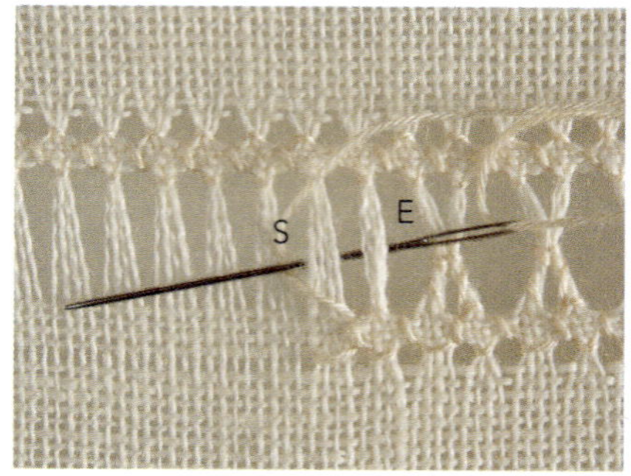


**7.** Insira a agulha à direita, no ajour, e saia abaixo dos dois grupos de fios à esquerda, deixando a linha sob a agulha.

**8.** Puxe a linha para dar um nó nos grupos de fios.

**9.** Enrole os dois grupos de fios mais uma vez, insira a agulha no centro e saia à esquerda.

**10.** Enrole o grupo de fios à esquerda e saia a esquerda.

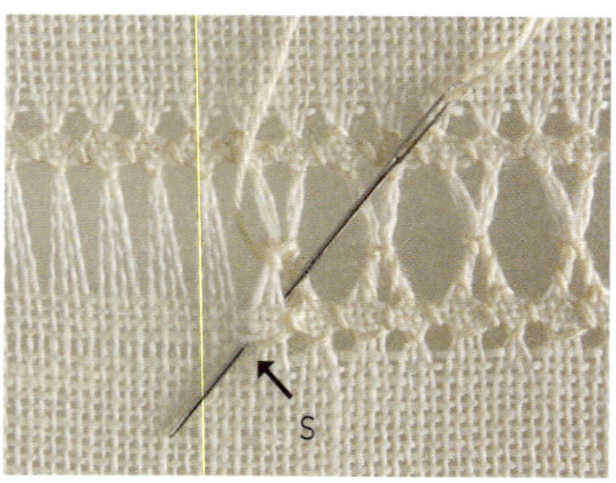


**11.** Enrole, uma última vez, o grupo de fios à esquerda e o ponto quadrado está pronto.

**12.** Borde um novo ponto procedendo da mesma maneira.

**13.** O resto dos pontos são bordados seguindo o mesmo princípio.

# PONTO AJOUR DUPLO COM PONTO QUADRADO (OU QUADRICULADO)

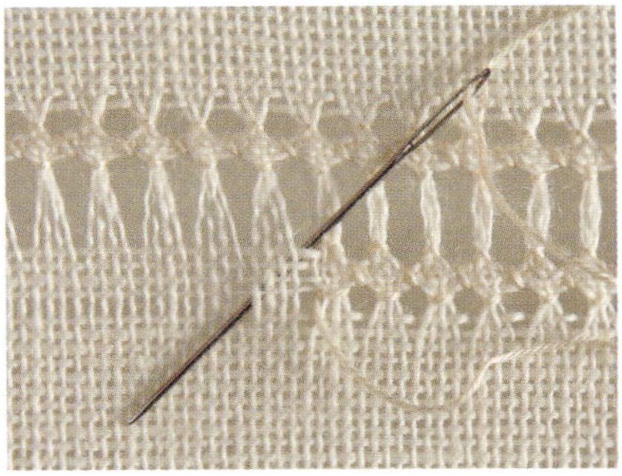

**1.** Este ponto é feito como o anterior, porém, fazendo simultaneamente um ajour duplo e a segunda borda com um ponto quadrado.

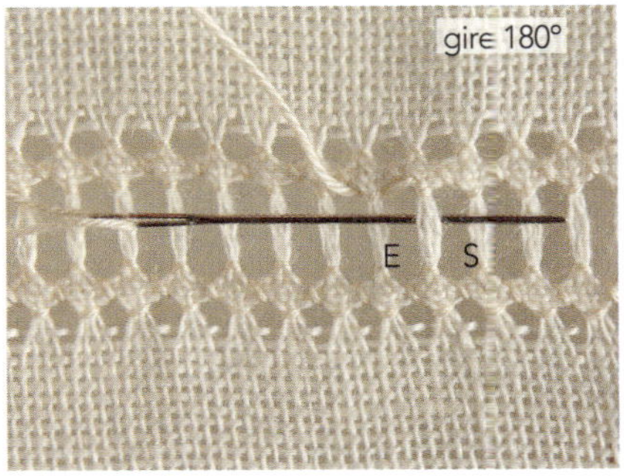


**2.** Gire o trabalho e passe sobre um grupo de fios e, em seguida, sob o grupo de fios vizinhos.

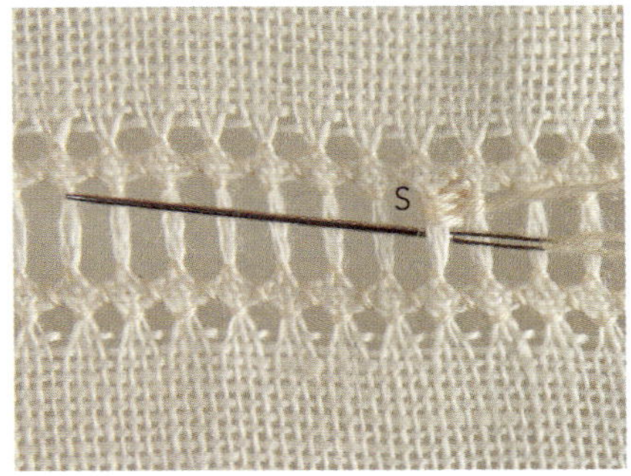


**3.** Em seguida, faça o ponto cerzido por quatro vezes nesses mesmos dois grupos de fios. Saia para o lado para fazer um ponto cerzido da mesma maneira nos próximos dois grupos fios.

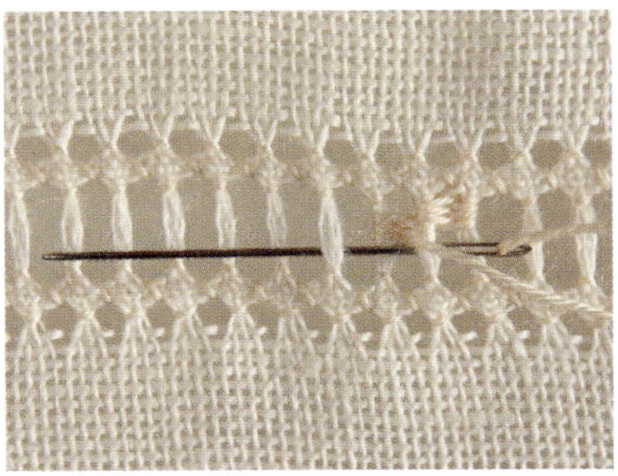

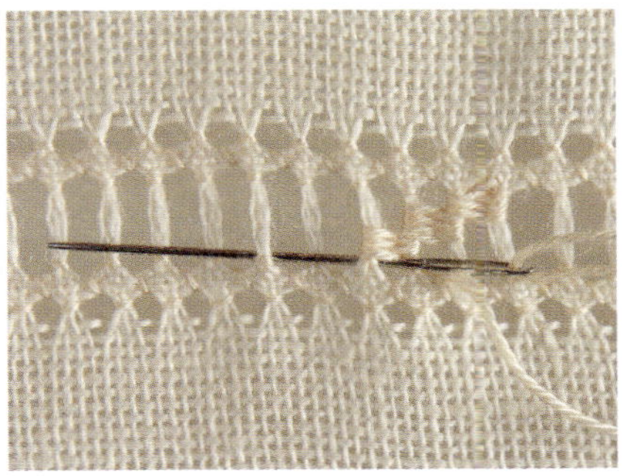

**4.** Continue o bordado fazendo um ponto cerzido quatro vezes em um par de grupos de fios.

**5.** Volte ao topo cerrando os grupos de tópicos como acima.

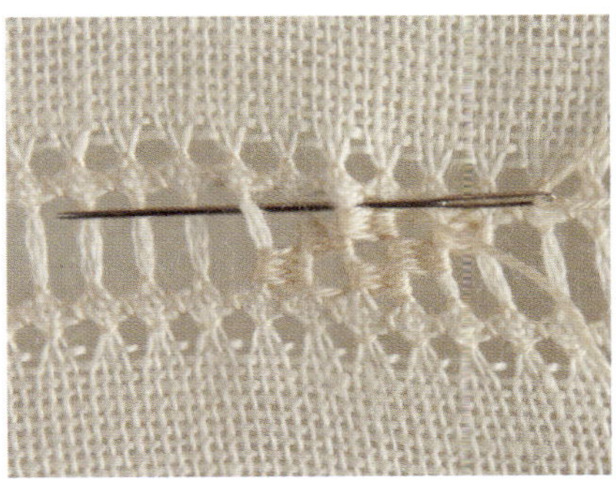

**6.** Continue cerzindo os grupos de fios de dois em dois, em fileiras de ida e volta entre a parte de cima e a parte de baixo.

## RODA CASEADA CONTORNADA COM PONTO CASEADO

É um ponto de ornamento frequentemente usado no bordado de Schwalm.
O ponto caseado também é feito em meias rodas caseadas que bordam os motivos típicos (coração, sol...)

**1.** Borde uma roda caseada. Com outra linha, saia perto da borda e inicie um ponto caseado espaçado (veja a página 163) 0,2 cm.

**2.** Para terminar, insira a agulha no ponto inicial do primeiro ponto caseado.

## TRANSFERÊNCIA DE UM MOTIVO DE BORDADO SCHWALM

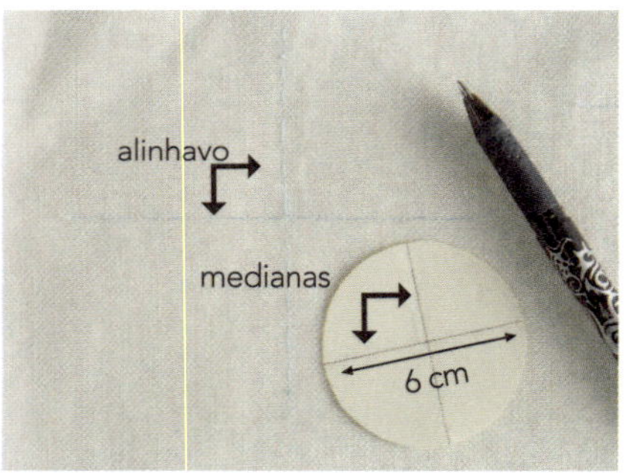

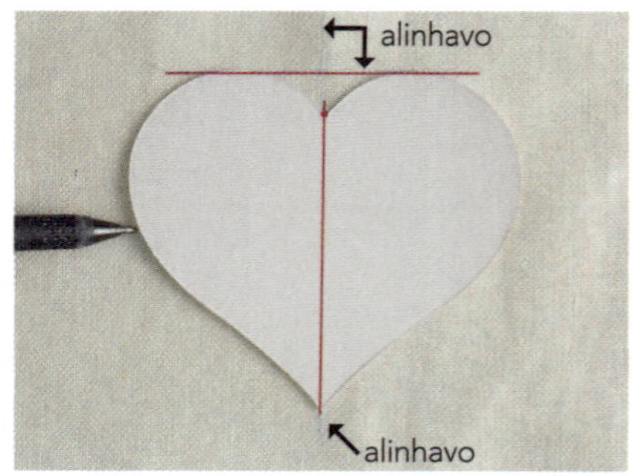


**1.** Marque as medianas no tecido e alinhave com um ponto alinhavo. Recorte um círculo de papelão e desenhe as medianas.

**2.** Coloque o círculo no tecido, coincida as medianas e desenhe o contorno.

**3.** Se o motivo a ser reproduzido for um coração, borde a mediana vertical com um ponto alinhavo, em seguida, alinhave uma fileira perpendicular no topo. Coloque o coração coincidindo a cavidade e a ponta com a mediana vertical, sem que as partes arredondadas acima do coração ultrapassem ao alinhavo horizontal.

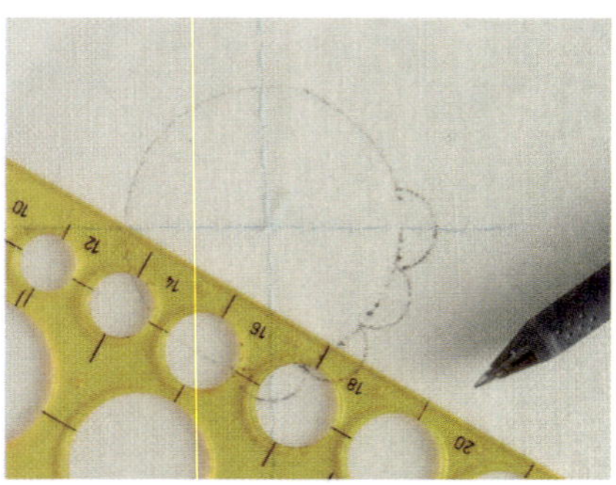

**4.** Para desenhar os semicírculos no contorno do motivo, uma régua perfurada plana com círculos de diferentes tamanhos pode ser usada como uma ajuda.

*Para um resultado ideal, recorte os gabaritos na cartolina para que possam ser usados várias vezes.*

# BORDADO DO CONTORNO DO MOTIVO

**1.** Retire a agulha entre dois semicírculos desenhados e borde com um ponto coral (veja a página 96) seguindo a linha do grande círculo.

**2.** Saia na parte interna do círculo, muito perto do ponto coral...

...e borde com um ponto corrente.

**3.** Borde todo o contorno e, no último ponto, deslize a agulha sob o laço do primeiro ponto corrente.

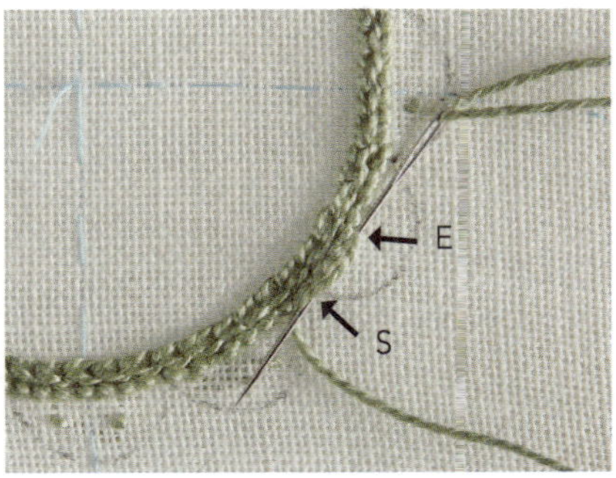

**4.** Insira a agulha sob a última corrente e puxe suavemente a linha.

**5.** Saia no centro do semicírculo desenhado mais próximo. Insira a agulha no mesmo ponto e saia na borda deixando a linha sob a agulha

**6.** Borde com ponto caseado fechado (veja a página 163) no semicírculo.

## Bordado do contorno do motivo (continuação)

**7.** Para terminar, insira a agulha na linha do desenho, muito próxima do contorno do grande círculo.

**8.** Retire agulha no centro do semicírculo vizinho e o bordado continua como anteriormente.

*É aconselhável bordar com uma boa luz no momento da extração dos fios do motivo.*

## EXTRAÇÃO DOS FIOS DE UM MOTIVO

**1.** Levante um fio do tecido localizado na mediana.

**2.** Corte este fio com a borda inferior, remova o alinhavo e estique o fio cortado até a borda superior.

**3.** Faça esse mesmo trabalho na mediana horizontal.

**4.** Na base e à direita, remova um fio deixando três fios sem remover, como anteriormente.

**5.** Faça o mesmo à esquerda e ao topo do motivo.

### BORDADO INTERIOR DO MOTIVO COM PONTO ESPÍRITO

**1.** Retire a agulha em um dos cantos de um dos quadrados formados pelos fios tirados e insira a agulha o mais próximo possível do contorno. Insira a agulha no canto oposto e saia na parte inferior, deixando a linha sob a agulha.

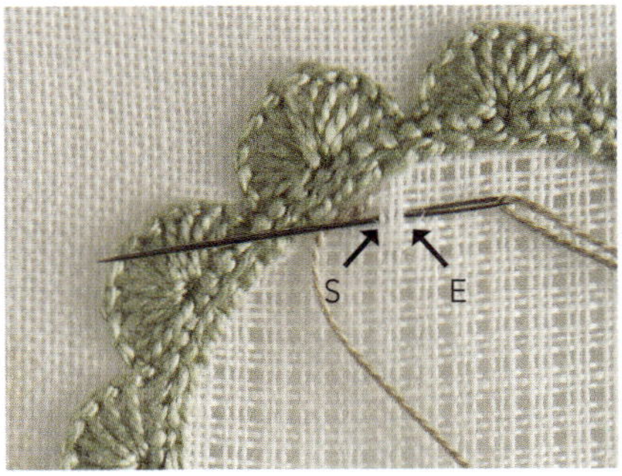


**2.** Insira a agulha à direita e saia à esquerda, deixando a linha sob a agulha.

**3.** Insira a agulha e suba, deixando a linha para a esquerda.

***Nota**: Certifique-se de esticar a linha firmemente depois de bordar cada ponto, para apertar a trama.*

**4.** Uma cruz foi formada na trama. Insira a agulha no centro da cruz e saia novamente para a esquerda.

**5.** Insira a agulha no centro e saia abaixo.

**6.** Borde outro ponto (veja foto 1) da mesma forma.

**7.** Faça os pontos diagonalmente em direção à borda oposta do círculo.

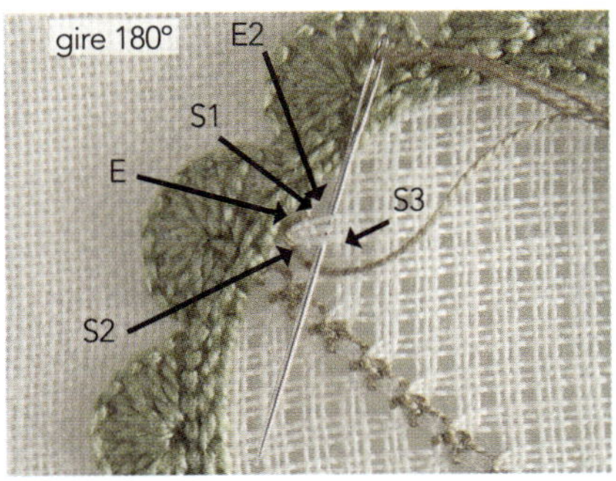

**8.** Gire o trabalho e borde com um ponto espírito na fileira diagonal à direita. Para entender onde o primeiro ponto completo começa, deve-se ter em mente que as cruzes formadas pelos pontos espírito são colocadas uma ao lado da outra enquanto preenche toda a superfície. No início de uma nova fileira, às vezes é necessário começar a bordar um ponto incompleto. Saia em **S1**, insira a agulha em **E**, saia em **S2**, insira a agulha em **E** e sai novamente em **S2**. O primeiro ponto de espírito completo começa em **S2**: insira a agulha em **E2** e saia em **S3** deixando a linha abaixo da agulha. Então prossiga como anteriormente.

## PONTO DIAGONAL COM FIOS TIRADOS

Borde fio por fio, entre dois fios tirados e colocando os pontos na diagonal. Este ponto diagonal sem preenchimento pode ser trabalhado em fileiras justapostas.

# BORDADO HEDEBO

## DESCRIÇÃO E BREVE HISTÓRICO

Este bordado tem o nome da cidade dinamarquesa de Hedebo, onde surgiu entre os séculos XVIII e XIX. É um bordado muito rico de técnicas combinadas unindo, entre outras, peças vazadas com ponto cordonê e caseado, além de inúmeros pontos rendados. É um bordado branco refinado que, atualmente, também pode ser feito usando cores.

## MATERIAIS

### Tecidos

Use preferencialmente um tecido de linho 100% com uma trama de aparência fechada e refinada.
Por exemplo:
- Tecido de linho de 22 fios/cm, *Zweigart Kingston*, cuja aparência é bastante fina.
- Tecido de linho de 16 fios/cm, *Zweigart Newcastle*, mais robusto, mesmo com uma boa aparência.

### Linhas

Borde com linhas de algodão torcidos:
- Algodão perlé e algodão Broder Spécial *DMC*.
- Linhas retorcidas do *Norte de Sajou* são adequadas para o melhor bordado

### Agulhas

Para os pontos em que se insere a agulha no tecido, borde com uma agulha de ponta afiada e com um olho que se adapta à espessura da linha.
Agulhas para bordado com lã, da mais grossa à mais fina: 7, 9 e 10 *Bohin*.
Agulhas para apliques, da mais grossa à mais fina: 10, 11 e 12 *Bohin*.
Agulhas compridas: 7, 8 e 9 *Bohin*.
Para alguns pontos, são necessárias agulhas com ponta arredondada.
***Nota**: É possível bordar com o olho da agulha, algo que impede a troca de agulha, neste caso o uso do dedal é imprescindível.*
Agulhas de tapeçaria com ponta arredondada, da mais grossa à mais fina: 24, 26 e 28 *Bohin*.

### Tesoura

Para cortar os fios, use uma tesoura pinça.
***Ref.** 98260 Bohin*
Use uma pequena tesoura com lâminas afiadas e pontiagudas para cortar o excesso de tecido das partes vazadas.
***Ref.** 24316 ou 24311 Bohin*

### Bastidor

Borde com um bastidor redondo, de 12 a 15 cm de diâmetro, deslocando-o à medida que o trabalho avança.
***Ref.** bastidor de bordado Sajou*

## TÉCNICA

É conveniente desengomar o tecido para que a trama se feche, algo que facilita o trabalho das partes vazadas.
Passe a ferro o tecido com alta temperatura e depois borde todas as áreas sem vazados, os pontos das bordas e a ornamentação. Recorte e borde os contornos das superfícies vazadas e, finalmente, decore-os com os pontos de renda. Alguns são característicos do bordado de Hedebo, como o picô triangular (veja a página 92) ou o ponto caseado de Hedebo.
***Nota**: Veja também o capítulo sobre "pontos de renda".*

### Materiais

Tecido de linho bege com trama fechada, agulha para apliques n° 11, agulha de tapeçaria n° 26, algodão Broder Spécial n° 30 Branco.
Os pontos de renda são feitos com a agulha de tapeçaria n° 26 e o resto dos pontos com a agulha para os apliques n° 11.

# CÍRCULO VAZADO TRABALHADO COM PONTO BARRINHA AJUSTADO (OU PONTO CASEADO HEDEBO)

**1.** Desenhe um círculo de 1,2 cm de diâmetro.

**2.** Puxe a agulha na linha do desenho e inicie um ponto partido.

**3.** Borde com ponto partido versão 1 (veja a página 153) todo o contorno do círculo, fazendo pequenos pontos que se encaixam perfeitamente à curva.

**4.** Introduza a ponta das lâminas de tesoura no centro do círculo e faça oito entalhes no tecido até atingir 0,1 cm do ponto partido.

**5.** No avesso, passe cola em uma largura de 0,3 cm do contorno do círculo, então dobre e cole o tecido.
***Nota:** Se o círculo for maior, 10 ou 12 entalhes podem feitos. Uma vez dobrado para trás, o tecido não deve ficar visível no lado direito das bordas vazias do círculo.*

**6.** Insira a agulha sob o ponto partido, saia no círculo vazio sem puxar a agulha. Enrole a agulha com a linha, na direção oposta ao sentido horário. Puxe a agulha para cima do ponto para que o nó se feche na base do círculo e seja posicionado na borda interna.

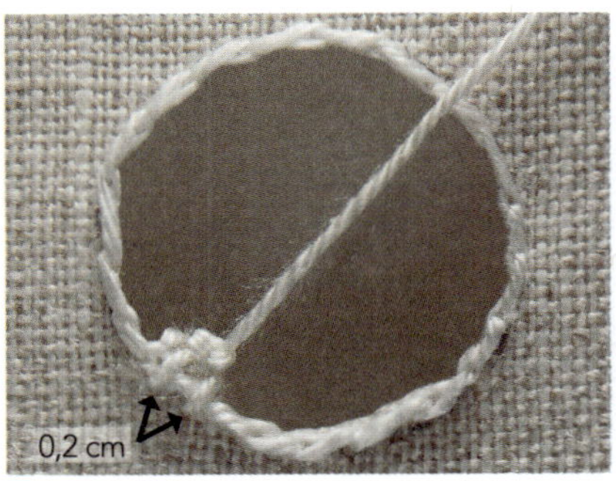


**7.** Insira a agulha 0,2 cm à direita do primeiro ponto, abaixo do ponto partido e repita a mesma operação. Continue ao redor de todo o círculo.

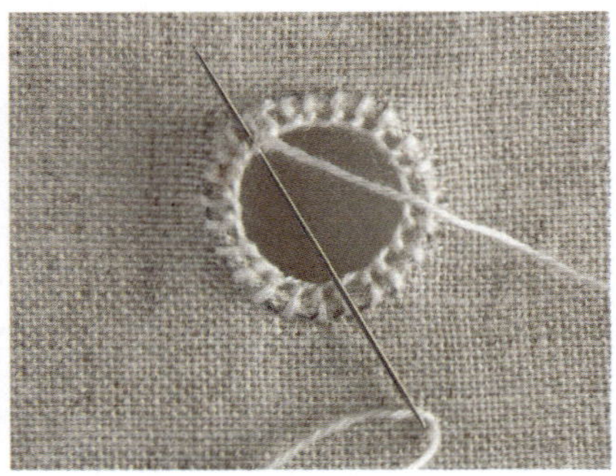

**8.** Quando o contorno estiver bordado, chuleie os pontos (veja a página 88).

## O círculo vazado trabalhado com ponto barrinha ajustado (ou ponto caseado hedebo) (continuação)

**9.** No final da linha desenhada, puxe delicadamente a linha para tensiona-la. A borda interna do círculo se torna firme e bem arredondada.

**10.** Para arrematar a linha, insira a agulha entre dois pontos, pelo direito do trabalho e retire a agulha no avesso. Desliza sob os pontos por 1,5 cm.

**11.** Com a ajuda da tesoura, corte o excesso de material.

*O uso de uma lâmpada com lupa pode ser muito útil para realizar este trabalho meticuloso e rigoroso.*

## AMÊNDOA VAZADA TRABALHADA COM PONTO BARRINHA CARREGADO E ADORNADA COM PONTO RODA CERZIDA

**1.** Desenhe uma amêndoa de 1,2 x 2 cm no centro do tecido. Borde todo o contorno com um ponto partido, assim como no círculo (veja a página 153), começando na ponta. Ao terminar o contorno, retire a linha pelo avesso do trabalho e deixe-a em espera.

**2.** Corte o tecido em duas partes iguais, da ponta até a base arredondada, a 0,1 cm do ponto partido. Faça alguns cortes no tecido à esquerda, coloque cola no contorno pelo avesso e dobre o tecido cortado para trás para prendê-lo.

**3.** Borde com um ponto barrinha, com um espaço entre os pontos de 0,2 cm, da ponta até a borda esquerda inferior. Faça alguns cortes no tecido à direita, coloque a cola no contorno pela parte de trás e dobre o tecido cortado para o avesso, como anteriormente.

**4.** Continue o bordado com um ponto barrinha, até a ponta. Passe a agulha sob o laço do primeiro ponto e chuleie todos os pontos, deslizando o olho da agulha abaixo deles.

***Nota**: Faça o chuleio dos pontos com o olho da agulha. Também pode ser feito com uma agulha com ponta arredondada. Neste caso, o uso do dedal é imprescindível.*

**5.** Depois de chulear todos os pontos, puxe a linha para apertar e consolidar a forma da amêndoa. Insira a agulha no laço do ponto localizado no centro da parte arredondada.

**6.** Chuleie essa linha de seis a sete vezes, depois estique suavemente a linha a partir da agulha. Se necessário, chuleie duas ou três vezes mais, de modo que os dois fios se retorçam e se tornem um.

**7.** Insira a agulha no ponto da ponta.
***Nota**: Nunca insira a agulha no tecido, deve estar sempre presa no laço dos pontos de apoio.*

**8.** Chuleie os pontos da borda esquerda. A 0,5 cm da ponta, insira a agulha na diagonal, atravessando do fio central e saia novamente no ponto da borda direita da barra, a 1 cm da ponta.

*O dedal é uma ferramenta útil e indispensável. Permite trabalhar com a ponta ou o olho da agulha sem se machucar e sem ter de trocar a agulha para fazer certos pontos. Dessa forma, o trabalho é feito com precisão e rapidez.*

## Amêndoa vazada trabalhada com ponto barrinha carregado e adornada com ponto roda cerzida (continuação)

**9.** Chuleie a linha à direita três a quatro vezes até o cruzamento, passe por baixo e chuleie a outra parte da linha até a borda esquerda. Chuleie dois pontos de barrinha da borda e passe a linha diagonalmente para a borda direita, atravessando as linhas cruzadas.

**10.** Retire a agulha sob o ponto barrinha localizado na frente da primeira linha passada, lado esquerdo.

**11.** Chuleie a última linha passada pelo cruzamento por três a quatro vezes, depois passe por cima e por baixo dos seis ramos, sem puxar demasiadamente a linha, para respeitar o diâmetro crescente da roda cerzida que se forma.

**12.** Quando a roda atingir 0,5 ou 0,6 cm de diâmetro, retire a agulha perto da última linha por chulear e chuleie de três a quatro vezes até alcançar a borda.

**13.** Passe a linha diagonalmente para a borda oposta e borde um segundo e depois um terceiro ponto roda trabalhando como anteriormente.

*De acordo com as dimensões da parte vazada, o número de pontos da roda varia. É interessante desenhar o motivo em tamanho real, em um pedaço de papel, e fazer um esboço dos pontos que serão feitos no tecido. É a melhor maneira de fazer um trabalho harmonioso.*

# BORDADO HARDANGER

## DESCRIÇÃO E BREVE HISTÓRICO

Esta técnica pertence à família dos bordados brancos com fios cortados e pontos contados. É caracterizada por um estilo geométrico composto por partes vazadas combinadas com partes mais opacas. Este bordado foi desenvolvido na cidade de Hardanger, da qual leva o nome, após a introdução na Idade Média, de obras com vazados venezianos. No início, o trabalho era feito de branco sobre branco, em tecido de armação dupla, para decorar as roupas da casa e as roupas tradicionais norueguesas. Este bordado é muito popular atualmente, usa cores e temas variados e pode ser combinado com outros pontos, de acordo com os gostos.

## MATERIAIS

### Tecidos

Os tecidos usados podem ser de armação dupla (Hardanger Especial) ou unifil e feitos de 100% algodão, 100% linho ou misto.

O tecido é escolhido de acordo com o uso para o qual o trabalho será destinado e com os fios da armação que podem ser contados a olho nu. Por outro lado, a fragilidade do trabalho depende muito do tipo dos pontos bordados.

*Para bordar uma toalha de mesa que será lavada com frequência, escolha um tecido de algodão de boa qualidade. Por outro lado, se o trabalho for enquadrado ou não for muito manipulado, pode ser apropriado usar um tecido mais delicado.*

### Linhas

Use linhas de algodão torcidas e resistentes:

- Algodão perlé *DMC*, diâmetro variável, do mais grosso ao mais fino: n° 3, 5, 8 e 12.
- Algodão Broder Spécial *DMC* de diâmetro variável, do mais grosso ao mais fino: n° 16, 20, 25 e 30.
- Algodão Mouliné *DMC*: composto por seis cabos, o diâmetro da linha pode ser adaptado em função do número de cabos usados.

Duas espessuras de linha são necessárias:

- Uma linha um pouco mais grossa que os fios da trama e do urdume, para bordar os pontos chuleados dos blocos que formam as molduras.
- Uma linha menos grossa que os fios da trama e do urdume, para bordar as partes com vazados e o interior das molduras.

Para bordar os ornamentos e as bordas, as duas espessuras de linhas podem ser adequadas.

Se o tecido usado for flexível, as linhas podem ser longas (60 a 70 cm) já que a linha não será usada apesar do tecido ser atravessado repetidamente. Isso possibilita a redução de arremates e a troca de linha nas molduras.

Outras qualidades de linhas podem ser usadas.

- Linha metalizada *DMC* ou *AVAS*, linha extravagante usada nos pontos anexos destinados a decorar o trabalho.
- Linha de alinhavo, para marcar as diferentes áreas a bordar, principalmente em grandes obras. Escolha uma de alinhavo de uma cor contrastante.

## Bordado Hardanger (continuação)

### Agulhas

É bordado com uma agulha com a ponta arredondada, que desliza facilmente entre os fios do tecido, sem atravessá-los.
Agulhas de tapeçaria, com a ponta arredondada, da mais grossa à mais fina: n° 20, 22, 24, 26 e 28 *Bohin*.
A agulha é escolhida de acordo com a espessura da linha usada. Idealmente, você trabalha com duas agulhas: a mais grossa adaptada à linha grossa e a mais fina para a linha mais fina.

### Tesoura

Use uma tesoura pequena e fina, com lâminas afiadas e pontiagudas, para cortar as linhas. ***Ref.*** *24316 ou 24311 Bohin*
Para maior precisão ao cortar as linhas, também pode ser usado um par de tesouras pinças especiais para Hardanger. ***Ref.*** *98260 ou 62615 Bohin*
Para cortar com segurança as linhas a serem removidas, use uma tesoura com uma ponta arredondada no final de uma das lâminas.
***Ref.*** *Tesoura com ponta arredondada de Sajou*

### Pinças

Use pinças têxteis para puxar os fios e evitar danificar o trabalho. Elas também são muito práticas para remover a "penugem" dos fios restantes após a extração dos fios.
***Ref.*** *62616 Bohin*.

### Bastidor

É bordado com um pequeno bastidor redondo, de 10 a 12 cm de diâmetro, deslocando-o à medida que o trabalho avança. O bastidor é importante para uma boa tensão da linha. Também permite bordar as barrinhas e as presilhas regularmente.
***Ref.*** *Bastidor de bordado Sajou*

*A escolha da tesoura é muito importante. É importante ter certeza que ela tenha lâminas finas e muito afiadas.*

## TÉCNICA

O bordado Hardanger tem três partes:
- ***Molduras:*** são as partes delimitadas pelos blocos compostos por cinco (ou mais) pontos chuleados por lado. A menor moldura tem um bloco por lado. A maior pode ser formada por um número infinito de blocos.
- ***Partes vazadas:*** são as partes internas das molduras, cujos fios são cortados e removidos e depois decorados com outros pontos.
- ***Partes opacas:*** são as partes entre as armações sobre as quais são bordados os pontos adicionais provenientes do bordado tradicional clássico, a técnica dos fios separados, os pontos de tapeçaria etc.

É importante respeitar a seguinte ordem de serviço:

1. Borde os blocos das molduras.
2. Borde as partes opacas e as bordas.
3. Passe a ferro o trabalho pelo avesso.
4. Corte e retire os fios, então borde as peças vazadas.

### Materiais

Tecido de linho de cor clara de 12,6 fios/cm, uma agulha de tapeçaria com ponta arredondada n° 24 e 26, linha de alinhavo, algodão Broder Spécial verde médio n° 16: 502 e algodão Broder Spécial verde médio n° 25: 502 e 504.
Para alinhavar, trabalhe com a linha de alinhavo e a agulha de tapeçaria n° 26.
Para os blocos, borde com a linha BS n° 16 e a agulha de tapeçaria n° 24.
Para pontos de ornamentação, borde com agulha de tapeçaria n° 26 da linha BS n° 25.

# PREPARAÇÃO DO TECIDO

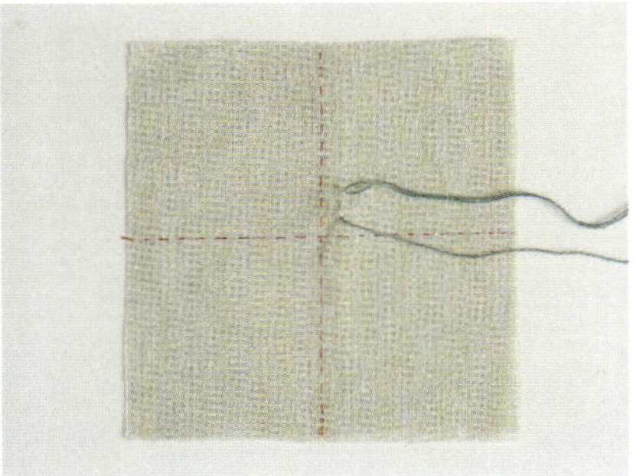

Passe o tecido com o ferro muito quente.
Defina o centro e faça um alinhavo nas medianas.

***Nota:*** *No desenho do papel, marque e desenhe as medianas com um marcador visível para facilitar a contagem dos fios e evitar cometer erros.*

> *Não esqueça de passar a ferro o tecido. Este estágio é importante para preparar o trabalho corretamente.*

# BORDADO DE UM BLOCO

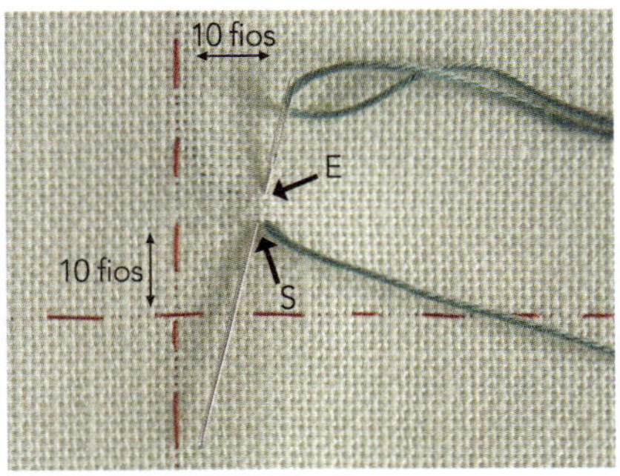


**1.** Retire a linha a dez fios de distância das medianas, da direita e da parte superior. Faça um ponto chuleado verticalmente em quatro fios e vá para a esquerda do primeiro ponto.

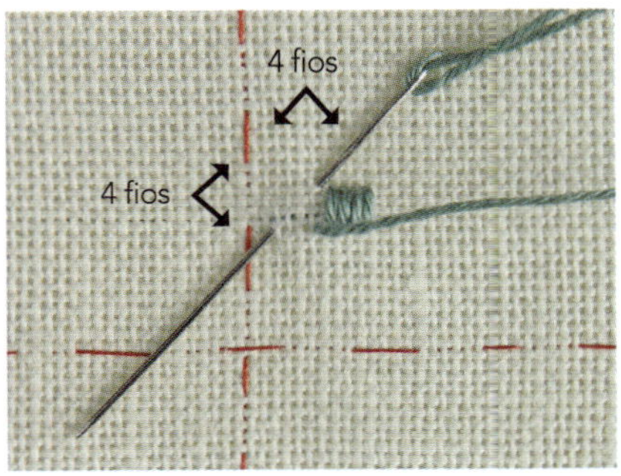


**2.** Borde outros quatro pontos chuleados paralelos para ter um bloco. Saia abaixo, a uma distância de quatro fios mais adiante.

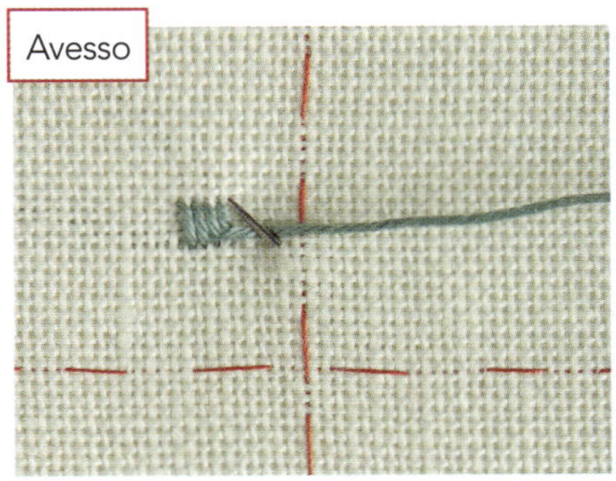


**3.** Envolva a linha do começo, sob os pontos, por 2 cm no avesso, então corte o excesso de linha.

# BORDADO DE UMA MOLDURA

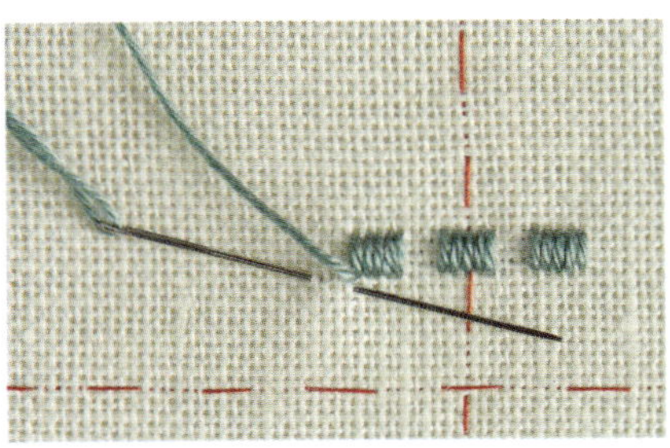

**1.** Borde dois outros blocos idênticos alinhados e deixando uma separação entre eles de quatro fios do tecido. Retire a agulha na base do último ponto e insira-a a uma distância de quatro fios, na extensão horizontal.

***Nota****: O último ponto do último bloco horizontal e o primeiro ponto do primeiro bloco vertical formam um canto comum.*

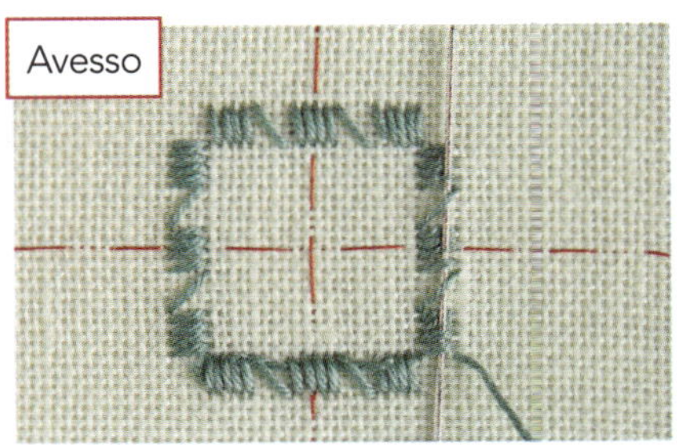


**2.** Borde os outros três lados da mesma maneira para ter uma moldura..

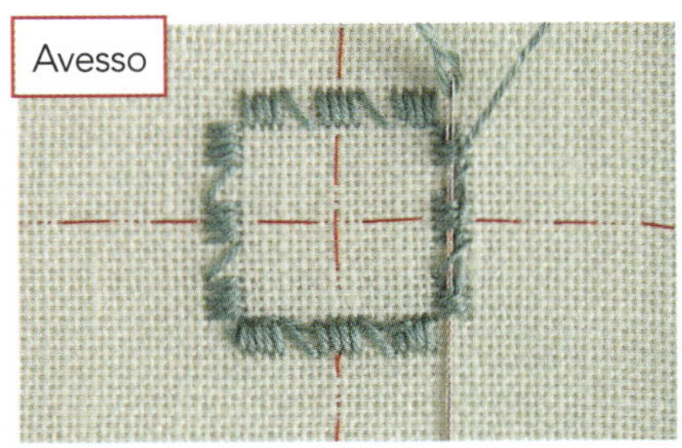


**3.** Arremate a linha no avesso, passando entre os pontos de três blocos.

## VAZADO DA PARTE INTERNA DA MOLDURA

**1.** Deslize a lâmina da tesoura sob os quatro fios que saem do bloco em um canto e levante-a delicadamente sem prender a linha do bordado. Então, corte os fios com um pequeno corte seco.

**2.** Faça o mesmo com os quatro fios que saem do bloco em frente, na borda inferior.

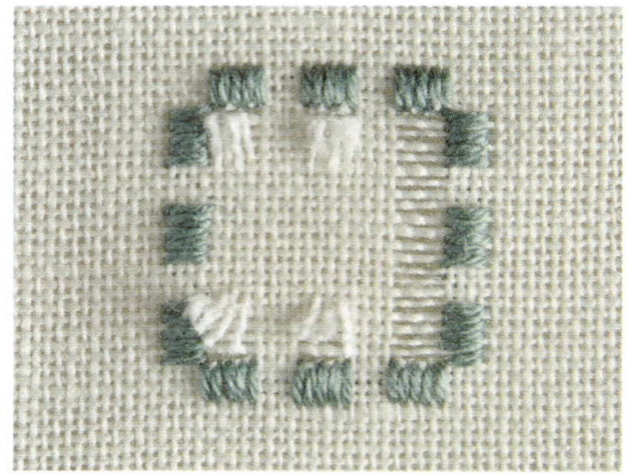

**3.** Com a agulha, levante os fios cortados que saem dos blocos acima e abaixo e puxe-os com a pinça. Faça o mesmo com os fios verticais dos blocos vizinhos.

**4.** Da mesma forma, os fios horizontais dos blocos são cortados e removidos.
**Nota**: *Depois que a moldura foi vazada, os fios sem remover são os grupos de fios. Quando eles são trabalhados, eles têm o nome de "barrinhas".*

## BORDADO DOS GRUPOS DE FIOS INTERNOS DAS MOLDURAS

Um grande número de pontos pode ser combinado ao infinito para bordar os grupos de fios. Aqui estão alguns pontos que mostram os princípios gerais desta técnica.

## GRUPOS DE FIOS COM PONTO CERZIDO (OU BARRINHAS CERZIDAS)

**1.** Retire a agulha no centro do grupo de fios à esquerda.

**2.** Passa-se por cima e por baixo de dois fios do grupo de fios, da direita para a esquerda e depois da esquerda para a direita, para cobrir os fios até a intersecção abaixo.

**3.** Insira a agulha no quadrado vazio à direita e saia no centro do grupo de fios horizontais vizinho.

**4.** Borde o grupo de fios horizontais como o anterior, até a borda esquerda. Passe a linha por baixo do bloco, no avesso, e saia no centro do grupo de fios abaixo. Borde com um ponto cerzido até chegar ao cruzamento. Continue seguindo o mesmo princípio.

***Nota***: *A passagem da linha nos cruzamentos deve ser feita diagonalmente no avesso.*

## GRUPOS DE FIOS COM PONTO CORDONÊ (OU BARRINHAS COM PONTO CORDONÊ)

Fazer um ponto cordonê em um grupo de fios consiste em enrolá-lo com a linha, colocando os pontos lado a lado regularmente.

Borde seguindo a mesma regra do ponto anterior, em fileiras diagonais.

## SEMIGRUPOS DE FIOS COM PONTO CERZIDO FIO A FIO

É uma variação do ponto de barrinhas cerzidas.

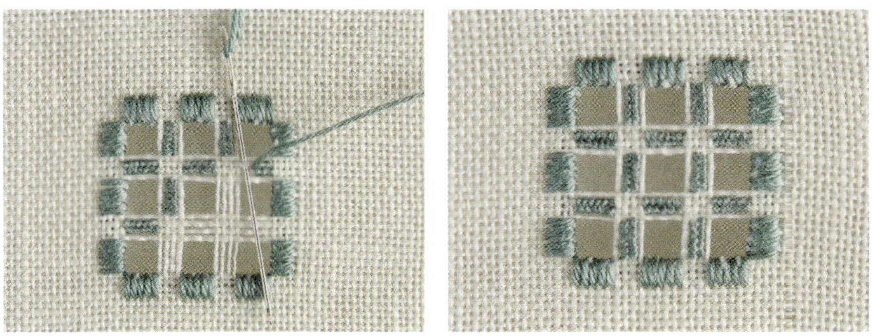

*É importante usar um bastidor pequeno para obter pontos regulares. Facilita o trabalho permitindo que a bordadeira controle corretamente a tensão da linha.*

Trabalhe como no ponto anterior, fazendo um ponto cerzido nos dois fios centrais do grupo de fios, fio por fio.

## SEMIGRUPOS DE FIOS COM PONTO CORDONÊ (OU MEIAS BARRINHAS COM PONTO CORDONÊ)

É uma variação do ponto barrinhas com ponto cordonê.

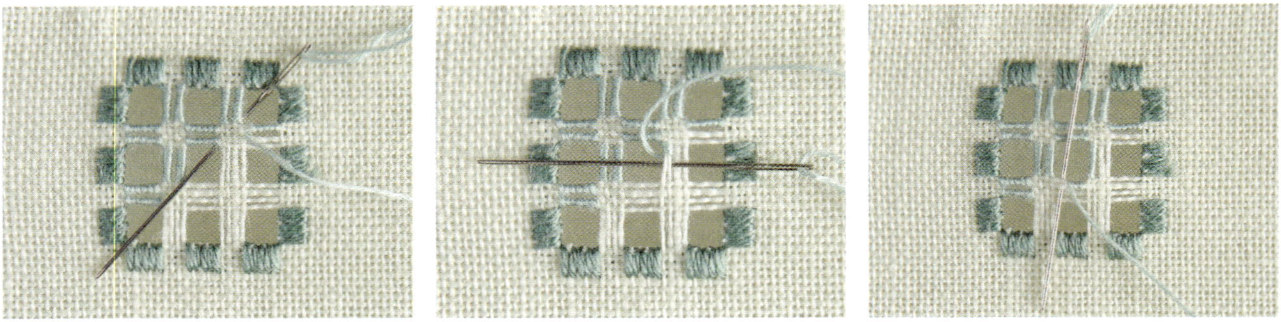

**1.** Borde metade dos grupos de fios com ponto cordonê trabalhando em fileiras diagonais, seguindo o mesmo princípio de antes (veja a página 113: barrinhas com ponto cordonê). Faça o bordado em dois fios e o número de fileiras de ida e volta é multiplicado por dois. Borde as demais fileiras diagonais da mesma maneira.

## GRUPOS DE FIOS CHULEADOS UMA VEZ

É um ponto chuleado feito nos grupos de fios trabalhando em fileiras horizontais, da direita para a esquerda ou da esquerda para a direita.

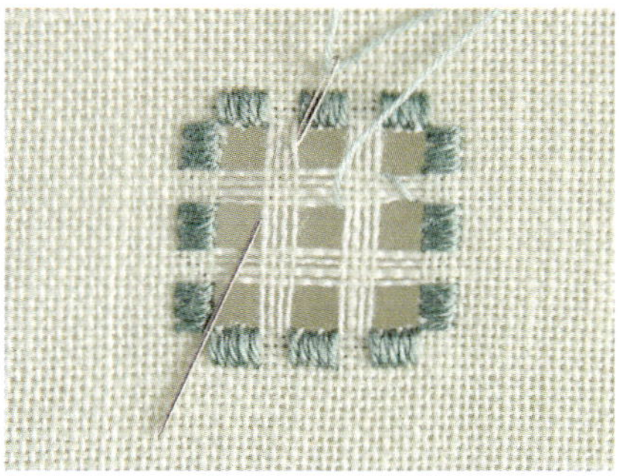

**1.** Retire a agulha no segundo quadrado vazado, perto da borda direita. Chuleie os quatro fios do grupo de fios horizontais, retire a agulha no quadrado vazio vizinho e chuleie o grupo de fios do centro. Continue até a borda esquerda, depois puxe a agulha para tensionar a linha e apertar os pontos.

**2.** Retire a agulha entre os dois blocos à esquerda e faça um pequeno ponto em um fio do tecido para prender a linha.

***Nota**: Este ponto de volta é feito entre cada fileira de grupos de fios.*

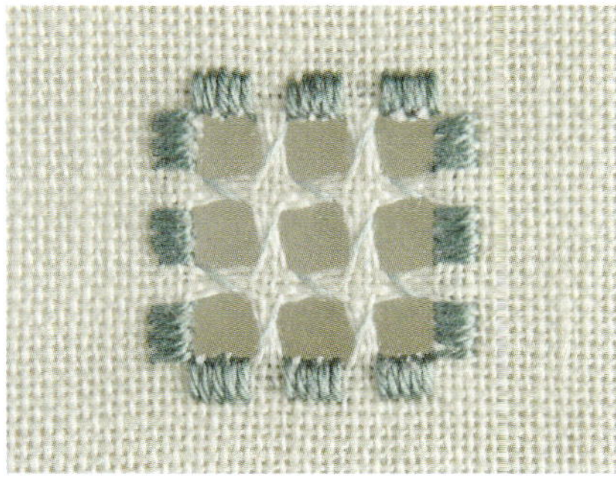

**3.** Deslize a linha sob o bloco central à esquerda, retire no quadrado vazio abaixo e borde os grupos de fios horizontais, com ponto chuleado, como anteriormente. Para bordar as fileiras dos grupos de fios na direção vertical, gire o trabalho em 90° e faça o mesmo processo.

***Nota**: No avesso, a passagem das linhas nas intersecções dos grupos de fios é dupla e em diagonal.*

## GRUPOS DE FIOS COM PONTO CERZIDO COM PICÔS (OU BARRINHAS CERZIDAS COM PICÔS)

As barras cerzidas podem ser decoradas com pequenos picôs. Esses picôs, bordados em dois fios do grupo de fios, são feitos ao mesmo tempo que as barrinhas.

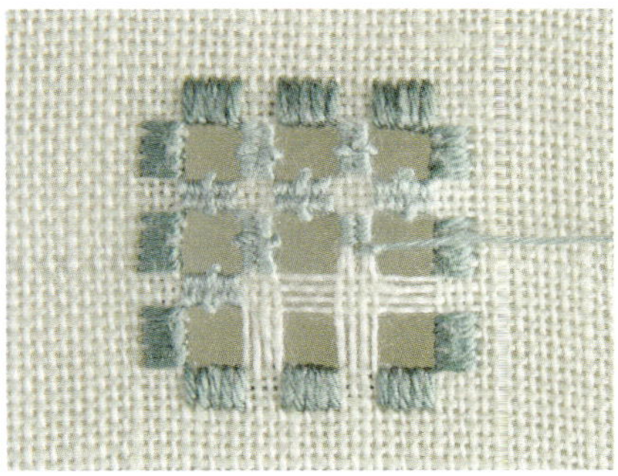

**1.** Borde um grupo de fios com um ponto cerzido até o meio do caminho, depois saia no centro do grupo de fios, sem remover completamente a agulha. Enrole com a linha por cima e por baixo da agulha, na direção oposta à do relógio. Puxe a agulha do grupo de fios e coloque o picô na borda. Retire a agulha no centro do grupo de fios, sem esticar o picô, que deve estar situado bem fixo na borda.

**2.** Insira a agulha no quadrado vazio vizinho, retire a agulha no centro do grupo de fios, sem remover completamente a agulha e...

...faça um pequeno picô como o anterior.

**3.** Puxe a agulha suavemente e coloque o novo pico do lado oposto ao primeiro.

**4.** Retire a agulha no centro do grupo de fios e continue a segunda metade do cerzido no grupo de fios até a interseção.

## Grupos de fios com ponto cerzido com picôs (ou barrinhas cerzidas com picôs) (continuação)

**5.** Faça todas as barrinhas com picôs seguindo o mesmo princípio.

## BORDADO DO VAZADO INTERNO DA MOLDURA

Os quadrados vazados das partes internas da moldura podem ser decorados com pontos, trabalhados simultaneamente com o bordado das barrinhas.

***Nota**: Os exemplos seguintes são com barrinhas cerzidas, embora também possam ser feitos com ponto cordonê. Nestes exemplos, todos os quadrados vazios não foram bordados. Como desejado, todos ou apenas alguns podem ser bordados.*

## BARRINHAS CERZIDAS E PRESILHAS COM PONTO CORDONÊ CRUZADAS

**1.** Antes de fazer as presilhas com ponto cordonê cruzado em um quadrado vazio, três lados deste quadrado devem estar bordados.

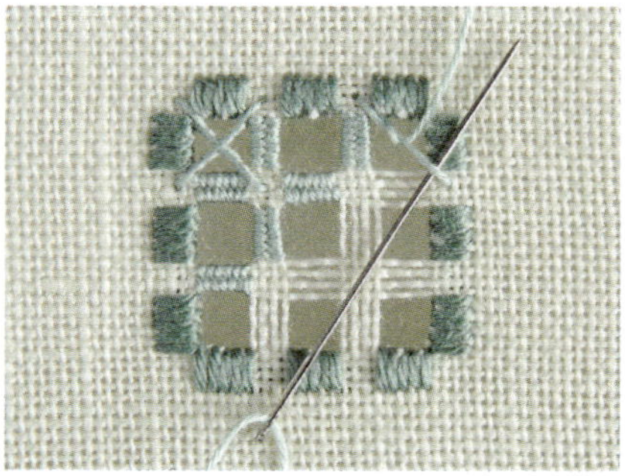

**2.** Antes de bordar a borda inferior, puxe a linha no canto inferior direito e insira a agulha no canto oposto. Saia no quadrado vazio e o último fio é chuleado quatro ou cinco vezes.

**3.** Insira a agulha no canto e no mesmo ponto em que sairá a presilha, então saia no centro do grupo de fios horizontais próximas a ele.

**4.** Borde com um ponto cerzido até a interseção à esquerda.

**5.** Saia no canto esquerdo, insira a agulha na presilha bordada e depois no canto oposto.

**6.** Retire a agulha no quadrado vazio e o último fio é chuleado duas vezes até alcançar o cruzamento central.

**7.** Passe sobre o cruzamento e chuleie a segunda metade do fio por dois vezes.

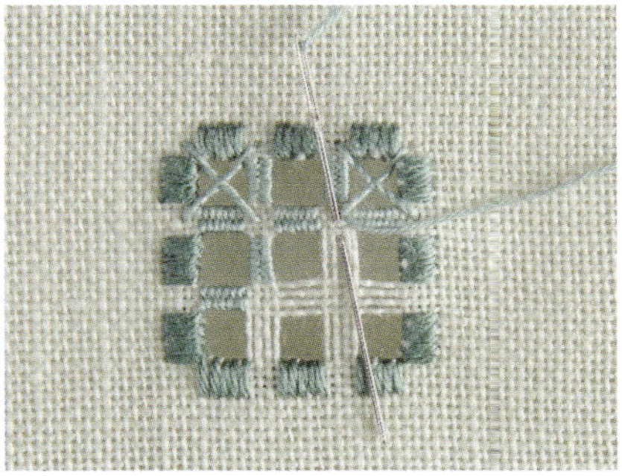

**8.** Insira a agulha no canto, onde a presilha saiu e saia novamente no centro do grupo de fios verticais próximas a ele.

**9.** Borde o grupo de fios verticais com um ponto cerzido e continue...

... da mesma maneira.

## BARRINHAS CERZIDAS E PEQUENAS RODAS

Este ponto é uma variação do ponto anterior e é feito seguindo o mesmo princípio.

**1.** São bordados três lados de um quadrado vazio e, antes de terminar o último lado, borde a primeira presilha diagonal com ponto cordonê e o último grupo de fios horizontais.

**2.** Saia no canto esquerdo, insira a agulha na presilha bordada e insira a agulha no canto oposto. Retire agulha no quadrado vazio e chuleie a linha por duas vezes até atingir a intersecção.

**3.** Passe por cima e por baixo do centro das presilhas cruzadas fazendo duas voltas, depois saia perto da segunda metade da última linha e chuleie-a duas vezes até chegar ao canto.

**4.** Insira a agulha no ponto em que a presilha saiu e saia no centro do grupo de fios verticais próximos a ela.

**5.** Borde o grupo de fios com um ponto cerzido e continue da mesma maneira.

# BARRINHAS CERZIDAS E PONTO ESPÍRITO DIREITO

Antes de fazer o ponto espírito direito em um quadrado vazio, três dos lados do quadrado devem estar bordados.

**1.** Borde metade do último grupo de fios abaixo com um ponto cerzido.

**2.** Insira a agulha no centro da borda da direita, retire a agulha no quadrado vazio sem puxá-la e deixando a linha por baixo. Estique da agulha e insira-a no centro da borda superior, deixando a linha por baixo.

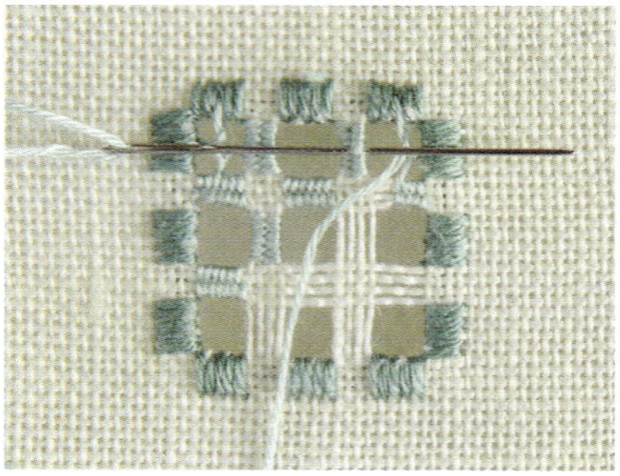

**3.** Puxe a agulha e insira no centro da barrinha cerzida à esquerda, deixando a linha por baixo.

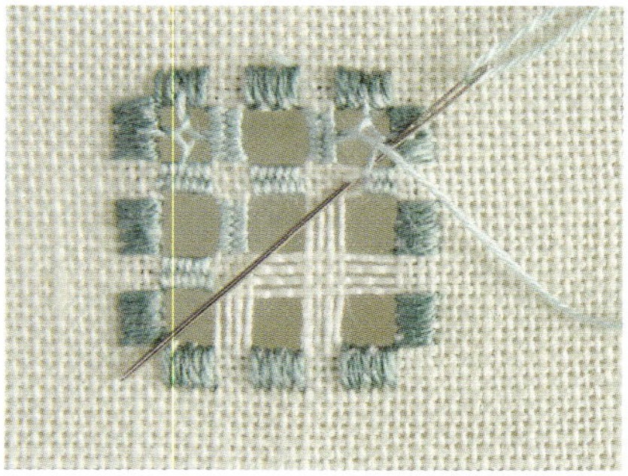

**4.** Estique a agulha e passe sobre o primeiro fio que sai da barrinha abaixo, depois saia no centro dela, do avesso, para o direito.

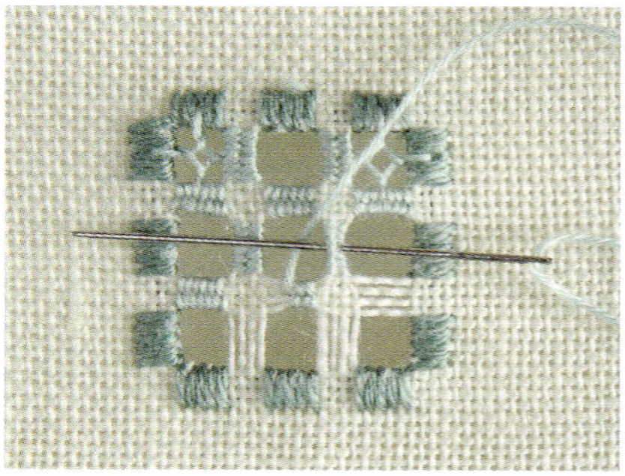

**5.** Termine o cerzido do grupo de fios até chegar à interseção à esquerda. Saia no centro do grupo de fios verticais próximos a ele e borde as seguintes barrinhas e pontos espírito seguindo o mesmo princípio.

*Antes de bordar um trabalho, desenhe em um papel quadriculado os quadrados vazados e determine os que serão bordados com um ponto espírito. Trata-se de estimular a criatividade.*

## BARRINHAS CERZIDAS E PONTO ESPÍRITO QUADRADO

Faça este ponto seguindo a mesma regra que o anterior (veja a página 118). Antes de fazer o ponto espírito quadrado em um quadrado vazio, os quatro lados do quadrado devem estar bordados.

**1.** Puxe a linha no canto inferior esquerdo e insira a agulha no canto inferior direito, deixando a linha sob a agulha.

**2.** Puxe a agulha e insira no canto vizinho acima, deixando a linha sob a agulha.

**3.** Faça um ponto idêntico no canto superior esquerdo e, em seguida, passe sobre o primeiro fio que sai do canto inferior esquerdo.

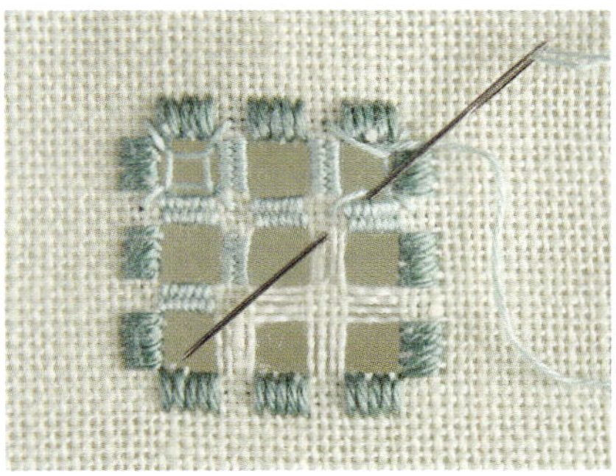

**4.** Saia no centro do grupo de fios verticais ao lado dele.

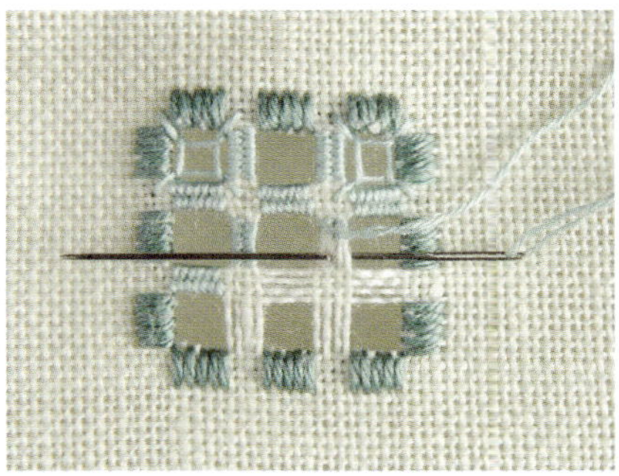

**5.** Borde o grupo de fios verticais e, em seguida, o inferior com o ponto cerzido e faça um ponto quadrado como anteriormente.

*Você pode imaginar desenhos e combinar os pontos espírito direito e quadrado infinitamente para enriquecer os bordados.*

**6.** O restante dos pontos são bordados da mesma maneira.

# BORDADO BRANCO

## DESCRIÇÃO E BREVE HISTÓRICO

Numerosas técnicas pertencem à grande família de bordados brancos. Em geral, eles também têm outro nome (por exemplo: bordado inglês, Hedebo etc.). A técnica descrita aqui é considerada "a rainha" do bordado branco. Caracteriza-se pelo relevo dos pontos e pela delicadeza do seu estilo. O bordado branco é assim chamado porque foi bordado em tecidos de linho branco para roupas e roupas de casa. O branco, símbolo de pureza, permitia muitas lavagens sem alterar a cor. Para resistir ao tempo e uso, os pontos usados devem ser resistentes. No início do século XX, também foram bordados com linhas e tecidos coloridos, embora o nome "bordado branco" perdurasse. No entanto, ele não define mais uma cor de tecido ou de linha, mas um estilo e uma técnica.

## MATERIAIS

### Tecidos

Idealmente, é bordado em um tecido de linho 100% com uma trama fechada. Um tecido misto também pode ser usado, mas como uma segunda opção. Não é recomendado bordar em tecido de algodão, muito leve, devido ao relevo e à densidade dos pontos. Depois de uma primeira lavagem, a trama encolhe e adquire seu tamanho final. É aconselhável desengomar o tecido antes de trabalhar nele. A espessura do tecido é escolhida de acordo com a finalidade do trabalho a ser executado.

### Linhas

As qualidades ideais são:

- Meada de algodão *Marie Suarez* n° 60 (fino), n° 80 (muito fino) e n° 120 (finura extrema). É composto de três a quatro cabos com um toque leve, o que dá uma aparência acetinada aos pontos.
- Algodão Broder Spécial *DMC* art. 107, do mais grosso ao mais fino: 16, 20, 25 e 30, tem torção e é resistente.

*No passado, o algodão em meadas era frequentemente usado em numerosas oficinas de bordados, para confeccionar roupas. Essa linha em particular deixou de ser fabricada pelas grandes marcas desde a Segunda Guerra Mundial.*

### Agulhas

Idealmente, é bordado com uma agulha pontiaguda fina com um olho que se adapta à espessura da linha. Agulhas para apliques, da mais grossa à mais fina: 9, 10, 11 e 12 *Bohin*.

### Tesoura

Para cortar os fios, use uma tesoura pequena e fina, com lâminas afiadas, ***Ref.*** *24316 ou 24311 Bohin*

### Bastidor

É bordado com um bastidor redondo, de 12 a 15 cm de diâmetro, deslocando-o à medida que o trabalho avança. ***Ref.*** *bastidor de bordado Sajou*

# TÉCNICA

O ponto principal do bordado branco é o ponto realce. Quando trabalhado de maneira mais fina e mais longa, pode ser chamado de ponto cordonê ou ponto de corda. Quase todos os outros pontos são variações do ponto realce, um nome que varia de acordo com a forma do bordado: círculo, amêndoa, realce com ponto partido, ilhós com ponto cordonê etc. Alguns pontos complementares são usados para decorar ou clarear o acabamento, como o ponto areia, o ponto marca, o ponto atrás etc.

O ponto realce é feito em três fases:

**1.** O ponto que define a forma a ser bordada: vários pontos podem ser usados (ponto de Holbein, ponto partido, ponto alinhavo, ponto marca). Deve ser feito com uma linha fina para marcar a linha do desenho com a maior precisão possível.

**2.** O preenchimento da parte interna da forma: é feito com um ponto chuleado ou com um ponto haste longo, às vezes com um ponto alinhavo. É importante fazer o relevo sobre o tecido da maneira mais uniforme possível, respeitando uma curva agradável, sem exceder o ponto de delimitação e colocando o menor número de linha no avesso.

**3.** O bordado com um ponto matiz plano sobre o preenchimento: os pontos chuleados são colocados diretamente sobre a forma preenchida, sobrepondo o ponto de delimitação e sem puxar demais a linha para respeitar o relevo do preenchimento anterior.

### Materiais

Tecido de linho bege com trama fechada, agulha para apliques nº 10, algodão Broder Spécial nº 25: 3326 e 309.

# PONTO CORDONÊ RETO E CURTO

É um ponto realce fino e pequeno, cujo comprimento pode variar.

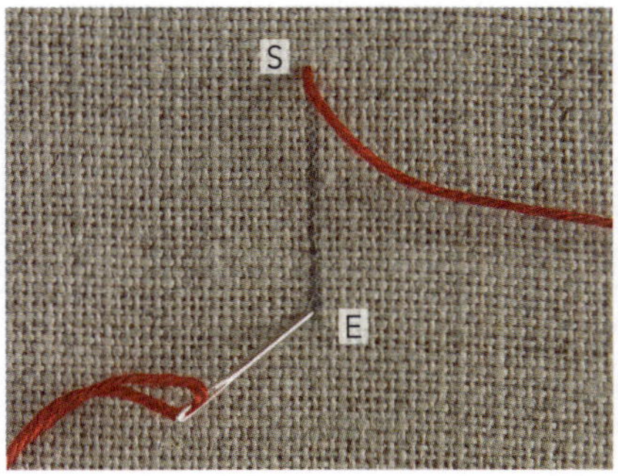


**1.** Desenhe uma linha de 2 cm. Chuleie um ponto na linha.
***Nota**: Para um ponto fino, uma única linha é suficiente para a delimitação do preenchimento.*

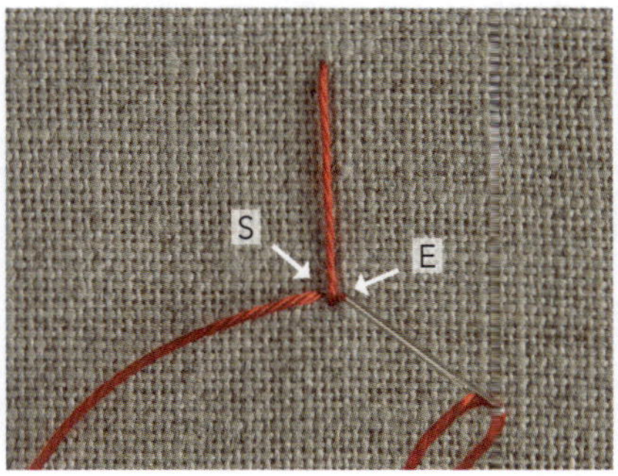


**2.** Faça um pequeno ponto chuleado sobre a linha.

**3.** Borde outros pontos da mesma maneira, colocando-os muito próximos uns dos outros.

**4.** Quando bordar toda a linha desenhada, arremate e corte a linha.

*Marcar camisas ou lenços significa bordar as iniciais. Esse trabalho é feito frequentemente com ponto cordonê.*

# PONTO CORDONÊ RETO E LONGO

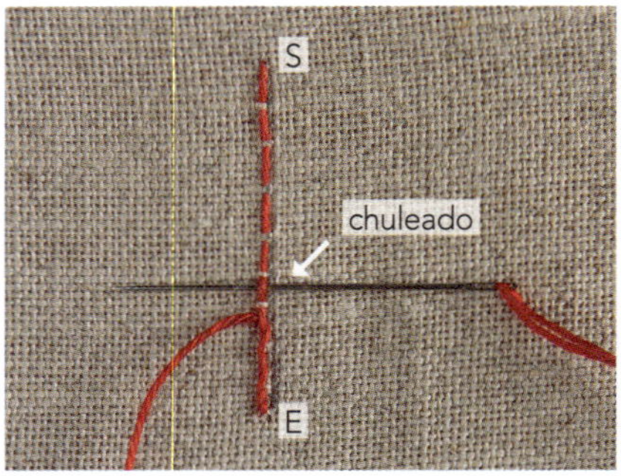


**1.** Desenhe uma linha de 4 cm. Essa diferença de comprimento implica uma mudança no trabalho anterior. Borde com o ponto alinhavo passando por baixo de um fio do tecido entre cada ponto. Puxe suavemente a linha para apertá-la perfeitamente. Neste ponto da preparação, a linha pode ser bordada com ponto cordonê para obter um cordonê fino.
Para um cordonê mais espesso, é apropriado adicionar linhas de preenchimento. Para fazer isso, chuleie sob os pontos, de baixo para cima, sem atravessar o tecido, a fim de aumentar o relevo.

**2.** Para ter um relevo ainda mais destacado, faça outra passada de ponto chuleado de cima para baixo, da mesma forma que anteriormente.

**3.** Volte ao topo para bordar com ponto cordonê da mesma maneira que no ponto anterior (veja a página 121).

# PONTO CORDONÊ CURVO

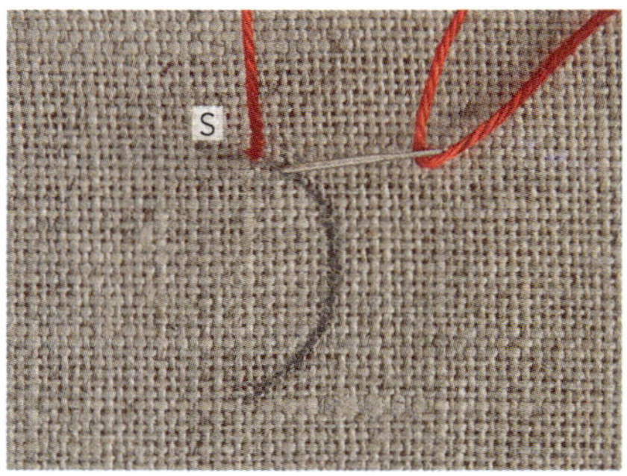


**1.** Desenhe uma linha curva no tecido. Borde com ponto alinhavo passando por baixo de um fio do tecido entre cada ponto.

**2.** Retorne ao topo bordando com ponto cordonê da mesma maneira que no ponto reto e curto (veja a página 121).

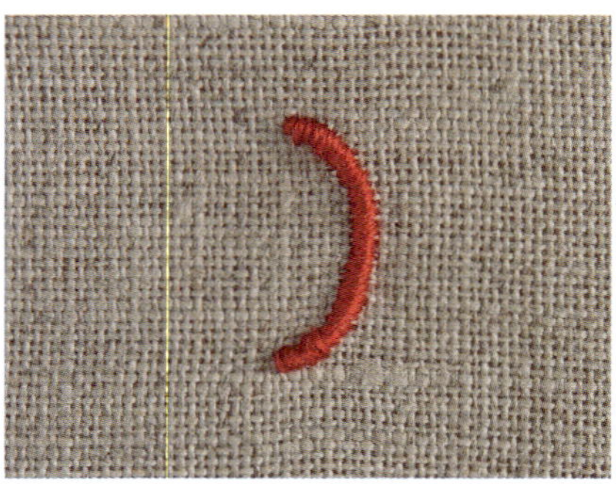

# CÍRCULO

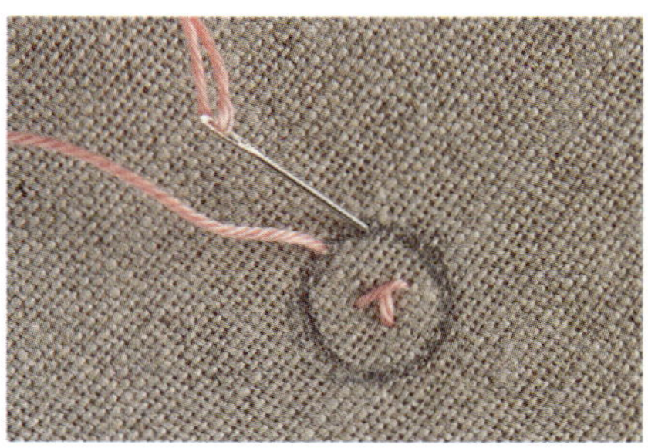

**1.** Desenhe um círculo de 1 cm de diâmetro no tecido. Borde um ponto cruz no centro para prender a linha.

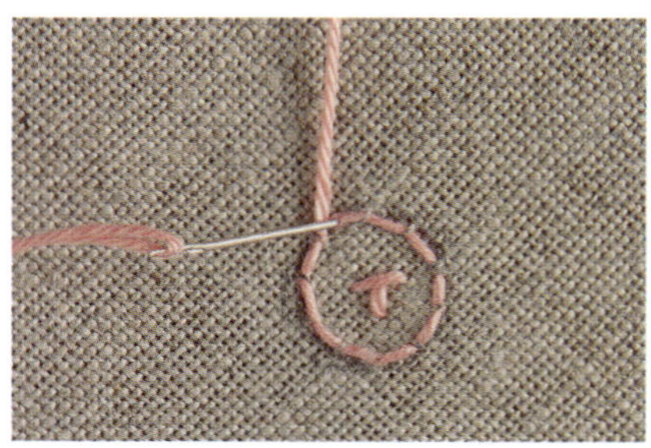

**2.** Retire a agulha na linha de contorno e borde com um ponto alinhavo, passando por baixo de um fio do tecido entre cada ponto.

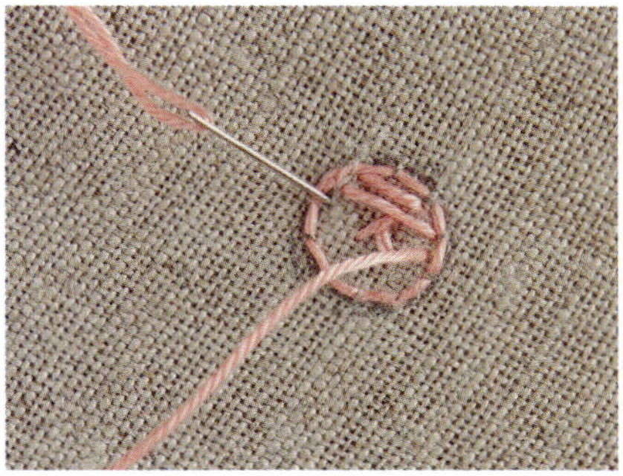

**3.** Saia dentro do círculo e borde pontos chuleados justapostos sem envolver o contorno.

**4.** Borde pontos chuleados perpendicularmente aos anteriores e por acima destes.

**5.** Borde com um ponto realce. Retire a agulha em um lado do círculo e faça um ponto chuleado na mediana do círculo, envolvendo o ponto de contorno. Este primeiro ponto chuleado deve ser colocado perpendicularmente aos pontos de preenchimento anteriores.

**6.** Borde com um ponto chuleado paralelo até chegar à borda, colocando os pontos bem próximos uns dos outros.

**7.** Borde a segunda metade do círculo da mesma maneira. O último ponto não deve ser muito pequeno para caber na curva do círculo.

***Nota**: Se os pontos nas extremidades forem muito pequenos, o círculo tenderá a ter uma forma oval, um efeito indesejado.*

## CÍRCULO PREENCHIDO COM PONTO MARCA

O contorno do círculo pode ser decorado com diferentes pontos. O mais simples é o ponto marca, bordado com a mesma linha ou com uma linha mais grossa. Retire a linha ao lado do círculo no contorno e insira a agulha a 0,2 cm mais adiante, depois retire 0,2 cm mais adiante, à frente do ponto anterior e continue a bordar com um ponto marca (consulte a página 148).

# FOLHA PREENCHIDA (OU GOTA)

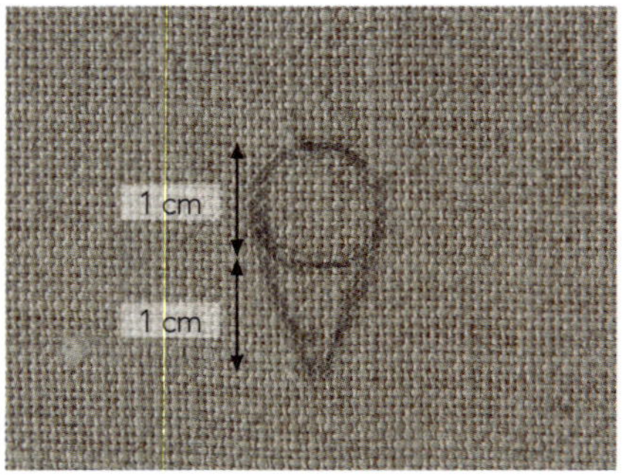


**1.** Desenhe um círculo de 1 cm de diâmetro, depois desenhe duas linhas de um lado do outro que se juntam no mesmo ponto na parte inferior.

**2.** Borde dois pequenos pontos justapostos para prender a linha, saia na ponta e borde todo o contorno com um ponto alinhavo de 0,2 cm de comprimento, deixando um único fio do tecido entre cada ponto. Em seguida, saia com a linha ao lado da ponta.

**3.** Borde pontos chuleados justapostos, de baixo para cima, sem envolver o contorno. Puxe a agulha para cima no centro, ao lado do contorno interno, e insira perto da ponta.

**4.** Borde os pontos chuleados justapostos sobre nos pontos anteriores, primeiro numa metade da folha e depois na outra metade.

**5.** Retire a linha na borda esquerda, a 0,5 cm do topo, insira a agulha na borda direita, perpendicular ao eixo da folha e envolvendo o ponto do contorno.

**6.** Faça um segundo ponto, 0,5 cm abaixo, retire a agulha do lado esquerdo e o mais próximo possível da ponta. Insira no lado oposto, envolvendo a linha de contorno.

***Nota**: É muito importante respeitar o sentido horizontal dos pontos chuleados bordados sobre o preenchimento, pois servem de guia para os pontos seguintes.*

**7.** Volte a sair para a esquerda, logo acima do ponto anterior e insira a agulha no lado direito.

**8.** Continue a bordar pontos dispostos horizontalmente e próximos uns dos outros.

**9.** Termine com um ponto chuleado longo o suficiente para encaixar sobre a forma arredondada (veja o tutorial sobre o círculo na página 122).

## AMÊNDOA GRANDE

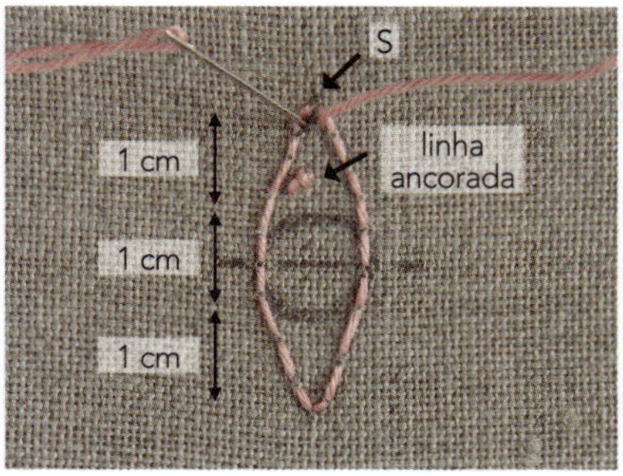

**1.** Desenhe um círculo de 1 cm de diâmetro, depois desenhe duas linhas que terminam em um ponto de cada lado. Ancore a linha e faça o ponto de contorno como no ponto anterior (veja página 124).

**2.** Borde pontos chuleados justapostos horizontalmente sem envolver o contorno. Puxe a linha para baixo, perto da ponta, e insira a agulha 0,7 cm mais acima, através dos pontos de preenchimento anteriores.

**3.** Saia um fio mais acima e faça outro ponto chuleado, até abaixo da ponta. Borde outros pontos verticais da mesma maneira, sem cobrir o contorno. Retire a linha no centro do lado esquerdo, ao lado do contorno e borde um ponto chuleado horizontalmente.

**4.** Faça os pontos chuleados justapostos e paralelos ao ponto superior.

**5.** Gire o trabalho 180º e borde a segunda metade da mesma maneira.

## AMÊNDOA PEQUENA

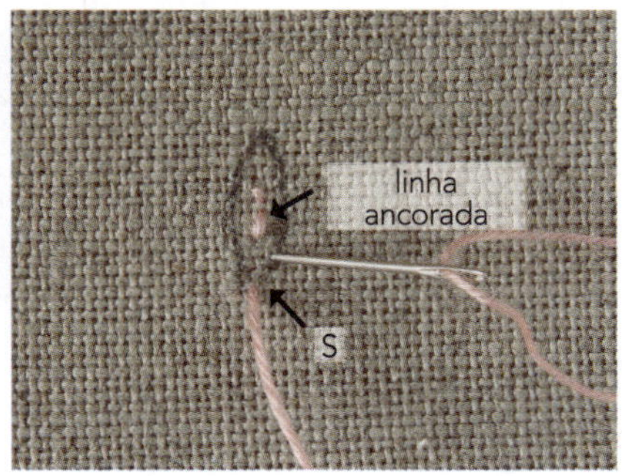


**1.** Desenhe uma amêndoa alongada com 1 cm de altura. Ancore a linha e borde o contorno como nos pontos anteriores.

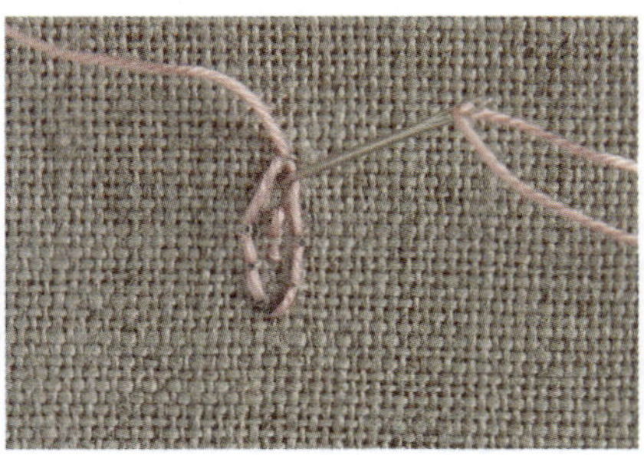

**2.** Retire a linha na ponta e borde pontos chuleados alternados e juntos, sem envolver o contorno. A linha deve aparecer minimamente no avesso do trabalho.

**3.** Retire a linha na ponta inferior e borde com um ponto chuleado paralelo e muito próximo.

**4.** Continue o ponto realce até a ponta superior e arremate a linha.

# BORDADO INGLÊS OU DA ILHA DA MADEIRA

## DESCRIÇÃO E BREVE HISTÓRICO

O bordado inglês pertence à família de bordados brancos de fios cortados. Apesar de seu nome, essa técnica nasceu em algum lugar no continente europeu por volta do século XVI. Três séculos depois, o bordado inglês tornou-se muito popular e era usado para decorar roupas de dormir e roupas íntimas femininas e infantis. Atualmente, realiza-se na Ilha da Madeira, que exporta numerosas peças para a Inglaterra e conta com inúmeras bordadeiras. O bordado da Ilha da Madeira é composto por pequenos círculos e amêndoas bordados com a técnica de bordado inglês.

## MATERIAIS

### Tecidos

Idealmente, é bordado em um tecido de linho 100% com uma trama muito fechada. Um tecido misto de linho/algodão também pode ser usado como uma segunda opção.
Depois de uma primeira lavagem, a trama encolhe e adquire seu tamanho final. É apropriado desengomar o tecido antes de trabalhar nele. A espessura do tecido é escolhida de acordo com a finalidade do trabalho a ser executado.

### Linhas

As linhas usadas devem ser resistentes e com mais ou menos torção. Várias qualidades podem ser apropriadas: algodão Mouliné *DMC*, algodão Broder Spécial *DMC* e meadas de algodão *Marie Suarez*. A escolha da linha é feita dependendo do tecido. Em um tecido grosso, é bordado com uma linha mais grossa. Em um tecido leve, é bordado com uma linha mais fina.

### Agulhas

Use uma agulha com ponta afiada, com um olho que se adapte à espessura da linha.
Agulhas para bordado com lã, da mais grossa à mais fina: nº 1, 3, 5, 6, 7, 9 e 10 *Bohin*.
Agulhas para apliques, da mais grossa à mais fina: nº 10, 11 e 12 *Bohin*.
Agulhas longas: 7, 8 e 9 *Bohin*.

### Tesoura

Para cortar os fios, use uma tesoura pequena e fina, com lâminas afiadas. ***Ref.*** *24316 ou 24311 Bohin*
Use a tesoura pinça para cortar pequenas linhas.
***Ref.*** *98260 ou 62615 Bohin*
Use a tesoura com ponta arredondada para cortar o tecido. ***Ref.*** *tesoura com ponta arredondada de Sajou*

### Bastidor

É bordado com um bastidor, de 12 a 15 cm de diâmetro, deslocado à medida que o trabalho avança.
***Ref.*** *bastidor de bordado Sajou*

### Outras ferramentas

Para perfurar o tecido e bordar o ponto ilhós, a punção é uma ferramenta indispensável.

## TÉCNICA

O bordado inglês é composto por ilhoses e amêndoas perfuradas, bordados com pontos e também com presilhas feitas com ponto cordonê. Outros pontos típicos do bordado tradicional podem decorar estas obras, como as amêndoas, os círculos ou as folhas com ponto realce e as hastes feitas com ponto cordonê.

# ILHÓS COM VAZADO SEM FIOS TIRADOS

## Materiais

Tecido de linho com trama fechada, agulha longa nº 9, Algodão Broder Spécial DMC nº 30: Branco.

**1.** Inicie o desenho do ilhós fazendo um ponto com a ponta de um lápis no lado direito do trabalho.

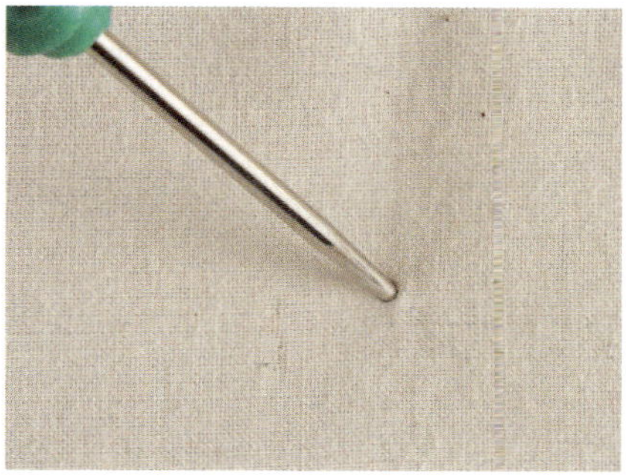

**2.** Insira a ponta da punção através do ponto. Fure delicadamente o tecido e afunde a punção o máximo possível sem romper os fios do tecido.

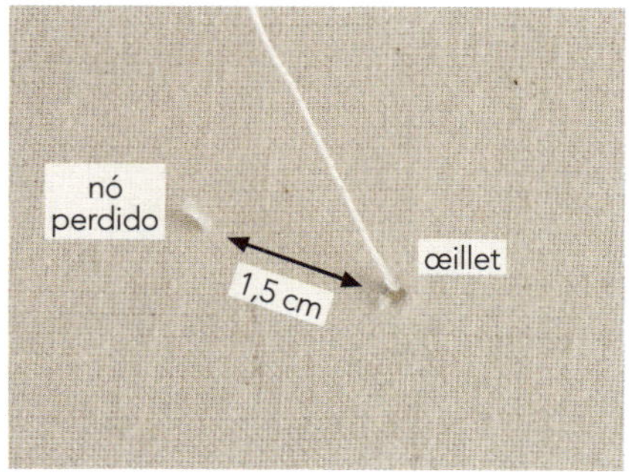


**3.** Faça um nó perdido, insira a agulha através do orifício pelo lado direito do tecido e saia novamente no direito.

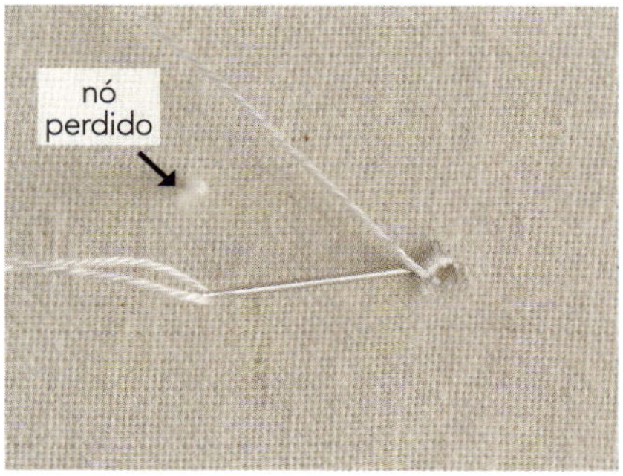


**4.** Insira a agulha a 0,1 cm do orifício e puxe a linha para abrir melhor o ilhós. Insira a agulha ao lado do primeiro ponto e puxe a linha da mesma maneira.

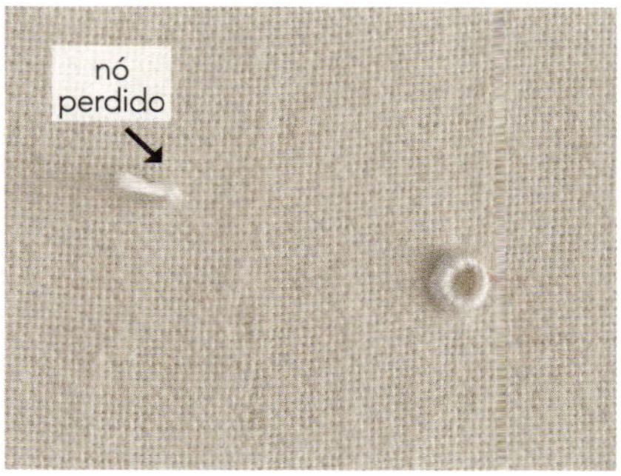


**5.** Borde todo o contorno do ilhós.

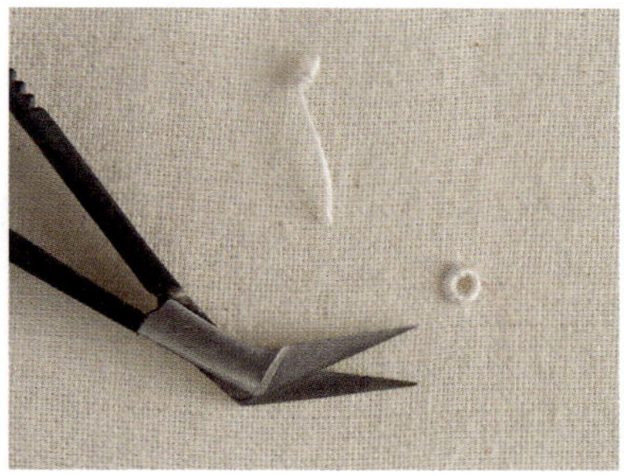

**6.** Arremate a linha e corte o nó perdido.

**Nota:** *Para a melhor visualização do ponto, um tecido bege foi usado. Idealmente, é conveniente bordar com linha branca em um tecido branco.*

*O ponto ilhós perfurado sem os fios removidos é um ponto fácil de bordar e cujo domínio é facilmente adquirido. Adorna de uma maneira bonita o trabalho do bordado branco mantendo a solidez do tecido.*

# ILHÓS GRANDE COM VAZADO E PONTO CORDONÊ

**Materiais**

Tecido de linho com trama fechada, agulha longa nº 9, Algodão Broder Spécial DMC nº 30: Branco.

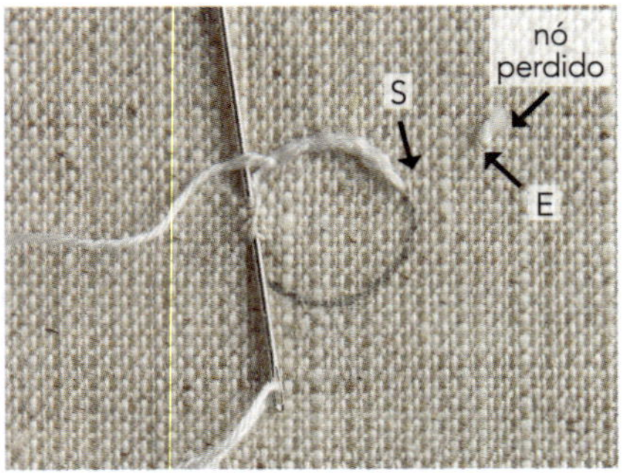


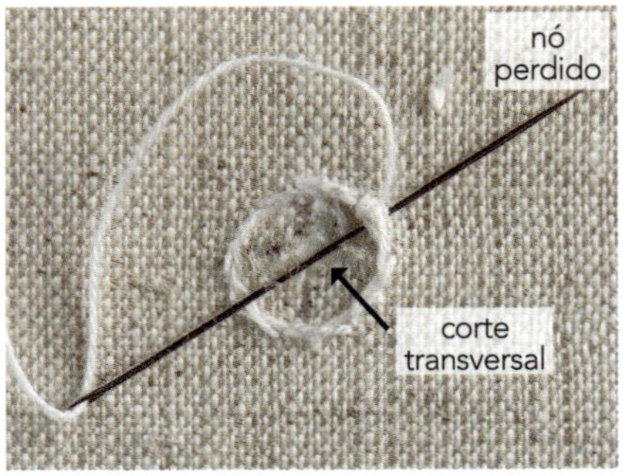


**1.** Desenhe um círculo de 0,8 cm de diâmetro e borde todo o contorno com ponto partido (veja a página 153) de 0,2 cm de comprimento.

**2.** Desenhe uma cruz no centro do círculo e, com a tesoura pinça, corte através das linhas desenhadas e pare a 0,1 cm do bordado. Retire a agulha ao lado do ponto partido, insira a agulha no orifício e saia muito próximo ao ponto inicial. Dobre o excesso de tecido recortado com a agulha para adaptá-lo ao diâmetro do círculo.

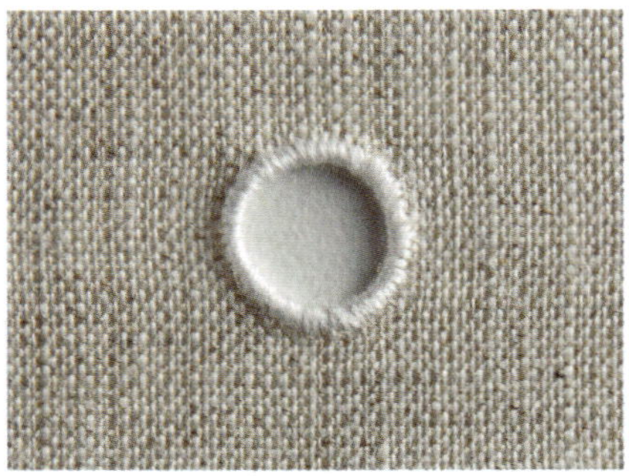

**3.** Borde o contorno do círculo com pontos regulares e respeitando a forma arredondada.

# AMÊNDOA COM VAZADO E PONTO CORDONÊ (OU GOTA VAZADA COM PONTO CORDONÊ)

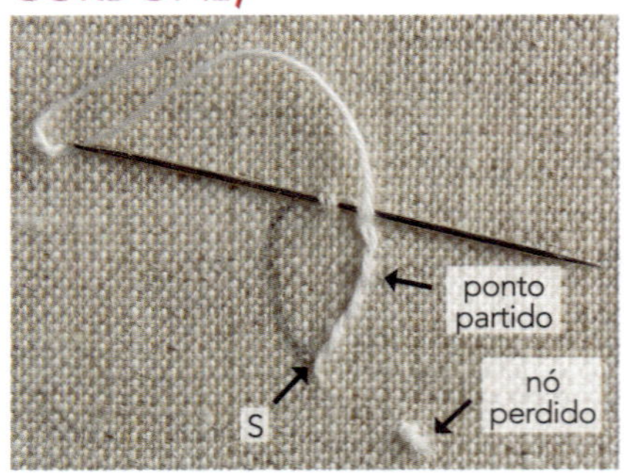


**1.** Desenhe uma amêndoa com 1 cm de altura e 0,5 cm de largura. Todo o contorno é bordado com um ponto partido (consulte a página 153).

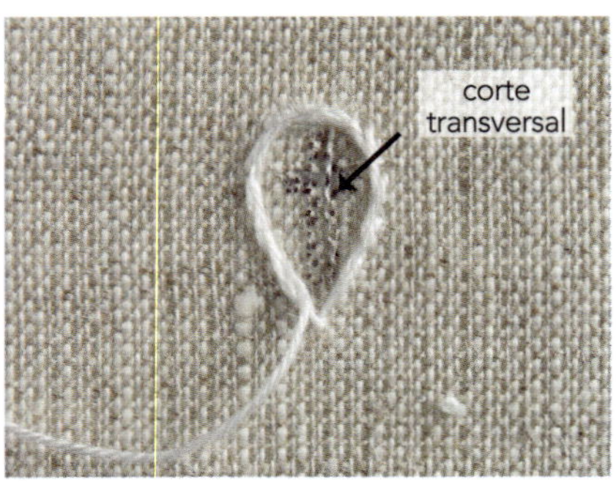


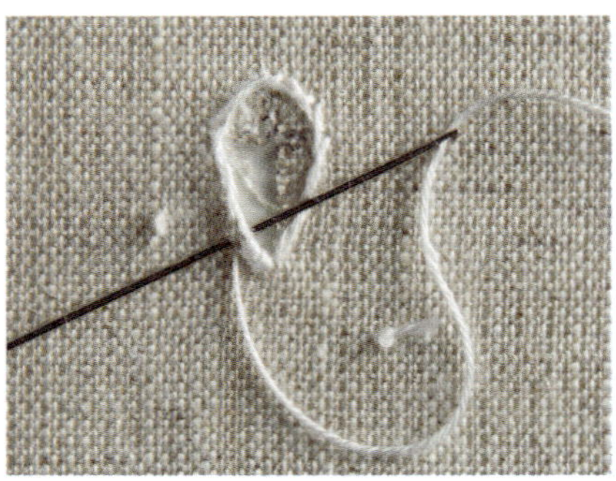

**2.** Deixe a linha presa na ponta. Desenhe uma cruz no centro e, com a tesoura pinça, corte pelas linhas, parando a 0,1 cm do bordado.

**3.** Insira a agulha no orifício e puxe-a muito perto do ponto inicial, dobrando o tecido cortado para trás com a agulha. Continue a bordar adaptando os pontos para a forma arredondada. Os pontos são feitos lado a lado, não deixando espaço entre eles e formando um cordão de espessura regular.

# AMÊNDOA ALONGADA COM VAZADO E PRESILHAS COM PONTO CORDONÊ

**1.** Desenhe uma amêndoa de duas pontas com 2 cm de altura e 0,7 cm de largura. Desenhe duas linhas verticais no centro, espaçadas uniformemente. Borde o contorno superior com ponto partido (veja a página 153).

**2.** Borde a borda inferior até a altura da primeira linha vertical. Deslize a agulha por baixo do ponto bordado acima sem atravessar o tecido.

**3.** Deslize a agulha abaixo do ponto da borda inferior, sem atravessar o tecido.

**4.** Passe novamente abaixo da borda superior e estique suavemente a agulha. As três linhas passadas devem ter o mesmo comprimento. Deslize a agulha por baixo deles, sem atravessar o tecido, para iniciar o ponto cordonê da presilha.

**5.** Chuleie as três linhas passadas até a borda inferior, certificando-se de colocar os pontos um ao lado do outro.

**6.** Insira a agulha na linha inferior e borde com um ponto partido até atingir a altura da segunda linha vertical.

**7.** Borde a segunda presilha e continue o ponto partido. Gire o trabalho a 180° e corte o tecido, parando a 0,1 cm das extremidades. Certificando-se de não cortar as presilhas.

**8.** Borde-o com ponto cordonê, dobrando o tecido cortado para o avesso com a agulha. Na altura da primeira presilha, insira a agulha em ambos os lados da presilha, colocando os pontos o mais próximo possível um do outro. Continue o contorno a ser bordado. Arremate a linha e corte o excesso de tecido no avesso, com a tesoura pinça.

# BORDADOS RICHELIEU E RENASCENÇA

## DESCRIÇÃO E BREVE HISTÓRICO

Estas duas técnicas pertencem à grande família de bordados brancos de fios cortados. As denominações revelam o momento de seu apogeu (Renascimento) e o nome do famoso cardeal que promoveu a arte têxtil na França sob seu ministério. A aparência dessas obras lembra a renda veneziana, uma renda de agulha muito apreciada na época, mas também muito cara. Os bordados Richelieu e Renascença são imitações dessas rendas. Seu preço, mais acessível, requer uma técnica menos trabalhosa.

## MATERIAIS

### Tecidos

Idealmente, borde em um tecido de linho 100% com uma trama muito fechada.
***Ref.*** *Zweigart Kingston e Bergen*
Um tecido misto de linho/algodão também pode ser usado como uma segunda opção.
***Ref.*** *Zweigart Normandie*
Depois de uma primeira lavagem, a trama encolhe e adquire seu tamanho final. É apropriado desengomar o tecido antes de trabalhar sobre ele. A espessura do tecido é escolhida de acordo com a finalidade do trabalho a ser feito.

### Linhas

As linhas usadas devem ser resistentes e com mais ou menos torção. Diversas qualidades podem ser apropriadas: algodão Mouliné *DMC*, algodão Broder Spécial *DMC* e meadas de algodão de *Marie Suarez*. A escolha da linha é feita dependendo do tecido. Em um tecido grosso, borde com uma linha mais grossa. Em um tecido leve, borde com uma linha mais fina.

### Agulhas

Use uma agulha com ponta afiada, com um olho que se adapte à espessura da linha.
Agulhas para bordado com lã, da mais grossa à mais fina: nº 1, 3, 5, 6, 7, 9 e 10 *Bohin*.
Agulhas para apliques, da mais grossa à mais fina: nº 10, 11 e 12 *Bohin*.
Agulhas longas: 7, 8 e 9 *Bohin*.

### Tesoura

Para cortar as linhas, use uma tesoura pequena e fina, com lâminas afiadas. ***Ref.*** *24316 ou 24311 Bohin*
Use uma tesoura com ponta arredondada para cortar o tecido. ***Ref.*** *tesoura com ponta arredondada de Sajou*

### Bastidor

Borde com um bastidor de 12 a 15 cm de diâmetro, deslocando-o à medida que o trabalho avança.
***Ref.*** *bastidor de bordado Sajou.*

## TÉCNICA

A única diferença entre essas duas técnicas é a presença de presilhas caseadas adornadas com picôs no bordado Richelieu, enquanto o bordado Renascença é composto por presilhas caseadas simples. Além das presilhas caseadas, outros pontos típicos de bordados tradicionais também estão presentes, como o ponto realce e os ilhoses vazados. Às vezes, pontos muito mais simples também são usados (ponto haste, ponto nó...).

### Materiais

Tecido de linho com trama fechada, agulha longa nº 8, algodão especial para bordado DMC nº 25: 666.

# PRESILHAS CASEADAS SIMPLES SEM PREENCHIMENTO NAS BORDAS

Quando as bordas das partes em que os vazados serão feitos forem muito estreitas, a delimitação das linhas com ponto alinhavo pode ser suficiente antes de bordar as bordas caseadas.

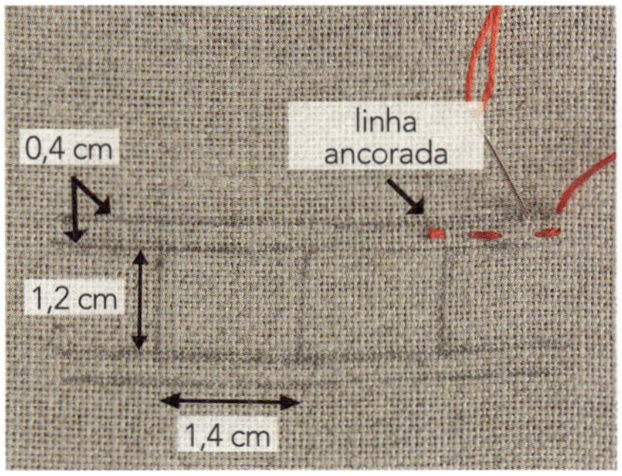


**1.** Desenhe as linhas de acordo com a foto. Retire a agulha na extremidade direita da linha superior e insira-a a 0,3 cm.

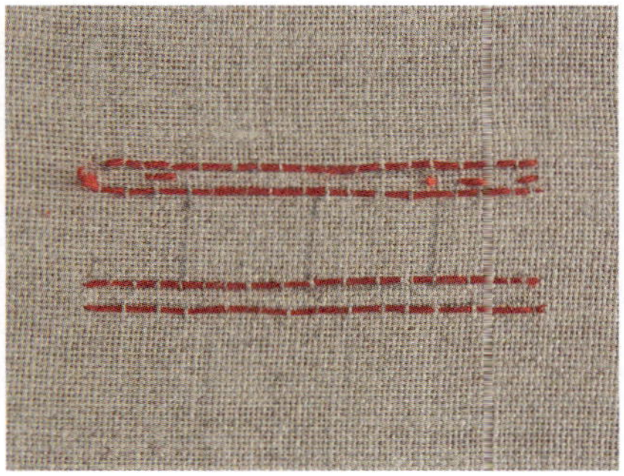

**2.** Saia a uma distância de um fio e repita o ponto em toda a linha desenhada. Borde as outras três linhas da mesma maneira.

***Nota**: Para trabalhar sempre da direita para a esquerda, gire o trabalho 180°.*

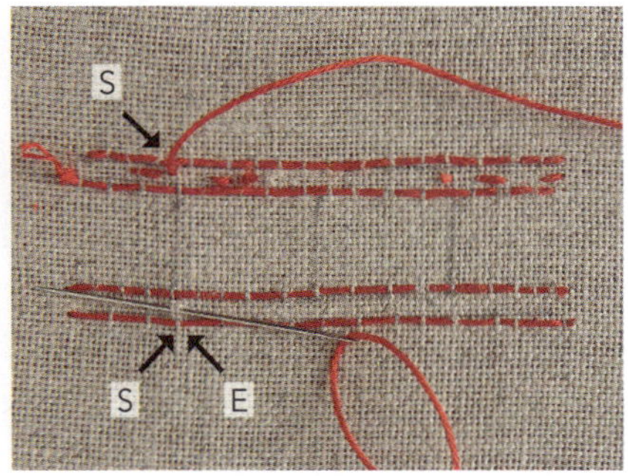


**3.** Retire a linha na borda superior, insira a agulha para baixo e remova-a novamente 0,1 cm mais adiante para a esquerda.

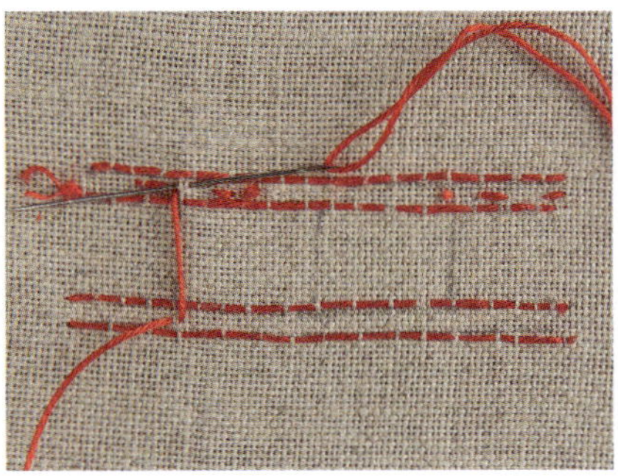

**4.** Insira novamente na borda superior da mesma maneira.

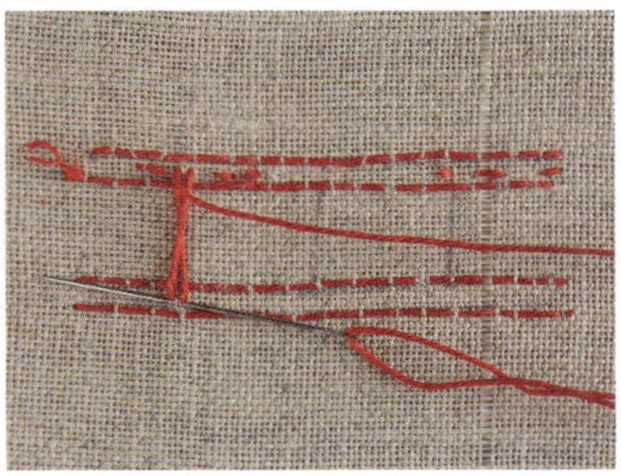

**5.** Insira a agulha novamente na borda inferior para passar três linhas verticais entre as duas bordas.

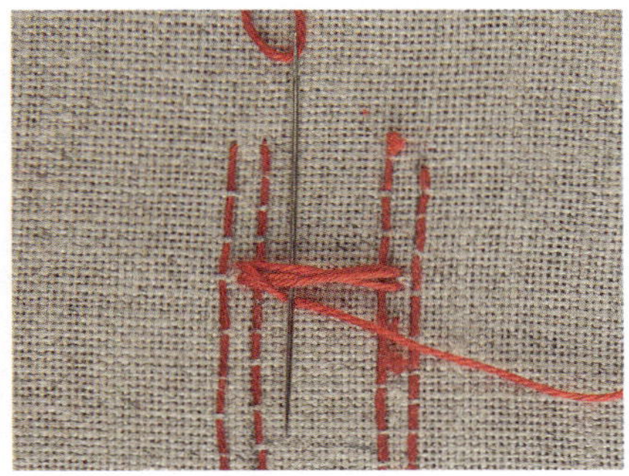

**6.** Trabalhe a 90°. Deslize a agulha sob as três linhas passadas...

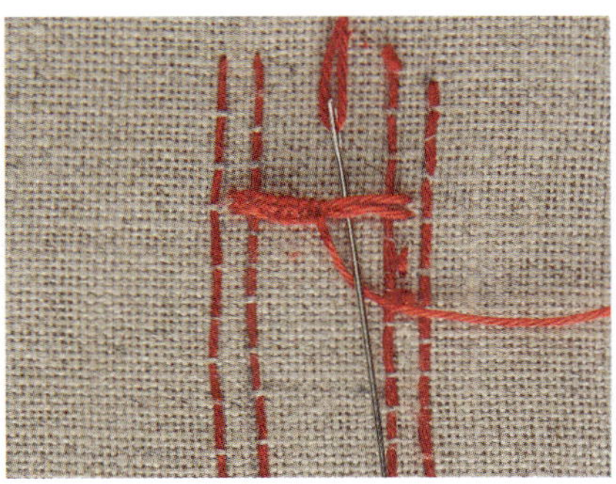

...deixando a linha por baixo da agulha e bordando com ponto caseado.

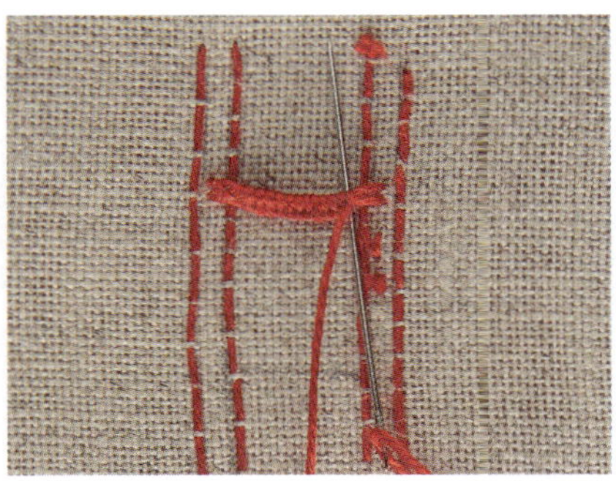

**7.** Borde tantos pontos forem necessários para cobrir a presilha até a borda oposta, deslize a agulha sob a presilha, de baixo para cima.

**8.** Insira a agulha na borda, perto do local onde a presilha está fixada.

# Presilhas caseadas simples sem preenchimento nas bordas (continuação)

**9.** Borde a borda com um ponto alinhavo até atingir a altura da segunda linha desenhada. Gire o trabalho a 90° e borde uma nova presilha caseada como a anterior.

**10.** Borde a última presilha da mesma maneira.

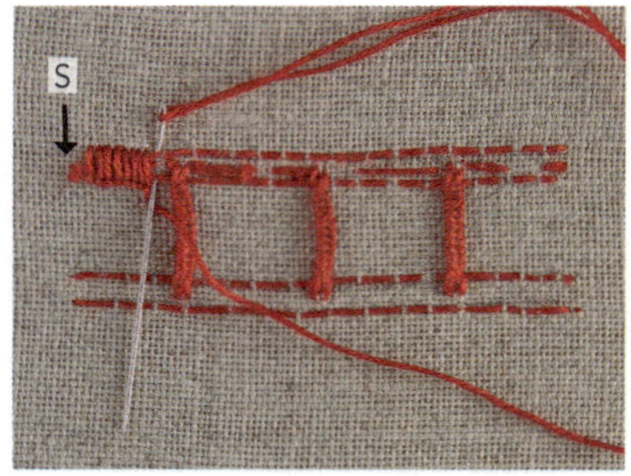


**11.** Com uma nova linha, borde com ponto caseado fechado (ver nota abaixo) na borda superior, envolvendo o ponto alinhavo da borda.

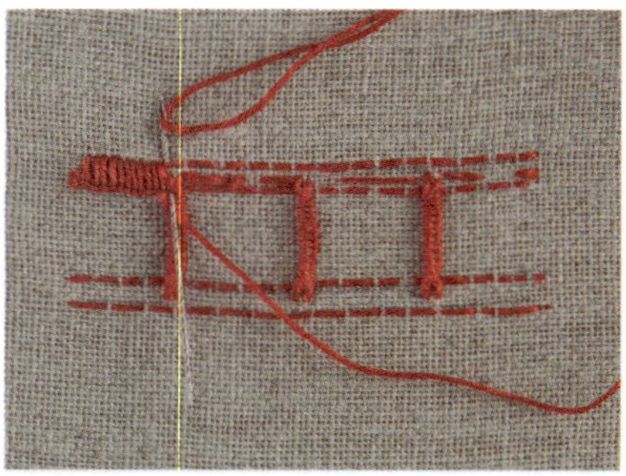

**12.** Ao chegar à presilha, insira a agulha em um ponto caseado através dela e continue da mesma maneira.

**13.** Borde a borda inferior da mesma maneira.

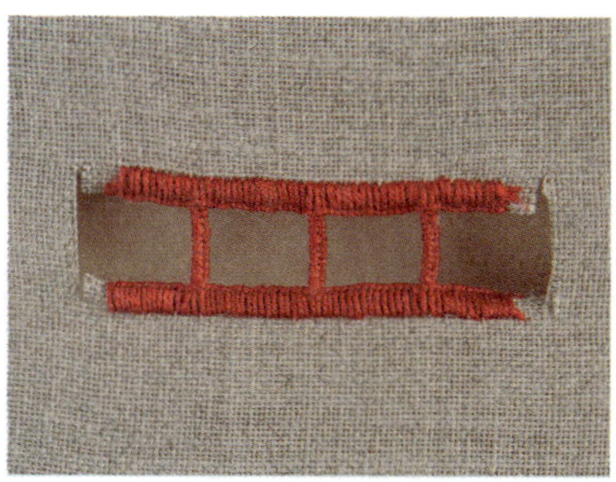

**14.** Vire o trabalho para o avesso e deslize a lâmina da tesoura com uma ponta arredondada entre o tecido e as presilhas caseadas, em seguida, corte o tecido com cuidado, nivelado com o ponto caseado.

> **Nota:** *O ponto caseado fechado é trabalhado como o ponto caseado espaçado (veja a página 163), mas fazendo os pontos mais juntos, um contra o outro, para cobrir o espaço inteiro do tecido bordado.*

## PRESILHAS CASEADAS SIMPLES COM PREENCHIMENTO NAS BORDAS

Para obter uma borda com mais preenchimento, faça um ponto de preenchimento e depois borde com caseado. O preenchimento aumenta a resistência das bordas com vazados, "bloqueando" os fios da trama. O ponto corrente é ideal para ser usado como preenchimento, pois é trabalhado de forma rápida e cobre a superfície uniformemente. Dependendo do seu comprimento, borde uma ou mais fileiras de pontos corrente.

***Nota**: Para um melhor conforto, durante a realização do trabalho, segure-o na forma mais conveniente para bordar o ponto caseado.*

**1.** Faça o mesmo desenho como no ponto anterior (veja a página 132). Borde as bordas superior e inferior com um ponto corrente. Borde a borda superior com um ponto caseado, inserindo a agulha nas fileiras horizontais.

**2.** Borde a segunda borda da mesma maneira até chegar a primeira linha vertical desenhada. Insira a agulha no ponto caseado da borda inferior, sem atravessar o tecido.

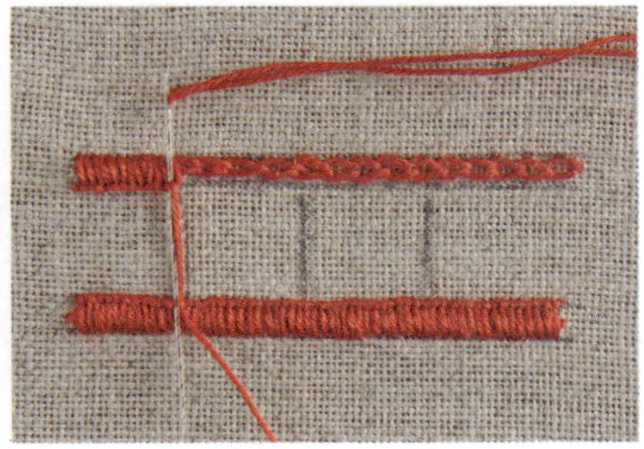

**3.** Insira a agulha no último ponto caseado acima e retire a agulha novamente no mesmo ponto caseado abaixo.

**4.** Borde a presilha com o ponto caseado (veja a página 131).

**5.** Quando a presilha estiver bordada, insira a agulha na parte superior da borda e continue o ponto caseado até atingir a altura da próxima presilha. Borde da mesma maneira e continue seguindo o mesmo princípio.

O preenchimento das bordas caseadas proporciona um bom relevo e segura o tecido que será cortado quando o ponto caseado terminar. Para reforçar ainda mais o bordado, faça um ponto alinhavo nas linhas das bordas, para defini-las, depois faça o ponto corrente entre as linhas definidas e, por fim, borde o ponto caseado.

## PRESILHAS COM PICÔS

**1.** Para bordar as presilhas com picô, proceda da mesma maneira que no bordado das bordas recortadas (consulte a página 131) e, em seguida, borde a presilha com o ponto de caseado até a metade.

**2.** Insira a agulha no último ponto caseado feito na presilha e, sem puxar a agulha, enrole a linha quatro vezes ao seu redor, como se fosse um ponto rococó.

***Nota**: Para um picô maior, enrole cinco ou seis vezes a linha ao redor da agulha.*

**3.** Puxe a agulha e feche o ponto rococó contra a presilha.

**4.** Insira a agulha no último ponto caseado que envolve a presilha, de cima para baixo. Puxe a agulha e termine a segunda metade da presilha com o ponto caseado.

# TRIO DE PRESILHAS EM CÍRCULO

***Nota**: No tutorial a seguir, será mostrado apenas o trabalho das presilhas.*
*As bordas podem ser feitas seguindo os dois métodos explicados acima (veja as páginas 132-133).*

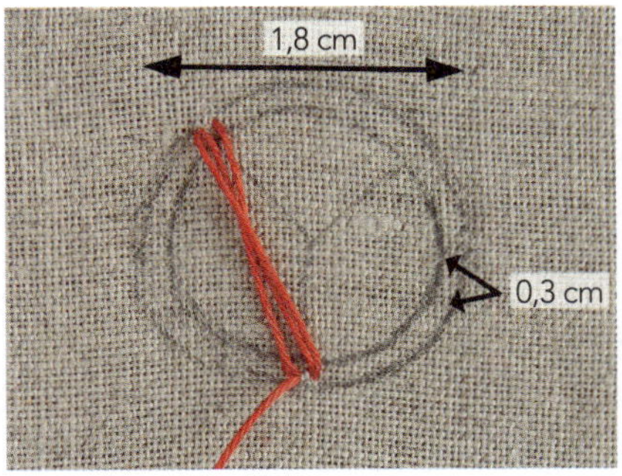


**1.** Desenhe dois círculos (veja a foto) e três linhas internas espaçadas uniformemente. Borde três pontos chuleados entre as duas bordas localizadas na altura das duas linhas adjacentes.

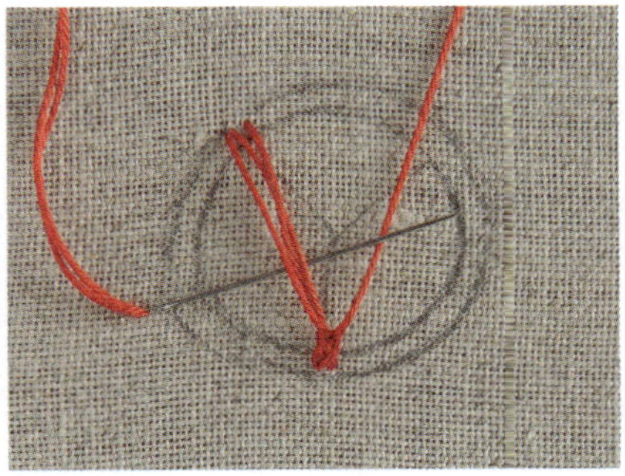

**2.** Borde as linhas passadas com ponto caseado até chegar ao centro do círculo.

**3.** Insira a agulha na borda, no final da última linha desenhada, saia no último ponto caseado, envolvendo a presilha, insira novamente a agulha na borda...

...então borde as últimas três linhas passadas com ponto caseado.

**4.** Borde a presilha até o cruzamento central, depois deslize a agulha sob as últimas três linhas passadas e coloque a presilha corretamente para que não fique torcida. As últimas três linhas passadas são bordadas com o ponto caseado até a borda do círculo.

**5.** Insira a agulha na borda.

> *Presilhas caseadas bordadas em círculo devem ser posicionadas de modo que o lado caseado de cada presilha esteja sempre orientado na mesma direção.*

# PRESILHAS MÚLTIPLAS EM FILEIRA

**Nota**: *No tutorial a seguir, apenas o trabalho das presilhas será mostrado.*
*As bordas podem ser feitas seguindo os dois métodos explicados nas páginas anteriores (veja as páginas 132-133).*

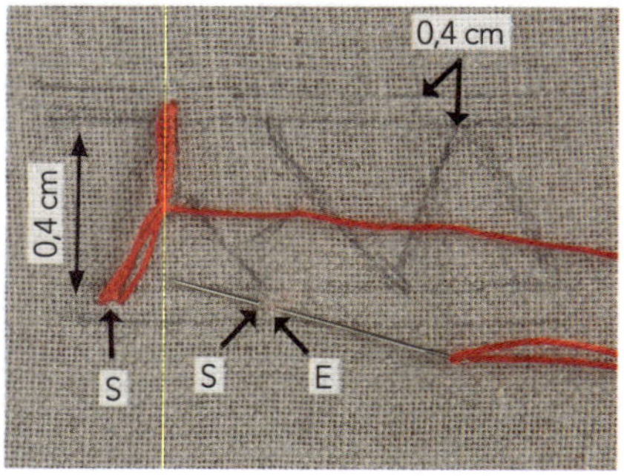


**1.** Desenhe as linhas como na foto acima. Chuleie três linhas entre as bordas superior e inferior, em seguida, faça uma presilha caseada até a metade do caminho. Insira a agulha na borda inferior, na direção da próxima linha.

**2.** Retire a agulha no último ponto caseado, envolvendo a presilha, e volte a inserir a agulha na borda inferior para passar três vezes a linha. Borde-as com ponto caseado até chegarem ao cruzamento.

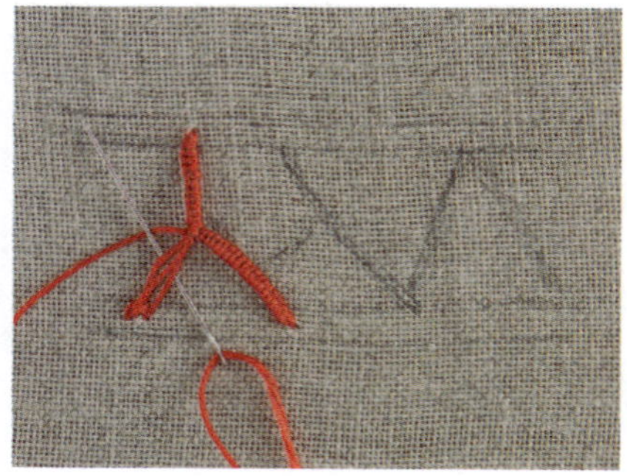

**3.** Borde as últimas três linhas passadas da mesma maneira até a borda inferior.

**4.** Borde com um ponto alinhavo na borda inferior até atingir a direção da próxima linha.

**5.** Faça uma presilha caseada até a metade.

**6.** Passe três linhas entre as duas presilhas, inserindo a agulha nos pontos caseados de uma e de outra presilha.

**7.** Borde as últimas linhas com ponto caseado até chegar ao cruzamento.

**8.** Termine a última presilha até a borda. Continue a bordar o restante das presilhas como anteriormente.

# PRESILHAS MÚLTIPLAS EM CÍRCULO

***Nota**: No tutorial a seguir, apenas o trabalho das presilhas será mostrado.*
*As bordas podem ser feitas seguindo os dois métodos explicados nas páginas anteriores (veja as páginas 132-133).*

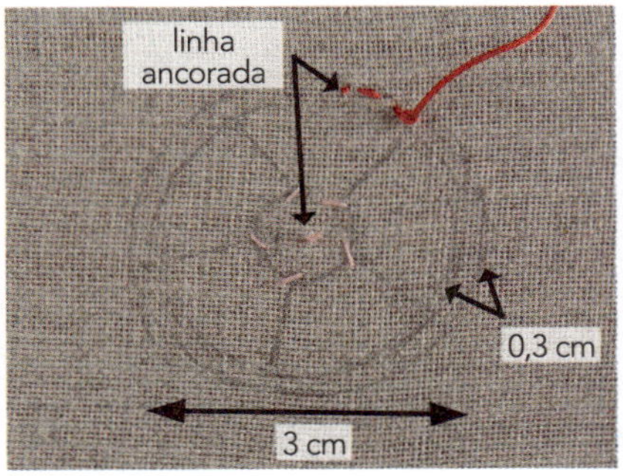


**1.** Desenhe três círculos e cinco linhas como na foto acima. Borde um ponto chuleado na base das cinco cruzes da linha do centro (com linha rosa). Em seguida, ancore a linha para fora na borda, no final de uma linha.

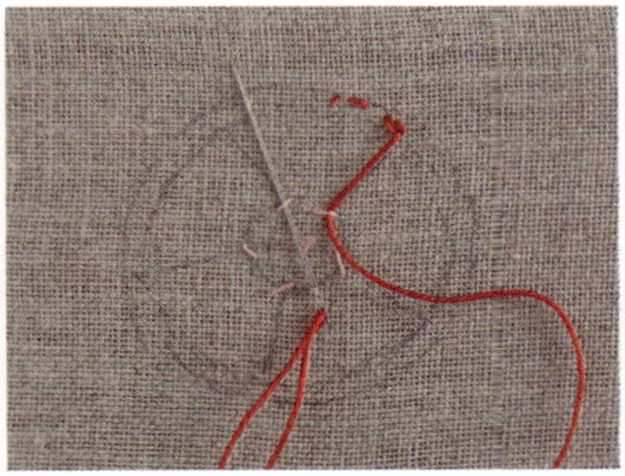

**2.** Deslize a agulha abaixo de um ponto chuleado do centro, depois abaixo do ponto chuleado seguinte, em direção à borda.

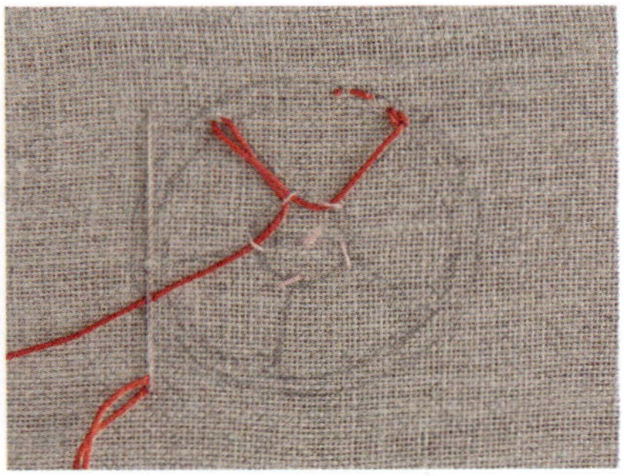

**3.** Prenda a agulha na borda, saia a 0,1 cm e entre no mesmo ponto que saiu anteriormente e depois abaixo do próximo ponto.

**4.** Faça o mesmo nas outras linhas. Em seguida, deslize a agulha abaixo do primeiro ponto chuleado.

**5.** Insira a agulha e saia novamente na borda, depois volte a passar abaixo do ponto chuleado do centro.

**6.** Deslize a agulha abaixo do ponto chuleado ao lado.

**7.** Insira a agulha na borda e retorne ao centro bordando as três linhas passadas com ponto caseado até atingir o centro.

**8.** Deslize a agulha abaixo do ponto chuleado no início da presilha, depois abaixo do ponto chuleado ao lado e insira-o na borda.

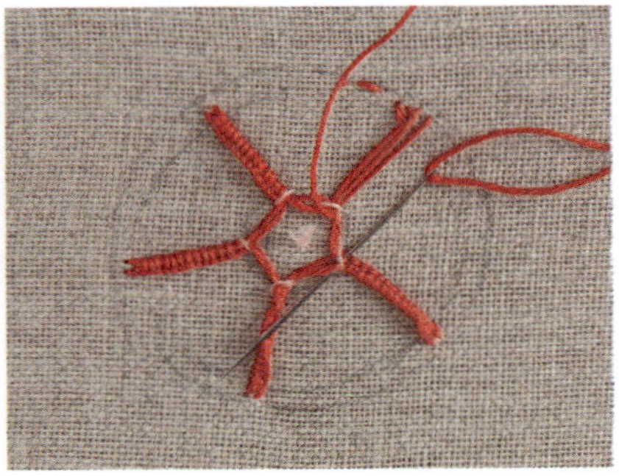

**9.** Borde a próxima presilha da mesma maneira e depois as próximas duas presilhas. Deslize a linha abaixo dos cinco pontos chuleados para obter três linhas de preenchimento no pequeno círculo central.

## Presilhas múltiplas em círculo (continuação)

**10.** Borde o círculo central com o ponto caseado ao redor das três linhas de preenchimento, iniciando no final da presilha inacabada.

**11.** Insira a agulha na presilha do primeiro ponto caseado do círculo.

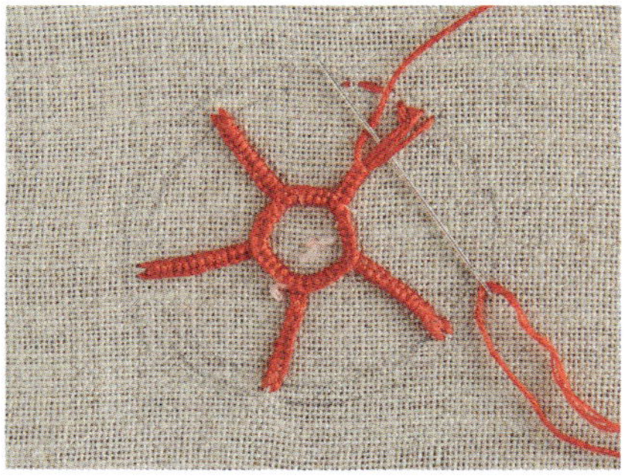

**12.** Puxe a agulha e borde a última presilha caseada até a borda.

Avesso

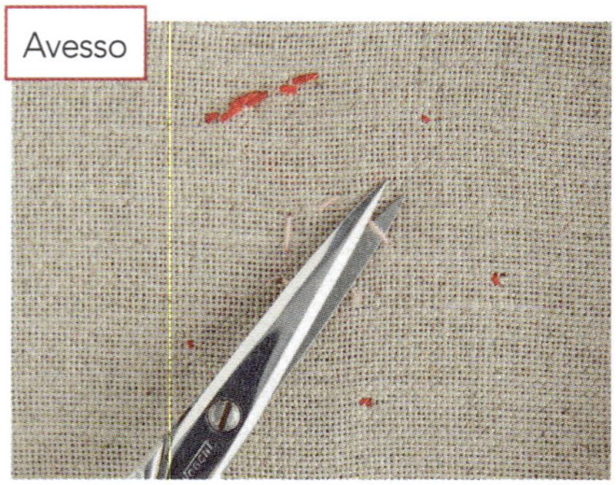

**13.** No avesso, corte a linha rosa para liberar as presilhas caseadas ao direito.

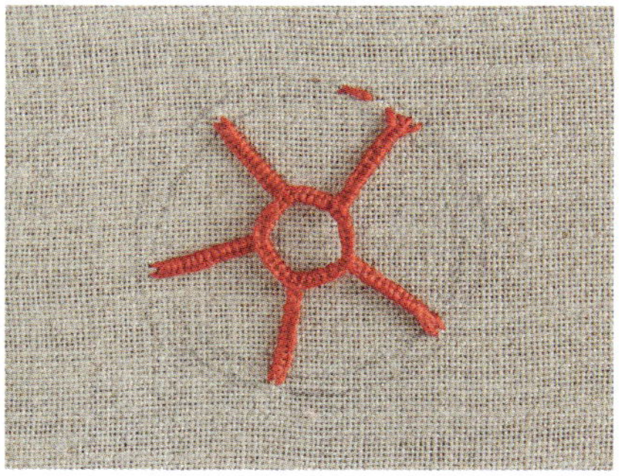

***Nota**: Depois de bordar as presilhas dentro do círculo, você pode passar a ferro seus contornos, se necessário, antes de bordar o círculo.*

# APLIQUES

## DESCRIÇÃO E BREVE HISTÓRICO

A técnica de aplique não tem histórico particular ou origem geográfica. É usado desde que há costura e trabalhos manuais, como muitos outros pontos. Teria sido o primeiro aplique apenas um reparo para esconder um buraco? Os apliques são usados em diversas áreas: patchwork, costura, bordado branco e tradicional...

## MATERIAIS

### Tecidos e outros materiais

Todos os tecidos (linho, algodão, tecidos mistos, seda, cetim...) e materiais específicos (feltro, juta, renda, papel...) podem ser aplicados ou servir de suporte para um aplique.

### Linhas

A escolha das linhas depende do material que você deseja aplicar, do suporte ou do efeito estético desejado. Praticamente, é apropriado usar linhas e materiais da mesma natureza (por exemplo: aplique elementos em tecido de lã com linha de lã ou aplique pedaços de seda com seda ou linha de rayon). No entanto, a mistura de materiais também pode ser bastante interessante e explorada no campo mais artístico da arte têxtil.

### Agulhas

As agulhas usadas dependem das linhas e materiais de suporte e dos elementos a aplicar. A variedade das agulhas é tão grande quanto a dos materiais e das linhas.

### Tesoura

A tesoura se adapta aos elementos a serem aplicados. No entanto, é apropriado usar tesouras com lâminas finas e muito afiadas para cortar os elementos com mais precisão.

### Bastidor

O bastidor não é uma ferramenta indispensável e, muitas vezes, deve ser evitado para não ferir a peça que é aplicada.

## TÉCNICA

Existem vários métodos de aplique, desde os mais simples até os mais sofisticados. Dentro do primeiro grupo está o aplique termocolante, usando entretela termocolante, pó termocolante ou cola têxtil. Um simples ponto alinhavo ou ponto chuleado permite fixar a peça em um suporte. Os pontos chuleados ou caseado estão entre os mais usados. Eles são simples, rápidos e resistentes. Outros pontos decorativos podem ser adicionados de acordo com o efeito visual desejado. O aplique é sempre feito nos contornos do elemento que se quer aplicar, exceto na técnica do aplique reverso em que a peça que é adicionada está abaixo do suporte.

Aqui estão dois métodos diferentes:

**1.** O aplique com o ponto Paris, usado sobretudo nas obras clássicas do bordado branco.

**2.** O aplique termocolante, método usado nos tradicionais bordados e patchwork.

# APLIQUE COM PONTO PARIS

## Materiais

Organdi ou musseline de algodão branco, lã macia coberta com um tecido de algodão ou linho, agulha para apliques n° 11, agulha chenille n° 24, punção e algodão egípcio branco n° 50.

**1.** Desenhe uma folha e suas nervuras no suporte de organdi.

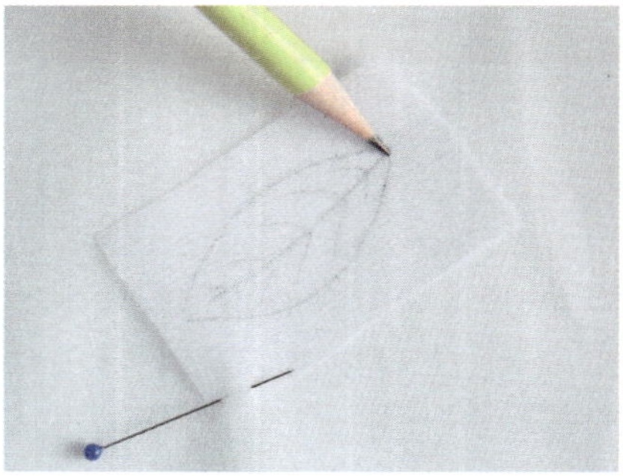

**2.** Transfira somente o contorno da folha para o retalho (aplique).

***Nota**: Faça o desenho das nervuras apenas em um tecido, seja o suporte ou a peça de aplique.*

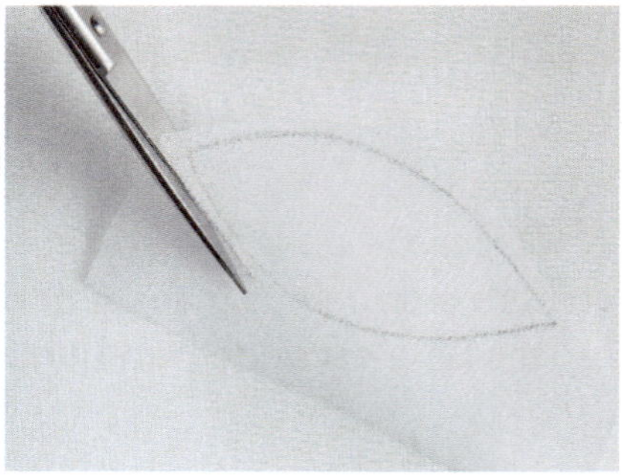

**3.** Recorte a folha desenhada no retalho, deixando 0,3 cm de margem.

**4.** Coloque o lado direito da folha no tecido de suporte e coloque a punção em um canto da linha desenhada. Deslize a ponta da punção através da linha, pressionando, até o canto oposto. A margem está dobrada. Faça o mesmo no outro lado da folha.

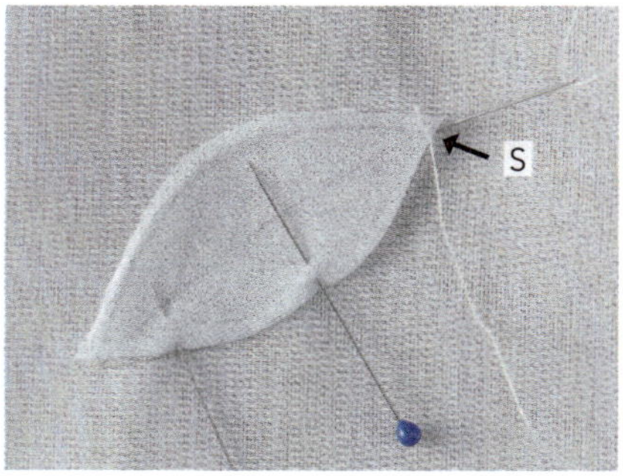


**5.** Coloque a folha no suporte, voltando o avesso contra o direito, fazendo as linhas de contorno corresponderem e os alfinetes serem colocados na margem dobrada de um lado. Faça um nó no final da linha, insira a agulha e puxe-a para fora, perto da ponta da folha.

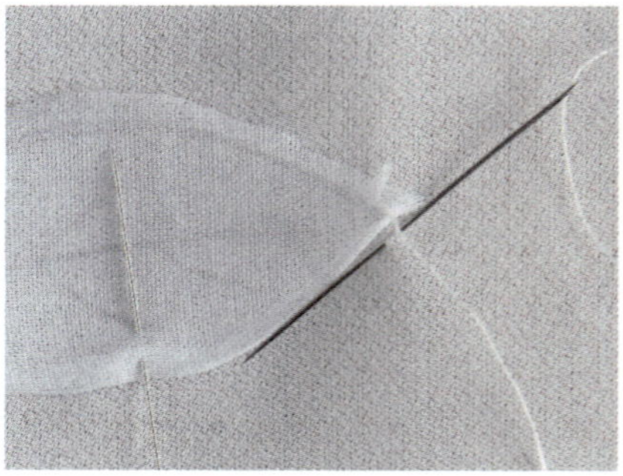

**6.** Insira a agulha na ponta da folha desenhada no tecido inferior e saia 0,2 cm para a esquerda.

> *Na ausência de uma punção, a agulha de chenille pode ser usada para dobrar a margem.*

**7.** Insira a agulha na ponta, no mesmo lugar de antes, e retire a uma distância de 0,2 cm, no mesmo local, puxando a linha firmemente para fechar a ponta e fazer um vazado.

**8.** Insira a agulha na dobra da folha, a 0,1 cm da borda, depois no tecido inferior, exatamente no mesmo orifício do ponto anterior e saia a 0,2 cm para a esquerda e na linha desenhada, esticando a linha.

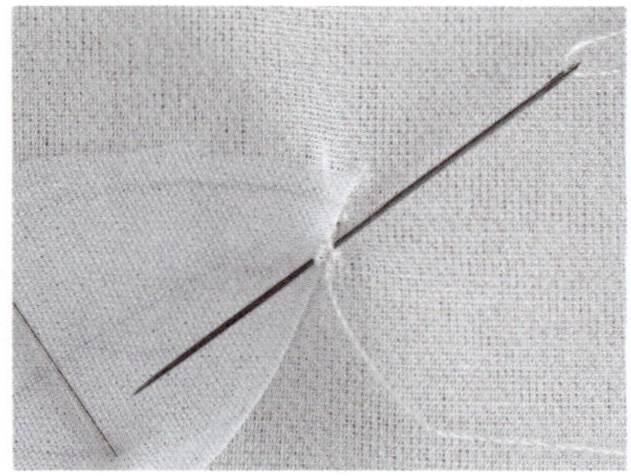

**9.** Reinsira a agulha no tecido inferior, no orifício do ponto anterior, depois insira abaixo da dobra da folha a 0,1 cm da borda. Insira a agulha novamente no tecido inferior, no mesmo furo do ponto anterior e continue seguindo a mesma lógica, até a outra extremidade da folha.

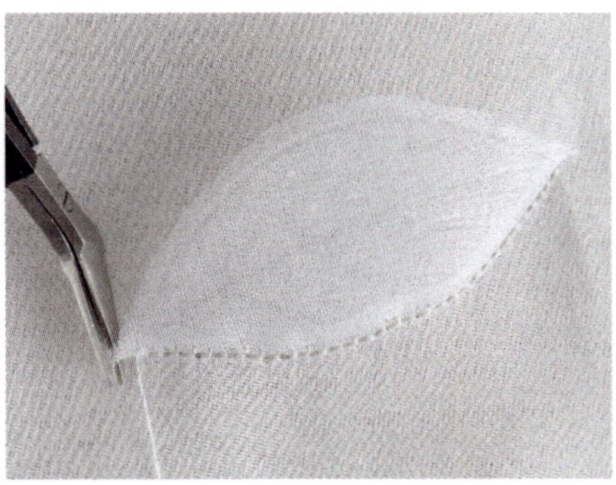

**10.** As extremidades da folha são delicadamente aparadas.

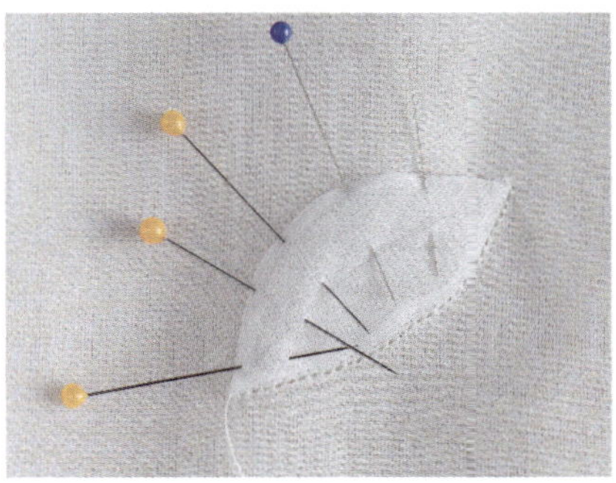

**11.** Dobre a margem restante para o avesso e prenda-a com alfinetes.

**12.** Retire a linha perto da ponta do tecido de fundo e insira a agulha sob a folha, a 0,2 cm da ponta e a 0,1 cm da dobra da borda. Mantenha a linha bem esticada.

**Nota**: *Para manter a margem do aplique dobrada, pressione o tecido com a ponta da agulha conforme ela é bordada.*

*O aplique em linho fino ou tecido de algodão é extremamente fino e deve ser bordado com um fio fino e resistente. É desaconselhado trabalhar com uma linha de costura, ele é muito grosso para este trabalho delicado.*

## Aplique com ponto Paris (continuação)

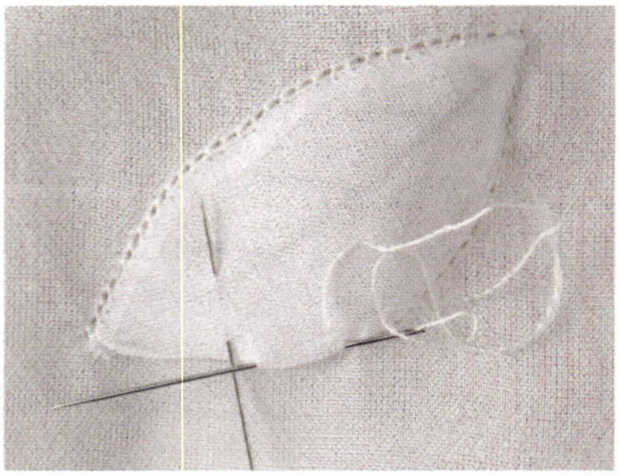
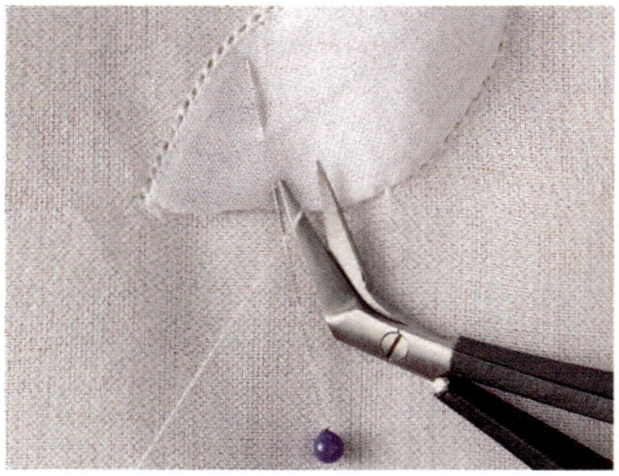

**13.** Faça o aplique do segundo lado da folha da mesma maneira. Para mudar a linha, faça assim: arremate a linha atual deslizando a agulha entre as camadas da borda da folha e deixando uma distância de 1,5 cm, depois corte.

**14.** Coloque uma nova linha e faça um pequeno nó em uma extremidade, em seguida, saia da folha, a 0,1 cm da dobra da borda, o mais próximo possível do último ponto feito e continue a bordar.

**15.** Use a agulha de chenille para bordar as nervuras. Faça um nó discreto no final da linha, conduza a agulha através de todas as camadas e saia na linha desenhada da nervura, a 0,2 cm da ponta da linha. Faça um ponto atrás de 0,2 cm.

**16.** Borde a linha com um ponto marca, certificando-se de inserir sempre a agulha no orifício do ponto anterior para obter um vazado entre os pontos. ***Nota**: Para bordar o ponto marca e obter um vazado entre os pontos, a agulha de chenille é ideal. Sua ponta permite furar facilmente todas as camadas dos tecidos e seu diâmetro faz um furo no qual pode inserir a agulha uma segunda vez sem possibilidade de erro.*

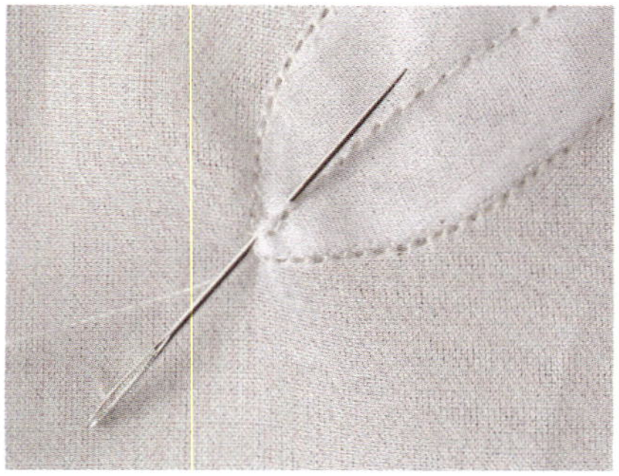

**17.** Borde as nervuras laterais da mesma maneira. Para mover-se de um lugar para outro, deslize a agulha entre as camadas do tecido inferior e o aplique, ao lado do ponto marca e insira-a o mais próximo possível do final da nervura seguinte para bordar. Dessa forma, a passagem da linha de um lugar para outro não é visível.

**18.** Borde todas as nervuras e depois, arremate a linha entre as camadas de tecido, como explicado acima.

## APLIQUE TERMOCOLANTE COM UM PONTO DE CONTORNO

### Materiais

Organdi ou musseline de algodão branco, lã macia coberta com um tecido de algodão ou linho, agulha para apliques nº 11, agulha de chenille nº 24 e algodão egípcio branco nº 50.

**1.** Desenhe o contorno de um coração no tecido de linho. Polvilhe a superfície do coração com um pouco de pó termocolante, sem exceder os limites do desenho.

**2.** Faça a transferência do desenho na parte do avesso do tecido rosa e recorte-a pela linha desenhada. Posicione a parte do avesso do coração no tecido e passe a ferro para derreter o pó e aderir as duas camadas de tecido. Alinhave o contorno a 0,3 cm da borda.

**3.** Retire a linha no tecido inferior, nivelada com a cavidade do coração e borde com um ponto caseado espaçado de 0,2 cm (consulte a página 163).

**4.** Borde todo o contorno e arremate no avesso, fazendo três pontos atrás no tecido e sem atravessar o tecido do aplique.
Retire a linha vermelha nivelada com a cavidade do coração, deslize a agulha sob cada ponto caseado, de cima para baixo, sem nunca atravessar o tecido e sem esticar muito a linha para preservar o efeito "arredondado".

**5.** No final do trabalho, insira a agulha na cavidade do coração e termine no avesso, como anteriormente.

> *O ponto caseado espaçado serve para aplicar um motivo. O ponto chuleado fornece um bom efeito e protege as bordas do tecido aplicado. Além disso, permite jogar com as cores das linhas para criar nuances diferentes.*

# BORDADO VERMELHO

## DESCRIÇÃO E BREVE HISTÓRICO

O bordado vermelho é, como o próprio nome sugere, um bordado feito com linha vermelha, em algodão ou linho branco ou bege. Era muito popular na Europa a partir do século XVII, graças à tintura das linhas com garança, originalmente da Turquia. A cor das linhas tingidas com o pigmento extraído dessa planta era chamada de "vermelho verdadeiro" ou "vermelho turco" e era muito resistente à lavagem, daí o motivo de seu sucesso. Os bordados vermelhos têm variados pontos do país de origem, na Alsácia, o ponto haste predominava nos trabalhos, enquanto nos Estados Unidos, o ponto marca era predominante no "Redwork", que está associado ao patchwork, entre outros usos. Nas obras há outros pontos anexos, para melhor representar os desenhos bordados.

O bordado vermelho representa, quase sempre, motivos simples e ingênuos.

## MATERIAIS

### Tecidos

Tecidos de linho, tecidos de algodão ou tecidos mistos são usados para permitir a manutenção de alta temperatura. O tecido pode ser grosso ou fino e a trama deve ser fechada, para que não se deforme com os pontos.

### Linhas

Eles devem ser resistentes e com torção. Várias qualidades podem ser adequadas: Perlé, Mouliné ou linha Broder Spécial *DMC*, garantem uma boa fixação do corante, bem como as linhas retorcidas do Norte e os *Cocons Calais de Sajou*. A escolha da linha é feita dependendo da espessura do tecido.

***Nota**: Se o trabalho tiver de ser lavado, é necessário evitar as linhas artesanais, que não garantem uma boa fixação do corante.*

### Agulhas

Use uma agulha com ponta afiada, com um olho que se adapte à espessura da linha.

Agulhas para bordado com lã, da mais grossa à mais fina: nº 1, 3, 5, 6, 7, 9 e 10 *Bohin*.

Agulhas para apliques, da mais grossa à mais fina: nº 10, 11 e 12 *Bohin*.

Agulhas longas: 7, 8 e 9 *Bohin*.

### Tesoura

Use uma tesoura pequena e fina, com lâminas afiadas.

***Ref.** 24316 ou 24311 Bohin*

### Bastidor

Borde com um bastidor redondo, de 12 a 15 cm de diâmetro, deslocando-o à medida que o trabalho avança.

***Ref.** bastidor de bordado Sajou*

## TÉCNICA

Os principais pontos são o ponto haste e o ponto marca. Também são usados os pontos anexos e pontos variados para representar melhor os detalhes dos desenhos. Várias qualidades de linhas podem ser usadas no mesmo bordado combinando fosca e brilhante, bem como linhas grossas e finas para variar o relevo. Para um acabamento mais original e matizado, diferentes tons de vermelho também podem ser usados no mesmo trabalho.

# PONTO HASTE EM UMA LINHA RETA

O ponto da haste é um ponto linear, usado para bordar linhas ou os contornos de um desenho.

## Materiais

Linho ou tecido misto, bege, agulha para bordado com lã nº 6, DMC algodão Broder Spécial DMC nº 16: 666.

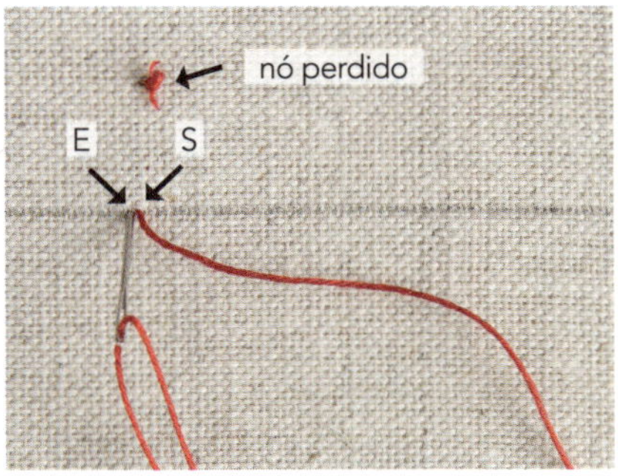


**1.** Desenhe uma linha horizontal de 4 cm. Retire a agulha na linha desenhada a 2 cm do começo.

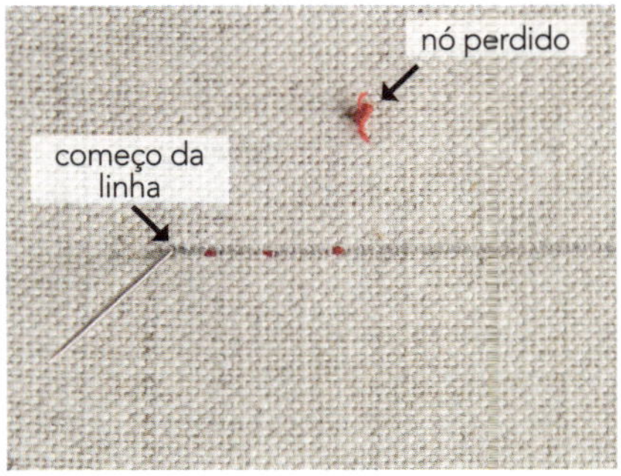


**2.** Borde quatro pontos muito pequenos ao direito do trabalhc e retire a agulha no início da linha.

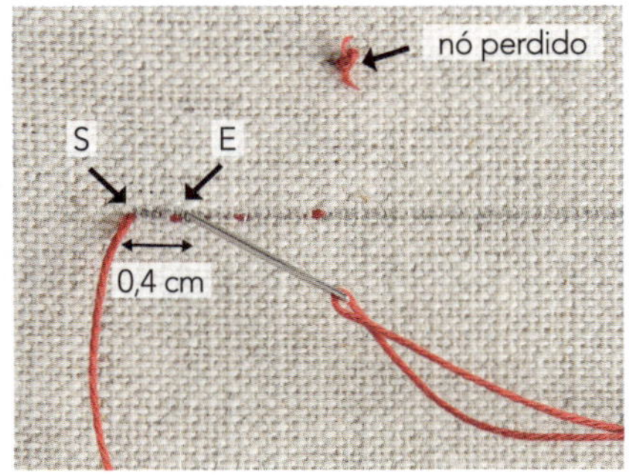


**3.** Borde o ponto da haste da esquerda para a direita.

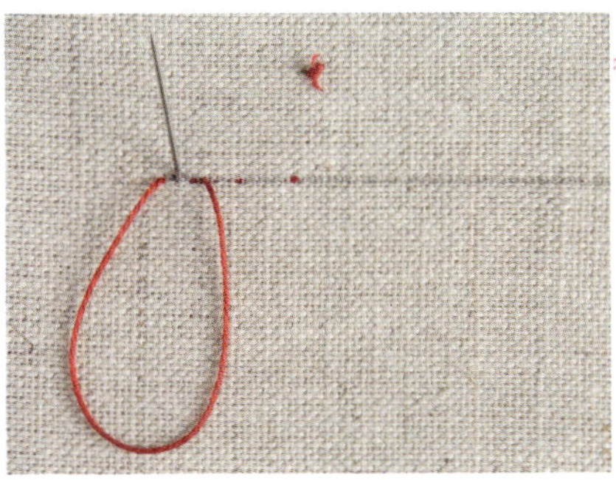

**4.** Insira a agulha na linha a 0,4 cm, sem levar em conta os pequenos pontos anteriores. Saia no centro do primeiro ponto deixando a linha voltada para baixo.

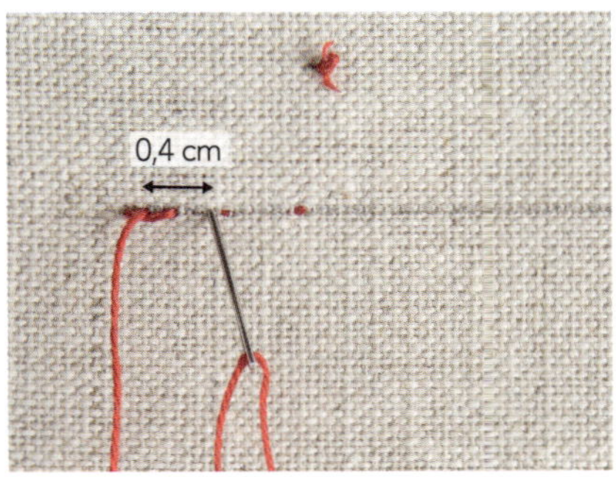


**5.** Puxe a agulha, faça um novo ponto do mesmo comprimento.

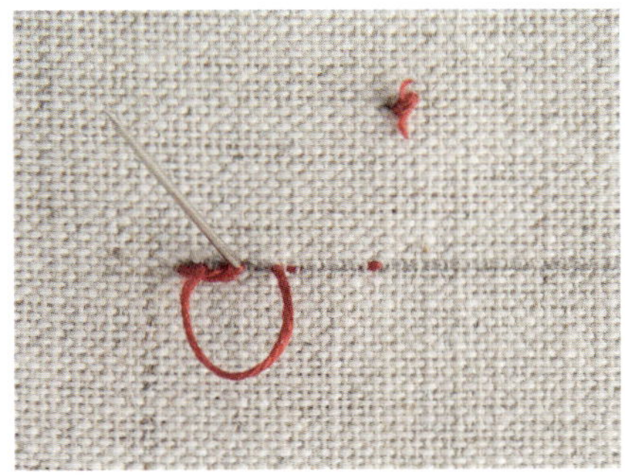

**6.** Volte ao último ponto deixando a linha para baixo.

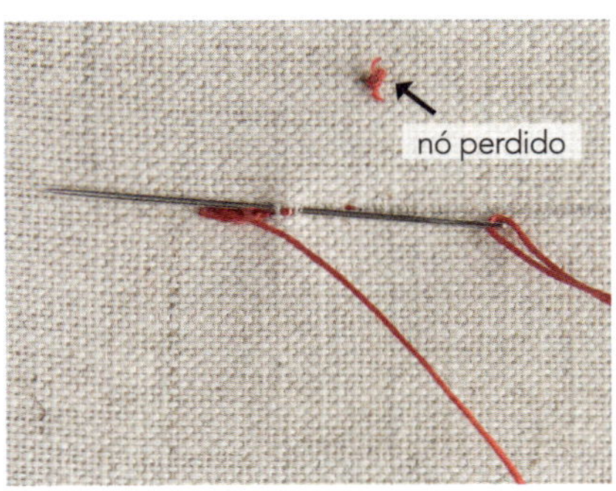


**7.** Continue bordando a linha seguindo o mesmo princípio.

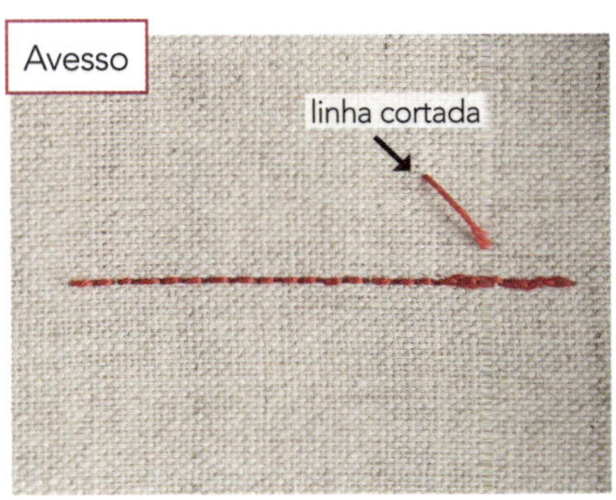


**8.** A linha do início fica presa entre os pontos e está segura de maneira resistente e invisível. Corte o excesso de linha do início.

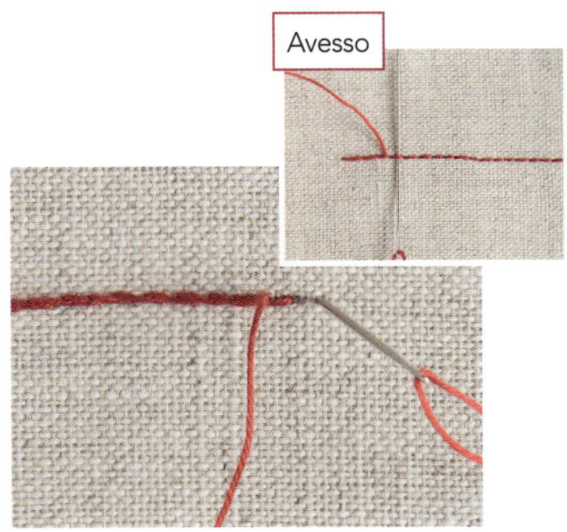


**9.** Insira a agulha do último ponto no final da linha. Chuleie-o quatro ou cinco vezes no avesso e corte a linha..

## PONTO HASTE EM UMA LINHA CURVA

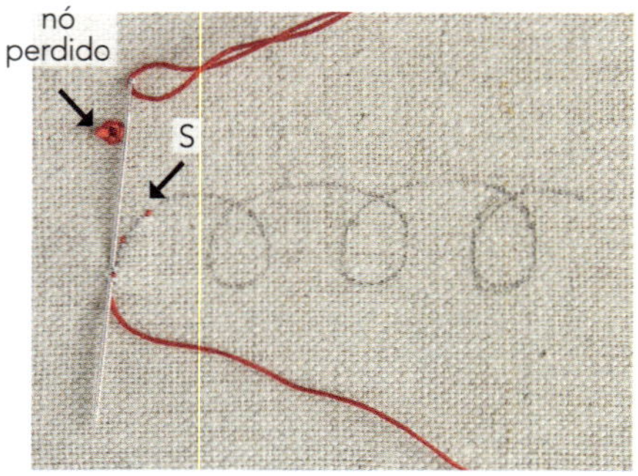


**1.** Desenhe três espirais. Insira a agulha a 2 cm do começo da linha.

**2.** Borde da mesma forma que o ponto anterior até o começo da linha. Borde com ponto haste da esquerda para a direita, perfazendo pontos de 0,3 cm para se adaptar às curvas das espirais. Se necessário, diminua o comprimento do ponto nas partes mais arredondadas para evitar ter uma aparência rajada.

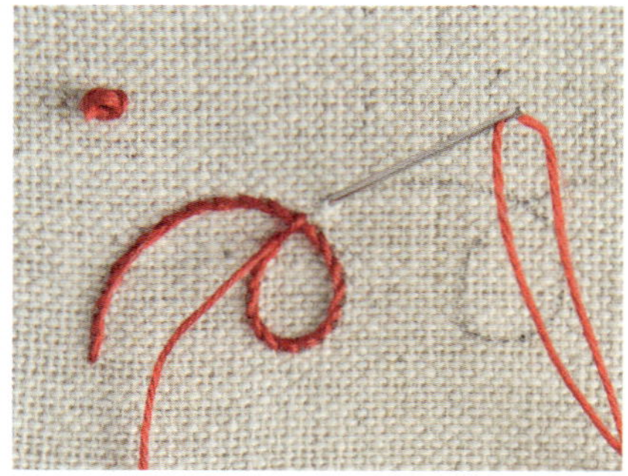

**3.** Na intersecção, borde o ponto haste anterior e continue o bordado.

**Materiais**
Tecido de linho ou misto, bege, agulha para bordado com lã n° 5, algodão retorcido mate DMC 2524.

## PONTO HASTE LONGO

Este ponto é usado para bordar linhas longas.
Agrega-se muito bem em bordados com ponto matiz.

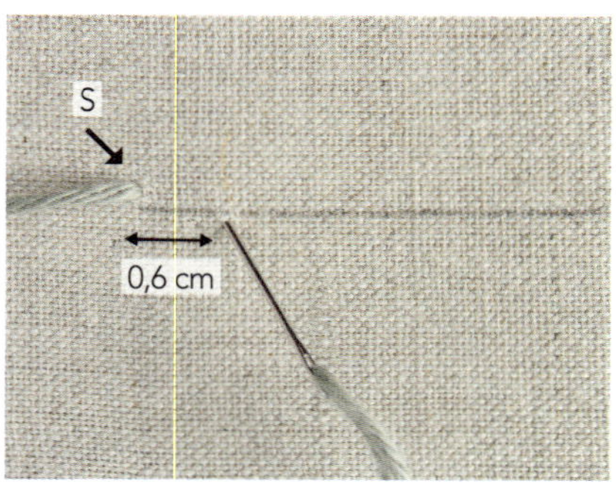


**1.** Desenhe uma linha horizontal. Borde-o da esquerda para a direita. Puxe a linha 0,1 cm acima da linha desenhada, deixando a linha para baixo. Insira a agulha a 0,6 cm, 0,1 cm abaixo da linha.

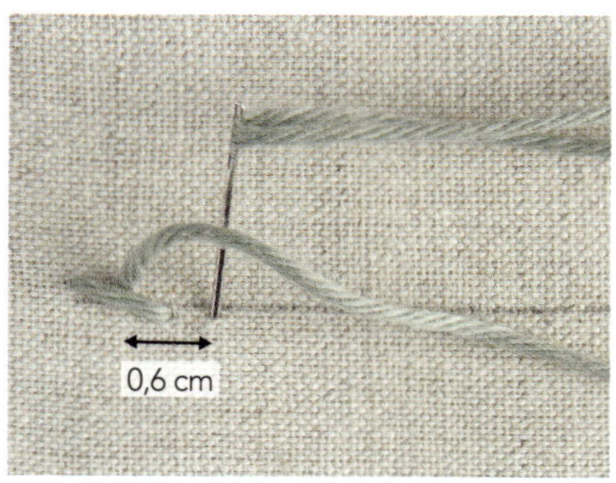


**2.** O ponto obtido é inclinado. Puxe a agulha para cima e no centro dele e faça um novo ponto idêntico.

**3.** O resto dos pontos é bordado da mesma maneira.
***Nota:*** *Para obter um ponto haste mais largo, insira a agulha a 0,2 cm ou mais em ambos os lados da linha.*

# PONTO HASTE CONTRÁRIO

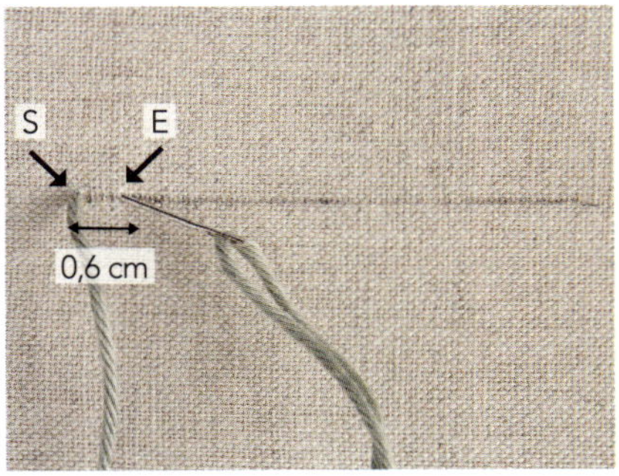


**1.** Desenhe uma linha horizontal de 4 cm. Saia no início da linha desenhada e insira a uma distância de 0,6 cm.

**2.** Saia acima e no centro do ponto anterior. Insira a agulha a uma distância de 0,6 cm, a 0,1 cm da linha, deixando a linha para cima.

**3.** Saia na linha do último ponto, deixe a linha para baixo e repita a mesma operação de antes.

**4.** Borde-o até o final da linha.

***Nota**: Este ponto ganha notoriedade quando bordado com uma linha de maior espessura, de modo que os pontos sejam evidentes em alternado.*

# PONTO HASTE PREENCHIDO

Este ponto é usado para preencher uma superfície mais ou menos grande, dando uma aparência de ponto matiz.

**1.** Borde uma fileira com um ponto haste clássico (ver página 145), da esquerda para a direita, faça uma segunda fileira idêntica, ao lado da primeira linha, da direita para a esquerda.

**2.** Borde quantas fileiras forem necessárias para preencher a superfície.

***Nota**: Una as fileiras de pontos de modo que cubram uniformemente a superfície.*

> **Nota:** Para maior conforto, gire o trabalho a 180° a cada fileira e trabalhe sempre da esquerda para a direita.

# PONTO MARCA

O ponto marca é um ponto linear composto de pontos atrás cujas extremidades se tocam. É usado para bordar linhas finas e pequenos padrões curvos.

## Materiais

Tecido de linho ou misto, bege, agulha para bordado com lã n° 6, DMC algodão especial para bordado: 666.

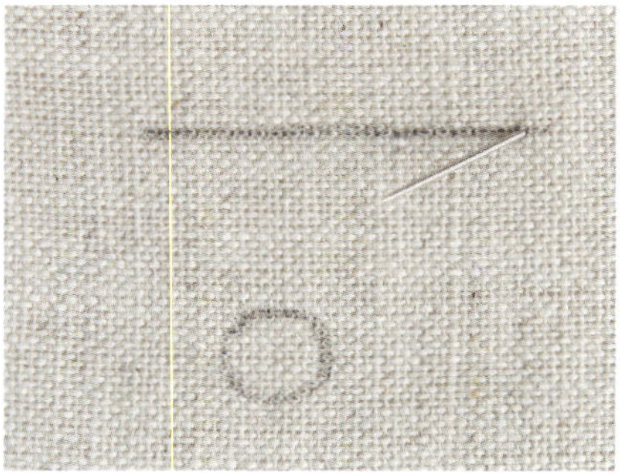

**1.** Desenhe uma linha horizontal e um círculo de 1 cm de diâmetro. Borde-o da direita para a esquerda. Saia a 0,3 cm do final da linha.

**2.** Faça um ponto atrás de 0,3 cm.

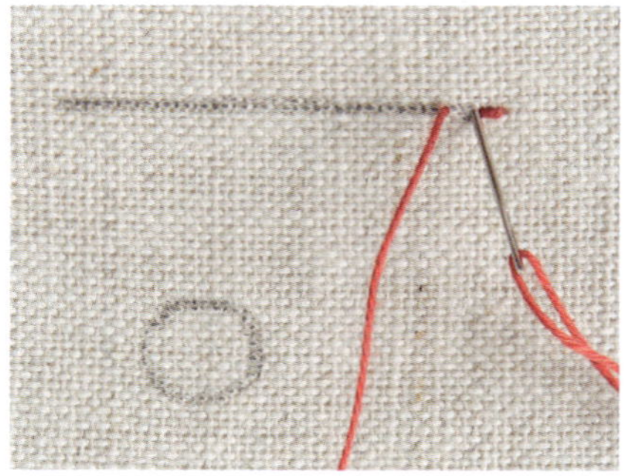

**3.** Saia a 0,3 cm do ponto anterior e insira a agulha contra ele.

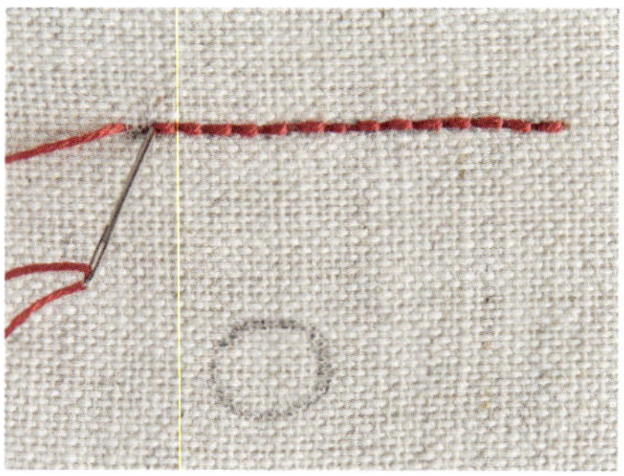

**4.** Repita em toda a linha desenhada.

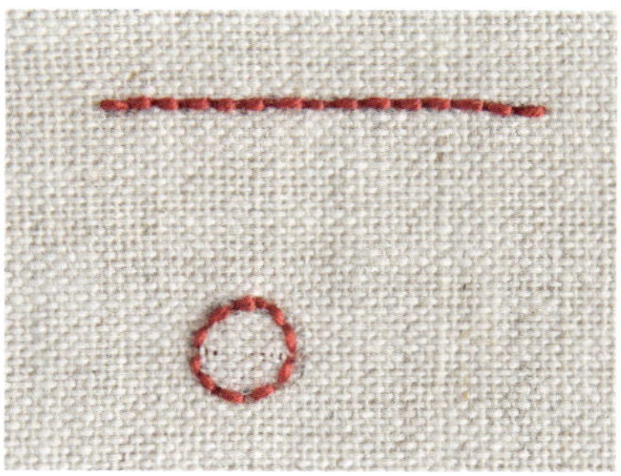

**5.** O círculo é bordado da mesma maneira, fazendo um ponto mais curto, para obter uma forma curva uniforme.

*No âmbito do patchwork, o ponto marca é frequentemente usado para bordar motivos ingênuos que estão integrados ao trabalho. Este trabalho tem a denominação inglesa de "stitcheries".*

## PONTO CHULEADO

É um ponto isolado muito simples.

**1.** Desenhe linhas pequenas deixando uma separação entre elas. Saia na base de uma linha e insira a agulha na sua parte superior.

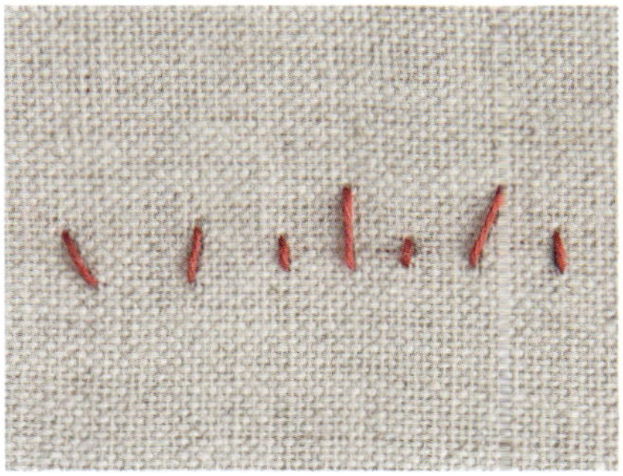

**2.** Saia na base da linha mais próxima e borde da mesma maneira.

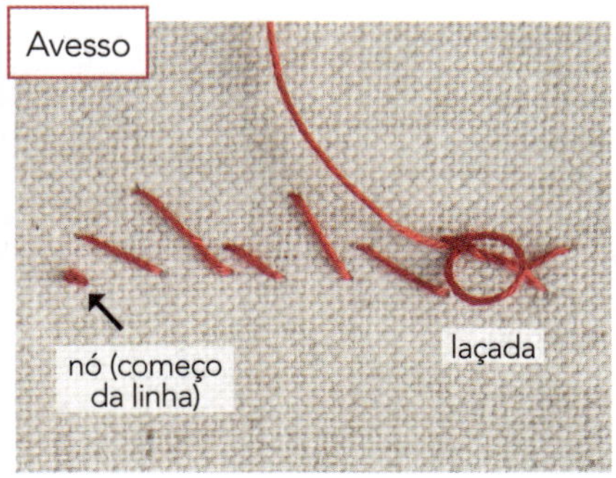


**3.** Arremate a linha: chuleie duas a três vezes os pontos no avesso do trabalho. Faça um último chuleado sem esticar completamente a linha. Forme uma laçada em que a agulha é inserida.

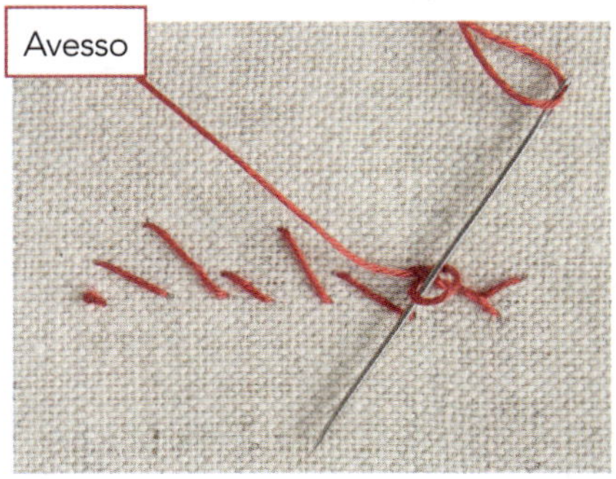


**4.** Estique de forma que a laçada se feche ao redor da linha formando um nó plano.

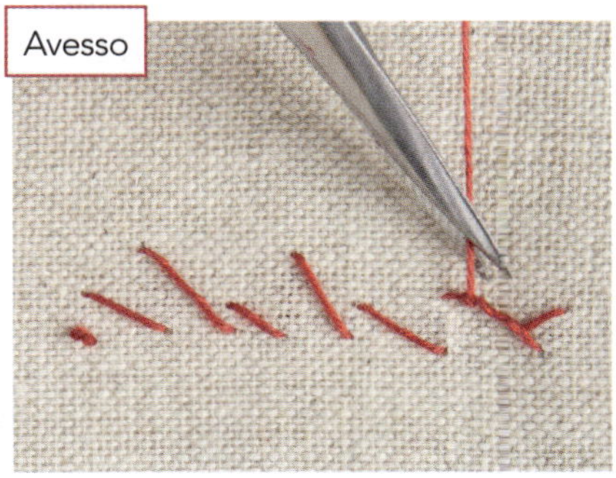


**5.** Corte a linha nivelada com o nó plano.

> ***Nota:*** *Para prender melhor a linha, você pode fazer um nó plano adicional, bem ao lado do primeiro, e depois cortar a linha.*

## PONTO ATRÁS E PONTO ATRÁS CHULEADO

São pontos isolados usados para bordar pequenas linhas que se projetam mais ou menos.
O desenho é composto por uma linha minúscula ou um ponto simples.

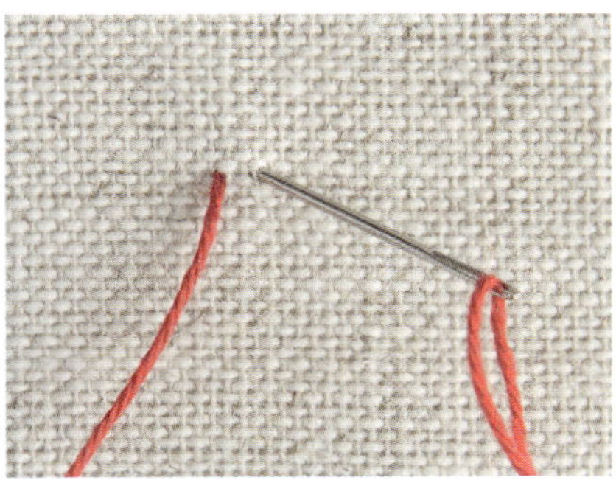

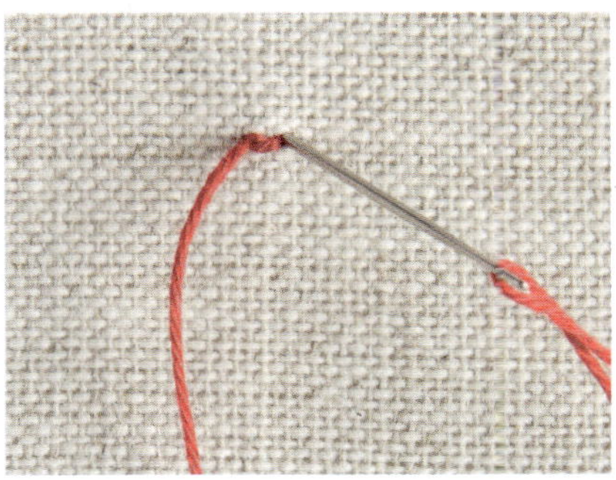

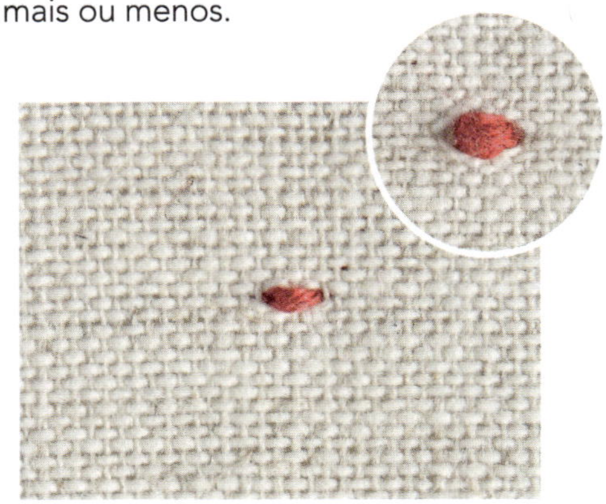

**1.** Retire a linha e insira a agulha a 0,2 cm para a direita para ter um ponto atrás simples.

**2.** Para sobrepor dois pontos atrás ou mais, retire e insira a agulha à esquerda e à direita do ponto anterior. Evite esticar demasiadamente a linha para que o segundo ponto seja sobreposto ao primeiro sem esmagá-lo.

**3.** De acordo com o volume desejado, borde quantos pontos forem necessários, inserindo a agulha e sempre saindo nos mesmos orifícios.

# PINTURA DE AGULHA

## DESCRIÇÃO E BREVE HISTÓRICO

Na Idade Média aparecem os primeiros trabalhos bordados com pintura de agulha. Mas essa técnica já era muito famosa na Ásia, mais especificamente na China, onde provavelmente se originou. As pinturas dos mestres são bordadas com seda. Na Europa, destinava-se principalmente a uma clientela rica e adornava tanto os tecidos para decoração de interiores como as roupas de homens e mulheres. Com o passar do tempo e de acordo com o país, a técnica evolui como a conhecemos hoje. Ainda é muito presente na alta costura e no clero.

## MATERIAIS

### Tecidos

Os tecidos usados podem ser de diferentes qualidades: 100% linho, 100% algodão, tecidos mistos, cambraias de algodão e linho, organdi e também todos os tecidos de seda. A principal qualidade é que a trama dos tecidos deve ser fechada para uma boa precisão nos pontos.
Exemplo de tecidos de linho: *Ballina, Kingston de Zweigart*.
Tecidos mistos: *Normandie, Mallow e Lucan de Zweigart*.

### Linhas

As linhas usadas são as seguintes:
- As linhas de seda (*Au Ver à Soie*): seda Paris (Mouliné de seis cabos divisíveis), seda Alger (Mouliné de sete cabos divisíveis), seda oval (seda solta com pouca torção).
- Linhas de rayon finas com torções e soltas.
- Algodão Mouliné *DMC* e algodão retorcido do *Norte da Sajou*.
- As linhas de lã: *Laine Saint-Pierre de Sajou* (quatro cabos divisíveis).

### Agulhas

As agulhas devem ser afiadas e finas para melhor precisão. Você tem de escolher um olho da agulha que permita enfiar a linha sem "sufocar" e ferir.
Agulhas para apliques, da mais grossa à mais fina: nº 10, 11 e 12 *Bohin*.
Agulhas para bordado com lã (linha de lã), stitcheries: nº 7, 9 e 10 *Bohin*.

### Tesoura

Para cortar os fios, use uma tesoura pequena e fina, com lâminas afiadas. ***Ref.** 24316 ou 24311 Bohin*

### Bastidor

De acordo com o trabalho, é conveniente montar o tecido em um bastidor ou em um quadro redondo que se mova conforme o andamento do trabalho.
***Ref.** bastidor de bordado Sajou*

## TÉCNICA

O ponto principal da pintura de agulha é o ponto matiz. Alguns especialistas consideram que esse ponto constitui por si só a totalidade da técnica. No entanto, em muitas tarefas, são apresentados pontos anexados, tais como: o ponto chuleado, o ponto haste, o ponto haste longo, o ponto partido, o ponto matiz plano vazado (ponto plano vazado), o ponto atrás etc.
O ponto matiz pode ser trabalhado com uma única cor para cobrir uma superfície. O ponto matiz com degradê (ou ponto com nuance) é trabalhado da mesma maneira, mas usando várias cores de linhas para criar um degradê agradável.
O degradê mais simples tem três tons da mesma cor: tom escuro, médio e claro. Você pode adicionar outras cores para expandir o intervalo, dependendo dos tons do elemento a ser bordado. Se o trabalho for muito claro, é conveniente adicionar linhas claras e de tom médio. No entanto, se a aparência for menos "brilhante", linhas de tom escuro e médio são adicionadas. Essas linhas devem ser escolhidas à luz do dia para poder apreciar corretamente as cores escolhidas.
Abaixo, uma seleção de cores (linha Mouliné DMC) com base nos princípios acima mencionados:
- Três tons de rosa (claro, médio e escuro) aos quais adicionou-se um tom médio mais escuro, para criar um gradiente sutil entre a área escura e a área intermediária.
- Três tons de verde (claro, médio e escuro).
- Dois tons de amarelo (escuro e claro). Brincando com seu contraste, borde pontos complementares para dar brilho ao trabalho.

***Nota**: Para o ponto com nuances, sempre escolha as linhas monocromáticas. Evite o uso de linhas matizadas ou degradês.*

# PONTO MATIZ

## Materiais

Tecido de linho com trama fechada, agulha de aplique n° 11, agulha para bordado com lã n° 9, lã de Saint-Pierre de Sajou n° 536, 596 e 570, algodão Mouliné n° 751, 151 3354 e 3733.
Borde com dois cabos de lã Saint-Pierre e a agulha para bordado com lã n° 9.
Borde com uma linha simples de algodão e a agulha para apliques.
Ao escolher cores, siga o exemplo das fotos.

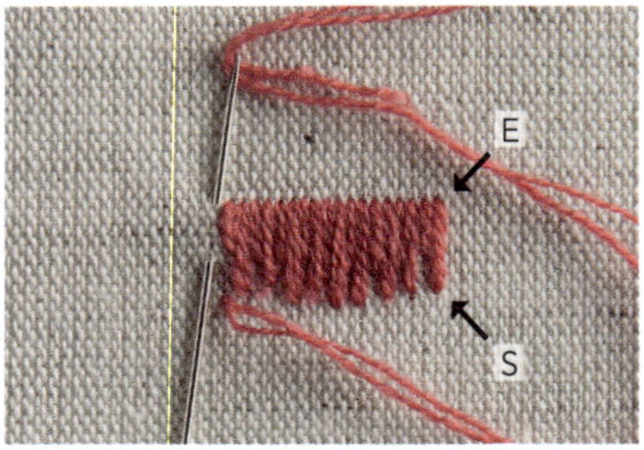


**1.** Desenhe uma linha horizontal de 2 cm. Borde da direita para a esquerda. Borde um ponto chuleado vertical inserindo a agulha na linha desenhada. Vá para a esquerda desse primeiro ponto, a 0,3 cm da linha. Borde um ponto como o anterior, depois continue a bordar alternando os comprimentos dos pontos entre 0,3 e 0,7 cm para obter um efeito "dente de serra" na parte inferior. Certifique-se de colocar sempre a agulha na linha acima e faça os pontos muito próximos.

**2.** Com uma linha de cor diferente, borde uma fileira de volta fazendo pontos semelhantes aos da linha anterior e intercalando-os.
***Nota**: Certifique-se de puxar a agulha entre os pontos anteriores, sem cruzá-los. Neste caso, seria um ponto matiz cortado (ponto desfocado), que é feito da mesma forma que o ponto matiz, mas iniciando nos pontos da fileira anterior.*

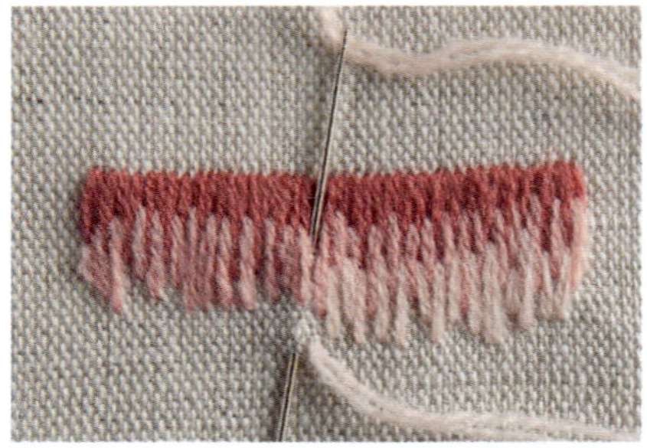

**3.** Uma terceira fileira é bordada da mesma maneira com outra cor de linha.

**1.** Desenhe uma gota de 2 cm de altura. Retire a linha na ponta e borde todo o contorno com ponto partido **versão 1**, então, saia perto da parte superior no lado direito e borde uma primeira fileira de pontos chuleados com um comprimento variável entre 0,3 e 0,4 cm. Insira a agulha no contorno envolvendo o ponto partido.

**2.** Borde duas fileiras de pontos com a mesma linha. Então, com uma linha de uma cor próxima, borde as duas fileiras seguintes da mesma maneira.

**3.** Com uma linha de cor próxima à anterior, borde três fileiras seguindo o mesmo princípio.

**4.** Faça o mesmo com a última linha e borde até a ponta.

# PONTOS ANEXOS

## Materiais

Tecido Misto de linho/algodão, agulha para bordado com lã n° 10, algodão especial para bordado n° 25: 776 e 471.

# PONTO PARTIDO

É uma variação do ponto haste, destinado para delimitar os contornos das superfícies a bordar. Isso pode ser feito de duas maneiras diferentes. A **versão 1** tem um pequeno relevo à direita, ausente na **versão 2**.

## Ponto partido (versão 1)

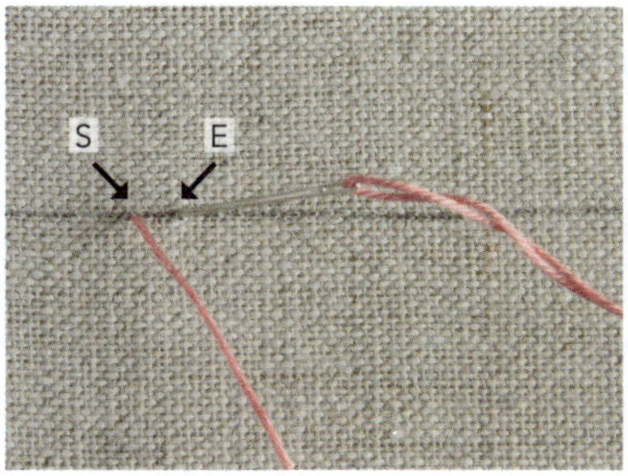


**1.** Desenhe uma linha horizontal de 4 cm. Borde da esquerda para a direita. Retire a agulha na extremidade esquerda da linha e insira-a a 0,3 cm.

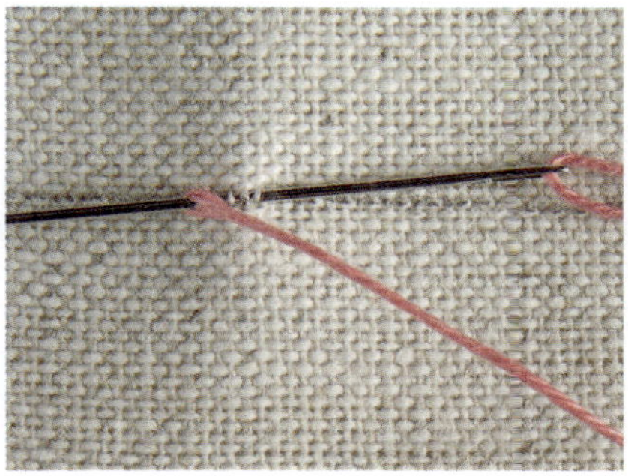

**2.** Retire a agulha passando-a através da linha.

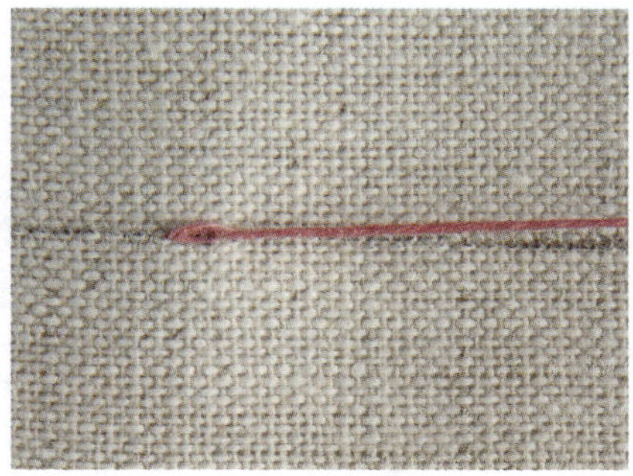

**3.** Retire a agulha e posicione o ponto na linha.

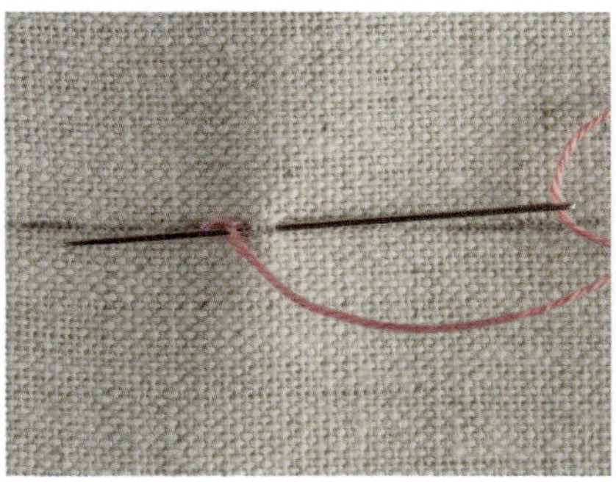

**4.** Insira a agulha a 0,3 cm, e saia junto ao ponto anterior e insira a agulha através da linha, como anteriormente.

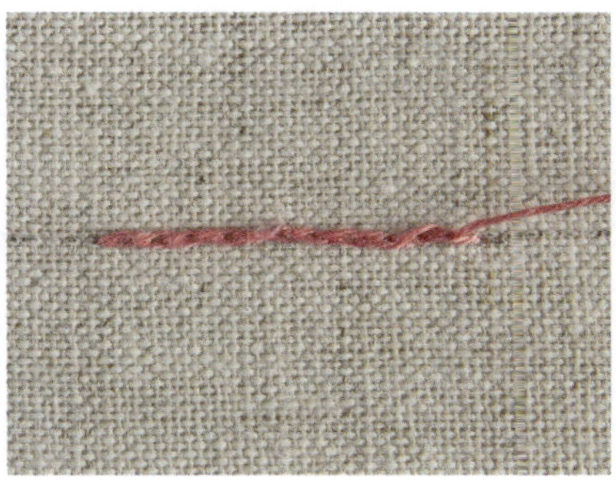

**5.** Continue a bordar da mesma maneira.

*O ponto partido é usado em outras técnicas além de pintura de agulha. Sua principal qualidade é segurar perfeitamente o ponto na linha desenhada, respeitando sua forma.*

### Ponto partido (versão 2)

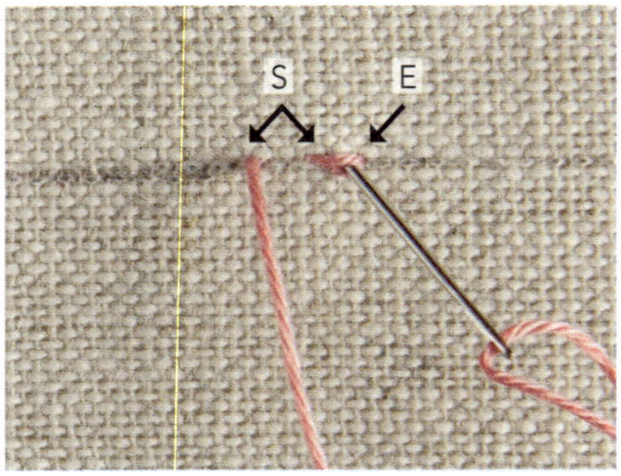


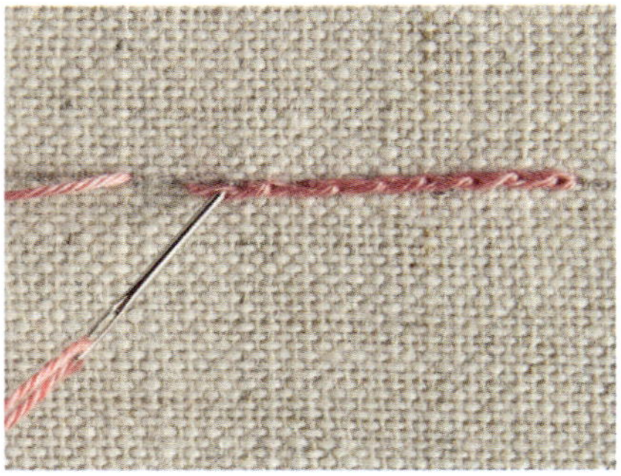

A versão 2 do ponto partido é mais fácil e rápida de bordar do que a versão 1.

**1.** Este ponto é trabalhado da direita para a esquerda. Retire a agulha para a direita da linha e faça um ponto atrás de 0,3 cm. Saia um pouco mais longe e volte com um ponto atrás inserindo a agulha através do ponto anterior.

**2.** Borde a fileira inteira da mesma maneira.

## PONTO MATIZ PLANO

É um ponto de preenchimento, ideal para bordar pequenas superfícies. Quando as superfícies são maiores, é conveniente bordar com o ponto matiz em uma única cor.

## PONTO MATIZ PLANO RETO

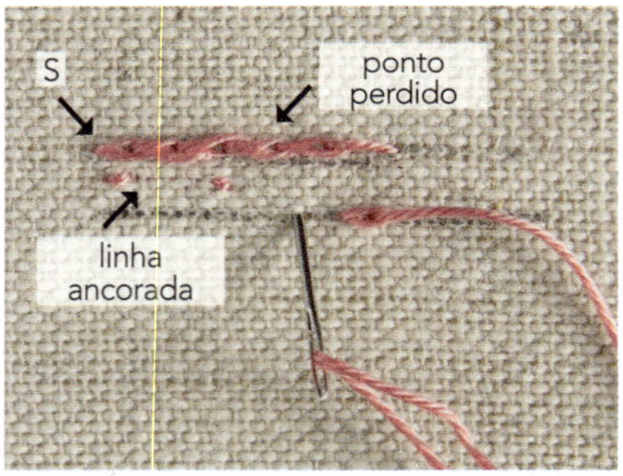

**1.** Desenhe duas linhas horizontais paralelas de 3 cm de comprimento e de 0,7 cm de distância. Borde as fileiras com o ponto partido **versão 1**.

**2.** Retire a linha sob o ponto partido, à direita, e insira a agulha por cima da linha de cima, logo acima do ponto partido.

**3.** Saia na linha de baixo, abaixo do ponto partido e próximo ao ponto anterior. Insira a agulha verticalmente, para cima, da mesma maneira que anteriormente.

**4.** Continue bordando o restante dos pontos, certificando-se de deixá-los próximos um do outro na direção vertical.

***Nota**: Para o bordado do contorno, a **versão 2** do ponto partido também pode ser usada.*

# PONTO MATIZ PLANO INCLINADO

Use este ponto para bordar facilmente pequenas folhas.

**1.** Desenhe uma folha inclinada de 1,5 cm e faça linhas paralelas deixando uma distância de 0,3 cm entre elas para indicar a direção dos pontos.

**2.** Remova a linha na ponta da folha e faça o contorno inteiro com o ponto partido (**versão 1** ou **2**). Volte para a ponta, insira a agulha sob a linha da borda, próximo ao lado externo do ponto partido e faça um ponto paralelo à linha traçada mais próxima.

**3.** Faça um segundo ponto chuleado paralelamente ao primeiro, da mesma forma.

**4.** Continue bordando a folha, deixando os pontos muito próximos.

**5.** Borde até a ponta superior e faça um último ponto de 0,3 cm (um ponto muito pequeno distorceria o bordado).

# FOLHA COM PONTO MATIZ PLANO

A maneira mais comum de bordar uma folha é com o ponto matiz plano inclinado, faça o trabalho de forma espelhada de um lado e do outro da nervura central.

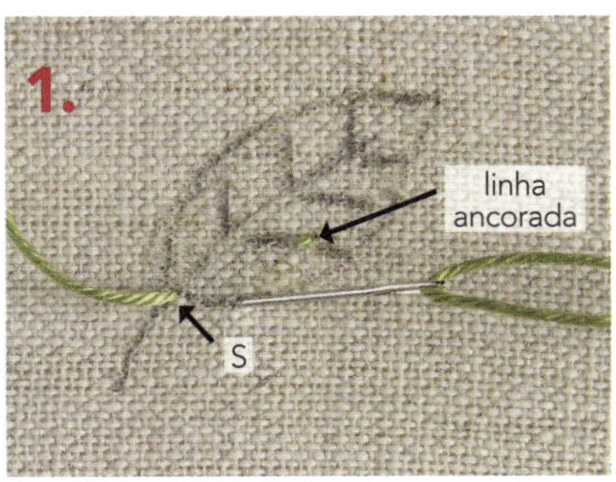

**1.** Desenhe uma folha de 1,5 cm e um caule de 0,3 cm. Desenhe a nervura central e também as pequenas nervuras laterais na direção dos pontos a bordar. Saia na base da nervura central. Insira a agulha no lado direito e borde um ponto chuleado paralelamente à linha traçada mais próxima. Retire agulha na nervura, muito próximo do ponto anterior.

**2.** Borde um segundo ponto chuleado paralelo. Borde os demais pontos da mesma maneira, pressionando-os um contra o outro, para cobrir bem a superfície.

## Folha com ponto matiz plano (continuação)

**3.** Borde na parte superior da nervura central. Faça os pontos chuleados divergentes, espaçando 0,1 cm do lado direito e sempre tirando a agulha na ponta da nervura e girando o sentido dos pontos.

**4.** Borde quantos pontos forem necessários até ter um ponto chuleado na extensão da nervura e a agulha seja inserida na ponta da folha.

**5.** Borde o lado oposto seguindo o mesmo princípio, invertendo o sentido dos pontos.

**6.** Continue o bordado no segundo lado da folha, fazendo pontos paralelos às linhas desenhadas.

**7.** Termine com um ponto de 0,3 cm. O caule é bordado com um ponto chuleado.

*Um ponto partido ou um ponto haste pode ser bordado na nervura central para destacá-la.*

## PONTO MATIZ PLANO VAZADO (OU COM RESERVA)

Este é um ponto plano incompleto, cujo centro da superfície permanece vazio.

**1.** Desenhe uma folha semelhante à anterior. Saia na base da nervura e borde todo o contorno com um ponto partido. Volte a sair na base e insira a agulha no lado direito, justamente contra o ponto partido e paralela à linha desenhada mais próxima.

**2.** Borde os pontos seguintes na ponta da folha, variando os comprimentos para obter uma borda interna em forma de "dente de serra".

**3.** Borde o lado esquerdo da folha da mesma maneira, invertendo a direção dos pontos.

**4.** Para a nervura, borde um ponto chuleado, depois saia na base e borde o caule da mesma maneira.

## FLOR COM PONTO MATIZ PLANO

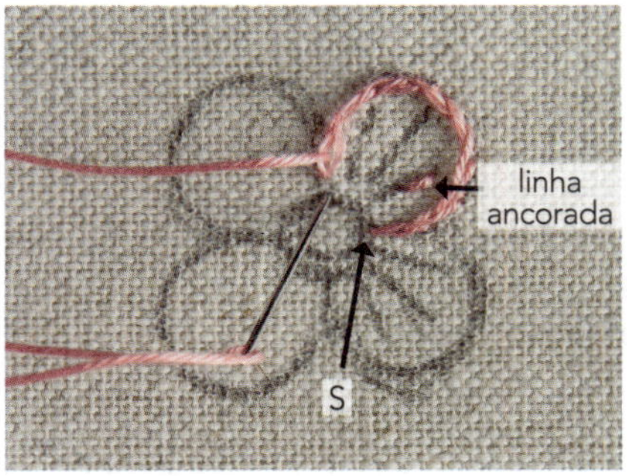


**1.** Desenhe uma flor de 2 cm de diâmetro, composta por quatro pétalas idênticas. Desenhe o sentido dos pontos de acordo com a foto. Retire a linha no centro e borde o contorno da pétala com a **versão 1** do ponto partido.

**2.** Borde as linhas com ponto chuleado, envolvendo o ponto partido do contorno.

**3.** Começando pelo lado direito, borde com um ponto chuleado envolvendo o contorno. Se necessário, una os pontos na base e estenda-os na borda.

**4.** Quando terminar a pétala, deslize a agulha sob os pontos, no avesso do trabalho, e borde a pétala da esquerda da mesma maneira.

# BORDADO TRADICIONAL

## DESCRIÇÃO E BREVE HISTÓRICO

O termo "bordado tradicional" nasceu no final do século XX, na gíria das bordadeiras de ponto cruz. O entusiasmo por isso é tal que os outros pontos contados são chamados de "pontos especiais" e todos os pontos não contados, bordados em linhas desenhadas, se enquadram na categoria de bordados tradicionais. Não procure outra explicação histórica para esses termos. Esses pontos existem há muito tempo e são praticados em todo o mundo, respeitando o estilo e os gostos de diferentes países.

## MATERIAIS

### Tecidos

Para bordar esses pontos, todos os tecidos podem ser usados, já que a diversidade de estilos é ampla. Para os pontos especiais "contados", são preferíveis tecidos unifil, *Aida*, talagarça unifil ou lona Penélope... e para os demais pontos, uma trama mais fechada é ideal, seja qual for a composição do tecido.

### Linhas

Todas as qualidades de linhas podem ser usadas. Elas devem ser escolhidas de acordo com o suporte e o resultado desejado.

### Agulhas

Para os pontos contados, borde, de preferência com uma agulha de ponta arredondada.
Agulhas de tapeçaria *Bohin*, da mais grossa à mais fina: nº 14, 16, 18, 20, 22, 24, 26 e 28.
Para bordar em uma moldura fechada, use uma agulha com ponta afiada.
Agulhas para bordado com lã, agulhas para apliques, agulhas chenille, agulhas longas *Bohin*.

### Tesoura

Use uma tesoura pequena e fina, com lâminas afiadas.
***Ref.*** *24316 ou 24311 Bohin*

### Bastidor

Borde com um bastidor com o diâmetro adaptado ao bordado, deslocando-o à medida que o trabalho avança.
***Ref.*** *bastidor de bordado Sajou*

## PONTOS

***Nota****: Abaixo, são propostos alguns pontos que complementam os já explicados nas diferentes técnicas deste livro.*

Os pontos podem ser classificados em diferentes categorias:

- ***Pontos isolados:*** bordados sozinhos ou em grupos, mas independentes uns dos outros.

- ***Pontos lineares:*** pontos bordados de maneira contínua e unidos entre si.

- ***Pontos de preenchimento:*** destinados a preencher uma determinada superfície. Eles podem pertencer a uma ou outra das categorias anteriores.

- ***Pontos mistos:*** são o resultado da combinação de dois ou vários pontos.

## PONTO ALINHAVO CHULEADO

Ponto linear misto, uma variação do ponto alinhavo clássico (veja a página 35).

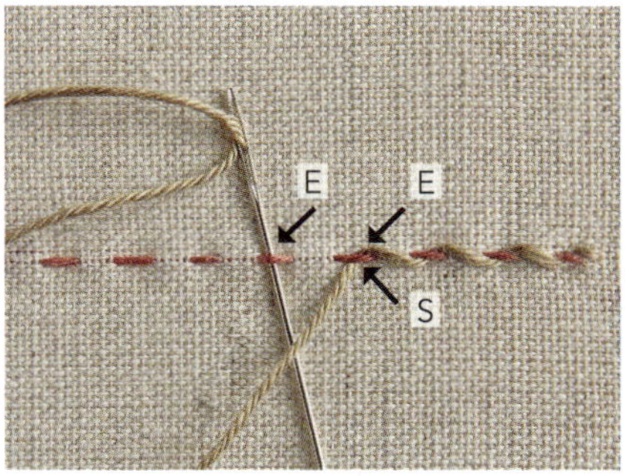


Borde uma fileira com um ponto alinhavo. Com a mesma linha ou uma linha de cor diferente, borde da direita para a esquerda, deslizando a agulha por baixo de cada ponto, de cima para baixo, sem atravessar o tecido.

## PONTO ALINHAVO DUPLO CHULEADO

É uma variação do ponto anterior.

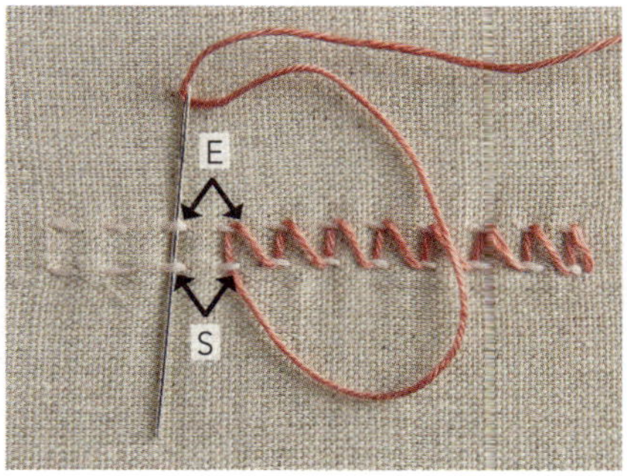


Borde duas fileiras paralelas com pontos alinhavo, alinhando os pontos. Com a mesma linha ou uma linha de cor diferente, borde da direita para a esquerda, deslizando a agulha por baixo de cada par de pontos, de cima para baixo, sem atravessar o tecido..

## PONTO ALINHAVO DUPLO CHULEADO EM CRUZ

É uma variação do ponto anterior que forma uma bonita trança.

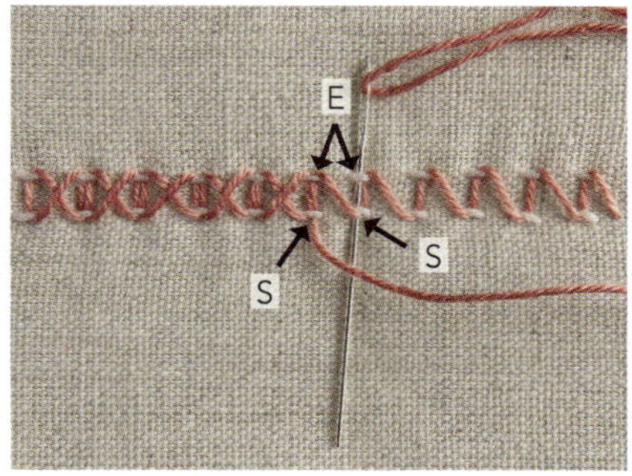


Borde como no ponto anterior, depois volte da esquerda para a direita, da mesma forma, deslizando a agulha sob os mesmos pontos para formar as cruzes.

## PONTO ALINHAVO ENTRELAÇADO

Ponto linear misto, uma variação do ponto alinhavo clássico (veja a página 35).

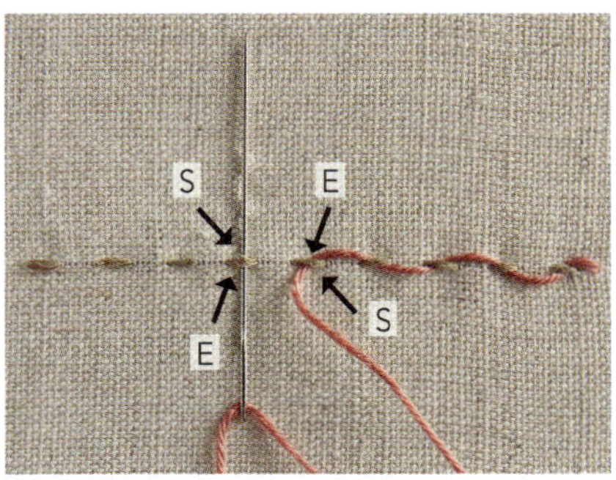


Borde uma fileira com um ponto alinhavo. Com a mesma linha ou com uma linha de cor diferente, borde da direita para a esquerda, deslizando a agulha abaixo dos pontos, alternadamente de cima para baixo, depois de baixo para cima, sem atravessar o tecido.

## PONTO ALINHAVO ENTRELAÇADO DUPLO

É uma variação do ponto anterior que forma uma bonita trança.

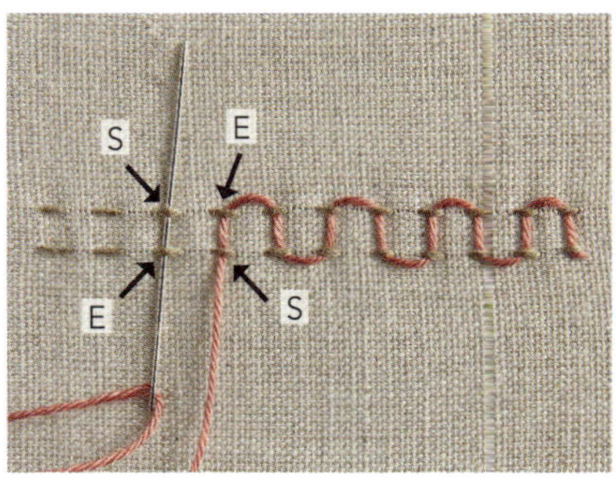


Borde duas fileiras com ponto alinhavo, fazendo os pontos alinhados. Com a mesma linha ou com uma linha de cor diferente, borde da direita para a esquerda, deslizando a agulha por baixo de cada par de pontos, alternadamente de cima para baixo e de baixo para cima.

## PONTO ALINHAVO DUPLO COM ENTRELAÇADO DUPLO

É uma variação do ponto anterior que forma um entrelaçamento.

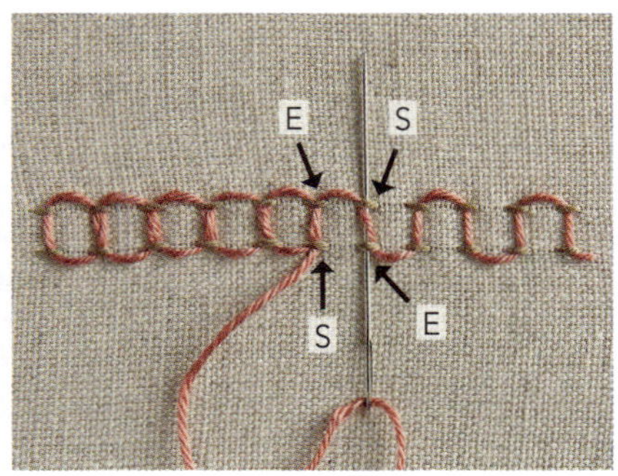


Borde como no ponto anterior, então retorne da esquerda para a direita, da mesma forma, passando abaixo dos mesmos pontos.

## PONTO ZIGUEZAGUE

Ponto linear, uma variação do ponto marca (consulte a página 148).

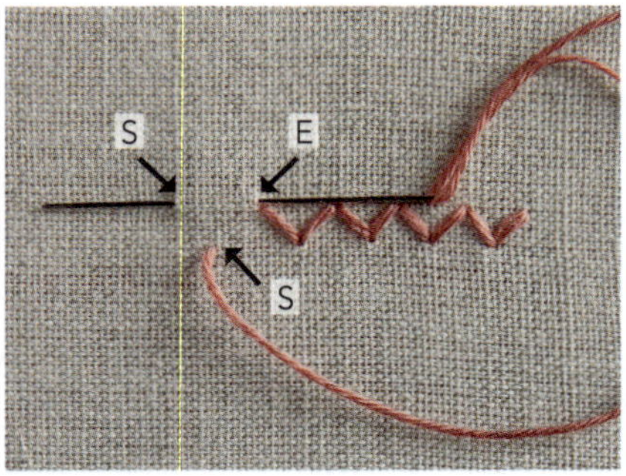


Borde-o da direita para a esquerda, fazendo pontos atrás diagonais que são tocados para formar uma linha quebrada.

## PONTO MARCA CHULEADO

Ponto linear misto, uma variação do ponto marca (consulte a página 148).

Borde uma fileira com um ponto marca. Então, com a mesma linha ou uma linha de cor diferente, borde da direita para a esquerda, deslizando a agulha sob os pontos, de cima para baixo, sem cruzar o tecido.

## PONTO AREIA

Ponto atrás isolado, muito simples.

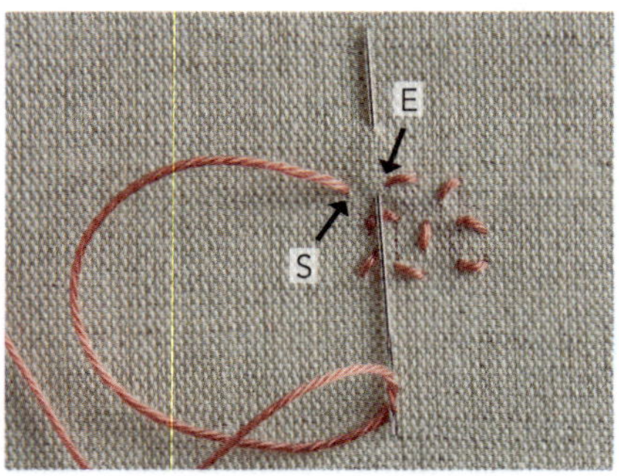


O ponto de areia é composto por vários pontos atrás usados para preencher uma superfície. Ele serve como um "complemento" em certas técnicas e torna possível iluminar um estilo às vezes pesado (por exemplo: letra bordada com ponto realce e algumas partes bordadas com ponto areia). Borde da esquerda para a direita, com um comprimento de 0,2 a 0,3 cm.

## PONTO ESPINHA

Ponto linear composto de pontos na forma de V opostos e unidos.

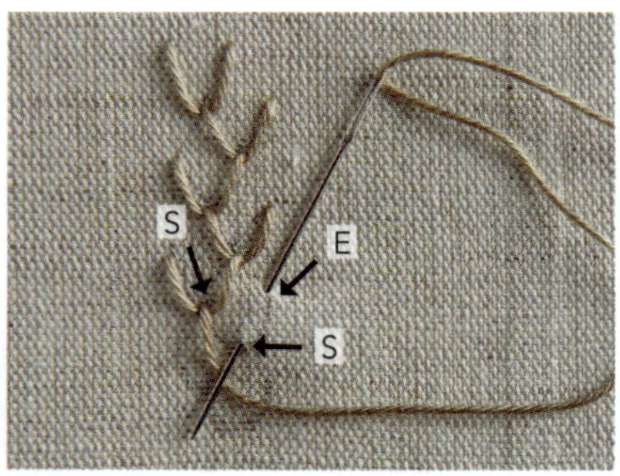


Retire a linha à esquerda e insira a agulha à direita a 0,5 cm, depois saia entre os dois pontos 0,5 cm mais abaixo. Puxe a agulha e faça o mesmo ponto colocando-a à esquerda.

## PONTO CORRENTE EM ZIGUEZAGUE

Ponto linear, uma variação do ponto da corrente (veja a página 95).

Ele funciona da direita para a esquerda ou da esquerda para a direita, dependendo da escolha. Borde com ponto de corrente diagonal, para formar uma linha quebrada.

## PONTO CORRENTE TORCIDO

Ponto linear, é uma variação do ponto da corrente (veja a página 95).

Insira a agulha à esquerda da fileira do ponto anterior e saia abaixo, colocando a linha sob a agulha e puxando-a para fazer a ponta. Repita ao longo da fileira.

## PONTO CORRENTE ENTRELAÇADO

Ponto linear misto, uma variação do ponto da corrente (veja a página 95).

Borde uma linha com um ponto de corrente. Com outra linha, retorne da direita para a esquerda, deslizando a agulha por baixo de cada corrente, de cima para baixo, sem atravessar o tecido.

## PONTO CORRENTE CHULEADO EM UM DOS LADOS

Ponto linear misto, uma variação do ponto da corrente (veja a página 95).

Borde uma fileira com um ponto corrente. Com outra linha, trabalhe da direita para a esquerda, deslizando a agulha por baixo de um dos lados da corrente, de cima para baixo, sem atravessar o tecido.

## PONTO CORRENTE CHULEADO NOS DOIS LADOS

É uma variação do ponto anterior.

Borde como o ponto anterior e, em seguida, o segundo lado da corrente é chuleado da mesma maneira.

*A combinação das diferentes variações de pontos corrente pode oferecer lindas tranças bordadas e cuja escolha das cores da linha é muito importante.*

## PONTO MARGARIDA

Ponto isolado, unidade do ponto corrente, também chamado de ponto corrente solto.

Retire a linha abaixo e insira a agulha no mesmo ponto, em seguida, 0,4 cm acima, deixando a linha sob a agulha. Puxe a agulha e prenda a linha do laço na parte superior.

## PONTO MARGARIDA DUPLA

Ponto isolado, uma variação do ponto anterior.

Borde um ponto margarida. Então, borde um segundo ponto margarita em torno do anterior.

## PONTO MARGARIDA ADORNADO

Ponto isolado misto.

Depois de bordar o ponto da margarida duplo, faça um ponto chuleado ou um ponto nó simples no centro.

## PONTO CASEADO ESPAÇADO

Ponto linear.

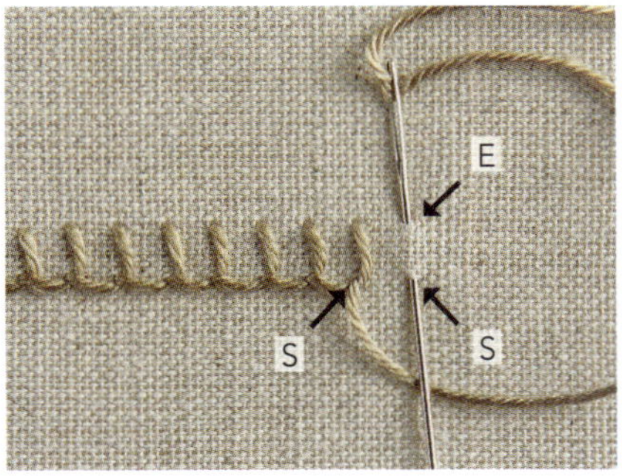


Trabalhe da esquerda para a direita. Retire a agulha, insira a agulha a 0,3 cm, à direita e 0,3 cm mais alta, e depois saia verticalmente para baixo, deixando a linha sob a agulha. Puxe a linha e repita o ponto em toda a fileira.

## PONTO CASEADO CHULEADO

É uma variação do ponto anterior.

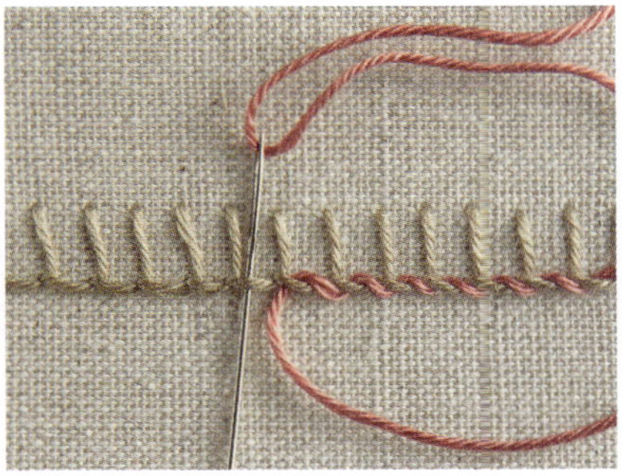

Borde a primeira fileira com ponto caseado espaçado, depois volte com outra linha, da direita para a esquerda, passando por baixo dos pontos horizontais, de cima para baixo, sem atravessar o tecido.

## PONTO CASEADO ENCAIXADO

Ponto linear que permite bordar lindas tranças.

Faça uma fileira de ponto caseado espaçado. Gire o trabalho a 180° e borde um segundo ponto caseado espaçado intercalando os pontos nos espaços dos pontos da fileira anterior.

## RODA CASEADA

Ponto caseado trabalhado isoladamente e em círculo.

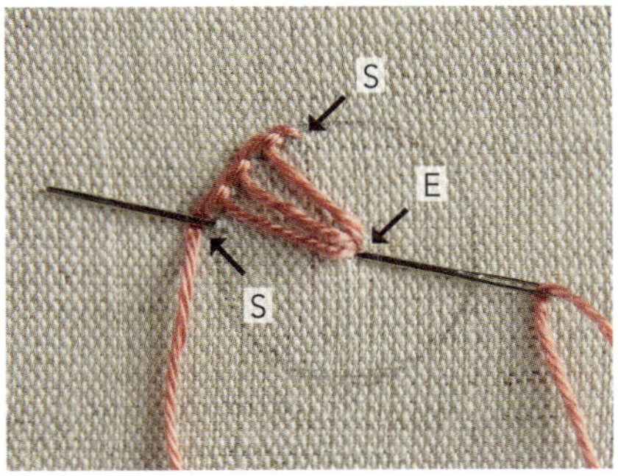

**1.** Retire a agulha na linha da borda, insira a agulha no centro e saia novamente na borda do círculo a 0,2 cm do ponto anterior, deixando a linha sob a agulha. Puxe a linha e repita o mesmo ponto até que o círculo seja todo preenchido.

**2.** Para terminar a roda, coloque o último ponto abaixo do primeiro ponto horizontal.

> *A roda caseada também pode ser chuleada e isso dá um efeito muito bom. Este ponto é frequentemente usado para representar flores. É agradável e fácil de bordar.*

## PONTO RUSSO ESPAÇADO

Ponto cruz linear que trabalha em duas fileiras horizontais paralelas, da esquerda para a direita.

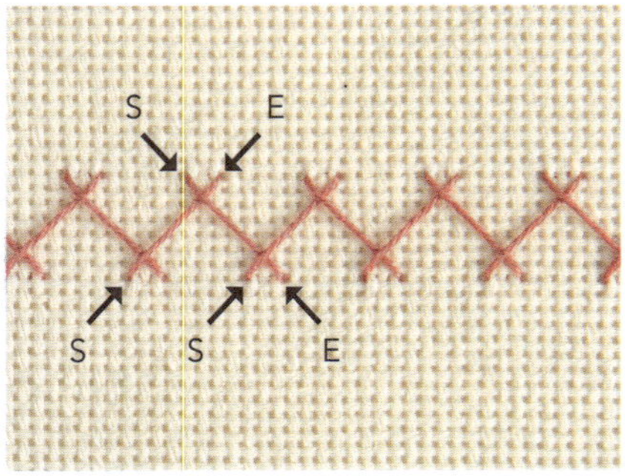


Borde pontos diagonais inserindo simultaneamente a agulha sobre as duas fileiras de cima e de baixo e deixando um espaço entre os pontos.

## PONTO RUSSO ESPAÇADO DUPLO

É uma variação do ponto russo espaçado que permite bordar as tranças.

## PONTO RUSSO ESPAÇADO DUPLO CHULEADO

Ponto misto, uma variação do anterior que permite bordar lindas tranças.

**1.** Borde um ponto russo espaçado duplo, em seguida, com outra linha, passe a agulha acima e abaixo dos pontos cruzados de cima, sem cruzar o tecido.

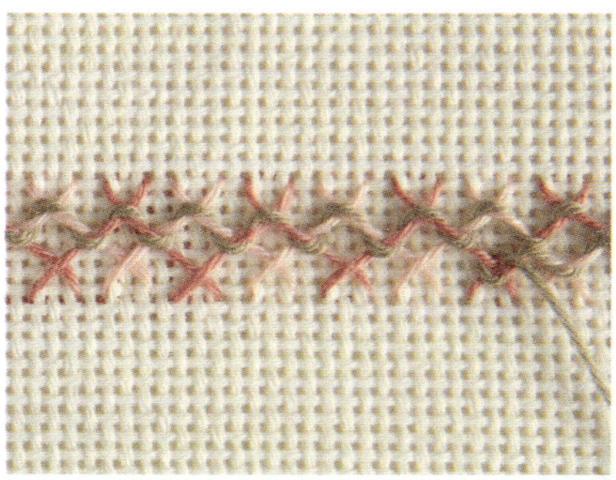

**2.** Retorne da direita para a esquerda, cobrindo os pontos cruzados de baixo da mesma maneira.

## PONTO RUSSO FECHADO

Ponto linear, uma variação do ponto anterior.

Funciona da mesma forma, mas sem deixar espaço entre os pontos.

Borde uma fileira com ponto russo espaçado, depois uma segunda fileira idêntica sobreposta na primeira fileira e nos espaços entre elas.

## PONTO RUSSO SOBRE MATIZ

Ponto linear misto.

Borde uma fileira com ponto matiz vertical de 0,5cm de altura. Então, com outra linha, borde com um ponto russo espaçado por cima.

## PONTO SOMBRA

É um ponto russo fechado, trabalhado no avesso do tecido. Este ponto se torna visível devido à transparência do tecido. Portanto, precisa usar um tecido adequado. A cor da linha usada é suavizada, por isso é conveniente usar cores bastante fortes. Para bordar, deixe o trabalho com o direito voltado para cima e borde com um ponto marca (veja a página 95) inserindo a agulha em duas linhas paralelas e distantes.

***Nota**: Este ponto também pode ser feito segurando o trabalho com direito voltado para trás. Nesse caso, o ponto russo ficará visível.*

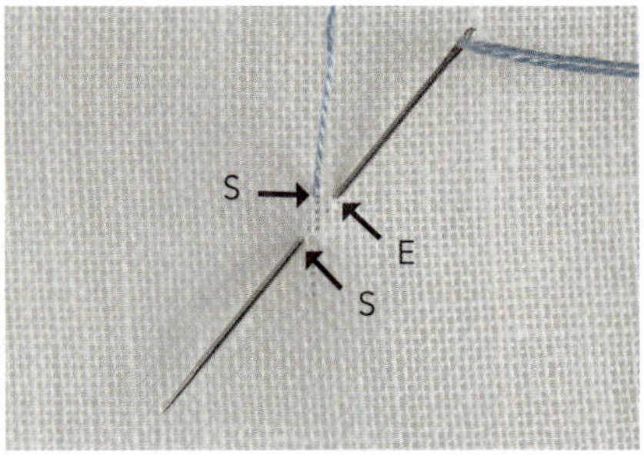


**1.** Saia acima, faça um ponto atrás de 0,2 cm e saia diagonalmente na parte inferior.

**2.** Faça um ponto de 0,3 cm e saia na parte superior, 0,3 cm à frente do ponto anterior.

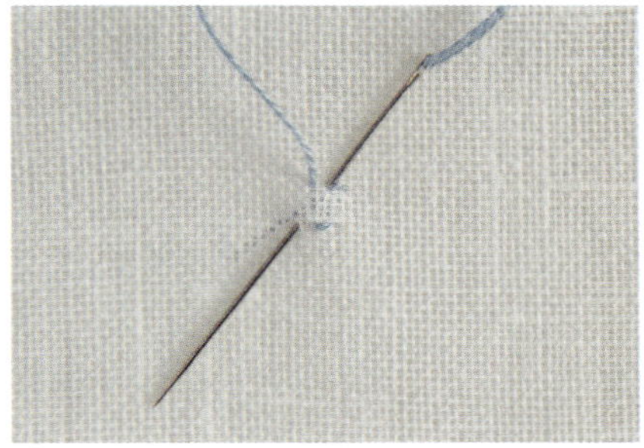

**3.** Saia diagonalmente, para baixo e borde como anteriormente.

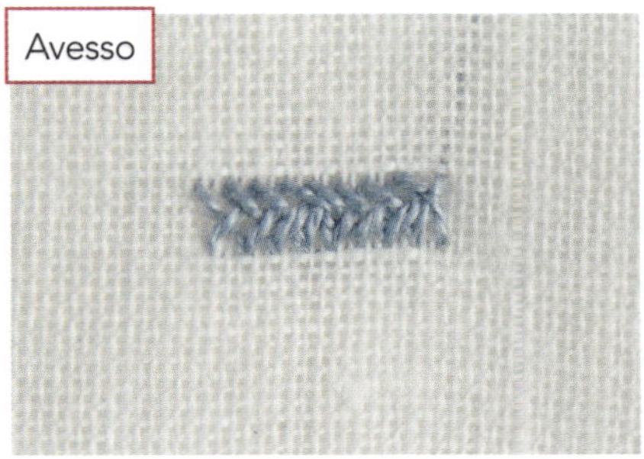


**4.** Continue da mesma maneira no avesso do trabalho.

*A linha usada para bordar o ponto russo fechado fica transparente no direito do trabalho. Para obter uma maior opacidade de cor, é conveniente fazer vários pequenos pontos muito próximos uns dos outros.*

## FOLHA SIMPLES COM PONTO SOMBRA

Desenhe a folha no tecido.

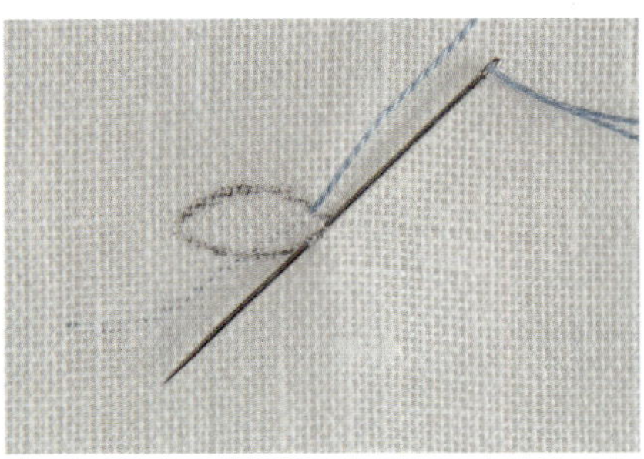

**1.** Retire a agulha na linha superior, a 0,3 cm da ponta da direita. Insira a agulha e saia a 0,3 cm para a esquerda, na linha inferior.

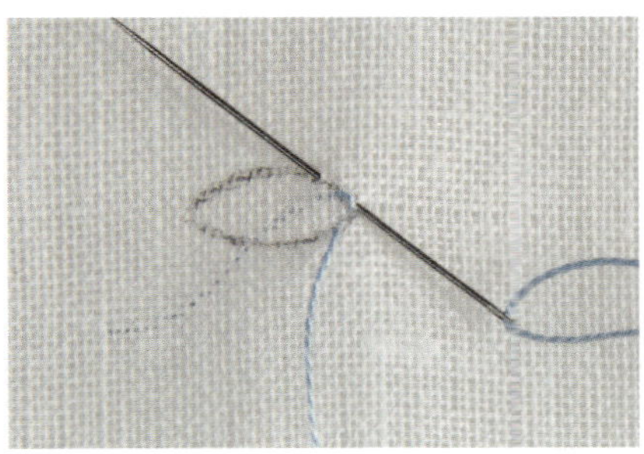

**2.** Volte a sair acima e continue como o ponto sombra.
Para arrematar a linha, passe-a várias vezes abaixo dos pontos, no avesso.

## FOLHA COM NERVURA COM PONTO SOMBRA

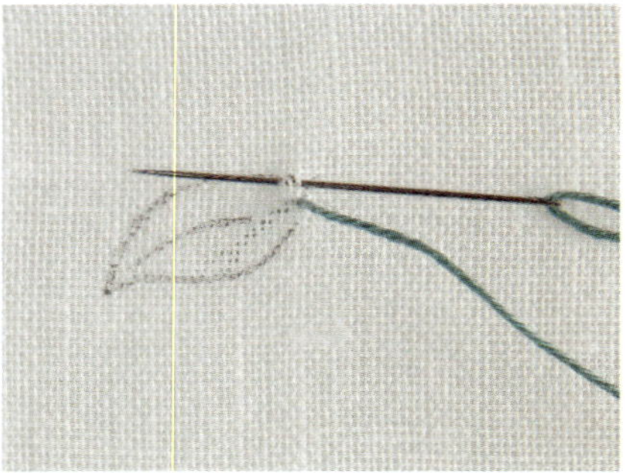

**1.** Inicie o bordado como na página anterior (consulte a página 165), inserindo a agulha nas linhas externas. Borde pontos de mesmo comprimento.

**2.** A linha superior da folha é um pouco mais longa que a linha de base, o que causa uma defasagem dos pontos em um determinado momento. Para resolver isso, na linha superior, um ponto atrás é sobreposto ao anterior.

Então, continue a bordar como anteriormente.

***Nota**: Se necessário, o ponto sobreposto pode ser repetido até que a orientação do ponto esteja balanceada.*

**3.** Quando o ponto russo estiver terminado, borde a nervura com um ponto marca.

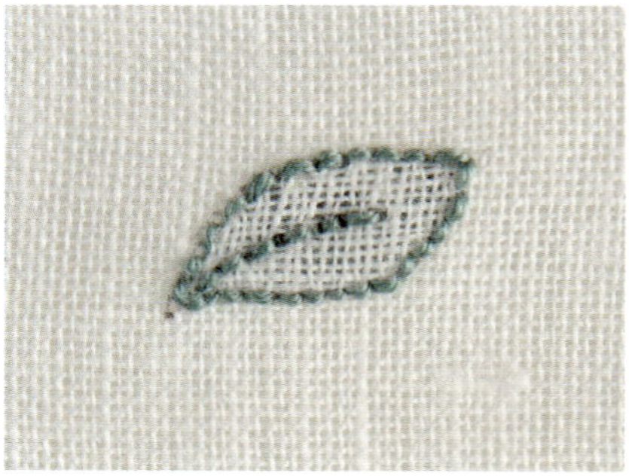

## PÉTALAS DE UMA FLOR COM PONTO SOMBRA

As pétalas têm duas nervuras, uma parte arredondada ampla e um lado comum.

**1.** Inicie o bordado da pétala inferior com ponto sombra, inserindo a agulha nas linhas externas.

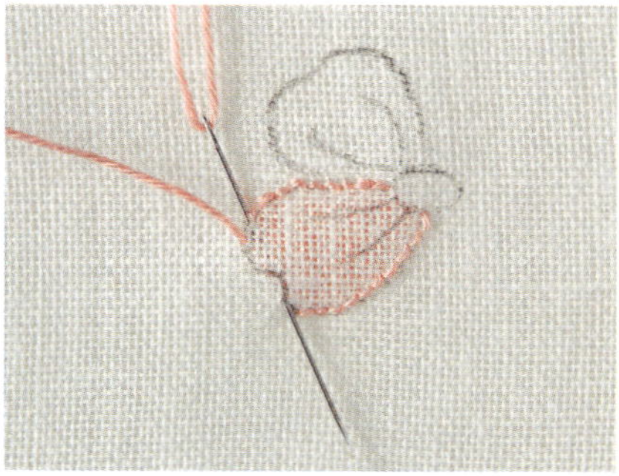

**2.** Borde o mais longe possível à esquerda, sem exceder as linhas.

**3.** Borde a linha da parte arredondada com um ponto marca.

4. Em seguida, borde as nervuras com um ponto marca e inicie o ponto de sombra da pétala acima. Retire a agulha à esquerda do primeiro ponto e insira a agulha na direita.

5. Saia na linha de cima e borde com ponto sombra inserindo a agulha e sobrepondo os pontos nos mesmos pontos de baixo.

## PONTO NÓ SIMPLES

Ponto isolado.

1. Puxe a agulha através do tecido e coloque a agulha sobre a linha.

2. Enrole a linha ao redor da agulha no sentido anti-horário.

3. Introduza a agulha no tecido, muito perto do ponto inicial, e puxe a linha para o avesso. Coloque o nó no tecido.

## PONTO NÓ DUPLO

É uma variação do ponto anterior.

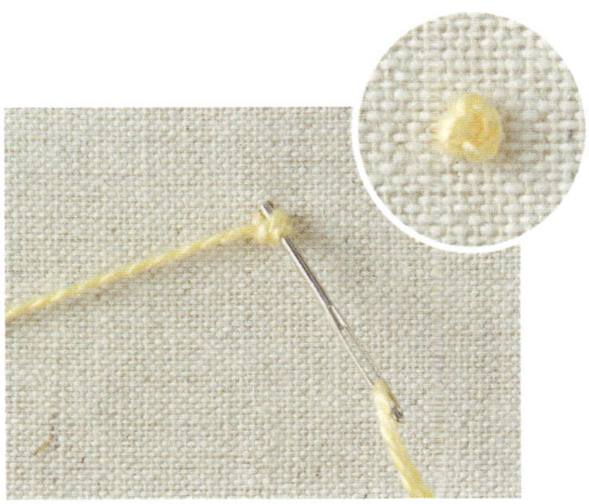

Faça da mesma maneira, mas enrole duas vezes a linha ao redor da agulha.

# PONTO NÓ COLONIAL

É uma variação do ponto duplo.

**1.** Puxe a linha no tecido e passe-a por cima da agulha e, em seguida, leve-a para a esquerda.

**2.** Passe a linha sobre a agulha e depois novamente por baixo, para a esquerda. A linha forma um "8".

**3.** Estique a linha para fechá-la ao redor da agulha e contra a superfície do tecido. Passe, então, a agulha através do tecido e puxe para formar o nó e colocá-lo sobre o tecido.

# PONTO SEGREDO

Ponto linear, uma variação do ponto de nó.

**1.** Trabalhe em três fases, da esquerda para a direita. Leve a linha para a esquerda, insira a agulha a uma distância de três fios, de cima para baixo.

**2.** Deslize a agulha abaixo deste primeiro ponto horizontal.

**3.** Puxe a linha para baixo e passe por baixo do último ponto, sem atravessar o tecido e deixando a linha por baixo da agulha.

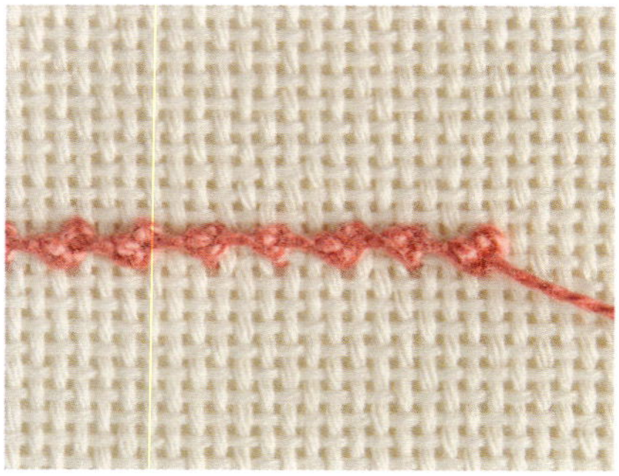

**4.** Puxe suavemente a agulha para formar um ponto. Então, borde os pontos seguintes da mesma maneira.

# PONTO PISTILO SIMPLES

Ponto isolado misto, que combina um ponto nó e um ponto chuleado.

Retire a agulha na base do trabalho, faça um único nó e insira a agulha mais ao alto.

## PONTO PISTILO TRIPLO

É uma variação do ponto anterior.

> A ponta do pistilo é frequentemente usada em bordados bucólicos, representando pequenas plantas, filetes de grama etc.

É feito da mesma maneira, mas enrole três vezes a linha ao redor da agulha.

## PONTO ROCOCÓ

Ponto isolado, uma variação do ponto nó.

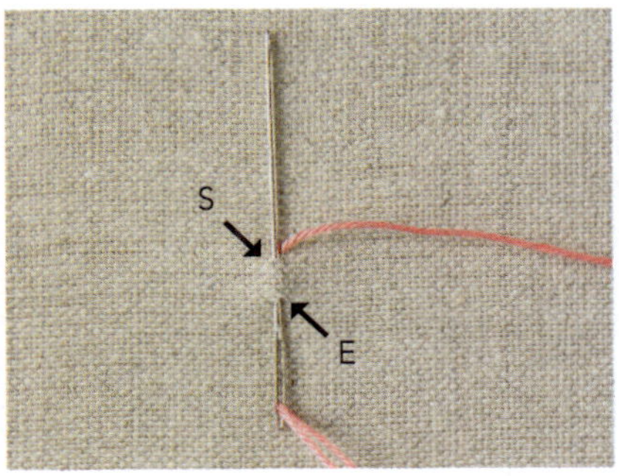


**1.** Puxe a linha para cima, insira a agulha 0,5 cm mais para baixo e retire-a novamente no mesmo ponto anterior. Deixe a agulha no tecido.

**2.** Enrole a linha oito vezes ao redor da agulha, no sentido anti-horário.

**3.** Puxe a agulha e acomode os pontos enrolados ao redor da linha.

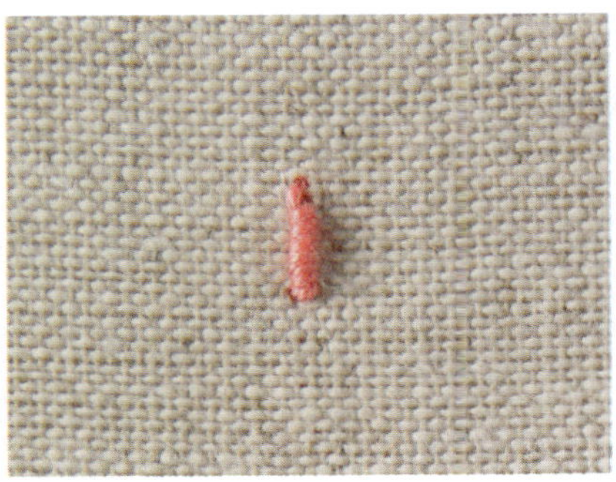

> O ponto rococó fica mais fácil de fazer com uma agulha grande e uma linha retorcida, como o algodão Broder Spécial DMC.

**4.** Insira a agulha na base do ponto para fixar o ponto no tecido.

## PONTO ROCOCÓ EM ARGOLA

Ponto isolado, uma variação do ponto rococó.

**1.** Puxe a linha do tecido, insira a agulha a 0,2 cm e retire novamente no ponto inicial. Enrole a linha 24 vezes ao redor da agulha, no sentido anti-horário.

**2.** Acomode o ponto para ter um laço grosso e insira a agulha no ponto de partida.

## PONTO ROCOCÓ LONGO

Este ponto é trabalhado exatamente como o ponto rococó, mas enrolando a linha várias vezes ao redor da agulha, de modo que o ponto formado seja maior do que a altura da linha a ser revestida.

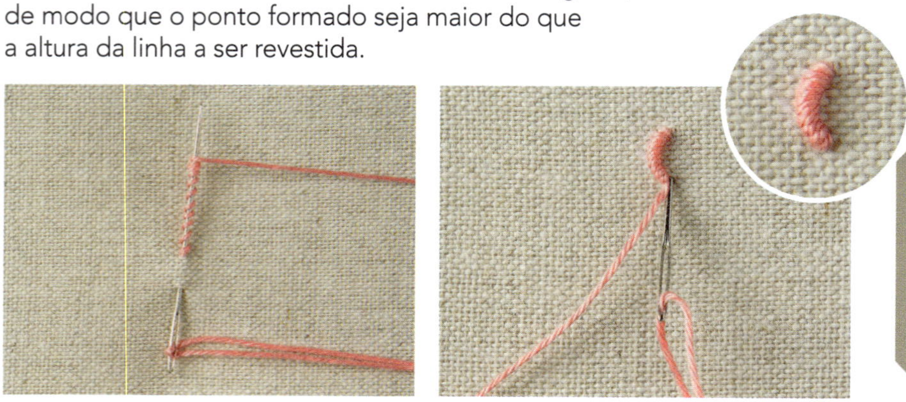

O ponto é curvo e deve ser deitado para um lado.

*O ponto rococó caseado também tem o nome "ponto de tricô" por causa da maneira com que os pontos são montados nas agulhas de tricô.*

## PONTO ROCOCÓ CASEADO

Ponto isolado, uma combinação do ponto rococó e do ponto caseado.

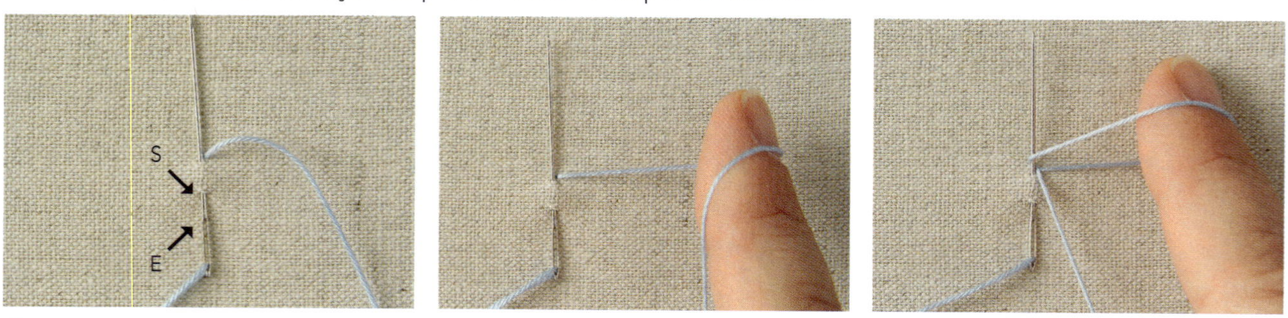


**1.** Puxe a linha no tecido, insira a agulha 0,7 cm mais abaixo e puxe a agulha para cima, no mesmo ponto anterior. Deixe a agulha presa no tecido, enrole a linha em volta do dedo e monte um ponto na agulha.

**2.** Da mesma forma, outros seis pontos são montados e ajustados um contra o outro.

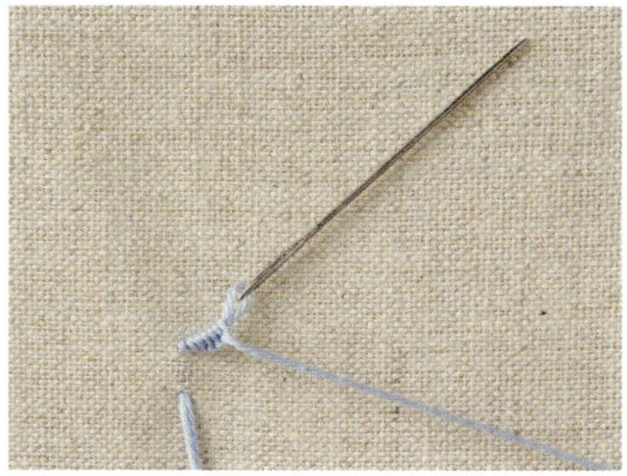

**3.** Puxe a agulha, e os pontos serão colocados ao redor da linha, depois, passe-a por baixo do ponto, da esquerda para a direita, para colocá-la em linha reta, e insira a agulha na base.

## PONTO ROCOCÓ CASEADO EM ARGOLA

Este ponto é trabalhado exatamente como o ponto rococó em argola, mas montando os pontos caseados na agulha, assim como no ponto rococó caseado.

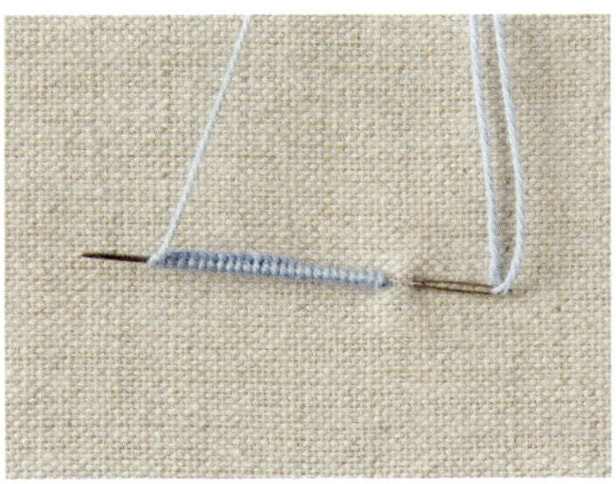

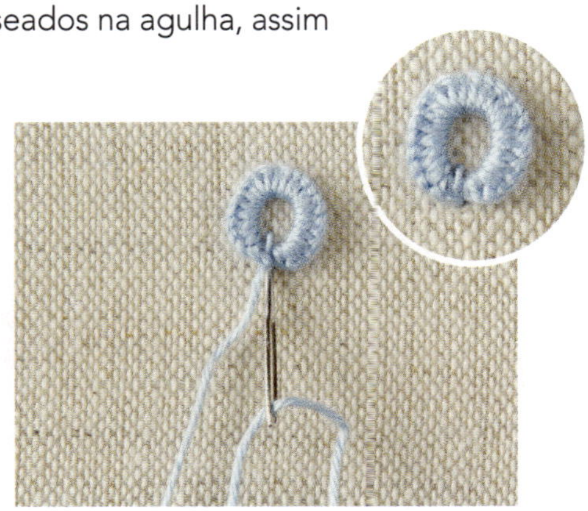

# PONTO TEIA DE ARANHA CHULEADO

Ponto isolado, que forma uma roseta em relevo.

**1.** Desenhe um círculo de 1 cm de diâmetro e oito raios com a mesma distância entre eles. Puxe a linha pelo centro do círculo e insira a agulha acima da linha, sobre um dos raios. Saia novamente no centro e borde os outros raios da mesma maneira.

**2.** Retire a agulha no centro e deslize abaixo de um dos raios da teia.

**3.** Enrole a linha em torno do raio, entre por baixo e saia no raio seguinte.

O ponto teia de aranha chuleado também é chamado de ponto roda chuleada. Isso pode ser feito com um número par ou ímpar de raios, sem alterar o resultado visual.

**4.** Os seguintes raios são chuleados do mesmo modo, até estarem completamente cobertos.

**5.** Para terminar, insira a agulha no tecido, perto do último raio chuleado.

## PONTO TEIA DE ARANHA COM PONTO CERZIDO

Ponto isolado, formando uma roseta elevada composta por um número ímpar de raios.

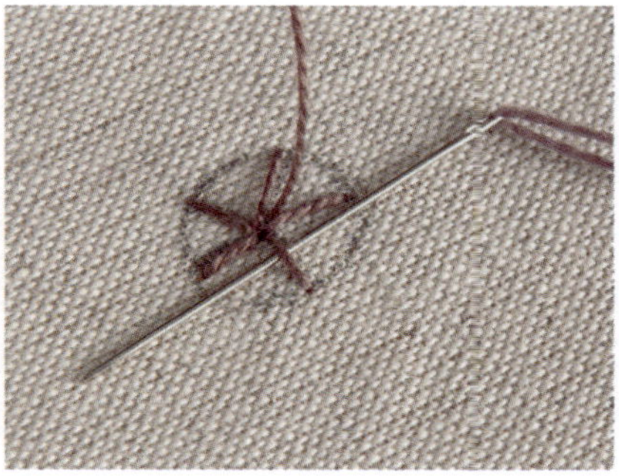
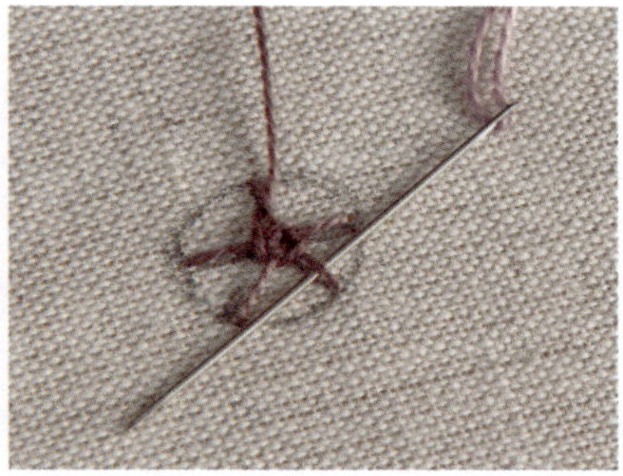

**1.** Desenhe um círculo de 1 cm de diâmetro e um número ímpar de raios (cinco). Puxe a linha pelo centro (veja a página 172), borde um ponto chuleado em cada raio como antes.

**2.** Saia entre dois raios, perto do centro, e passe a agulha por cima e por baixo dos raios da teia.

> *Para aumentar o relevo da roseta, basta aumentar o número de voltas com um ponto cerzido. A flor toma forma e o relevo aumenta.*

**3.** Continue a bordar da mesma maneira até cobrir completamente os raios, depois insira a agulha no tecido, perto do último ponto.

## PONTO TEIA DE ARANHA COM PONTO CERZIDO (VARIAÇÃO)

Ponto isolado, uma variação do ponto anterior, cuja diferença está no número de raios.

**1.** Desenhe um círculo de 1 cm de diâmetro e um número par de raios (oito), igualmente espaçados. Borde com um ponto chuleado como antes (veja a página 172).

**2.** Retire a linha pelo centro e passe a agulha por cima e por baixo dos raios, sem puxar demais a linha, de modo que ele se adapte ao diâmetro crescente da teia de aranha.

**3.** Para terminar, insira a agulha perto de um raio. Metade dos raios é visível acima da roseta.

# OS ACABAMENTOS

Os trabalhos bordados são tão delicados e refinados que merecem ser finalizados ou adornados com muito cuidado. Aqui estão alguns exemplos de decoração e acabamento.

## APLIQUE DE UMA SIANINHA

Aplique a sianinha com um ponto em ziguezague (consulte a página 160).

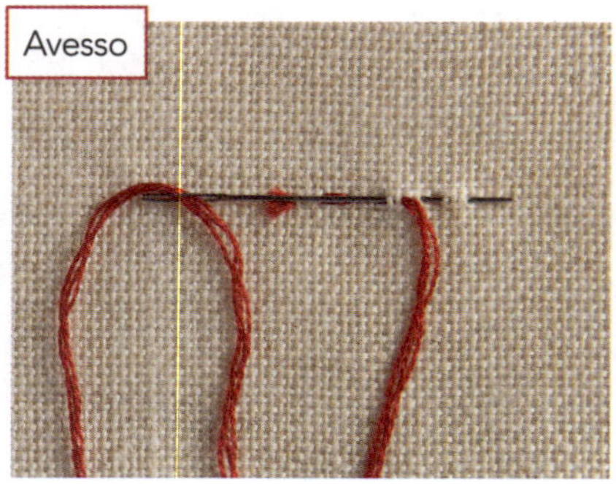


**1.** Prenda a linha no avesso, fazendo um ponto no local onde a sianinha será aplicada.

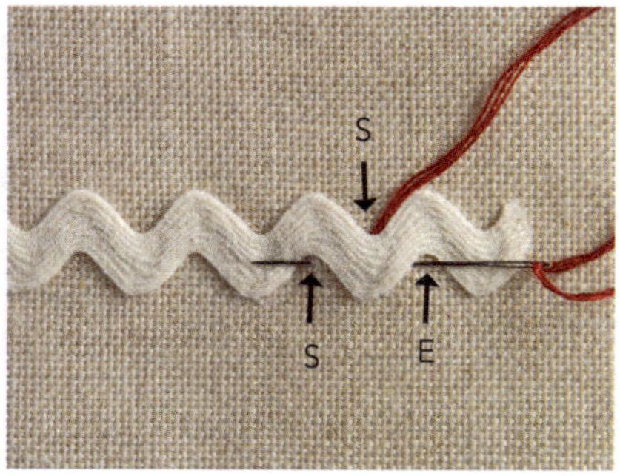


**2.** Retire a agulha à direita, em uma das cavidades da sianinha e insira na diagonal, na cavidade de baixo. Retire a agulha em uma cavidade próxima a ela, na mesma altura.

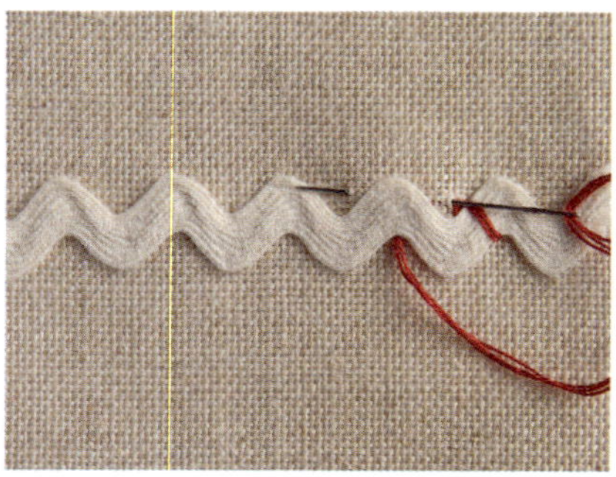

**3.** Insira a agulha diagonalmente na cavidade de cima e saia na cavidade próxima a ela, na mesma altura.

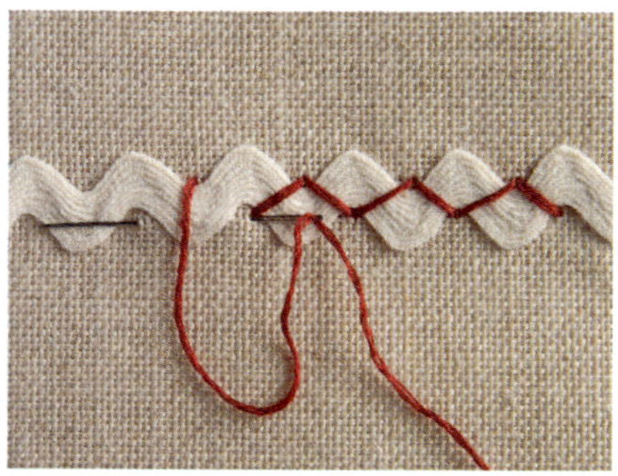

**4.** Continue a bordar da mesma maneira.

*A sianinha é uma fita ondulada que se apresenta em larguras diferentes. É muito prático para decorar e fazer o acabamento de um trabalho, dando-lhes um estilo jovem e atual.*

# BORDA DA PRESILHA CASEADA

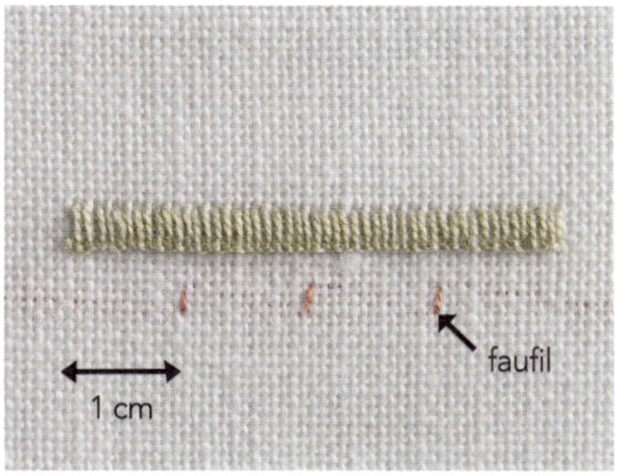


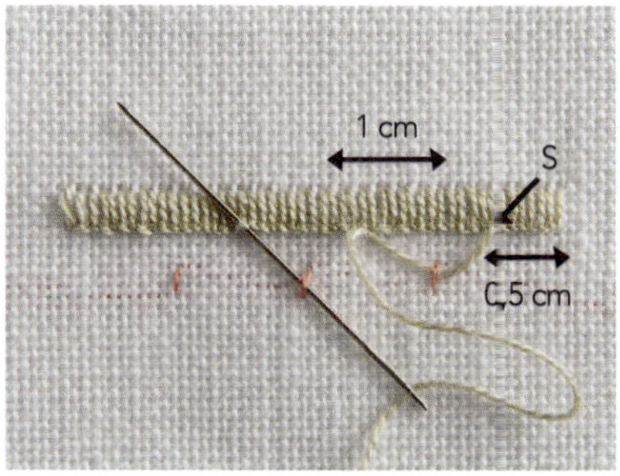

**1.** Borde com ponto caseado em quatro fios de altura e por uma distância de 4 cm. Distante 0,7 cm do caseado, faça um ponto chuleado em dois fios a cada centímetro com linha de alinhavo.

**2.** Retire a agulha em uma das laçadas do ponto caseado, a 0,5 cm da margem direita, passe sob o alinhavo, insira a agulha na laçada do ponto caseado, passe sob o seguinte alinhavo, pregue novamente no caseado etc.

**3.** Volte da esquerda para a direita, passando por baixo do alinhavo e nas laçadas do ponto anterior do caseado.

> *As presilhas caseadas pertencem à técnica do ponto de renda. Este acabamento é frequentemente usado em bordados brancos.*

**4.** Da mesma forma, volte da direita para a esquerda. Em seguida, borde com um ponto caseado em torno das três linhas passadas, sem atravessar o tecido, até a borda caseada. Prenda o último ponto no caseado.

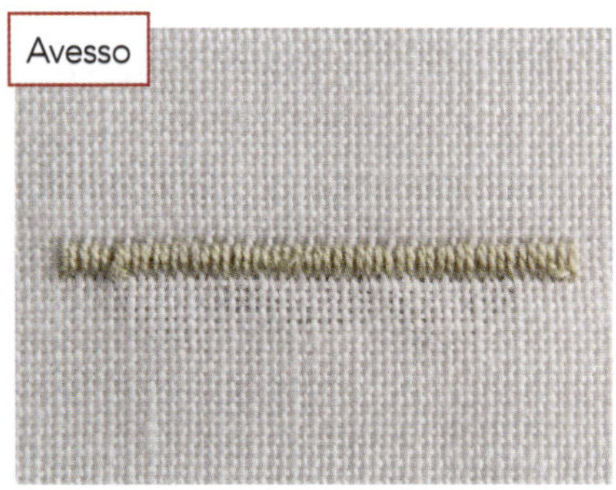


**5.** Borde a segunda e a terceira presilha da mesma maneira e, em seguida, remova o alinhavo.

# INSERÇÃO DE RENDINHA

As rendas compradas a metro podem ser aplicadas ao tecido com ponto Paris (consulte a página 140) ou com um ponto turco duplo (consulte o ponto turco simples, página 81).

Deixe uma margem de 1 cm ou mais na borda do trabalho onde a rendinha será aplicada. Tire um fio do tecido e posicione a borda da renda em cima, voltada avesso contra direito, próximo ao vazado (vazado deixado pelo fio removido) e coloque os alfinetes.

***Nota**: Para visualizar bem o ponto, use uma linha mais escura. Para fazer o aplique em um trabalho, use uma linha fina da mesma cor que a rendinha.*

# INSERÇÃO DE RENDINHA COM PONTO TURCO DUPLO

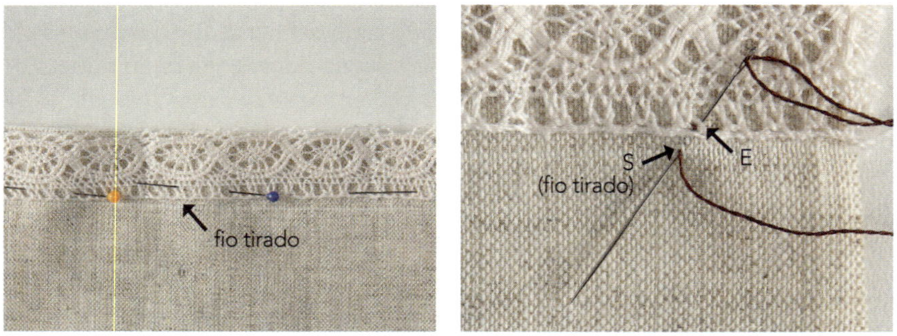


**1.** Retire a agulha no vazado criado pelo fio removido, insira a agulha na diagonal, na base da renda (ver quadro na página 179) e saia novamente no ponto anterior.

**2.** Borde com um ponto turco, inserindo a agulha alternadamente na base da renda e no tecido e fazendo duas passagens de linha em cada ponto.

**3.** Em cada ponto, puxe bem a linha para apertá-lo e, assim, evidenciar o vazado.

O lado comprido/ reto é chamado de base da rendinha. Apresenta pequenos espaços por onde a agulha deve passar para aplicar a renda no tecido.

**4.** Passe a ferro o trabalho pelo avesso e, em seguida, corte o excesso de tecido ao nível do ponto turco. Use a tesoura com uma das pontas arredondada. O ponto turco duplo é idêntico pelo avesso e pelo direito do trabalho.

## INSERÇÃO DE RENDINHA COM PONTO PARIS

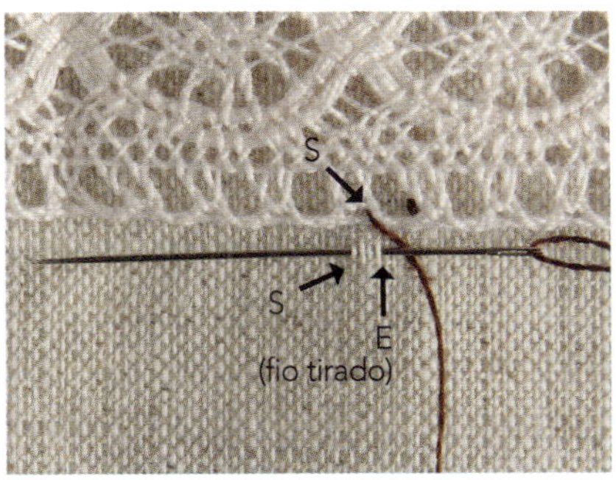

**1.** Retire a agulha na base da rendinha, insira a agulha por baixo, no vazado do fio retirado e saia após três ou quatro fios. Faça um ponto atrás sobre esses fios e saia novamente no ponto anterior. Faça novamente um ponto atrás e saia diagonalmente, na base da rendinha (veja o quadro acima).

**2.** Continue a bordar da mesma forma em toda a base da rendinha, puxando a agulha em cada ponto para obter um vazado na base da renda. ***Nota**: No avesso, corte o excesso de tecido a 0,2 cm do ponto.*

# CONSTRUÇÃO DE UM CORDÃO

Os cordões podem ser feitos com a linha usada no bordado.

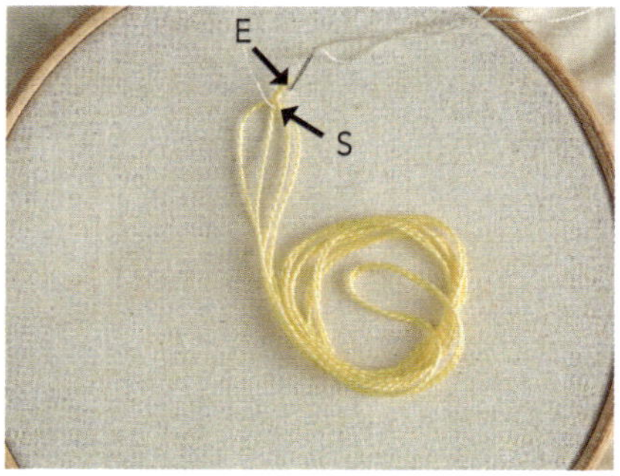

**1.** Para fazer um cordão forte é preciso evitar linhas muito finas (por exemplo: se o bordado tiver sido feito com um ou dois cabos de Mouliné de algodão, faça o cordão com os seis cabos).Para calcular a quantidade de linha necessária, multiplique o comprimento do cordão desejado por 9. (Por exemplo: para um cordão de 20 cm, corte uma linha de 20 x 9 = 180 cm). As duas extremidades da linha são unidas e amarradas firmemente.

**2.** Dobre a linha novamente ao meio, una e amarre firmemente a extremidade amarrada e a extremidade previamente dobrada. Coloque, no bastidor de 16 cm de diâmetro, um tecido de linho resistente e prepare uma agulha com um cabo de linha. Retire a agulha no tecido, entre os quatro fios, e insira a agulha a 0,7 cm mais distante, prenda-os fazendo alguns pontos sobrepostos.

**3.** Insira a ponta da punção na extremidade dobrada, puxe a linha e gire a punção para torcê-lo.

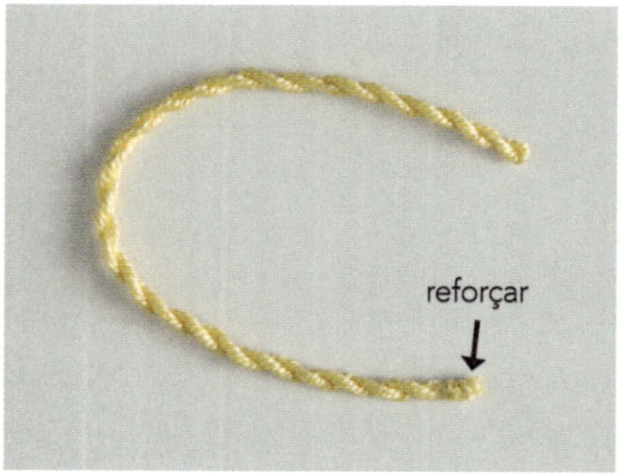


*É importante torcer bem as linhas para ter um cordão forte, resistente e com uma aparência bonita. Se este não for o caso, o cabo ficará solto e as extremidades serão mal definidas.*

**4.** Torça o cordão até que ele se curve sobre si mesmo. Coloque as extremidades lado a lado e una-as, enrolando uma linha e inserindo a agulha através do cordão várias vezes, depois corte o excesso de linha.

*Para calcular a quantidade de linha necessária para a realização de um cordão, considere a diminuição do comprimento devido à torção das linhas e àquela perdida com os nós.*

# ACABAMENTO DE UM CORDÃO

***Nota**: Para uma boa visualização dos pontos, uma linha com uma cor contrastante foi usada, mas é conveniente trabalhar com uma linha de cor semelhante ao tecido.*

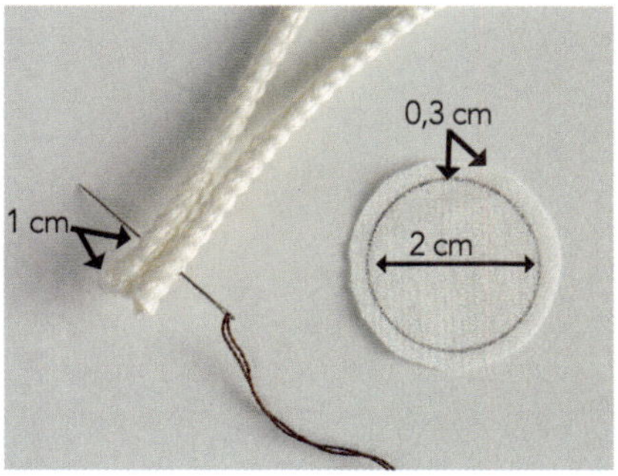


**1.** Corte um círculo de tecido cujo diâmetro varia de acordo com o tamanho dos cordões e com uma margem sempre de 0,3 cm.

**2.** Coloque as extremidades dos cordões lado a lado e enrole uma linha, firmemente, para juntá-los.

**3.** Dobre a margem do círculo para o avesso e faça um ponto alinhavo de 0,5 cm ao redor de todo o contorno.

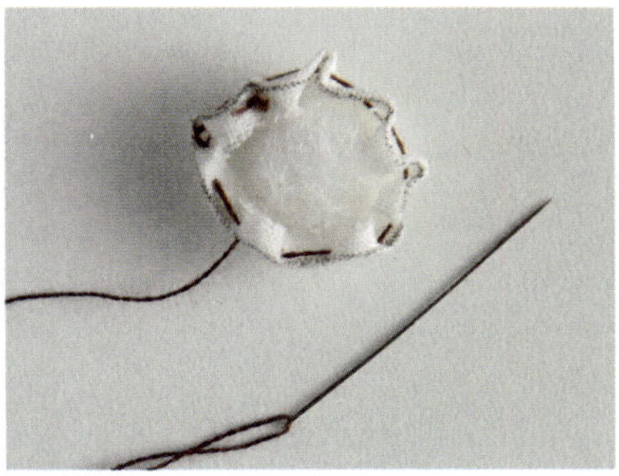

**4.** Encha um pouco de fibra de enchimento (manta acrílica) no círculo e puxe a linha para franzir e juntar o contorno.

**5.** Insira as extremidades das linhas no círculo e puxe um pouco mais, depois arremate.

*O diâmetro dos círculos do tecido deve corresponder à espessura dos cordões para preservar a harmonia nas dimensões dos diferentes elementos que formam esse acabamento refinado.*

# EXECUÇÃO DE UMA BORLA

Com a linha de bordar é possível fazer lindas borlas que combinam com o trabalho.

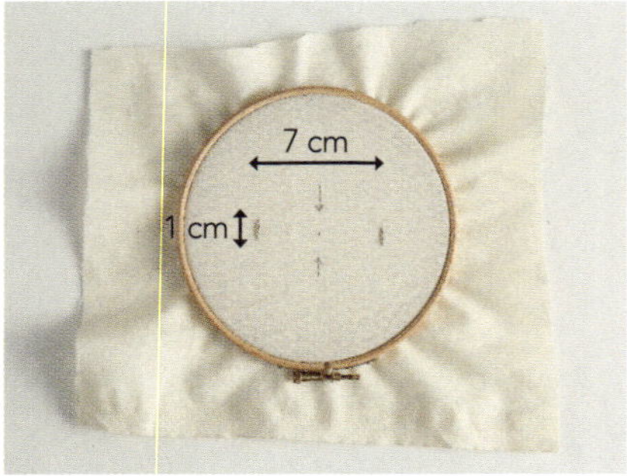


**1.** Coloque um tecido de linho resistente em um bastidor e marque um ponto no centro. Em cada lado do ponto, borde três pontos chuleados sobrepostos.

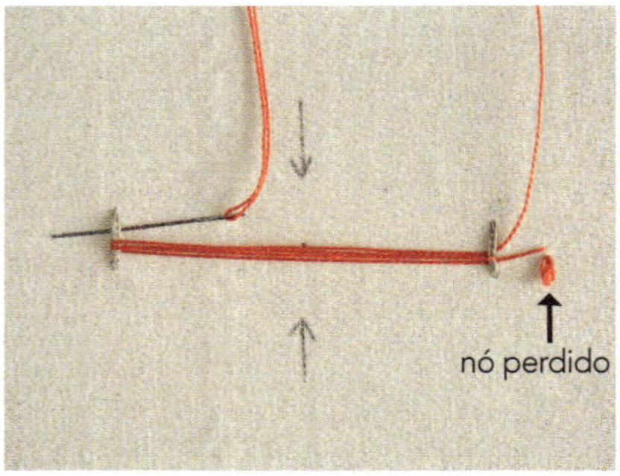


**2.** Insira a agulha no tecido e passe a linha por baixo do ponto à direita, depois por baixo do ponto à esquerda. Continue enrolando a linha em torno dos dois pontos, sem atravessar o tecido.

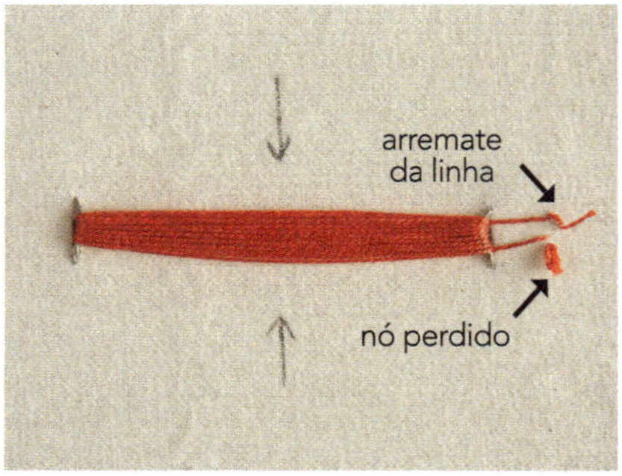


**3.** Quando acabar a linha, arremate-a à direita, fazendo vários pontos atrás sobrepostos.

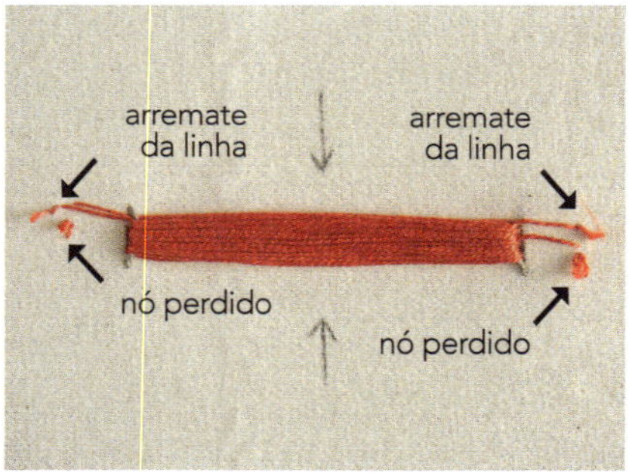


**4.** Inicie uma nova linha como antes, enrole-a ao redor dos pontos e finalize-a da mesma maneira.

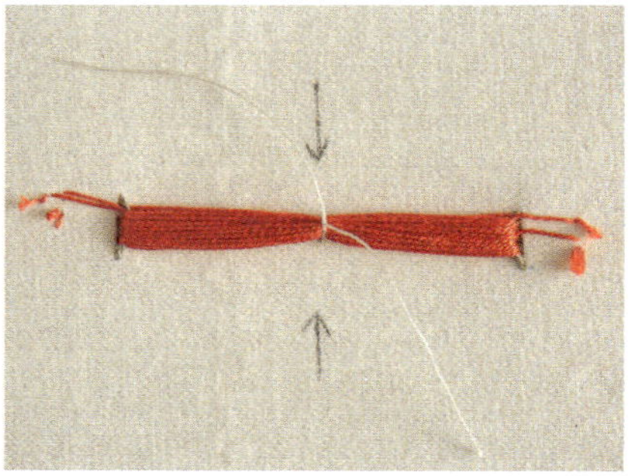

**5.** Amarre uma nova linha ao redor das linhas esticadas e posicione-a no centro.

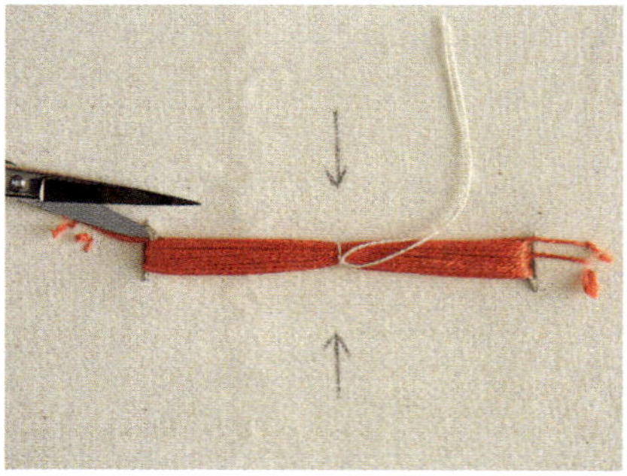

**6.** Em seguida, corte os pontos chuleados da esquerda e da direita para liberar o grupo de linhas.

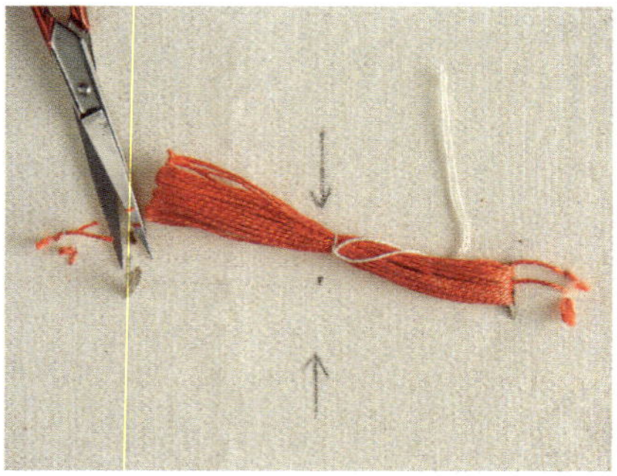

**7.** Insira uma nova linha, dobre o grupo de linhas ao meio e deslize a agulha sob o nó.

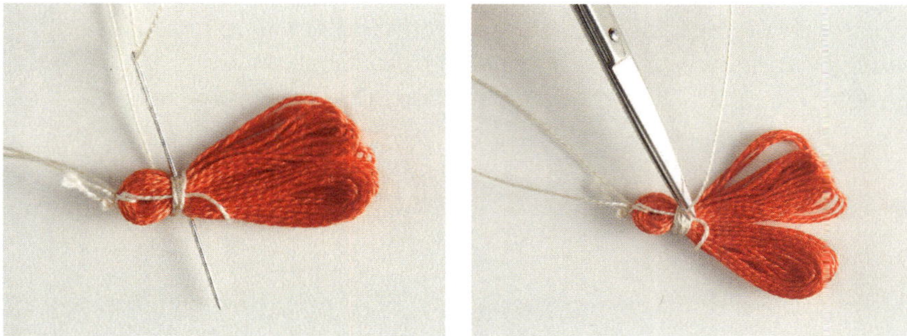

**8.** Enrole a linha em torno do grupo de linhas sete a oito vezes, depois insira a agulha várias vezes através da linha enrolada e corte-a.

**9.** Corte, nivelando o comprimento da borla.

*Para fazer uma borla com as linhas usadas no bordado de um trabalho, são necessários apenas alguns minutos e um pouco de habilidade. No entanto, esse pequeno acessório adiciona estilo a um trabalho feito à mão.*

# GLOSSÁRIO

**Algodão:** é a fibra têxtil vegetal mais produzida no mundo. Após ser transformado em fio, o algodão é usado na fabricação de tecidos, na realização de trabalhos de costura e de bordado.
**Armação:** a armação do tecido é a maneira pela qual os fios da trama e do urdume se cruzam (se distinguem entre tafetá, sarja e cetim).

**Cerzido:** é a arte do remendo, muito sofisticada, e que consiste em reproduzir a trama de um tecido com perfeição.

**Desengomagem:** operação que permite eliminar a goma de um tecido lavando-o ou submergindo-o em água muito quente, com ou sem sabão.

**Etamine:** tecido com trama pouco apertada e flexível.

**Grivat:** tecido composto de lã e algodão procedente dos Estados Unidos, fabricado no século XIX na fiação de Grivats, perto de Vichy. É usado na execução do bordado suíço.

**Linho:** planta da qual a fibra é extraída do caule para produzir o fio e o tecido de linho. O fio também é usado para fazer renda de bilros.
**Lurex:** fio sintético têxtil coberto com poliéster e de aparência metálica. Combinado com outro tipo de linha, dá um toque brilhante ao trabalho.

**Modal:** fibra artificial têxtil extraída da celulose, poupa da madeira, muitas vezes de faia.
**Musseline:** etamine muito fina de algodão, muito engomada, que imita o organdi.

**Organdi e organza:** o organdi é um tecido de algodão fino, preparado de acordo com uma técnica particular que lhe confere grande força, uma aparência rígida e um brilho lustroso. Quanto à organza, parece muito semelhante, embora seja composta de fios de seda ou poliéster, algo que a torna mais flexível.

**Poliamida:** fibra sintética, conhecida também pelo nome de nylon.
**Poliéster:** é a fibra sintética mais produzida no mundo. É usado para fabricar tecidos sintéticos, cujas marcas famosas são Tergal e Dacron.

**Rayon:** é uma fibra artificial, feita de celulose, conhecida como a seda artificial, muito semelhante à viscose.
**Reticella:** renda, feita com agulha, produzida apenas com linha, sem a intervenção de um suporte (tela, tecido). Não confunda com o bordado Reticello, que é bordado sobre uma parte dos fios da trama e de urdume.

**Seda:** fibra natural de origem animal (lagarta da borboleta, aranha), muito resistente.
**Stumpwork:** técnica de bordado em que alguns motivos são bordados em 3D.

**Tecelagem dupla:** ver ligamento duplo, página 6.
**Tecido ou tela engomada:** diz-se de um têxtil engomado com goma. A goma é uma cola com base de amido. Engomar significa tornar o tecido mais rígido e mais impermeável, por meio do banho e do molho em amido.
**Trama e urdume do tecido:** os fios da urdume são colocados ao longo do tecido e os fios da trama na largura. O tecido é o resultado do entrelaçamento (tecelagem) dos fios.

**Vichy:** padrão de tecido de algodão xadrez em que os fios já estão tingidos antes de serem entrelaçados, conhecido como tecelagem com fio tinto.
**Viscose:** é uma fibra artificial de origem vegetal, extraída da celulose, semelhante à seda.

# OS TRABALHOS

**Técnica:** ponto cruz, ver página 20

# BORDANDO CRUZES

Puxar a agulha, fazer pequenas cruzes no tecido e ver nascer o trabalho através das minhas mãos me traz uma imensa felicidade e alegria.

## DIMENSÕES

20 x 32 cm
90 x 162 pontos (superfície bordada)

## MATERIAIS

- Tecido de linho cru leve 30 x 40 cm 12,6 fios/cm Zweigart Belfast **Ref.** 3609/52 (**parte 1**)
- Tecido em linho cru 10 x 20 cm 16 fios/cm, Zweigart Newcastle **Ref.** 3348/52 (**parte 2**)
- Tecido de algodão cru de 20 x 32 cm (**parte 3**)
- 80 cm de renda crua com 1,20 cm de largura
- 1 botão branco perolado de 1,2 cm de diâmetro
- 1 agulha de tapeçaria n° 26 Bohin
- 1 agulha para apliques n° 9 Bohin
- Pó termocolante **Ref.** 98535 Bohin
- Linha de costura de cor crua
- Algodão Mouliné DMC n° 221, 407, 712 e 642

## PONTOS DE BORDADO USADOS

Ponto cruz sobre dois fios e sobre um fio – ponto alinhavo – ponto marca

## REALIZAÇÃO DO BORDADO

Centralize e borde o diagrama grande da **parte 1** e o diagrama pequeno da **parte 2**.

Borde o ponto cruz sobre um fio com um cabo de Mouliné de algodão e o resto dos pontos com dois cabos (use agulha de tapeçaria n° 26).

Passe o bordado pelo avesso, com o ferro em alta temperatura.

## MONTAGEM

Apare as bordas da **parte 2** deixando 0,5 cm de margem ao redor. Cole-a na **parte 1** com o pó termocolante (ver página 143 – capítulo dos apliques, como colar com esse pó).

Com a linha 407, faça um cordão de 16 cm e prenda as extremidades nos cantos da **parte 2**, com ponto chuleado sobreposto (n° 407, use agulha para apliques n° 9) deixando 2 cm de folga de cordão para cada lado. Corte o excesso a 0,5 cm da costura. Costure o botão no topo da peça, inserindo-o no centro do cordão. Corte o tecido ao redor do bordado deixando 2 cm de margem. Dobre as bordas 1,5 cm para trás e vinque-as com o ferro. Dobre as bordas da **parte 3**, 1 cm para trás.

Junte as **partes 1 e 3**, voltando avesso contra avesso, insira as rendas entre elas e costure-as com pontos invisíveis. As extremidades da renda devem se encontrar em um dos cantos. Corte o excesso e faça um acabamento limpo.

j'aime le
Patchwork

## DIAGRAMA

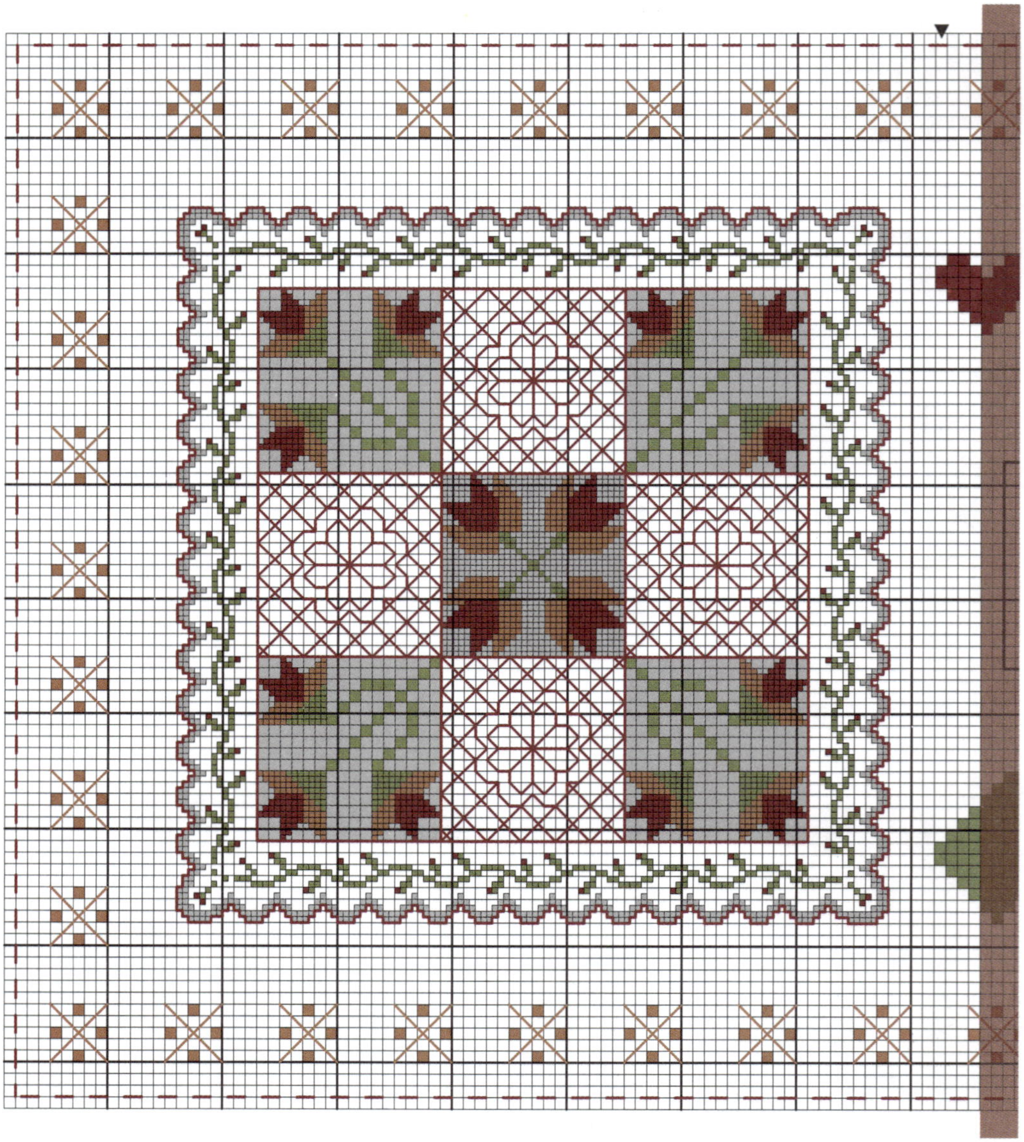

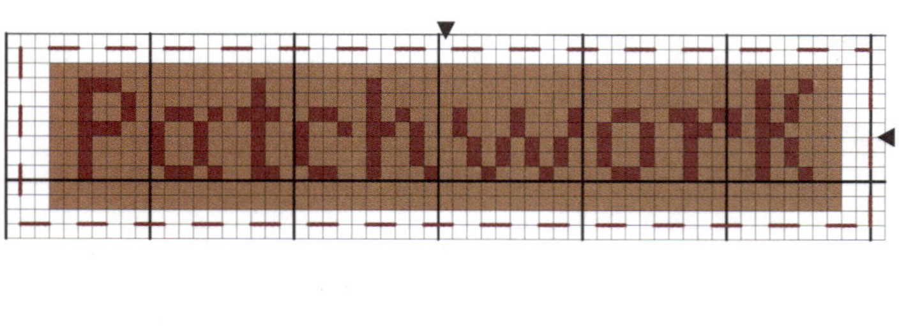

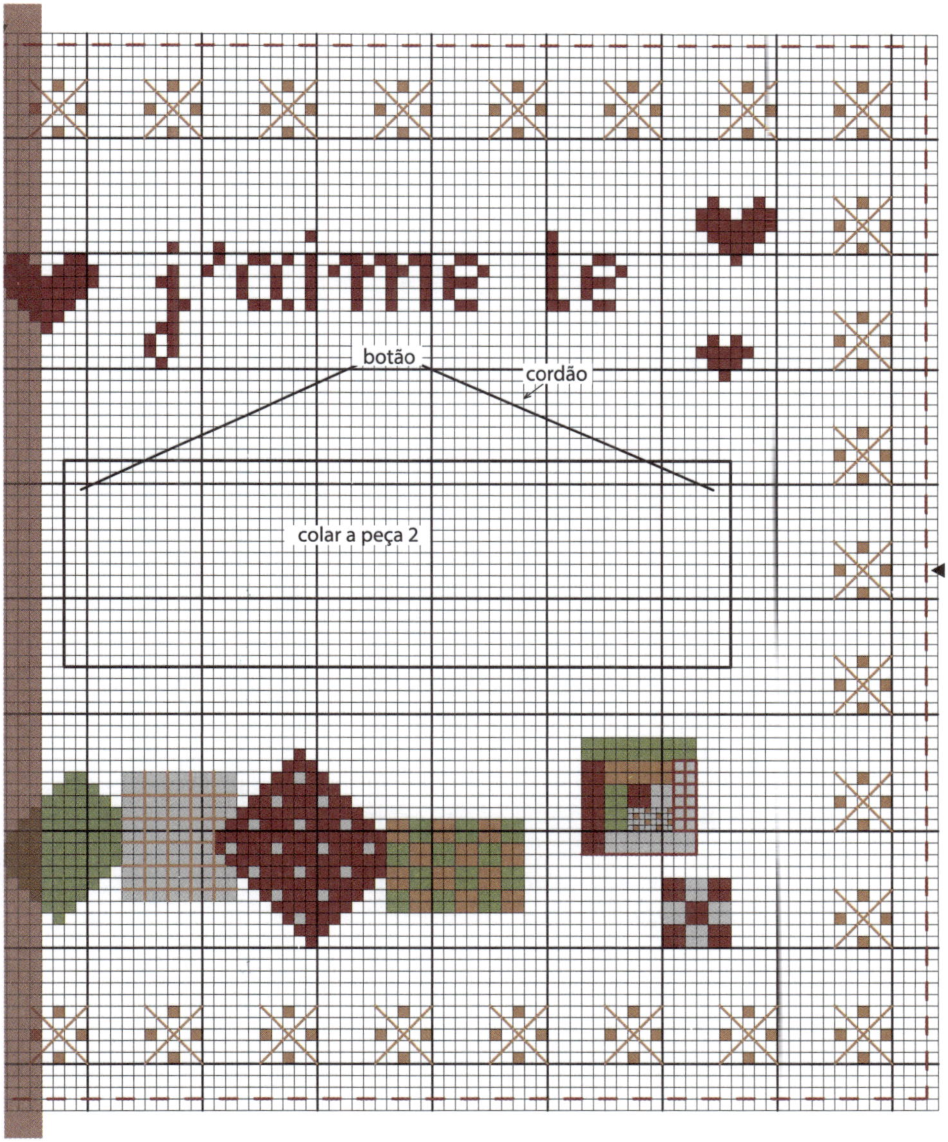


| X | PA | DMC |
|---|---|---|
| ■ | — | 221 |
| ■ | | 407 |
| ■ | | 642 |
| ■ | | 712 |

ponto cruz (em um fio da tela)

| | |
|---|---|
| ◪ | 221 |
| ◪ | 407 |
| ◪ | 642 |
| ◪ | 712 |

ponto marca

- - - 221

# COELHINHO

Os motivos destacam-se graças ao contorno exterior delicadamente bordado que dá um charme ingênuo a este belo trabalho.

## DIMENSÕES

10 x 11 cm (sem cabide)

## MATERIAIS

- Tecido misto de algodão/modal branco de 15 x 15 cm de 12,6 fios/cm Zweigart Murano **Ref.** 3984/100
- Fita de algodão branco de 60 cm com 1 cm de largura
- 2 ornamentos em forma de coração com 0,6 cm de altura
- 1 cabide de madeira de 9,5 cm de largura do "Atelier des Elfes"
- 1 agulha de tapeçaria nº 26 Bohin
- 1 agulha para apliques nº 10 Bohin
- Linha de costura branca
- Algodão perolado DMC nº 12: 931 e 932

## PONTOS DE BORDADO USADOS

Ponto alinhavo – ponto Holbein – ponto Assis

## REALIZAÇÃO DO BORDADO

Borde o tecido seguindo o diagrama da página 192, centralizando-o. Comece bordando os contornos com o ponto Holbein e, em seguida, o fundo em ponto cruz com o avesso perfeito. Costure os ornamentos.

## MONTAGEM

Corte a fita de algodão branco em 2 partes de 9,5 cm (**peças 1**), 2 de 12 cm (**peças 2**) e 2 de 4 cm (**peças 3**).
Corte o excesso de tecido deixando 2 cm de margem ao redor do bordado. Dobre as bordas 1 cm para trás e vinque-as com o ferro. Centralize umas das **peças 1**, na borda superior, a 0,2 cm da dobra, no lado avesso, e prenda os lados curtos e longos com pequenos pontos invisíveis (linha branca, use a agulha de aplique). Faça o mesmo na borda inferior com a outra **peça 1**. Dobre 1 cm para trás nos lados curtos de uma das **peças 2** e centralize esta peça em um lado a 0,2 cm da borda, pelo avesso. Costure com pequenos pontos invisíveis. Faça o mesmo com a outra **peça 2** no último lado. Coloque as duas **peças 3** no topo, a 1 cm das margens, pelo avesso, e costure com pequenos pontos invisíveis.

Insira as extremidades das **peças 3** no cabide, dobre-as para trás, deixando a borda superior exceder 1 cm e costure-as com pequenos pontos invisíveis.

*Veja o tutorial do ponto Assis em relação a este trabalho na página 33.*

Petit
Lapin

# COELHINHO

## DIAGRAMA

**Linhas**

- **algodão perlé 12 n° 931**
- **algodão perlé 12 n° 932**

**Pontos**

- **Ponto alinhavo**
- **Ponto Holbein**
- **Ponto cruz**

Atenção, uma linha do diagrama representa um fio da trama e um fio do urdume.
**Nota:** Para facilitar a legibilidade do diagrama, a cor não corresponde à realidade.

**Técnica:** ponto cerzido, ver página 34

# PARA VOCÊ

Borde o amor e a amizade, com paciência e paixão. Que lindo presente que alguém construiu com seu coração, sua linha e sua agulha!

## DIMENSÕES

82 x 84 pontos (superfície bordada)

## MATERIAIS

- Tecido misto de algodão/modal branco 20 x 20 cm, 11 fios/cm Zweigart Brittney Lugana **Ref.** 3270-100
- 1 agulha de tapeçaria n° 26 Bohin
- 1 agulha para apliques n° 10 Bohin
- 1 moldura branca com uma abertura de 14 x 14 cm do *Atelier des Elfes*
- Algodão Broder Spécial DMC n° 25: 3688 e 3689
- Algodão Mouliné DMC 315

Pour toi...

## PONTOS DE BORDADO USADOS

Ponto alinhavo – ponto corrente – ponto cruz – ponto haste

## REALIZAÇÃO DO BORDADO

Marque o centro do tecido e faça a transferência do desenho (aqui abaixo).
Borde o ponto alinhavo e o ponto cruz seguindo o diagrama e começando pela parte interna do coração.
Borde por cima da linha do caule parando nos contornos das pétalas e das folhas. *Veja as fotos 1, 2 e 3 abaixo.*
Em seguida, borde a parte externa do coração grande.
Finalmente, borde os corações e a flor seguindo a legenda do desenho abaixo.

## MONTAGEM

Passe o bordado pelo avesso, com o ferro muito quente, e coloque-o sobre um papelão antes de colocá-lo na moldura.

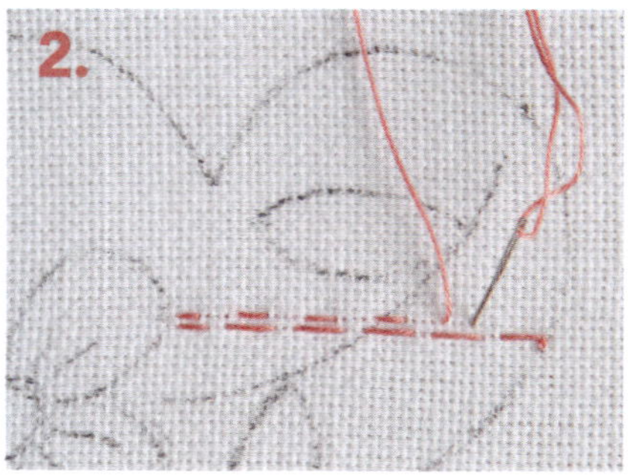


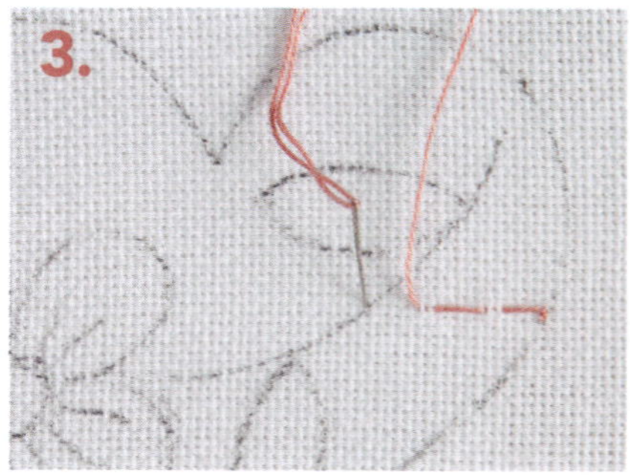


## CÓDIGO DO DESENHO

**Pontos de bordado**
Borde com uma linha de algodão Mouliné 315
e a agulha para apliques.

**1**. Redesenhe o caule com ponto marca
e borde com ponto corrente.
**2**. Ponto corrente
**3**. Ponto haste

## DESENHO NO TAMANHO REAL

# DIAGRAMA

Atenção, uma linha do diagrama representa um fio da trama e um fio do urdume.

**Nota:** Para facilitar a legibilidade do diagrama, a cor não corresponde à realidade.

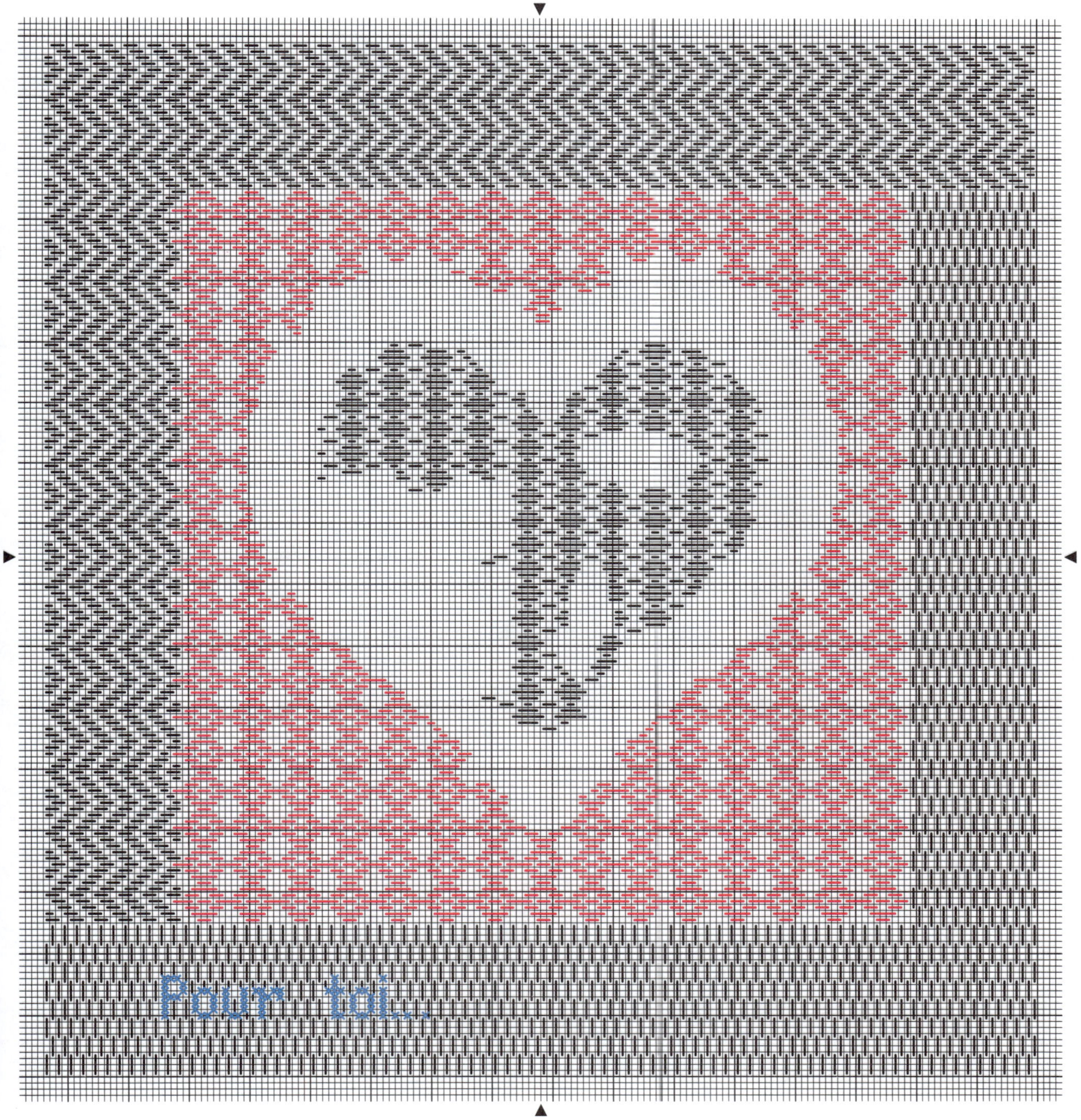


**Linhas**

— Algodão Broder Spécial 25 nº 3688

— Algodão Broder Spécial 25 nº 3689

— Algodão Mouliné nº 315 (um cabo)

**Pontos**

— Ponto chuleado

× Ponto cruz

# CHUVA DE PONTOS

No fundo do tecido, pequenos motivos bordados se agrupam, logo depois, se dispersam habilmente, para fornecer sombra e luz a esta pintura ingênua e romântica.

## DIMENSÕES

111 x 139 pontos
19,5 x 23,5 cm (moldura)

## MATERIAIS

- Tecido de linho branco de 30 x 40 cm de 16 fios/cm Zweigart Newcastle **Ref.** 3348/101
- Tecido de sarja de algodão branco, 21,5 x 25,5 cm
- Fita de cetim de 96 cm com 0,5 cm de largura
- 1 bastidor de 12 cm de diâmetro Sajou
- 2 agulhas de tapeçaria n° 28 e n° 22 Bohin
- 1 agulha para apliques n° 11 Bohin
- Algodão egípcio off-white n° 50 Sajou
- Algodão Mouliné DMC n° 3830, 3777, 844 e 3022

## PONTOS DE BORDADO USADOS

Ponto marca – ponto chuleado – ponto haste

## REALIZAÇÃO DO BORDADO

Marque o centro do tecido e borde seguindo o diagrama, começando pelo centro. Borde todos os pontos contados (com ponto chuleado e ponto alinhavo) com um cabo de Mouliné de algodão e a agulha de tapeçaria n° 28. Borde as laterais e a parte de baixo da saia com ponto alinhavo (um cabo 3830, agulha para apliques). *Veja o diagrama, páginas 198-199.*

## MONTAGEM

Passe o bordado pelo avesso com o ferro muito quente. A 1,5 cm do bordado, retire oito fios do tecido nos quatro lados. Corte a fita de cetim em dois pedaços de 22 cm e outros dois de 26 cm. Com a ajuda da agulha de tapeçaria n° 22, passe um dos pedaços de fita mais curta por cima e por baixo seis fios do tecido, através da borda inferior perfurada. Da mesma forma, passe o outro pedaço pequeno de fita na borda superior e, em seguida, os dois pedaços longos de fita nas bordas das laterais. Corte o excesso de tecido nas laterais, deixando 2 cm de margem após as fitas tecidas. Dobre as bordas 1 cm para trás e passe a ferro. Dobre as bordas do tecido de algodão 1 cm para trás, depois coloque-as sobre o trabalho, avesso contra avesso, e costure os lados com pequenos pontos invisíveis (algodão egípcio, agulha para apliques).

# CHUVA DE PONTOS

## DIAGRAMA

Atenção, uma linha do diagrama representa um fio da trama e um fio do urdume.
**Nota:** Para facilitar a legibilidade do diagrama, a cor não corresponde à realidade.

**Linhas**

- Algodão Mouliné n° 844
- Algodão Mouliné n° 3830
- Algodão Mouliné n° 3777
- Algodão Mouliné n° 3022

**Pontos**

- Ponto chuleado
- Ponto marca
- Ponto haste (um cabo n° 3830)

# CONJUNTO DE FIOS

Cores doces e pontos delicados são as principais características do bordado suíço. Divirta-se trabalhando esta técnica muito interessante.

## DIMENSÕES

130 x 130 pontos (superfície bordada)
26 x 26 cm (guardanapo)

## MATERIAIS

- Tecido de linho xadrez cru/bege 35 x 35 cm 12,6 fios/cm Zweigart **Ref.** 7661/1012
- 110 cm de sianinha na cor off-white com 0,6 cm de largura
- 1 agulha de tapeçaria n° 26 Bohin
- 1 agulha para apliques n° 10 Bohin
- Algodão egípcio off-white n° 50 Sajou
- Algodão Broder Spécial DMC n° 25: 414
- Algodão perlé DMC n° 8: 3865

## PONTOS DE BORDADO USADOS

Ponto chuleado – ponto chuleado quadrado – ponto chuleado triangular – pontos de ancoragem (ponto alinhavo – ponto cruz duplo)

## REALIZAÇÃO DO BORDADO

Borde seguindo o diagrama começando com um dos cantos, a 5 cm das bordas e com uma agulha de ponta arredondada. Os pontos de ancoragem são bordados primeiro com ponto alinhavo e ponto cruz duplo, depois os pontos chuleados triangulares e quadrados e os pontos chuleados nas pétalas simultaneamente.

## MONTAGEM

Corte o tecido a 2,5 cm do bordado. Chuleie as bordas com a máquina e, em seguida, passe pelo avesso com o ferro muito quente. A sianinha é aplicada no contorno com pequenos pontos invisíveis (Algodão egípcio n° 50 – agulha para apliques), certificando-se de que a borda chuleada está escondida.

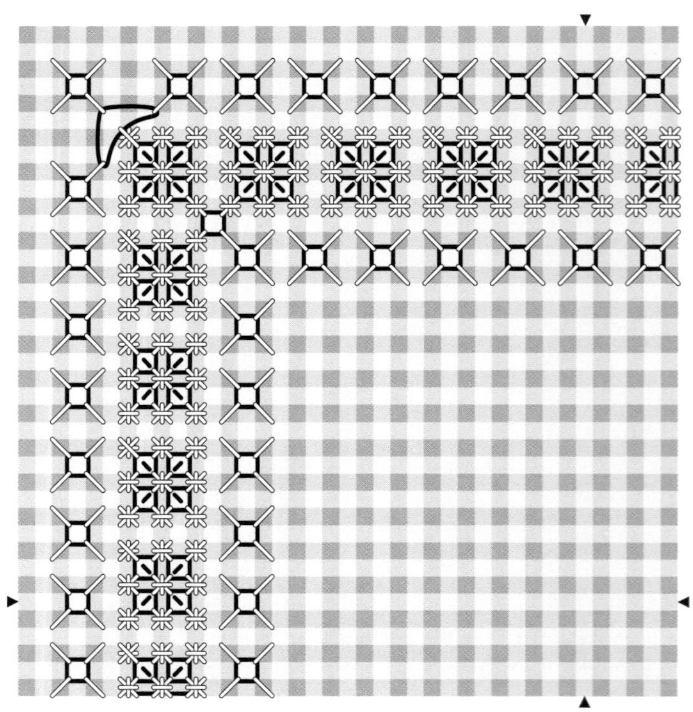

**Nota:** Para facilitar a legibilidade do diagrama, a cor não corresponde à realidade.

# DOCES AJOURS

**Bordada lindamente com ajour, um saco simples torna-se um precioso acessório e evoca a elegância e a pureza da cor branca.**

## DIMENSÕES

2 x 18 x 20 cm

## MATERIAIS

- Tecido de linho branco 20 x 44 cm 16 fios/cm Zweigart Newcastle **Ref.** 3348/100
- 2 círculos de algodão azul claro de 2 cm de diâmetro
- 40 cm de cordão de algodão branco de 0,3 cm de diâmetro da "Vaupel und Heilenbeck"
- 38 cm de renda branca de 1,2 cm de largura
- Fibra de enchimento (manta acrílica)
- Tesoura pequena e fina, **Ref.** 24316 e tesoura pinça **Ref.** 98260 ou 62615 Bohin
- 1 agulha para apliques n° 11 Bohin
- 1 agulha de tapeçaria com ponta arredondada n° 22 e 26 Bohin
- Linha de alinhavo de cor clara
- Meada de algodão branco MS (Marie Suarez) n° 60
- Algodão egípcio off-white n° 50 Sajou
- Algodão Broder Spécial DMC n° 16: 932
- Algodão perlé DMC n° 12: 415

## PONTOS DE BORDADO USADOS

Aplique com ponto turco duplo – ajour com ponto cordonê – ponto feixe – ajour em serpentina (ou em ziguezague) – ponto ajour duplo – dupla borda de ajour (ponto russo ao avesso – ponto ajour amarrado)

## REALIZAÇÃO DO BORDADO

Faça a transferência do diagrama 1, páginas 201-205.
Chuleie as bordas do tecido, então alinhave o centro da largura do tecido, que será o centro da base do saco. Para tirar os fios e fazer os pontos do bordado, siga o diagrama nas páginas 204 e 205. Começando no centro da base, conte e retire os fios, de um lado, para o ajour a ser trabalhado, em seguida, borde os grupos de fios e o ponto feixe.
Para remover as linhas do tecido, use a agulha de tapeçaria n° 22.
Para bordar com o algodão Broder Spécial, o algodão perlé e a meada de algodão, use a agulha de tapeçaria n° 26.
Para bordar com algodão egípcio, use a agulha para os apliques n° 11.
No segundo lado do saco, tire dez fios a 15,5 cm do alinhavo e borde com um ponto ajour com ponto de cordonê (meada de algodão 60) pegando quatro fios do tecido, em cada grupo de fios.
Em seguida, tire um fio a 4,5 cm da parte superior do ponto ajour.

## MONTAGEM

Passe o trabalho a ferro pelo avesso. Dobre-o em dois, voltando o direito e para o direito, pela marca do alinhavo e faça coincidir os pontos ajour com ponto de cordonê e os fios tirados da parte superior. Costure os lados a 1 cm das bordas. Dobre a ponta de um dos cantos inferiores encontrando a costura lateral com o alinhavo e costure ao longo de 2 cm a 1 cm da ponta para formar o canto da base. Faça a mesma coisa no outro canto da base, então vire o trabalho para o direito. Dobre a renda ao meio no sentido da largura, direito contra direito e costure o lado curto, a 1 cm da borda (algodão egípcio, agulha para apliques n° 11), formando um círculo. Em seguida, posicione a renda no topo da bolsa, voltando o avesso contra o direito, ao lado dos fios puxados sem cobri-lo e fazendo coincidir a costura da renda com a de um lado do ajour. Aplique-a com ponto turco duplo (ver página 178) (algodão egípcio, agulha para apliques n° 11).
Insira a extremidade do cordão no centro da fileira de ajour com ponto cordonê, pelo lado da frente, e passe por todo o contorno saco, por cima e por baixo de cada grupo de fios. O cordão sai no mesmo lugar, à direita. Com um círculo de tecido azul e um pouco de fibra de enchimento, faça uma proteção e prenda-a no final do cordão. Faça o mesmo no outro extremo (veja a página 181).

# DOCES AJOURS

## DIAGRAMA

**Linhas**

- Algodão BS 16 n° 932
- Algodão perlé 12 n° 415
- Algodão egípcio 50 Branco
- Meada de algodão MS 60 Branco

**Pontos**

 Ajour com ponto cordonê de quatro fios

 Ponto feixe

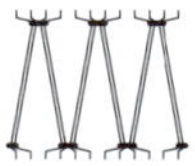 Ajour em serpentina (ponto russo acima e abaixo no avesso)

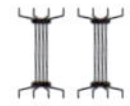 Ajour duplo (ponto russo acima e abaixo no avesso)

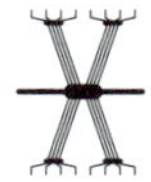 Ajour duplo (ponto russo acima e abaixo no avesso), em seguida, amarra-se os grupos de fios de dois em dois

Alinhavo

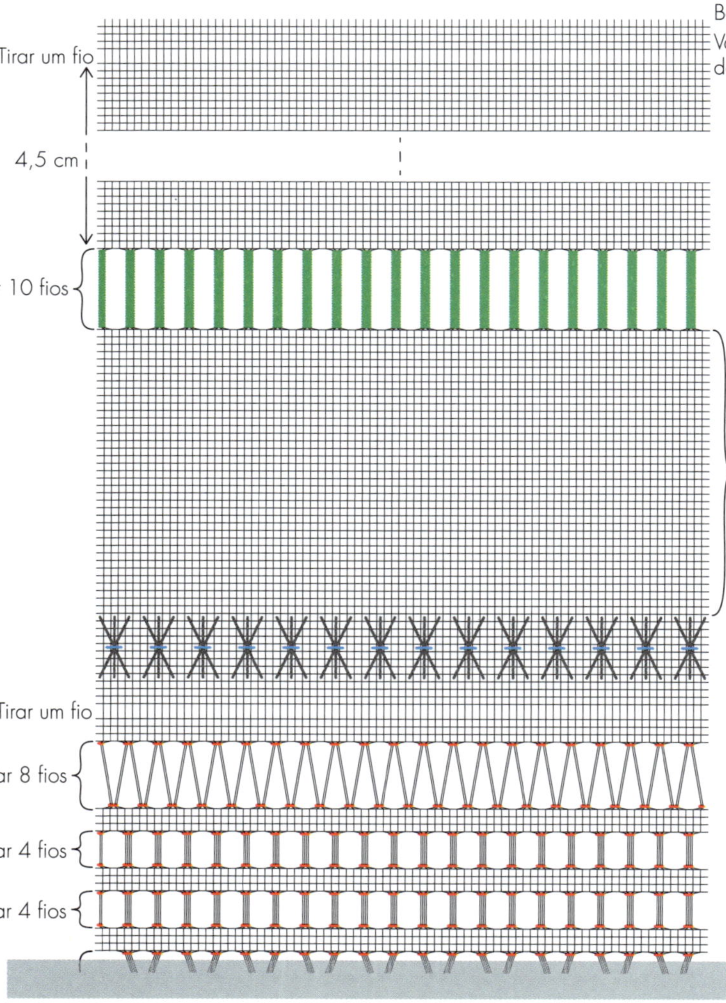

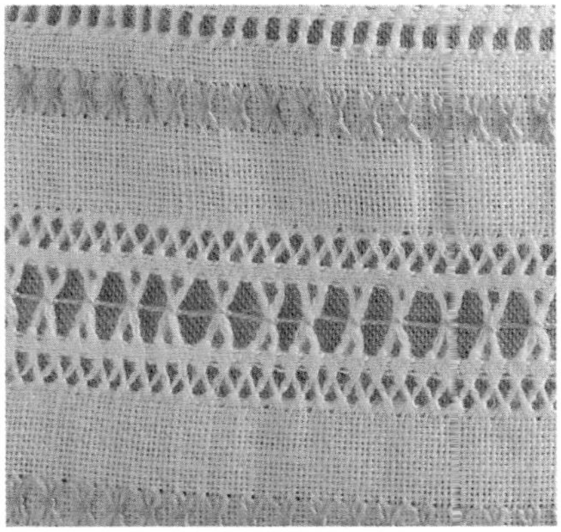

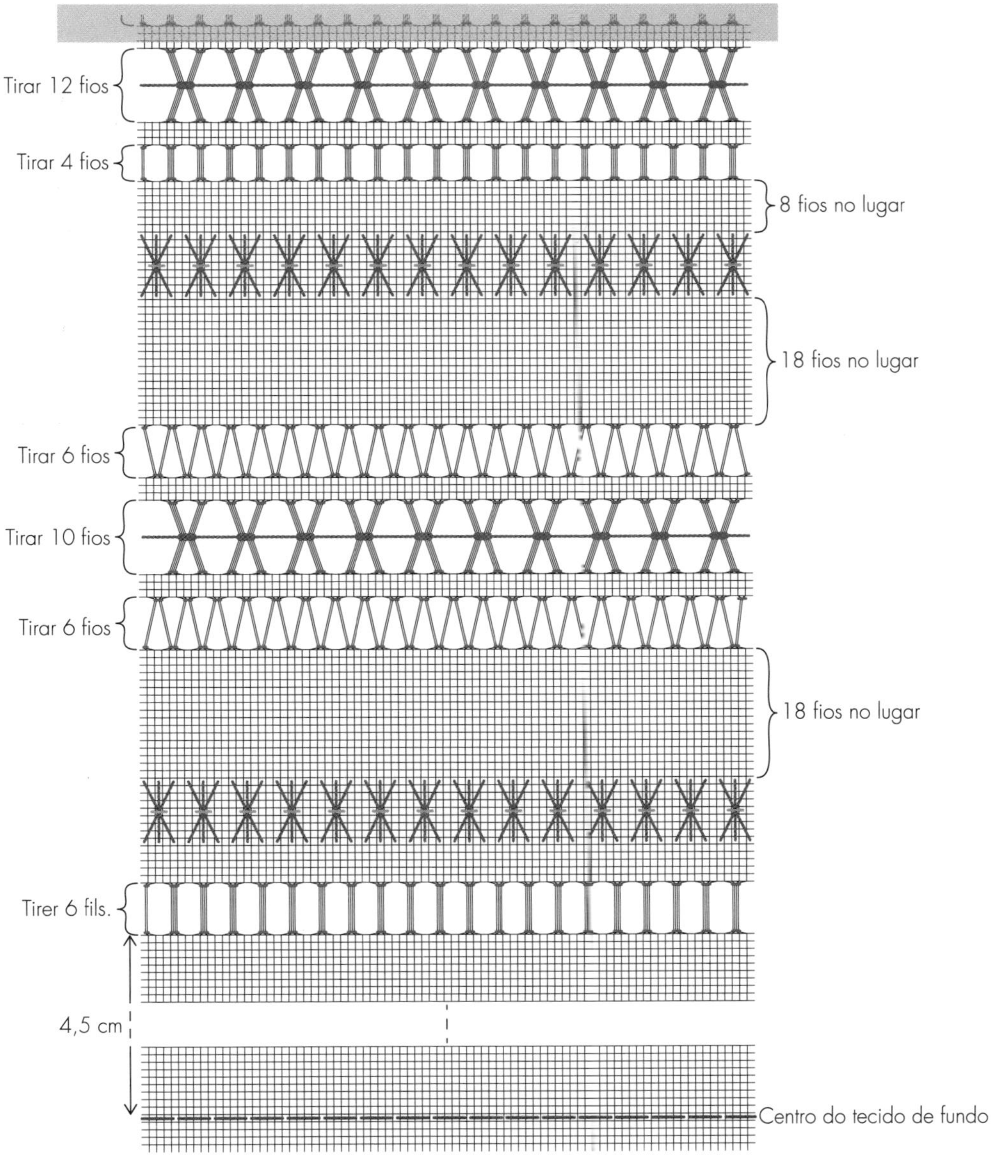


Atenção, uma linha do diagrama representa um fio da trama e um fio do urdume.

**Nota:** Para facilitar a legibilidade do diagrama, a cor não corresponde à realidade.

# FLORES BRANCAS

**Delicada e refinada, esta antiga técnica adapta-se facilmente aos nossos gostos contemporâneos para nos deliciar de novo e de novo! Como não a amar?**

## DIMENSÕES

13,5 x 17 cm (superfície bordada)
19,5 x 23 cm (moldura)

## MATERIAIS

- Tecido de linho branco de 19,5 x 23 cm com 16 fios/cm Sajou
- Tecido misto Algodão/modal bege com flores brancas estampadas de 23 x 27,5 cm Zweigart **Ref.** 3984/7399
- Agulha de tapeçaria n° 26 Bohin
- Agulha para apliques n° 11 Bohin
- 1 bastidor de 12 cm de diâmetro Sajou
- Linha de costura bege
- Meada de algodão Marie Suarez n° 120 Branco
- Algodão egípcio branco n° 60 Sajou
- Algodão Broder Spécial DMC n° 25 e 30 Branco

## PONTOS DE BORDADO USADOS

Ponto corrente – ponto ilhós caseado vazado – ponto espinha – ponto marca – ponto margarida – ponto roseta – ponto diagonal – ponto quadrado isolado – ponto quadrado em dois pontos – ponto colmeia

## REALIZAÇÃO DO BORDADO

Mergulhe o tecido em água muito quente por uma hora para desengomar. Escorra, deixe secar e passe com o ferro muito quente. Coloque no bastidor. Borde seguindo o diagrama, deixando uma margem de 3 cm nas laterais. Comece bordando o ponto roseta, depois o fundo com o ponto quadrado em dois pontos e finalmente o ponto margarida. *Veja o diagrama, página 209.*
Faça a transferência do desenho na parte inferior do tecido e borde seguindo as instruções das páginas 208.
Borde o ponto corrente com a agulha para apliques e o resto dos pontos com a agulha de tapeçaria.

Borde na seguinte ordem:

1. Os contornos das pétalas, o centro das flores, as folhas e as nervuras
2. Os caules
3. As partes internas das folhas e as pétalas
4. O centro das flores

## MONTAGEM

Dobre os lados do tecido estampado floral 4 cm para o avesso, depois dobre novamente para trás 1 cm para fazer uma barra de 3 cm e marque todas as dobras com o ferro. Desdobre e costure todos os cantos mitrados (veja a página 64). Arrume os cantos e vire o trabalho para o direito. Insira o tecido bordado sob as bordas, avesso com avesso. Costure os lados com pequenos pontos invisíveis (linha de costura bege).

# FLORES BRANCAS

## DESENHO NO TAMANHO REAL

## CÓDIGO DO DESENHO

**Pontos de bordado**

**1**. Ponto corrente (BS 30 branco)
**2.** Ponto espinha (BS 25 branco)
**3**. Ilhós vazado caseado (BS 30 branco)
**4**. Ponto colmeia (algodão egípcio 60 branco)
**5**. Ponto quadrado isolado (meada de algodão MS 120)
**6**. Borde o centro com ilhós vazado caseado, em seguida, borde um ponto marca em todo o contorno, puxando firmemente a linha (BS 30 branco)
**7**. Ponto diagonal bordado verticalmente (algodão egípcio 60 branco)
**7***. Ponto diagonal bordado horizontalmente (algodão egípcio 60 branco)

# DIAGRAMA

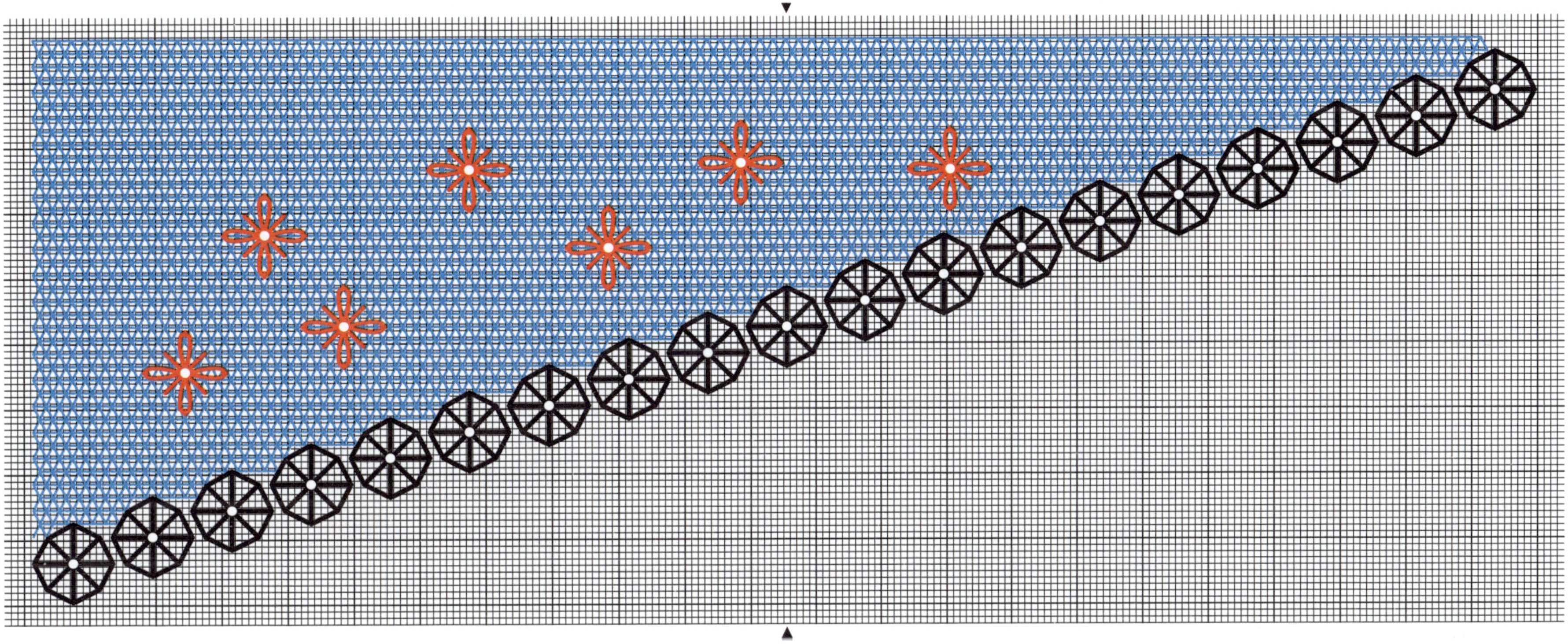

Atenção, uma linha do diagrama representa um fio da trama e um fio do urdume.
**Nota:** Para facilitar a legibilidade do diagrama, a cor não corresponde à realidade.

**Linhas**

- Algodão branco BS 25 Branco
- Algodão branco BS 30 Branco
- Algodão egípcio 60 Branco

**Pontos**

- Ponto roseta
- 4 pontos margarida e 4 pontos chuleado
- preenchimento com ponto quadrado em dois pontos sobre dois fios de tela

**Técnica:** bordado Schwalm, ver página 94

# CORAÇÃO DE LUA

Os símbolos típicos do bordado de Schwalm
estão presentes nesta linda pintura.
Bordá-los é uma delícia.

## DIMENSÕES

18 x 21 cm (superfície bordada)
22 x 24,5 cm (moldura)

## MATERIAIS

- Tecido misto verde claro algodão/modal 28 x 35 cm 12,6 fios/cm Zweigart Murano **Ref.** 3984/6047 (**peça 1**)
- Tecido cinza claro algodão/modal 18 x 21 cm de 12,6 fios/cm Zweigart Murano **Ref.** 3984/7025 (**peça 2**)
- Tecido de linho branco 29 x 31,5 cm 14 fios/cm Zweigart Edinburgh **Ref.** 3217/100 (**peça 3**)
- 21 cm de fita caqui com corações impressos 1 cm de largura
- Agulha de tapeçaria n° 26 Bohin
- Agulha para apliques n° 11 Bohin
- Agulha para bordado de lã n° 10 Bohin
- 1 bastidor de 12 cm de diâmetro Sajou
- Linha de costura branca e verde escuro
- Algodão Broder Spécial DMC n° 16: 3032 e n° 25: 822 e 3032
- Algodão perlé DMC n° 8: Branco e n° 12: branco

## PONTOS DE BORDADO USADOS

Ponto Coral – ponto corrente – ajour amarrado ponto quadrado – ponto alinhavo – roda caseada – ponto caseado – ponto simples – ponto chuleado – ponto estrela (Dresden) – ponto pluma – ponto de espírito através de fios tirados – ponto colmeia – ponto diagonal – ponto cruz em linhas de ida e volta.

## REALIZAÇÃO DO BORDADO

Borde na **peça 1** de acordo com a legenda do desenho da página 213, começando pelo ponto ajour de baixo, a 5 cm do canto inferior esquerdo. Com a agulha n° 26, borde os pontos ajour e os pontos de preenchimento e dos motivos. Borde o resto dos pontos com a agulha para bordado de lã. Para o aplique da fita e a costura da borda, use a agulha para apliques n° 11.

## MONTAGEM

Dobre as laterais da **peça 3**, 3,5 cm para trás, depois dobre novamente 1 cm para fazer uma bainha de 2,5 cm e marque todas as dobras com o ferro. Desdobre e costure todos os cantos mitrados (veja a página 64). Faça os vazados e vire o trabalho para a direita. Corte o excesso de tecido das bordas da **peça 1** deixando 2,5 cm de margem. Centralize a **peça 2** na parte no avesso do trabalho, depois insira sob as bordas da **peça 3**, avesso contra avesso. Costure os lados com pequenos pontos invisíveis (linha de costura bege).

## DESENHO NO TAMANHO REAL

# CÓDIGO DO DESENHO

**Pontos de bordado**
Trabalhe respeitando a ordem numérica.

**1**. Borde um ajour amarrado com ponto quadrado.
**2**. Borde a borda pequena com ponto cordonê em quatro linhas (BS 25/822).
**3**. Borde como o ponto **1**.
**4**. Borde os contornos dos motivos com um ponto coral e depois com um ponto corrente (Perlé 8/Branco).
**5**. Ponto corrente (Perlé 8/Branco) e um ponto alinhavo por cima e depois debaixo (BE 25/3032).
**6**. Ponto corrente (BS 16/3032 e Perlé 8/Branco).
**7**. Roda e meias rodas caseadas (Perlé 8/Branco).
**8**. Roda caseada (Perlé 12/branco) e borde o contorno com ponto caseado (BS 16/3032).
**9**. Borde as folhas com ponto simples trabalhado na diagonal (BS 25/3032), em seguida, borde as nervuras com ponto pena (Perlé 12/branco).
**10**. Borde a cauda do pássaro com ponto caseado (Perlé 16/branco) e borde um ponto chuleado no centro (BS 25/3032).
**11**. Borde a cabeça com um ponto roda descentralizado, depois faça um ponto corrente (Perlé 8/branco). Borde um único ponto nó no olho (BS 16/3032).
**12**. Para o bico, borde três pontos pluma sobrepostos (Perlé 8/Branco e BE 16/3032).
**13**. Borda um ponto chuleado (Perlé 16/Branco), depois, borde um ponto margarida ao redor (BS 25/3032).
**14**. Preencha-o com um ponto estrela (Perolado 12/Branco).
**15**. Esvazie o motivo e preencha-o com ponto espírito (Perolado 12/Branco).
**16**. Esvazie o padrão e borde duas fileiras com ponto colmeia começando em 16a para a borda oposta. Borde a parte central 16b com um ponto diagonal e a parte superior 16c com um ponto cruz em fileiras de ida e volta (Perolado 12/Branc
**17**. Centralize a fita na parte superior e costure com pontos invisíveis nos lados longos (linha de costura verde). Em seguida, borde com ponto alinhavo em quatro fios a 0,3 cm da fita (BS 16/3032).
**18**. Ponto alinhavo em dois fios (BS 25/3032).

# REFINAMENTO

**Os vazados com ponto cordonê e caseado e os numerosos pontos de renda dos bordados Hedebo realçam os tecidos mais simples.**

## DIMENSÕES

15 x 18 cm

## MATERIAIS

- Tecido de linho cru 25 x 37 cm 22 fios/cm Zweigart Kingston **Ref.** 3225/53
- Tesoura pequena e fina, **Ref.** 24316 e tesoura pinça **Ref.** 98260 ou 62615 Bohin
- 1 agulha para apliques nº 11 Bohin
- 1 agulha de tapeçaria com ponta arredondada nº 26 Bohin
- 1 bastão de cola têxtil **Ref.** 65504 Bohin
- 1 bastidor de 12 cm de diâmetro Sajou
- Linha de alinhavo de cor clara
- Algodão Broder Spécial DMC nº 25: 827 - 840 - 841 - 745 - 3689 - 3685 - 642 - 644 - 819

## PONTOS DE BORDADO USADOS

Ponto barrinha (ou ponto caseado de Hedebo) – círculo vazado trabalhado com ponto barrinha – amêndoa vazada trabalhada com ponto barrinha – ponto simples (renda) – ponto cerzido – presilha caseada dupla – ponto tule duplo (renda) – picô triangular com ponto simples – presilha caseada com picôs com ponto rococó – presilha caseada reta – ponto realce – ponto cordonê – ponto corrente – ilhós caseado vazado – ponto margarida

## REALIZAÇÃO DO BORDADO

Desengome o tecido de linho, depois passe-o com o ferro muito quente, chuleie os lados. Transfira o desenho para o centro do tecido (ver página 216), e borde seguindo a legenda do desenho e as instruções na página 217, certificando-se de cortar o excesso de tecido no avesso, perto das partes vazadas.

Passe o trabalho a ferro e dobre a parte inferior para trás, nivelada com os pontos cordonê e corte o tecido restante deixando 2 cm de margem. Faça o mesmo a 13,5 cm da borda superior. Borde a parte inferior com um ponto barrinha. Borde pequenos triângulos na borda da barrinha (ou ponto caseado de Hedebo), certificando-se de que a parte mais larga dos triângulos tenha sete pontos (644). Corte o excesso de tecido no avesso, nivelado com o ponto.

Borde a borda superior da mesma forma com um ponto barrinha, chuleie os pontos e, em seguida, borde uma fileira com um ponto simples. Borde barrinhas de 1 cm com um picô com ponto rococó (827), então, corte o excesso de tecido no avesso, nivelado com o ponto. Dobre as bordas dos lados para trás e vinque-as com o ferro. Borde com um ponto barrinha nas bordas (644 abaixo e 827 acima), em seguida, corte o excesso de tecido junto aos pontos, no avesso (veja a foto ao lado).

## DESENHO NO TAMANHO REAL

Partes vazadas.

# CÓDIGO DO DESENHO

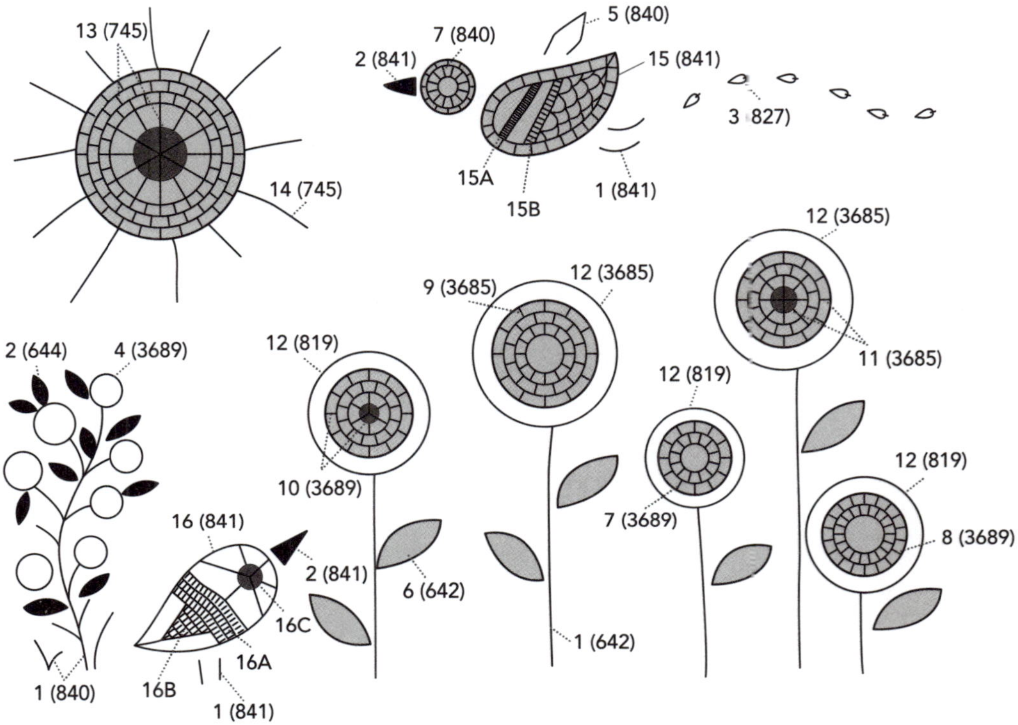


**Pontos de bordado**

*Trabalhe seguindo a ordem numérica.*

**1.** Ponto cordonê.
**2.** Ponto realce.
**3.** Ponto margarida.
**4.** Ilhós caseado vazado .
**5.** Ponto barrinha (ou ponto Hedebo caseado).
**6.** Folhas: borde uma forma ovalada com um ponto barrinha espaçado de 0,2 cm.
**7.** Círculo vazado: borde com um ponto barrinha espaçado de 0,2 cm, chuleie o ponto; faça uma segunda rodada com um ponto barrinha e chuleie os pontos novamente.
Para arrematar a linha, enrole os pontos anteriores até a borda e deslize sob os pontos, no avesso.
**8.** Círculo vazado: faça como em 7.
**9.** Círculo vazado: borde com um ponto barrinha, chuleie os pontos, borde uma segunda rodada de pontos, chuleie os pontos novamente e faça uma terceira rodada idêntica. Arremate a linha como em 7.
**10.** Círculo vazado: com um ponto barrinha, chuleie os pontos, borde uma segunda rodada com um ponto barrinha e uma roda com seis ramos cerzidos.
**11.** Faça como em 10, mas faça uma roda de oito ramos cerzidos.
**12.** Ponto de corrente de 0,2 cm de comprimento.
**13.** Círculo vazado grande: borde com um ponto barrinha, chuleie os pontos, em seguida, borde três voltas idênticas, mas na última rodada, borde uma roda de doze ramos cerzidos. Faça o arremate como em 7.
**14.** Presilha caseada.
**15.** Corpo da ave: borde uma forma de amêndoa vazada com um ponto barrinha espaçado de 0,2 cm, chuleie os pontos. Em 15A, faça uma presilha caseada dupla. Em 15B (= centro do corpo), faça um ponto chuleado com a linha três vezes na borda frontal e borde com um ponto simples, depois continue com um ponto de tule duplo até a ponta do corpo e arremate a linha.
**16.** Corpo da ave: borde uma forma de amêndoa vazada com um ponto barrinha espaçado de 0,2 cm e chuleie os pontos. Saia em 16A, faça o ponto chuleado três vezes no centro do corpo (como no pássaro anterior em 15B), e borde com um ponto simples, depois faça duas outras linhas idênticas. Em 16B (= base do corpo), borde um triângulo com uma ponta achatada. Em 16C, retire a linha perto do bico, e borde uma roda de seis ramos cerzidos.

**Técnica:** bordado Hardanger, veja a página 109

# UM CLÁSSICO

Experimentar o bordado Hardanger é adotá-lo e amá-lo para sempre. É tão agradável contemplar, uma vez que o trabalho esteja terminado!

## DIMENSÕES

130 x 130 pontos

## MATERIAIS

- Tecido misto de Algodão/modal verde claro de 30 x 30 cm de 12,6 fios/cm Zweigart Murano Ref. 3984/6047
- 1 agulha de tapeçaria n° 26 Bohin
- 1 tesoura pinça Ref. 98260 Bohin
- Linha para alinhavar de cor contrastante
- Algodão perlé DMC n° 8/3865, 12/3865 e 12/640.

## PONTOS DE BORDADO USADOS

Barrinhas cerzidas – meias barrinhas cerzidas (barrinhas cerzidas fio a fio no centro dos grupos de fios) – ponto de espírito direito – ponto ilhós quadrado – ponto chuleado – ponto alinhavo – ponto caseado

## REALIZAÇÃO DO BORDADO

Marque o centro do tecido e faça um ponto alinhavo nas medianas com uma linha. Borde com a agulha de tapeçaria seguindo o diagrama (veja a página 220), começando pelo centro. Borde os blocos emoldurados, o ponto chuleado (ver página 149), o ponto caseado das bordas (veja a página 163), o ponto alinhavo (ver página 35) e o ponto ilhós quadrado. Remova o alinhavo e passe o trabalho pelo avesso, com o ferro muito quente. Corte os fios e faça os vazados das molduras, depois borde as barrinhas cerzidas e os pontos espírito direito, assim como as barrinhas cerzidas fio a fio no centro dos grupos de fios. Corte o excesso de tecido próximo ao ponto caseado.

# UM CLÁSSICO

## DIAGRAMA

Atenção, uma linha do diagrama representa um fio da trama e um fio do urdume.

**Nota:** Para facilitar a legibilidade do diagrama, a cor não corresponde à realidade.

**Linhas**

- algodão perlé 8 nº 3865
- algodão perlé 8 nº 640
- algodão perlé 12 nº 3865

**Pontos**

- Motivo com ponto chuleado
- Bloco com ponto chuleado
- Ponto caseado
- Parte vazada
- Ponto ilhós
- Ponto espírito direito
- Barrinhas cerzidas fio a fio a partir do centro
- Barrinhas cerzidas

**Técnica:** bordado Richelieu e Renascença, ver página 130

# UM AR PRIMAVERIL

Originário de um antigo jornal de bordados, este desenho adaptado para bordado Renascença foi redesenhado com o estilo atual, e parece muito bom.

## DIMENSÕES

13 cm de diâmetro (área bordada)

## MATERIAIS

- Tecido de linho branco de 28 x 28 cm com 22 fios/cm Zweigart Kingston **Ref.** 3225/100
- Tecido bege escuro 28 x 28 cm
- Agulhas para apliques n° 11 e n° 12 Bohin
- Agulha chenille n° 24 Bohin
- 1 punção de alfaiate **Ref.** 65515 Bohin ou Sajou
- Tesoura com ponta arredondada Sajou
- 1 bastidor de 16 cm de diâmetro Sajou
- Meada de algodão branco Marie Suarez (MS) n° 60, 80 e 120

## PONTOS DE BORDADO USADOS

Ponto cordonê – ponto caseado – ponto marca – ponto ilhós vazado – ponto ilhós caseado – presilhas caseadas

## REALIZAÇÃO DO BORDADO

Passe o tecido com o ferro bem quente, em seguida, faça a transferência do desenho da página 224, centralizando-o e colocando-o no bastidor.
Borde seguindo a legenda e as instruções na página 224.
Borde o ponto marca, e bordado com a agulha de chenille.
Para a linha MS 120 e 80, use a agulha para apliques n° 12.
Para linha MS 60, use a agulha para apliques n° 11.

Quando o bordado estiver concluído, retire-o do bastidor e corte as partes que serão vazadas (use a tesoura com ponta arredondada). Em seguida, coloque o direito do bordado sobre um lençol de algodão e passe-o no avesso, com o ferro muito quente.

## MONTAGEM

Coloque o avesso do bordado sobre o tecido bege e monte as duas peças no bastidor, centralizando-as.
Recorte ao redor do bordado deixando uma margem de 5 cm.
Faça um ponto alinhavo a 2 cm da borda e puxe a linha para franzi-lo. Arremate a linha firmemente.

## DESENHO NO TAMANHO REAL

## CÓDIGO DO DESENHO

**Pontos de bordado**
Trabalhe respeitando a ordem numérica.

**1.** As linhas grossas do corpo e das pernas: borde com ponto cordonê (MS 80).
**2.** Linhas finas do corpo: borde com um ponto marca (uma linha dupla MS 60).
**3.** Olho da ave: borde com um ponto ilhós vazado (MS 120).
**4.** Centro das quatro flores: borde com um ponto ilhós caseado (MS 120).
**5.** Veias de flores: borde com ponto cordonê (MS 120).
**6.** Bico: borde com ponto caseado (MS 120).
**7.** Borde os contornos das folhas, as flores, o corpo do pássaro, os galhos e as presilhas caseadas simples seguindo a técnica Renascença (MS 80). Para a borda das flores: preencha com ponto corrente (MS 80), depois borde com ponto caseado por cima (MS 80).

***Nota**: As partes que têm um pontinho desenhado no centro são as partes vazadas.*

# DE VERMELHO

Bordar em vermelho é também bordar fogo, paixão e amor. Essa cor escarlate, de uma beleza resplandecente, estará sempre entre as favoritas das bordadeiras.

## DIMENSÕES

19,5 x 22,5 cm

## MATERIAIS

- Tecido de linho bege de 28 x 30 cm com 14 fios/cm Zweigart Edinburgh **Ref.** 3217/52 (**peça 1**)
- Tecido de algodão branco de 1,5 x 2 cm
- 4 diferentes tranças de fantasia vermelho, branco, bege 1 x 28 cm
- Tecido de algodão colorido a escolher entre 19 x 22 cm (**peça 2**, parte de trás da pintura)
- Enchimento fino de 19,5 x 22,5 cm
- Cartão de 2 mm de espessura de 19,5 x 22,5 cm
- Cola têxtil **Ref.** 65502 Bohin
- 4 botões de cor branca perolada de 0,7 a 1,2 cm de diâmetro
- 1 alfinete de segurança em aço inoxidável 2,2 cm de comprimento **Ref.** 84699 Bohin
- 1 agulha para apliques n° 11 Bohin
- 1 agulha de bordado com lã n° 7 Bohin
- Algodão Mouliné DMC n° 347
- perolado DMC n° 8: 347

## PONTOS DE BORDADO USADOS

Ponto haste – ponto haste largo – ponto haste oposto – ponto alinhavo – ponto chuleado – ponto margarida – ponto ziguezague – ponto atrás – ponto marca – ponto cruz – ponto areia – ponto russo – ponto caseado

## REALIZAÇÃO DO BORDADO

Faça a transferência do desenho da página 228 na **peça 1**, centralizando-a. Borde seguindo a legenda do desenho e instruções na página 229 (no livro original), com um cabo de algodão Mouliné (use agulha para apliques n° 11), a menos que seja indicado o contrário.

Com algodão perlé, borde com um cabo (use agulha para bordado de lã n° 7).

## MONTAGEM

Passe o trabalho a ferro pelo avesso, depois cole as tranças a 0,3 cm do bordado na borda esquerda, nas partes superior e inferior, depois na borda direita. Pressione por 30 minutos. Prenda o enchimento no papelão, então centralize o trabalho, voltando o avesso contra o enchimento. Dobre os lados curtos para trás e cole-os. Faça o mesmo com os lados longos. Finalmente, cole a **peça 2** na parte de trás do trabalho e pressione por mais 30 minutos.

AIMER
broder
DMC
SAJOU
A
B
C

## DESENHO NO TAMANHO REAL

## CÓDIGO DO DESENHO

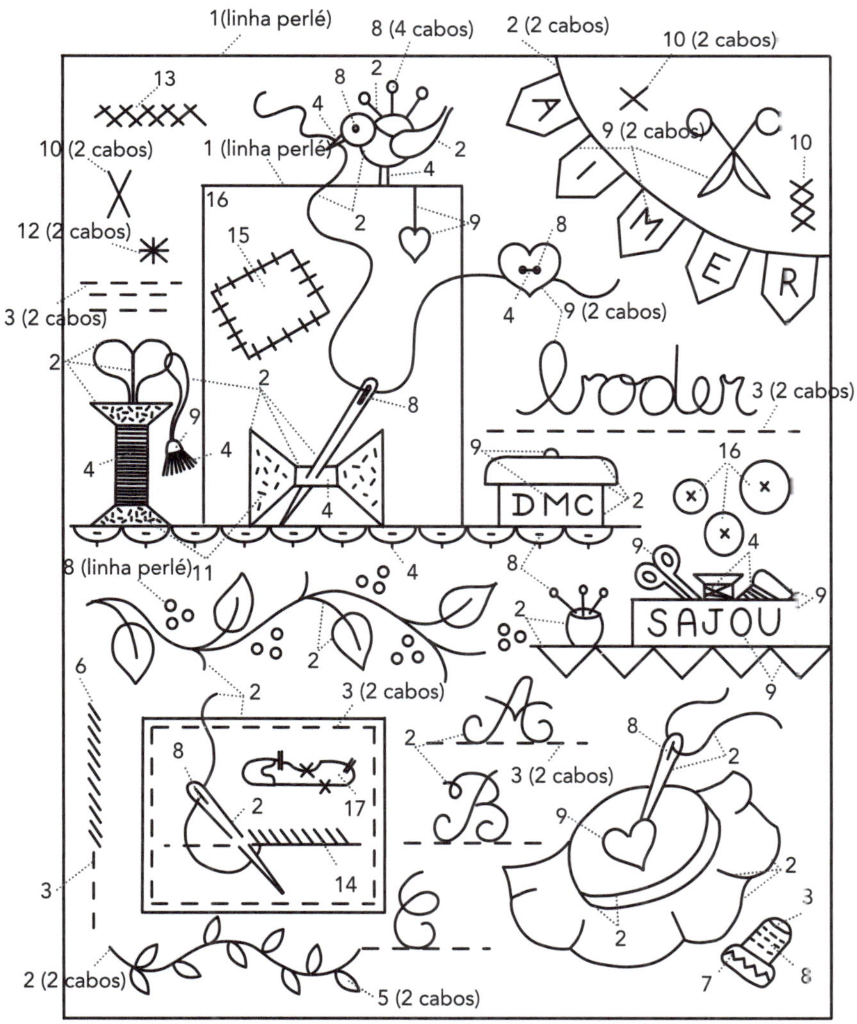


**Pontos de bordado**

**1.** Ponto haste oposto
**2.** Ponto haste
**3.** Ponto alinhavo
**4.** Ponto chuleado
**5.** Ponto margarida
**6.** Ponto haste largo
**7.** Ponto ziguezague
**8.** Dois pontos atrás sobrepostos
**9.** Ponto marca
**10.** Ponto cruz
**11.** Ponto areia
**12.** Ponto cruz duplo
**13.** Ponto russo
**14.** Ponto caseado
**15.** Aplique o pedaço de tecido branco fazendo pontos chuleados nas latera
**16.** Costure os botões
**17.** Aplique o alfinete de segurança fazendo pontos cruz e chuleados sobre as partes metálicas

**Técnica:** pintura com a agulha, ver página 150

# EU PENSO EM VOCÊ

Eu amo os pensamentos. Estas pequenas flores com cores cintilantes, variadas e muito agradáveis para contemplar! As flores imortalizadas no tecido são tão belas quanto as do meu jardim.

## DIMENSÕES

16 x 16 cm

## MATERIAIS

- Tecido de linho de cor cru com trama fechada de 28 x 28 cm Zweigart Kingston **Ref.** 3225/53 (**peça 1**)
- Tecido de linho branco 10 x 20 cm 16 fios/cm Zweigart Newcastle **Ref.** 3348/100 (**peça 2**)
- Feltro cinza 16 x 16 cm
- 1 botão branco de madrepérola de 1 cm de diâmetro em forma de flor
- Lápis de cola temporária Bohin **Ref.** 65504
- 1 agulha para apliques n° 11 Bohin
- 1 agulha de tapeçaria n° 26 Bohin
- 1 bastidor de 15 cm de diâmetro
- 1 par de pequenas tesouras afiadas e de costura
- Algodão Mouliné DMC n° 152 - 154 - 156 - 211 - 307 - 341 - 347 - 470 - 471 - 725 - 726 - 727 - 779 - 796 - 797 - 820 - 902 - 937 - 939 - 3328 - 3347 - 3687 - 3688 - 3689 - 3747 - 3753 - 3807 - 3328 - 3803 - 3834 - 3835 - Branco 5200

## PONTOS DE BORDADO USADOS

Ponto cruz – ponto alinhavo – ponto chuleado – ponto matiz – ponto caseado

## REALIZAÇÃO DO BORDADO

Faça a transferência do desenho da página 232 na **peça 1**, centralizando-a e bordando seguindo a legenda do desenho e instruções na página 233, com um cabo de algodão Mouliné (use a agulha para apliques). Siga as indicações da legenda do desenho para a cor das linhas e, para a distribuição das cores, siga as imagens das fotos.

## MONTAGEM

Corte os bordados da **peça 2** deixando 0,5 cm de margem ao redor. Passe cola na parte de trás das **três peças** e aplique-as na **peça 1**, fazendo um ponto caseado nas bordas (dois cabos 5200). Em seguida, borde com um ponto alinhavo nas laterais seguindo o desenho e pregue o botão (dois fios 902).

Corte o excesso de tecido da **peça 1** deixando 1,5 cm de margem ao redor. Dobre para trás e vinque com o ferro de passar. Coloque um feltro na parte de trás do trabalho, depois costure com um ponto alinhavo (dois cabos 902).

je
pense
à vous

## DESENHO NO TAMANHO REAL

## DIAGRAMA

Na **peça 2**, borde as palavras "je" (eu), "pense" (penso) e "à vous" (em você) seguindo o diagrama anexo, deixando uma margem de 2 cm ao redor de cada bordado (use a agulha de tapeçaria).

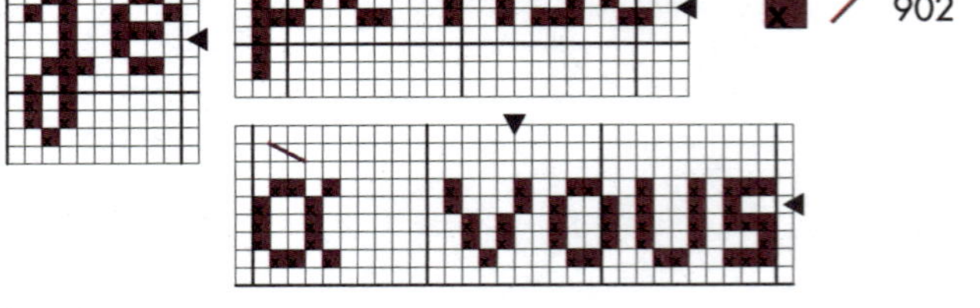

## CÓDIGO DO DESENHO

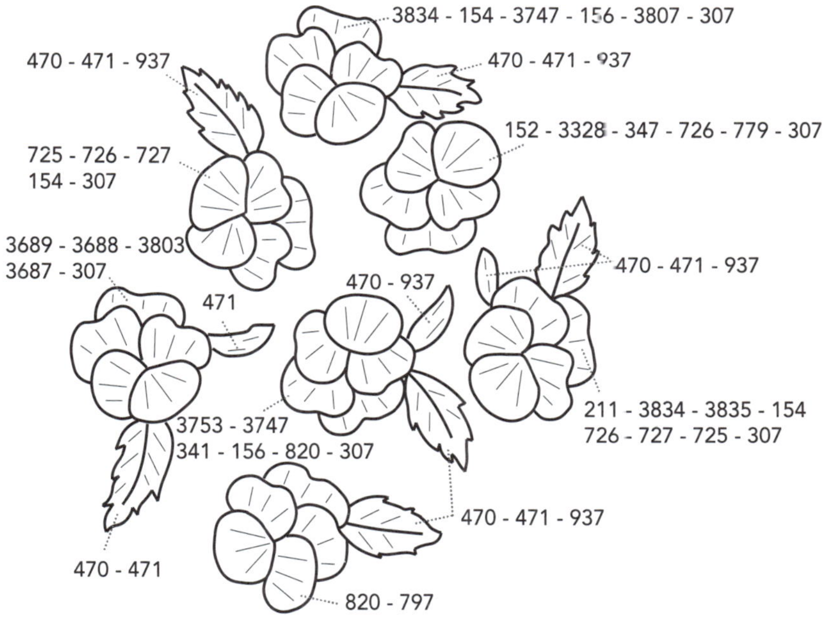


***Nota**: As linhas finas nas folhas e pétalas indicam a direção dos pontos.*

### Bordado de flores

Borde a grande pétala do centro com ponto matiz, começando pela borda exterior mais larga, então, borde as duas pétalas do centro, colocadas de forma espelhada, depois, a pétala localizada atrás e, finalmente, a parte visível da pétala localizada na parte de trás. Em seguida, borde os pontos chuleados divergentes nas três pétalas do centro com uma linha de cor escura. Finalmente, borde de três a cinco pontos na base da grande pétala central (linha 307).

### Bordado de folhas

Trabalhe com ponto matiz diagonalmente na extremidade das folhas (veja a página 156).

# ALMOFADA DE FLORES

**A simplicidade deste ponto permite que pequenas maravilhas sejam bordadas. Que prazer transformar um simples pedaço de tecido em um objeto precioso!**

## DIMENSÕES

15,5 x 18 cm

## MATERIAIS

- Tecido de linho branco 35 x 45 cm Zweigart Bergen **Ref.** 3489/100
- Organdi rosa claro 20 x 30 cm
- 2 pedaços de enchimento branco de 10 x 12 cm
- Pot-pourri de flores secas
- 1 agulha para apliques nº 11 ou 12 Bohin
- Tesoura afiada pequena
- Tesoura serrilhada **Ref.** 25123 ou 25122 Bohin
- 1 bastidor de 12 cm de diâmetro Sajou
- Algodão Mouliné DMC nº 3350, 3713, 3363 e 3733

## PONTOS DE BORDADO USADOS

Ponto alinhavo – ponto sombra – ponto rococó – ponto de fenda – ponto espinha – ponto haste – ponto nó

## REALIZAÇÃO DO BORDADO

Faça a transferência do desenho no centro do organdi, borde seguindo a legenda do desenho e as instruções da página 236, com um cabo de algodão Mouliné, salvo indicações contrárias.

## MONTAGEM

O bordado é passado pelo avesso, com o ferro muito quente. Corte as bordas com a tesoura serrilhada, para ter um retângulo de 12 x 14 cm, certifique-se de centralizar o bordado. No tecido de linho, corte dois retângulos de 15,5 x 18 cm com a tesoura serrilhada e sobreponha-os. Centralize o avesso do bordado nos retângulos e costure os três lados com um ponto alinhavo a 0,5 cm das bordas da peça de organdi.

Coloque os dois pedaços do enchimento juntos com pot-pourri flores secas no meio. Insira na almofada pelo lado aberto e feche como anteriormente.

# ALMOFADA DE FLORES

## DESENHO NO TAMANHO REAL

## CÓDIGO DO DESENHO

**Pontos de bordado**
Trabalhe seguindo a ordem numérica.

**1.** Borde as pétalas com um ponto sombra, depois borde as nervuras com um ponto marca fazendo pontos muito pequenos (3350). Em seguida, borde três nervuras com um ponto marca entre as nervuras anteriores (3713).
**2.** Borde o centro das flores com ponto nó simples (3713).
**3.** Borde as folhas com um ponto sombra, depois com um ponto espinha na nervura (3363).
**4.** Borde o laço com ponto sombra (3713).
**5.** Borde dois pontos rococós de 0,5 cm de comprimento (nove voltas, 3713).
**6.** Borde os caules com ponto haste (dois cabos 3363).
**7.** Borde o caule com um ponto espinha (3363).

UM PEDACINHO DO JARDIM »

**Técnica:** bordado tradicional, ver página 158

# UM PEDACINHO DO JARDIM

**Borde estes poucos pontos com várias cores e veja crescer flores que nunca murcharão. Isto faz o bordado mágico!**

## DIMENSÕES

22 x 24,5 cm

## MATERIAIS

- Tecido misto algodão/modal de cor crua de 35 x 35 cm de 12,6 fios/cm Zweigart Lugana **Ref.** 3508/264
- 1 agulha de tapeçaria com ponta arredondada n° 26 e 22 Bohin
- 1 agulha longa n° 8 e 9 Bohin
- Pinças têxteis **Ref.** 62616 Bohin
- Tesoura pequena com lâminas finas **Ref.** 24316 e tesoura pinça **Ref.** 98263 Bohin
- Tesoura de costura **Ref.** 98263 Bohin
- 1 miniferro Clover
- Linha de costura crua
- Alfinetes finos
- 1 caneta termossensível
- 1 bastidor de 12 cm de diâmetro Sajou
- Algodão Mouliné DMC n° 676 e 157
- Algodão Broder Spécial DMC n° 25: 225 - 223 - 211 - 209 e 642
- Algodão Broder Spécial DMC n° 16 e 30: cru
- DMC Algodão perlé n° 12: 524

## PONTOS DE BORDADO USADOS

Ponto alinhavo – ponto marca – ponto haste – ponto chuleado – ponto pena (= um ponto espinha) – ponto rococó – ponto rococó caseado – ponto nó – ponto espinha – ponto de bainha vazada – ponto ajour simples com grupos de fios amarrados de dois em dois

## MONTAGEM DO GUARDANAPO

Faça um pequeno guardanapo (ver página 64) de 20 x 20 cm com uma bainha de 3 cm de largura e os cantos mitrados. Borde uma bainha vazada e um ajour duplo (nove fios tirados) prendendo três fios do tecido, amarre os grupos de fios e decore os cantos com ponto de roda tecida com oito ramos.

*Veja as explicações e tutoriais na página 67.*

## REALIZAÇÃO DO BORDADO

Faça a transferência do desenho em um canto do guardanapo, depois borde seguindo a legenda do desenho e as instruções adjacentes, use dois cabos de algodão Mouliné e um cabo de algodão perolado ou algodão Broder Spécial para bordado. Para o ponto rococó e o ponto rococó caseado, use uma agulha de tapeçaria n° 26. O restante dos pontos é bordado com as agulhas compridas, escolhendo sua espessura de acordo com a linha usada.

## DESENHO NO TAMANHO REAL

## CÓDIGO DO DESENHO

**Pontos de bordado**

**1.** Ponto haste (algodão perlé)
**2.** Ponto espinha
**3.** Ponto pena (um ponto espinha)
**4.** Ponto chuleado
**5.** Ponto rococó
**6.** Borde dois pontos rococó justapostos começando e terminando nos mesmos pontos
**7.** Ponto nó colonial
**8.** Ponto nó simples
**9.** Ponto teia de aranha com ponto cerzido (as últimas duas voltas são bordadas com outra cor)
**10.** Ponto rococó em argola (28 voltas)
**11.** Ponto marca em dois fios do tecido (algodão perlé)
**12.** Ponto rococó caseado (22 pontos)
**13.** Borde com ponto alinhavo em dois fios do tecido, em todo o contorno, a seis fios de distância do ponto ajour das bordas (algodão perolado)

Título original: La broderie c'est tout simple.
Publicado originalmente por Les Éditions de Saxe em 2018

Criações e explicações: Marie Suarez
Fotografias: Didier Barbecot
Desenhos técnicos: Céline Cantat

Tradução do livro: Ana Luiza Olivete
Preparação de texto: Solange Monaco
Revisão técnica: Andressa Ferraz / Bordado Studio

1ª edição, 2022



Impressão: Maistype
ISBN: 978-65-88280-30-0

Dados Internacionais de Catalogação na Publicação (CIP)
Ficha elaborada segundo a AACR2r

---

S939b Suarez, Marie
Bordar é fácil : guia de técnicas de bordado passo a passo /
Marie Suarez ; tradução Ana Luiza Olivete — São Paulo : Olhares, 2022.
239 p. : il. fot. color ; 24 cm.

ISBN 978-65-88280-30-0

1. Bordados. 2. Artesanato. 3. Tecidos. I. Título. II. Olivete, Ana Luiza.

CDD 746.44
CDU 746

---

Ficha catalográfica elaborada pela bibliotecária Renata Fernandes
Veloso Baralle — CRB-8/10366

OLHARES

EO Editora Ltda
Avenida das Comunicações, 265 - CEP 06276-190 . Osasco-SP . Tel. (11) 29241744
editoraolhares.com.br